KB080795

세상의 속도를
따라잡고 싶다면

Do it!

IT 분야
영향력 1위
유튜버

누구나 쉽게 배우는

조코딩의 프로그래밍 입문

'복붙'으로 다 끝낸다! HTML부터 인공지능까지

조동근·김형태 지음

이지스퍼블리싱

세상의 속도를 따라잡고 싶다면 **Do it!**
변화의 속도를 즐기게 될 것입니다.

Do it!

Do it!

누구나 쉽게 배우는

조코딩의 프로그래밍 입문

초판 발행 • 2022년 7월 18일
초판 2쇄 • 2022년 8월 8일

지은이 • 조동근, 김형태
펴낸이 • 이지연
펴낸곳 • 이지스퍼블리싱(주)
출판사 등록번호 • 제313-2010-123호
주소 • 서울시 마포구 잔다리로 109 이지스빌딩 4층(우편번호 04003)
대표 전화 • 02-325-1722 | **팩스** • 02-326-1723
홈페이지 • www.easyspub.co.kr | **페이스북** • www.facebook.com/easyspub
Do it! **스터디룸 카페** • cafe.naver.com/doitstudyroom | **인스타그램** • instagram.com/easyspub_it

기획 및 책임편집 • 김은숙 | IT **기획 2팀** • 박현규, 신지윤, 이희영, 한승우 | **교정교열** • 강민철
베타테스터 • 김선협, 서울 | **표지 및 본문 디자인** • 책돼지, 정우영 | **일러스트** • 김학수 | **인쇄** • 보광문화사
마케팅 • 박정현, 한송이, 이나리 | **독자지원** • 오경신 | **영업 및 강의자료 PPT 문의** • 이주동, 김요한(support@easyspub.co.kr)

ISBN 979-11-6303-387-5 13000
가격 18,000원

'동물상 테스트'를 따라 만들면 누구나 인생 앱을 얻을 수 있어요!

저는 대학교 4학년이 될 때까지 코딩을 모르던 비전공자였습니다.
그러나 제가 만든 '동물상 테스트'는 **실시간 검색 1위**를 기록했어요.

이 책의 저자 조코딩

웹 개발을 배운 적 없는 대학생이었지만, '인공지능 첫인상 테스트' 앱을 만들고 **700만 페이지 뷰**의 주인공이 됐어요!

'인공지능 첫인상 테스트' 앱 개발자

호기심으로 '동물상 테스트'를 만들었어요. 그러다 **하루 200만 원의 광고 수익**을 얻는 '관상가 양반' 앱을 완성했죠!

'관상가 양반' 앱 공동 개발자

코딩 왕초보 시절, 지인 추천으로 조코딩 님의 '동물상 테스트'를 만났어요.
비슷하게 만들었을 뿐인데 **수익이 3,500만 원**이나 될 줄은 꿈에도 몰랐죠!

'관상가 양반' 앱 공동 개발자

예상하지 못한 놀라운 성과!
이제 여러분이 경험할 차례입니다.

"사실 코딩 공부 그만 둘까? 고민했어요"
IT 분야 영향력 1위 유튜버의 아주 빠른 코딩 공부법

저는 컴퓨터 비전공자이고 대학교 4학년이 되도록 코딩을 전혀 몰랐습니다. 그렇지만 앱을 만들어 창업하고 싶었기에 코딩 공부에 도전했어요. 처음에 프로그래밍의 기본이라는 C 언어부터 독학했는데 너무 어려운 나머지 '코딩은 내 길이 아닌가?'라는 생각까지 들었죠. 하지만 우연한 기회에 '멋쟁이사자처럼'이라는 코딩 동아리를 알게 되어 그곳에서 새로운 코딩 세계를 경험했습니다. 그리고 곧 '코딩이 생각보다 어렵지 않구나'라고 깨달았죠. 이곳에서는 프로그래밍 언어 중심이 아니라, 웹 개발을 통해 실제 프로그램을 완성하는 것을 목표로 공부했어요. 이 경험이 지금의 저를 만들어 준 커다란 전환점이었죠.

웹 개발을 시작하면서 C 언어를 배울 때와는 완전히 다른 코딩 방식을 배웠습니다. 검은 화면만 보면서 코드를 만들어야 하는 C 언어와는 다르게 웹 개발은 HTML 태그 한 줄만 입력해도 결과를 바로 볼 수 있으니까요. 무엇보다 전 세계인이 볼 수 있는 서비스를 가장 빨리 만들 수 있다는 사실이 정말 흥미로웠습니다. 또한 배운 내용에 아이디어를 조금 추가하니 나만의 웹 서비스를 완성할 수 있었어요. 지금은 코딩이 너무 재미있고, 어떤 프로그램이든지 만들 수 있다는 자신감이 생겼어요.

"코딩 준비물요?
인터넷과 Ctrl + C, Ctrl + V면 끝나요!"

코딩할 때는 코드를 직접 작성하는 것도 중요하지만, 인터넷에서 필요한 코드를 찾아 복사하여 내 프로젝트에 붙여 넣는 것도 매우 중요합니다. 내가 원하는 기능을 직접 만들기 위해 프로그래밍 언어를 다 공부할 필요가 없습니다. 검색해서 가져다 쓸 수 있을 정도만 공부해도 충분하죠. 혹시 여러분도 '코딩은 전문 지식이 필요하고 복잡한 논리를 설계하는 지루한 학문'이라고 생각할지 모르겠네요. 하지만 이 책을 읽고 나면 '코딩은 조금만 알아도 아주 쉽게 엄청난 것을 구현할 수 있는 재밌는 도구'라고 자신 있게 말할 것입니다. 이렇게 생각을 바꾸고 나면 코딩 공부하는 재미는 날로 더해질 것이고, 결과물까지 완성하면 코딩 실력은 더 빠르게 성장할 거예요!

"네이버 실검 1위, 앱스토어 인기 차트 전체 2위 했어요!"
누구나 따라 만들 수 있는 '동물상 테스트' 전 과정 수록

코딩이 이토록 흥미로운 이유는 쉽게 만들 수 있는 결과물이라도 서비스로 나왔을 때 그 영향력은 엄청나기 때문입니다. 이 책 11~12장에 수록한 '동물상 테스트'는 네이버 실시간 검색어 1위에 올랐을 뿐 아니라 유튜브, 인스타, 틱톡 등 글로벌 거대 기업의 서비스를 뛰어넘어 앱 스토어의 인기 차트 전체 2위를 기록했어요.

게다가 유튜브 채널에서 동영상을 시청한 구독자 수백 명이 '동물상 테스트'와 비슷한 서비스를 여러 개 만들었는데요. 그중에는 '관상가 양반'이나 '인공지능 첫인상 테스트'처럼 SNS에서 대유행한 유명 앱도 있답니다. 또한 앱 광고 수익으로 3일 만에 천만 원을 버는 성공 사례도 나왔습니다! 어때요? 이런 앱을 만들어서 성공해 보고 싶지요? 다시 한번 말씀드리지만 여러분도 얼마든지 '동물상 테스트'를 만들 수 있습니다. 이 책을 통해 코딩을 시작하고, 수많은 사람들이 사용할 멋진 서비스도 완성하기 바랍니다!

'누구나 쉽게 만드는 코딩' 채널 운영자
조동근(조코딩) 드림

공동 집필자의 말

비전공자부터 예비 웹 개발자까지
이렇게 공부하면 절대 헤매지 않아요!

《Do it! 조코딩의 프로그래밍 입문》을 펼친 독자 여러분, 반갑습니다. 저는 공동 집필자 김형태라고 합니다. 컴퓨터 공학 전공자가 아니고 개발을 전혀 모르던 상황에서 혼자 학습하여 서비스와 앱 개발을 해본 제 경험을 바탕으로, 코딩과 인공지능에 관심이 있는 독자들을 위해 IT 지식을 쉽게 전달해 보자는 마음으로 집필했습니다.

이 책에서는 웹 서비스, 스마트폰 앱, 인공지능 개발을 모두 배우고 이를 활용하여 실제 프로젝트에 적용하는 것까지 다룹니다. 이렇게 나열하니 왠지 공부할 분량도 많고 내용도 어려울 것 같지만 겁내지 말고 하나씩 따라 하다 보면 적은 개발 지식으로도 서비스를 쉽게 완성할 수 있습니다. 또한 이렇게 전체를 아우르는 개발을 경험하다 보면 코딩 전체를 볼 수 있는 안목이 생기고, 앞으로 무엇을 배워야 할지 공부 방향성까지 세울 수 있습니다. 게다가 아주 쉬운 웹 개발로 시작해서 프로그래밍을 가볍게 맛보고, 실제 배포가 가능한 서비스를 직접 만들어서 성취감을 느낄 수 있습니다. 그러면서 입문자도 코딩의 큰 그림을 볼 수 있게 도와주고, 나아가 적합한 학습법을 찾아서 스스로 공부할 수 있도록 안내합니다.

책을 완독한 후 여러분은 스스로 학습하며 코딩할 수 있는 실력을 갖게 될 것입니다. 코딩 공부, 절대 포기하지 말고 원하는 목표에 도달할 때까지 힘내서 완수해 보길 바랍니다. Keep going!

김형태 드림

조코딩의 '동물상 테스트'를 따라 나만의 앱 만들기에 성공한 사람들 이야기

700만 페이지 뷰의 인기 앱 개발자가 될 수 있어요!

저는 웹 개발을 배운 적 없는 대학생입니다. '동물상 테스트'를 바탕으로 '인공지능 첫인상 테스트' 앱을 만들어 공개했습니다. 처음 만든 이 서비스는 무려 700만여 명이 사용하며 큰 인기를 얻었어요! 조코딩 님은 입문자 눈높이에 맞춰 아주 쉽게 설명해 주기 때문에 누구나 앱을 개발할 수 있어요. 여러분도 이 책에서 제시하는 예제를 따라 하다 보면 저처럼 나만의 서비스를 만들 수 있어요. 게다가 사람들이 사용하고 수익이 발생하는 마법 같은 상황을 만날 수도 있죠. 지금 당장 도전해 보세요!

'인공지능 첫인상 테스트' 개발자 • 박길현

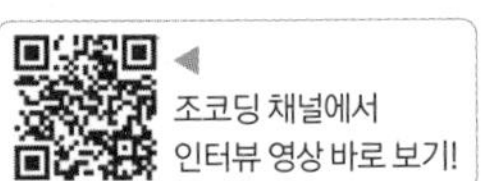
조코딩 채널에서 인터뷰 영상 바로 보기!

근사한 앱은 물론, 광고 수익까지 얻을 수 있는 일석이조 프로젝트!

처음에는 호기심으로 '동물상 테스트' 만들기에 도전했어요. '이게 될까?' 하는 의문도 들었지만, 서비스를 완성했을 땐 결과물도 근사했지만 제 코딩 실력까지 엄청나게 높아진 것을 느꼈죠. 게다가 제가 만든 앱이 네이버 실시간 검색어 1위에도 오르고, 일일 페이지 조회 수가 500만, 일일 카카오 애드핏 광고 수익이 200만 원 등 믿지 못할 큰 경험을 했습니다. 혹시 저처럼 창업에 관심이 있거나, 사이드 프로젝트로 서비스를 직접 만들고 싶다면 가장 쉽고 빠르게 코딩을 배울 수 있는 이 책을 강력 추천해요!

'관상가 양반' 앱 공동 개발자 • 윤용섭

조코딩 채널에서 인터뷰 영상 바로 보기!

3,500만 원 수익을 올린 인생 앱, 조코딩 님 덕분이에요!

비전공자로서 코딩 공부를 시작할 때 마침 지인의 추천으로 조코딩 님의 '동물상 테스트'를 알게 되었어요. 기본적인 코딩과 디자인, 배포 등 웹 개발의 전체 개념을 아주 쉽게 설명해서 서비스를 빠르게 만들었어요. 그리고 '동물상 테스트'에서 배운 것을 토대로 똑같이 따라서 만드는 클론 코딩을 하면서 '관상가 양반' 앱을 완성했어요. 열심히 만든 앱이 많은 사용자에게 인기를 얻어 정말 기뻤어요. 총 조회 수는 3,000만이 넘었고 광고 게시로 3,500만 원 정도 수익을 올렸죠. 앱 개발 경험을 통해 지금은 제가 만들고 싶은 서비스를 기획하고 구현할 수 있는 진짜 개발자가 되었어요. 정말 고마워요 조코딩!

'관상가 양반' 앱 공동 개발자 • 박준호

◀ 조코딩 채널에서 인터뷰 영상 바로 보기!

인생에 굴곡이 없을 관상

나와 같은 관상을 가진 연예인 : 이승기

말상이라 직업운이 아주 강합니다. 이마가 사각형이라 사회성도 강하고 가정보다는 일을 중요하게 생각하는 성격입니다. 코를 보아하니 강하고 활력이 있어 사업을 하면 아주 좋은 관상입니다. 귀가 커서 인복이 좋고 기분파에 속하고 의리가 아주 강한 얼굴입니다. 귀밑 턱이 가름하여 인생에 굴곡이 없어 보이고 입이 온편이라 시원한 성격이며 낙천적인 성격이라 할 수 있는 관상입니다.

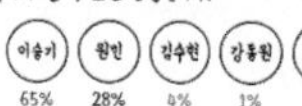

제가 만든 사이드 프로젝트 중 최고는 바로 '동물상 테스트'예요!

저는 조코딩 채널의 찐팬입니다. 초보자도 알기 쉽게 설명해 주는 편안한 강의와 세련된 프로젝트까지! 조코딩 채널을 시청하다 보면 당장 비주얼 스튜디오 코드를 열고 따라 하고 싶은 마음이 샘솟죠. 그만큼 코딩에 흥미를 잃지 않고 끝까지 결과물을 완성하게 만드는 것이 조코딩 님의 매력입니다.

IT 출판사에 근무하다 보니 여러 전공 서적에 있는 프로젝트를 따라 만드는데요. 이 책을 읽고 난 후 제가 만든 최고의 프로젝트는 바로 '동물상 테스트'가 됐어요. 만드는 과정이 체계적이고 HTML, CSS, 파이썬, API까지 웹 개발에 필요한 모든 언어를 모두 배울 수 있어서 풍성하다는 느낌이 들어요. 웹 개발 프로젝트에 무엇이 필요한지 잘 모르겠다고요? 우선 '동물상 테스트'부터 만들어 보세요. 정답이 보일 거예요!

'동물상 테스트'를 만들고 감탄한 이 책 편집자 • 김은숙

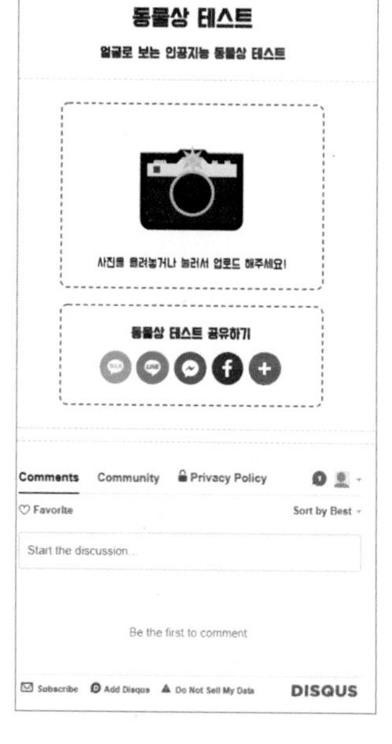

코딩이 지루하다고요?
결과 화면을 보며 일단 만들어 보실래요?

여러분도 인공지능 앱을 만드는 놀라운 경험을 해보세요!

저는 평소에도 개발 입문자에게 조코딩 채널을 추천하는데요. 조코딩 유튜브 채널의 목적처럼 이 책에는 '실제 결과 화면을 보면서 일단 만들어 보자'라는 의미가 고스란히 담겨 있습니다. 이런 방식으로 공부하면 초보자도 코딩에 흥미를 잃지 않고 끝까지 결과물을 만들 수 있을 뿐만 아니라 개발의 큰 그림을 읽으며 코딩할 수 있습니다. 저 또한 반복되는 지루한 개발로 지쳐갈 때쯤 조코딩 강의를 보면서 그동안 느끼지 못한 코딩의 재미가 생겼고, 새로운 프로그램을 만들고 싶은 의욕이 더 높아졌습니다. 그리고 책에서 소개해 주는 여러 라이브러리나 프레임워크를 쓰면 코딩이 정말 쉽고, 완성하는 데 시간도 오래 걸리지 않는다는 사실을 깨달았습니다. 여러분도 이 책을 통해 웹 개발을 위한 A to Z를 섭렵하고, 인공지능 앱을 만들어 플레이 스토어에 출시하는 놀라운 경험을 꼭 해보세요. 특히 코딩 입문자라면 어떤 책보다 재밌게 실용적인 방법으로 코딩할 수 있을 거예요!

김선협 님 • 7년 차 개발자 

코딩 왕초보여도 겁내지 마세요, 중학생인 저도 충분히 따라 했으니까요!

이제 막 코딩을 시작한 중학생 서울이라고 해요. 저는 조코딩 님의 유튜브 구독자인데, 전에 조코딩 채널 강의를 보며 따라 했던 내용이 이 책에 있어서 정말 반가웠어요. 솔직히 말하면 저는 코딩 실력이 엄청나게 뛰어나서 이 책을 읽을 수 있었던 건 아니에요. 조코딩 님 특유의 쉽고 친절한 설명이 책에도 똑같이 담겨 있었기에 끝까지 읽을 수 있었죠. 그래서 저처럼 코딩을 잘 모르는 독자 분들도 이 책을 얼마든지 읽을 수 있고, '동물상 테스트' 같은 꽤 근사한 작품도 어렵지 않게 만들 수 있을 거예요. 책을 읽으면서 무엇보다 좋았던 건, 코딩에 자신감이 붙었다는 거예요. 내가 작성한 코드 단 몇 줄이 웹 브라우저에 바로 나타나고, 또 수정하면 즉시 바뀌니까 정말 재밌는 놀이를 하는 느낌이었어요. '국영수코'라는 말이 유행할 정도로 요즘 주변에선 코딩을 배우려는 초등학생, 중학생이 많은데요. 코딩 진로를 미리 고민하는 친구 독자라면 이 책에 있는 실습을 한번 직접 해보면서 코딩을 놀이처럼 즐겨 보세요! 어떤 방과 후 수업보다 더 재밌고 알찬 시간을 경험할 거예요.

서울 님 • 중학생 개발자 꿈나무

실습에 필요한 예제 파일은 이지스퍼블리싱 홈페이지에서 내려받으세요!

이 책에서 실습하는 모든 예제 파일은 이지스퍼블리싱 홈페이지 [자료실]에서 내려받을 수 있습니다. 이론만 읽고 넘어가지 말고 반드시 본문에서 제공하는 예제를 직접 실습하며 공부해 보세요.

[www.easyspub.co.kr → **자료실**] 도서명 검색

조코딩 동영상 강의를 함께 보면서 실력을 키우세요!

이 책의 모든 내용이 담긴 조코딩 동영상을 유튜브에서 제공합니다. 책과 함께 시청하면 개념을 더욱 쉽게 이해하고 코딩 실력도 높일 수 있죠. 유튜브 조코딩 채널과 이지스퍼블리싱 채널에서 동시에 확인할 수 있어요.

[www.youtube.com/c/easyspub → **재생 목록**] 도서명 선택

QR코드를 찍어 바로 재생 목록을 확인하세요!

이지스 소식지를 받고 신간, 이벤트 정보를 한눈에 확인하세요!

이지스퍼블리싱 홈페이지에서 회원 가입을 하여 매달 정기 소식지를 받아 보세요. 신간과 책 관련 이벤트 소식을 누구보다 빠르게 확인할 수 있습니다. 또한 전자책 한 권을 공개하는 이벤트도 진행하고 있답니다.

Do it! 스터디룸에서 친구와 함께 공부하고 책 선물도 받아 가세요!

네이버 카페 'Do it! 스터디룸'에서 같은 고민을 하는 친구들과 함께 공부해 보세요. 내가 잘 이해한 내용은 남을 도와주고 내가 잘 이해하지 못한 내용은 도움을 받으면서 공부하면 복습 효과도 누릴 수 있습니다. 서로서로 코드와 개념 리뷰를 하며 훌륭한 개발자로 성장해 보세요.

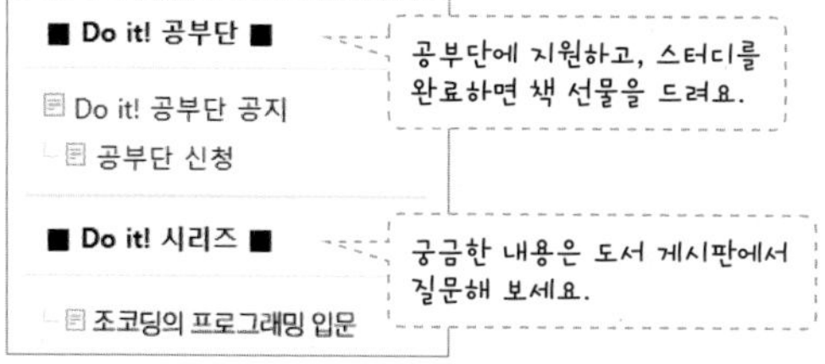

공부단에 지원하고, 스터디를 완료하면 책 선물을 드려요.

궁금한 내용은 도서 게시판에서 질문해 보세요.

cafe.naver.com/doitstudyroom

차례

첫째마당

코딩의 기본

둘째마당

웹 사이트는 어떻게 작동할까?

— 만들기부터 검색 최적화까지

첫째마당

코딩의 기본

찐문과생에겐 너무나 어려운
IT 용어들…
인공지능, 머신러닝,
데이터 분석… 이게 다 뭐지?

졸업하는 동기들은
일찌감치 코딩 공부를 했나 봐요.
얘들아, 나 이번에
코딩 책 한 권 뗐어!
와! ㅊㅋㅊㅋ
요즘 코딩 능력은 완전 필수래!

난 코딩의 '코' 자도 모르는데
어쩐담… 휴우~

아니, 대체 코딩은 어떻게 하는 건가요?
뭐부터 배워야 하죠?
Java
C#
JS
php
벌떡

여러분도 혹시 이런 경험이 있나요? 그럼 조코딩과 함께 코딩을 시작해 보세요.
직접 만들면서 배우니 코딩의 전 과정을 쉽게 이해하게 될 거예요.
좋았어!
Good
탁탁
누구나 쉽게 배우는 코딩 채널
조코딩!!
Go! Go!

01

코딩 기초 용어 떼기

안녕하세요!

누구나 쉽게 배울 수 있는

코딩 채널의 운영자 조코딩입니다.

우리가 앞으로 배울 코딩!

도대체 코딩은 무엇일까요?

01-1 코딩이란?

요즘 코딩은 학교와 기업은 물론이고 예술과 서비스 분야에서도 필요한 기본 지식이 되었죠. 그런데 왜 학생과 회사원, 심지어 예술가도 코딩을 중요하게 생각할까요? 그 전에 코딩이 무엇인지, 코딩으로 무슨 일을 할 수 있는지를 살펴보면 그 이유를 알 수 있을 거예요.

컴퓨터가 이해할 수 있는 명령을 내리는 코딩

코딩coding은 'code'와 'ing'의 합성어로, 코드를 작성하는 것을 의미합니다. 여기에서 코드는 컴퓨터가 알아들을 수 있는 텍스트를 뜻하죠. 따라서 코딩은 컴퓨터가 이해할 수 있는 언어로 프로그램을 작성하는 것이라고 정의할 수 있습니다. 파이썬Python이나 C 언어, 자바Java 같은 말을 들어 본 적이 있나요? 이것들을 **프로그래밍 언어** 또는 **컴퓨터 언어**라고 하죠.

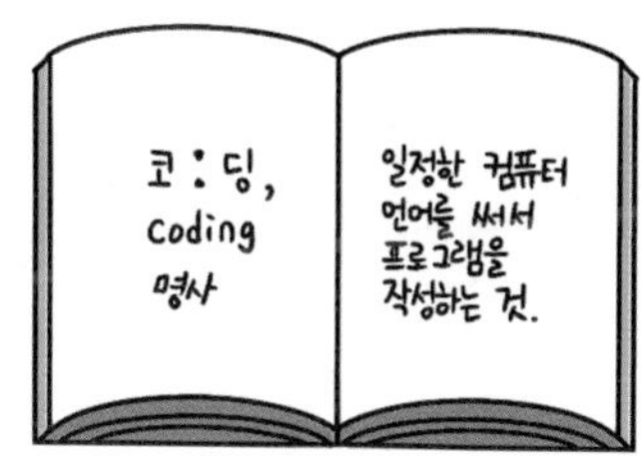

코딩의 사전적 정의

이 프로그래밍 언어로 컴퓨터에게 시킬 일을 코드로 작성한 것을 **프로그램**이라고 합니다. 예를 들어 인터넷에서 뉴스 기사 100개를 모으는 일을 파이썬 코드로 만들었다면 이것은 파이썬 웹 크롤링 프로그램인 것이죠. 그러니 우리가 원하는 프로그램 또는 서비스를 만들려면 당연히 프로그래밍 언어를 알아야겠죠!

❗ 웹 크롤링(web crawling)이란 웹 사이트 등에서 정보를 자동으로 수집하는 행동을 말합니다.

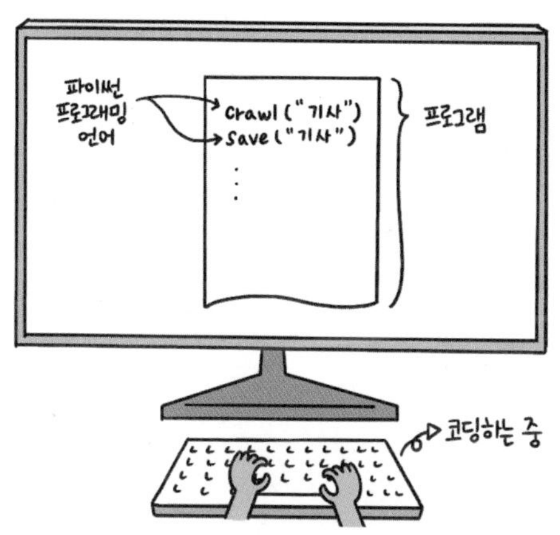

파이썬으로 웹 크롤링 프로그램을 만드는 중

컴퓨터와 사람을 연결해 주는 프로그래밍 언어

컴퓨터는 우리가 작성한 코드를 어떻게 이해할까요? 사실 컴퓨터는 매우 단순한 구조로 작동합니다. 전기 신호가 있는 것(1)과 없는 것(0) 이 2가지를 인식하죠. 즉, 컴퓨터는 `1 0 0 1 0 1 0 0 1`과 같은 신호만 알아들을 수 있습니다. 이렇게 컴퓨터가 알아듣는 신호를 **기계어**라고 합니다. 하지만 우리는 컴퓨터에게 `1 0 0 1 0 1 0 0 1`처럼 의미도 모르는 명령을 할 수가 없습니다. 그래서 사람이 이해할 수 있는 언어의 명령어를 작성하고, 이를 컴퓨터가 이해할 수 있는 기계어로 변환·전달하는 중간 단계의 **프로그래밍 언어**가 만들어졌습니다.

❗ 실제로 프로그래밍 언어를 기계어로 변환·전달하는 과정은 훨씬 복잡하고 이해하기 어렵습니다. 우선 여기에서는 사람이 이해하는 언어는 프로그래밍 언어이고, 컴퓨터가 이해하는 언어는 기계어라는 것만 알고 넘어가겠습니다.

프로그래밍 언어의 종류

사람의 언어가 나라별로 다양한 것처럼 프로그래밍 언어도 종류가 많습니다. 프로그래밍 언어는 크게 저급 언어와 고급 언어로 나눌 수 있는데, 기계어에 가까운 언어를 **저급 언어**, 사람의 언어에 가까운 언어를 **고급 언어**라고 합니다.

❗ 초보자가 기계어에 가까운 저급 언어를 배우는 것은 정말 어려운 일입니다. 그러니 우리는 이해하기 쉬운 고급 언어를 공부하면 됩니다. 앞으로 이 책에 나올 프로그래밍 언어는 모두 고급 언어라고 이해해도 좋습니다.

그런데, 잠깐만요. 우리가 사용하기 쉽고 컴퓨터도 이해할 수 있는 고급 언어가 있다면서 왜 저급 언어가 필요할까요? 저급 언어는 사용하긴 어렵지만 컴퓨터의 하드웨어까지 세밀하게 조작할 수 있고, 고급 언어에 비해 처리 속도가 매우 빠르기 때문이죠.
이렇게 생각하면 이해하기 쉽습니다. 한국에선 한국어를, 미국에선 영어를 쓰듯이 코딩도 컴퓨터 환경과 용도에 맞춰서 주로 사용하는 언어가 정해져 있습니다. 자신이 어떤 환경에서 프로그램을 개발할 것인지 잘 살펴본 뒤에 그에 알맞은 프로그래밍 언어를 선택하면 됩니다.
대표적인 저급 언어로 어셈블리어가 있으며, 고급 언어에는 파이썬, 자바, 루비 등이 있습니다.

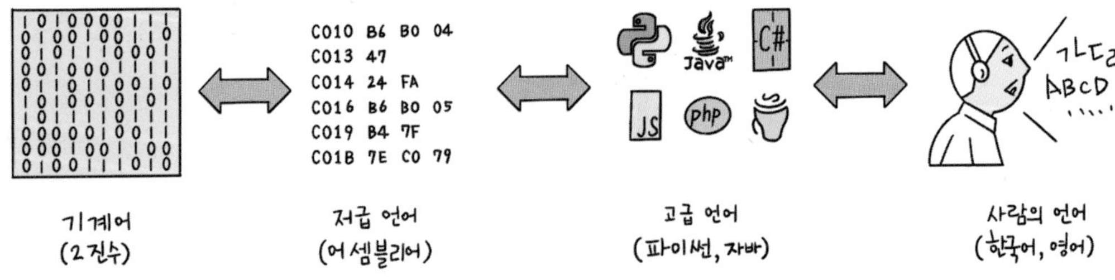

기계어, 저급 언어, 고급 언어, 사람의 언어의 관계

이미 아는 사람도 있겠지만, 프로그래밍 언어를 선택했더라도 처음부터 끝까지 모든 코드를 하나하나 작성하는 일은 무척 어렵습니다. 특히 초보자라면 더 어렵겠죠? 그래서 이 책에서는 프로그래밍의 정통 문법을 공부하는 것이 아니라, 이미 작성된 코드인 프레임워크나 라이브러리, API를 활용해서 결과물을 쉽게 완성해 나가는 과정을 공부할 것입니다. 이런 방식으로 결과물을 완성하다 보면 전체적으로 프로그램의 개발과 출시가 어떻게 이루어지는지 큰 그림을 볼 수 있게 될 거예요.

❗ API 사용법은 09장에서 다루며, 라이브러리 활용법은 11장에서 다룹니다.

프레임워크와 라이브러리, API가 무엇인가요?

어떤 홈페이지를 만들려면 특정한 패턴의 코드를 자주 사용합니다. 로그인, 회원 가입, 본인 인증 등 홈페이지에 공통으로 들어가는 구조와 기능이 있죠. 이러한 구조와 기능을 미리 만들어 놓고 활용한다면 홈페이지를 쉽게 만들 수 있지 않을까요? 네, 이럴 때 바로 프레임워크와 라이브러리, API를 사용하면 됩니다.

프레임워크framework는 **개발을 쉽게 할 수 있는 구조와 도구를 제공**합니다. 앞에서 설명한 것처럼 특정 프로그램을 작성할 때는 용도에 따라 일반적으로 공통으로 작성해야 하는 코드와 구조가 있습니다. 이 코드를 모두 매번 직접 작성해야 한다면 많은 시간과 노력이 들죠. 따라서 코드를 간편하게 작성해서 프로그램 핵심 기능에 집중하여 개발할 수 있도록 도움을 주는 것이 프레임워크입니다.

라이브러리library는 **특정 기능을 제공하는 코드를 하나의 단위로 모아서 쉽게 사용할 수 있도록 패키지화한 코드**입니다. 예를 들어 카카오톡 SNS 로그인, 텍스트 추출과 같은 기능 단위의 라이브러리가 있습니다. 이러한 라이브러리에 적절한 설정값과 조건에 맞는 데이터를 전달해 주면 그에 따라 작동한 결과를 받아서 코드에 넣을 수 있습니다. 마지막으로 **API**application programming interface는 **이미 만들어진 기능을 다른 프로그램이나 애플리케이션(앱)에서 편리하게 사용할 수 있도록 만든 일종의 인터페이스**입니다. API를 사용하는 방법은 09장에서 자세히 다루니 지금은 개념만 간단히 알아 둡니다. 이렇듯 프레임워크와 라이브러리, API의 도움을 받으면 개발 시간이 오래 걸리는 큰 프로젝트도 며칠 만에 완성할 수 있습니다.

01-2 지금 당장 코딩을 배워야 하는 4가지 이유

코딩이라는 단어만 들어도 어렵고 전문 영역이라 생각하는 사람이 많습니다. 이제 코딩은 전문 지식이 없어도 누구나 쉽게 할 수 있는데 말이죠! 그럼 지금부터 코딩 장벽이 낮아진 배경과 코딩을 시작해야 하는 이유를 정리해 보겠습니다.

첫째, 쉬운 프로그래밍 언어가 많아졌다

다시 말하지만 컴퓨터 전문 지식을 갖추어야 프로그램을 만들 수 있는 시대는 지났습니다. 요즘은 초등학생도 스크래치·엔트리로 코딩을 놀이처럼 즐깁니다. 또한 대학에서는 전공을 불문하고 코딩을 쉽게 시작할 수 있는 파이썬이 교양 과목으로 인기를 끌고 있죠. 과거에는 코딩을 시작하려면 C 언어·C++(cpp) 등을 배워야 했습니다. 하지만 지금은 스크래치·엔트리·파이썬·자바스크립트처럼 과거에 비해 다루기 쉬운 언어들이 많아졌습니다.

스크래치는 블록 코딩을 바탕으로 초등학생도 프로그래밍 논리를 쉽게 이해할 수 있도록 만들어졌습니다. 엔트리는 스크래치와 비슷한 프로그래밍 언어로 국내에서 제작되었습니다.

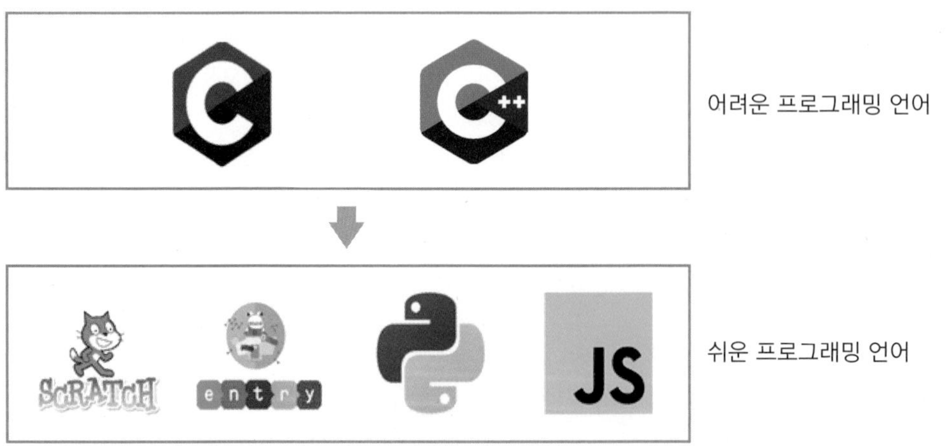

어려운 프로그래밍 언어와 쉬운 프로그래밍 언어의 종류

그래서 지금은 어려운 프로그래밍 언어의 기초 개념인 포인터와 메모리 주소부터 공부하지 않고, 쉬운 프로그래밍 언어를 선택하여 예전보다 쉽게 코딩할 수 있습니다.

둘째, 코딩을 도와주는 다양한 도구가 있다

앞에서도 언급했지만 프레임워크와 라이브러리 또는 API처럼 코딩을 도와주는 도구들이 많습니다. 이 도구들을 사용하는 방법만 알고 있으면 자신이 원하는 프로그램을 얼마든지 만들 수 있습니다.

예를 들어 번역기 서비스를 만드는 과정을 생각해 보겠습니다. 번역기의 작동 원리와 알고리즘을 공부하고, 여기에 필요한 프로그래밍 언어를 사용해 모든 코드를 직접 작성해야 합니다. 어떤가요? 시작도 하기 전에 지칠 것 같지 않나요? 하지만 쉬운 방법도 있습니다. IT 기업에서 이미 개발한 번역 API를 찾아서 내가 만드는 서비스에 복사해 붙여 넣는 거죠. 인터넷에서 검색해 보면 누구나 가져다 쓸 수 있는 성능 좋은 API가 많습니다. 아직 감이 오지 않는다고요? 그럼 유명한 사례를 하나 더 들어 볼까요? 혹시 오디오 SNS 열풍을 일으킨 클럽하우스 Clubhouse 앱을 아나요? 이 앱의 핵심은 실시간 오디오 채팅 기능이죠. 그런데 이 기능은 개발사에서 직접 만든 것이 아니라고 합니다. 개발사는 껍데기(클라이언트)만 만들고, 핵심 기능은 아고라Agora라는 기업의 API를 가져와서 완성했다고 해요. 이처럼 시중에 잘 만들어진 API를 활용할 능력을 갖춘다면 여러분도 화제의 앱을 만들 수 있습니다.

❗ 클라이언트는 02장에서 자세히 다룹니다.

그리고 프레임워크라는 도구가 있습니다. 프레임워크를 활용하면 코딩을 모르는 사람도 웹사이트를 만들어서 공개할 수 있고, 안드로이드폰과 아이폰에서 모두 작동하는 앱도 만들 수 있습니다. 또, 이미지 크롤링 라이브러리를 사용한다면 코드 한 줄만으로 인터넷에서 원하는 이미지 수백 장을 한 번에 자동으로 내려받을 수도 있습니다. 이렇듯 누군가 잘 만들어 놓은 코드를 가져와서 쓰기만 하면 프로그램을 얼마든지 쉽게 만들 수 있습니다.

셋째, 아이디어만 있는 평범한 사람들에게 일어나는 기적들!

코딩할 줄 안다면 내 아이디어를 실제 프로그램이나 유용한 서비스로 만들 수 있습니다. 한 가지 예로 이 책의 11장에선 인공지능 동물상 테스트를 만드는데요. 필자는 이 서비스를 만들고 꾸준한 광고 수익을 얻고 있습니다. 그렇다면 다른 사례도 살펴볼까요?

교내 커뮤니티에서 시작한 페이스북

아이디어와 시기가 좋다면 코딩을 하면서 큰 수익을 올리는 기회가 생깁니다. 우리가 잘 아는 페이스북처럼 말이죠. 페이스북은 당시 대학생이던 마크 저커버그Mark Zuckerberg가 친구들끼리 소통할 수 있는 커뮤니티를 만들면서 시작되었습니다. 초창기의 페이스북은 기본적인 코딩만 약간 다룰 줄 안다면 누구나 만들 수 있는 수준이었습니다. 간단해 보이는 이 커뮤니티 서비스는 교내에서 인기를 끌면서 이용자가 점점 많아지고, 여러 기능을 추가하고 발전을 거듭하면서 지금의 세계적인 기업이 됐습니다. 현재 페이스북의 기업 가치는 상상을 초월합니다. 또, 창업자인 마크 저커버그도 매년 포브스Forbes가 선정한 세계 부자 10위 안에 들 정도로 크게 성공했습니다.

페이스북과 마크 저커버그

누구나 쉽게 만들 수 있는 단순한 게임, 플래피 버드

베트남의 한 개발자가 만든 플래피 버드Flappy Bird라는 게임이 있습니다. 화면을 클릭해 점프하면서 장애물을 피하는 아주 단순한 게임입니다. 개발 난이도는 유니티Unity 게임 엔진을 활용한다면 초보자도 거뜬히 만들 수 있을 정도의 수준이었죠. 이 게임은 출시 후 큰 인기를 얻었고, 광고만으로 월 16억여 원의 매출을 냈습니다. 하지만 플래피 버드는 얼마 가지 않아 앱스토어에서 내려받을 수 없게 되었는데요. 그 이유는 제작자가 의도치 않은 사용자들의 폭주와 게임 중독에 대한 죄책감으로 게임 서비스를 중지했다고 합니다. 하지만 사람들은 게임을 내려받을 수 없게 되자 이베이eBay 사이트에서 정식판 플래피 버드가 설치된 아이폰을 거래했다고 합니다. 그것도 1억 원에 이를 정도로요! 그 당시 플래피 버드의 인기를 짐작할 수 있겠죠.

❗ 유니티를 활용하여 플래피 버드 게임을 만드는 방법은 조코딩 채널(youtu.be/EqoU1PodQQ4)에서 확인해 보세요.

플래피 버드 게임 화면

넷째, 일 처리를 효율적으로 도와주는 코딩

코딩을 배워야 하는 마지막 이유는 우리 생활에 직접 도움을 준다는 점입니다. 업무에 코딩을 활용한다면 데이터 대량 수집, 업무 자동화처럼 일 처리를 효율적으로 할 수 있습니다.

바쁜 현대 사회에서 꼭 필요한 투자 자동화 시스템

바쁜 직장 일 때문에 주식 또는 코인 투자에서 매수·매도 타이밍을 놓치는 경우가 종종 있죠. 이럴 때 코딩을 할 수 있다면 매수·매도 타이밍을 설정하여 투자 자동화 시스템을 만들 수 있습니다. 내가 만든 프로그램이 자동으로 돈을 벌어 오도록 만드는 거죠.

ⓘ 주식 투자 자동화(youtu.be/Y01D2J_7894), 코인 투자 자동화(youtu.be/WgXOFtDD6XU) 프로그램을 직접 만들고 싶다면 조코딩 채널에서 영상으로 확인하세요.

비전공자도 만들 수 있는 업무 자동화

평소 업무 가운데 단순하지만 반복되는 일이 있죠? 그럴 때는 코딩으로 업무 자동화를 설정해서 작업 시간을 절반으로 줄일 수 있습니다. 어떤 사회 복무 요원은 6개월 걸리는 단순 반복 업무를 코딩으로 하루 만에 끝내서 큰 화제를 일으키기도 했죠.

ⓘ 사회 복무 요원 이야기가 궁금하다면 코딩하는 공익 블로그(brunch.co.kr/@needleworm/1)를 확인하세요.

이처럼 코딩을 하면 업무를 자동화하는 것부터 복잡한 작업까지도 편리하게 처리할 수 있으니, 코딩을 당장 시작해야 할 이유로 충분하죠?

02

코딩의 기초, 웹 프로그래밍

코딩을 배워서 웹이나 앱을 만들고 싶나요?
초보자에게 적합한 코딩 분야가 궁금하다고요?
무엇을 어떻게 공부하면 좋을지
코딩 공부 순서, 지금 정해 드립니다.

02-1 우리가 알아야 할 코딩 분야

코딩은 IT 기반의 모든 곳에서 이루어집니다. 예를 들어 웹 사이트를 하나 만들려면 프런트엔드·백엔드 프로그래밍을 위한 코딩이 필요하고요. 재고 관리를 위한 응용 프로그램을 만들어도 데이터 프로그래밍, 보안 프로그래밍을 위한 코딩이 필요합니다. 모바일용 응용 프로그램인 앱app을 만들 때도 필요하고, 운영체제를 만드는 시스템 프로그래밍에도 코딩이 필요할 거예요. 이렇게 코딩의 분야는 다양하지만 보통 사람들이 이 코딩 방법을 다 배울 필요는 없습니다. 우리는 가장 자주 접하고, 쉽게 배울 수 있는 코딩부터 시작할 거예요. 여기서 잠깐, **프런트엔드**front-end와 **백엔드**back-end란 말을 이해하고 넘어가죠. 대표적인 프런트엔드 분야로는 웹 프런트엔드, 모바일 앱 개발이 있습니다. 아직 잘 모르겠지요? 우리가 매일 접하는 사이트의 예를 통해 프런트엔드, 백엔드가 하는 일을 자세히 살펴봅시다.

프런트엔드와 백엔드 분야 이해하기

프런트엔드와 백엔드의 개념을 쉽게 이해할 수 있도록 웹 사이트에 로그인하는 상황을 살펴보겠습니다. 웹 페이지에 접속하여 사용자가 로그인하려면 다음 화면을 만납니다.

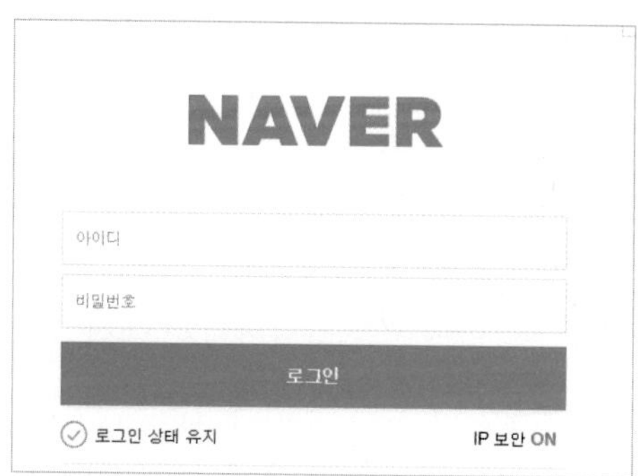

웹 페이지의 로그인 화면

이 화면처럼 **사용자가 어떤 행동을 하는 웹 페이지는 프런트엔드 분야에서 만듭니다**. 다시 말해 프런트엔드 개발은 사용자의 PC나 스마트폰에 보여 줄 화면을 만들고, 사용자가 웹 페이지에서 양식을 입력하거나 요소를 클릭할 때 화면을 변환해 주는 일을 합니다. 이때 서버 또는 API를 호출해서 사용자가 입력한 결과를 받아 화면에 보여 주는 것이죠. 즉, 프런트엔드 분야에서는 사용자에게 정보를 받고, 그 정보를 처리하여 다시 사용자에게 보여 주는 영역을 개발합니다.

! 프런트엔드 개발은 클라이언트 사이드 개발이라고도 합니다. 클라이언트(client)는 '고객', 사이드(side)는 '측면, 쪽'이라는 뜻이니 사용자 쪽에서 보는 화면을 개발한다는 것이죠. 일반적으로 프런트엔드는 웹 프로그래밍에서 사용하는 용어이며 앱이나 응용 프로그램 등에서는 클라이언트라는 용어를 사용합니다.

반면에 백엔드에서는 사용자 화면과 서버를 별도로 생각해야 합니다. 서버는 프런트엔드 화면에 보여 줄 정보를 저장·처리·가공하는 역할을 하는데, **백엔드는 이러한 서버의 기능을 개발하는 분야입니다.**

! 백엔드 개발은 서버 사이드 개발이라고도 합니다.

로그인 과정으로 프런트엔드와 백엔드 구분하기

프런트엔드와 백엔드의 개발 분야가 어떻게 다른지 로그인 과정을 예로 들어 자세히 설명하겠습니다. 다음과 같이 로그인 화면에서 아이디를 입력하지 않고 [로그인] 버튼을 누르면 빨간 글자로 아이디를 입력하라는 메시지가 나타납니다.

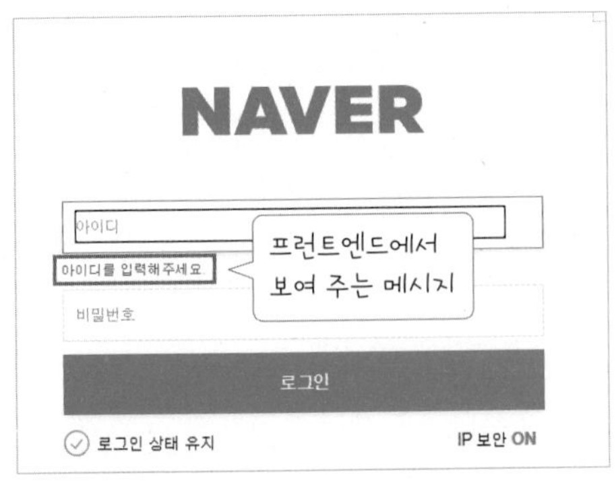

아이디를 입력하지 않고 로그인 버튼을 클릭했을 때

이럴 때는 사용자가 입력한 아이디의 유효성을 서버를 통해 검사할 필요가 없으므로 프런트엔드 영역에서만 입력 여부를 검사하고 처리합니다. 따라서 아이디를 입력하라는 메시지는 프런트엔드 영역에서 개발한 것이죠.

그럼 아이디와 비밀번호를 모두 입력하고 [로그인] 버튼을 클릭하는 경우를 생각해 봅시다. 이럴 때는 입력받은 아이디와 비밀번호의 유효성을 확인하기 위해 로그인 정보를 웹 브라우저에서 서버로 전송해야 합니다. 그리고 서버는 사용자 정보가 저장된 데이터베이스를 조회하여 입력받은 아이디와 비밀번호가 유효한지 검사하고 그 결과를 웹 브라우저로 다시 보내는데, 이 일은 백엔드에서 개발하죠.

마지막으로 서버의 결과를 받아 웹 브라우저에서 처리해야겠죠? 입력한 정보가 맞다면 로그인 처리가 이루어지고, 맞지 않다면 오류 메시지를 표시해야 합니다. 따라서 이 일은 웹 브라우저 화면에 나타나므로 프런트엔드 분야에서 개발합니다.

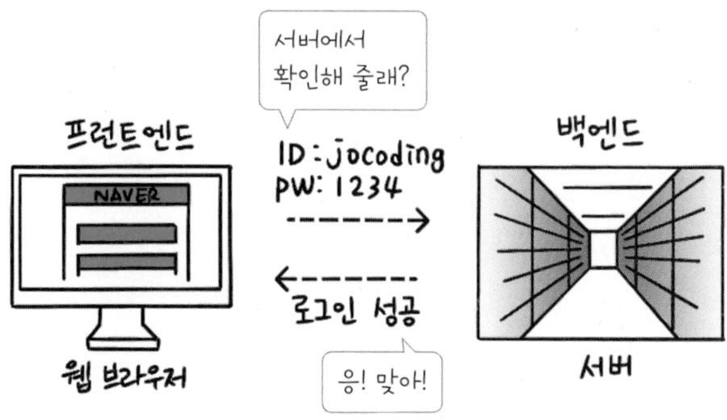

웹 사이트의 로그인 과정으로 살펴본 백엔드와 프런트엔드 분야

지금까지 웹 사이트 로그인 과정으로 프런트엔드와 백엔드 분야를 살펴보았습니다. 요약하면 프런트엔드 분야는 사용자가 보는 화면처럼 웹 브라우저에서 작동하는 영역을 개발하고, 백엔드 분야는 웹 브라우저에서 보낸 정보를 서버에서 받아 처리하여 그 결과를 다시 웹 브라우저로 보내는 영역을 개발합니다.

02-2 쉽게 배우는 웹 — 프런트엔드와 백엔드

앞에서 코딩의 분야 가운데 프런트엔드와 백엔드 영역에서 개발하는 일을 알아보았습니다. 그렇다면 우리는 어떤 분야를 선택해서 코딩을 시작하면 좋을까요?

웹 프런트엔드를 시작해 보자!

어떤 분야를 선택하더라도 상관없지만 코딩을 처음 시작하는 사람이라면 **웹 프런트엔드** 분야를 추천합니다. 만약 초보자가 앱을 만든다면 설치해야 할 도구도 많고, 개발부터 실제 스마트 폰에서 실행하기까지 과정이 꽤 복잡하므로 코딩에 흥미를 잃기 쉽습니다. 따라서 직관적이고 쉬운 웹 프런트엔드를 먼저 학습하고 어느 정도 코딩에 익숙해지면 앱 개발 등 다른 공부를 시작하는 것이 좋습니다.

웹, 앱, 윈도우 응용 프로그램 등 어떠한 프로그램이라도 구조를 효율적으로 만들려면 프런트엔드와 백엔드 분야를 나눠서 개발합니다. 그중에서 웹 프런트엔드는 다른 코딩 분야에 비해 개발에 필요한 사전 지식이 상대적으로 적고 난도가 낮으며, 코딩한 결과가 화면에 바로 나타나므로 재미있게 공부할 수 있습니다. 또, 웹으로 개발한 서비스는 PC뿐 아니라 스마트폰, 태블릿 등 다양한 기기에서 웹 브라우저만 있다면 이용할 수 있습니다. 게다가 프런트엔드 분야는 개발을 지원하는 프레임워크나 라이브러리도 많아서 누구나 쉽게 시작할 수 있습니다.

웹 프런트엔드의 기본 언어

웹 프런트엔드의 기초, 즉 웹 브라우저에 보이는 화면을 개발하려면 어떤 언어로 공부해야 할까요? 크게 3가지로 나눌 수 있는데, 바로 **HTML, CSS, 자바스크립트**입니다. 프런트엔드는 쉽다고 했는데 3가지나 배워야 하냐고요? 세 언어는 각자 역할이 있습니다. 그리고 서로 연결되어 있죠. 특히 HTML, CSS는 프로그래밍 언어라고 하기보다는 **마크업 언어**markup language라고 하는데요. 마크업 언어는 태그를 써서 웹 문서를 구조화하기 위해 사용하는데, 다른 프로그래밍 언어에 비해 다루기 쉽답니다.

웹 사이트의 로그인 화면을 만드는 과정을 예로 들어 조금 더 자세히 알아보겠습니다.

문서의 뼈대를 만드는 HTML

HTML은 밑그림을 그릴 때 사용하는 연필과 같습니다. 처음에 그림을 어떻게 완성할지 생각하고 전체 구조를 스케치하는 역할을 하죠. 웹 페이지의 제목을 정하고, 아이디와 비밀번호 입력란을 만들고, [로그인] 버튼을 넣는 등 웹 브라우저 화면의 뼈대를 만듭니다.

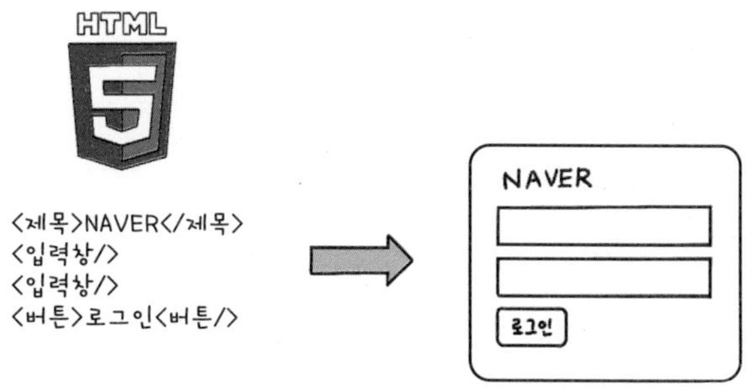

HTML로 웹 브라우저 로그인 화면의 뼈대 만들기

화면을 꾸며 주는 CSS

그다음 CSS는 그림을 그릴 때 사용하는 물감과 같은 역할을 합니다. HTML로 그린 뼈대에 색을 칠하고 그 위치를 구체적으로 지정해 가면서 화면을 꾸밉니다. 다음 로그인 화면처럼 HTML에서 작성한 텍스트나 입력 창에 색을 추가하거나 크기를 조절해서 보기 좋게 만드는 것이죠.

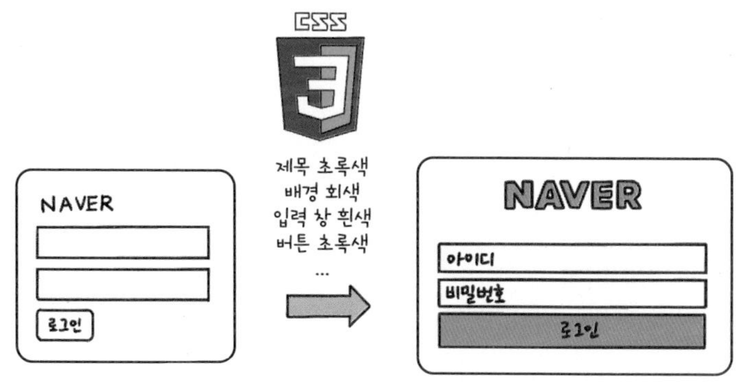

CSS를 추가하여 화면 꾸미기

기능을 담당하는 자바스크립트

마지막으로 **자바스크립트**는 지금까지 완성한 그림에 기능을 만들어 주는 역할을 합니다.

HTML과 CSS로 만든 웹 브라우저 화면을 움직이게 하거나, 사용자 동작에 반응하고, 서버와 데이터를 주고받을 수 있습니다. 02-1절에서 살펴본 것처럼, 로그인 화면에서 아이디를 입력하지 않으면 경고 메시지를 표시하거나, 로그인에 성공했을 때 페이지를 전환하는 일을 하죠.

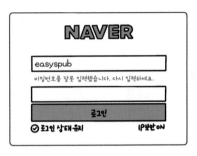

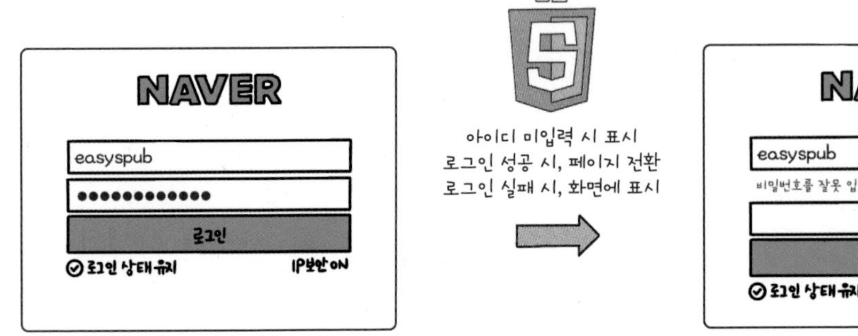

자바스크립트를 추가하여 로그인 기능을 완성하기

지금까지 프런트엔드 분야에서 HTML, CSS, 자바스크립트의 역할을 살펴보았는데요. 그렇다면 웹 프런트엔드 공부는 어떤 순서로 해야 할까요? HTML과 CSS를 공부한 다음에 자바스크립트를 공부하는 것을 추천합니다.

참고로 자바스크립트는 프로그래밍 언어라서 제대로 배우려면 학습할 내용이 많지만, 처음부터 전부 다 알 필요는 없습니다. 변수, 조건문, 반복문, 함수와 같이 기본 개념을 먼저 익히고 이어서 웹과 관련된 DOM 요소와 같은 개념을 배우면 됩니다. 그리고 나머지 개념은 필요할 때마다 추가로 학습하는 것을 추천합니다.

자바스크립트에서 자주 나오는 기본 개념

변수	변하는 값을 저장할 때 사용하는 요소.	예 변수 ID값은 'jocoding'으로 지정하기
조건문	조건에 따라 프로그램 흐름을 다르게 처리하는 명령문.	예 ID, PW값이 일치하는지 확인하기
반복문	지정한 횟수를 반복해서 명령문을 수행.	예 앞으로 이동을 10번 반복하기
함수	특정 기능을 수행하는 소스 코드의 묶음.	예 PW값이 5회 틀리면, 60초 동안 로그인 금지

웹 프런트엔드의 기초를 어느 정도 알면 다룰 줄 아는 프로그래밍 언어도 많아지고, 활용할 수 있는 분야도 넓어집니다. 백엔드를 몰라도 국내외 기업에서 제공하는 다양한 API를 통해 코드를 붙여 넣기만 해도 여러 가지 프로그램을 완성할 수 있습니다. 특히 네이버, 구글, 카카오에서는 지도, 번역, 채팅, 결제 같은 편리한 API를 많이 제공하는데요. 이를 잘 조합하면 꽤 쓸 만한 서비스를 만들 수 있습니다.

코딩 왕초보 탈출 후 백엔드 시작하기

백엔드를 공부하려면 먼저 이 분야의 프로그래밍 언어를 선택해야 합니다. 백엔드 개발에서는 다양한 언어를 사용할 수 있지만, 처음 공부한다면 자바스크립트·파이썬처럼 비교적 쉬운 언어를 선택해 기본 문법만 우선 학습하는 것을 추천합니다. 왜냐하면 백엔드 코드를 직접 작성하면서 필요할 때마다 인터넷이나 책에서 찾아 공부하는 것이 훨씬 효율적이기 때문입니다. 백엔드 프로그래밍은 기본 개념만 잘 이해해도 웹 서비스를 대부분 만들 수 있으므로, 어려운 개념을 당장 공부하지 않아도 됩니다. 프로그래밍 언어의 기초 문법을 이해한다면 백엔드 공부를 바로 시작할 수 있습니다.

원래 백엔드 웹을 개발하려면 알아야 할 내용이 많았습니다. 데이터베이스, 쿼리, 세션, 쿠키 등의 개념도 다 이해해야 하지만, 요즘에는 프레임워크가 그 역할을 하므로 이러한 깊은 개념까지 몰라도 프레임워크의 도움을 받아 백엔드 개발을 쉽게 할 수 있습니다.

ⓘ 프레임워크는 다양하므로 프로그래밍 언어와 용도에 따라 선택해서 사용하면 됩니다. 예를 들어 자바에는 스프링(Spring)이 있고, 파이썬은 장고(Django), 자바스크립트에는 익스프레스(Express) 등의 프레임워크가 있습니다.

프런트엔드와 백엔드를 모두 공부했다면?

프런트엔드와 백엔드 웹을 모두 공부하고 나면 간단한 웹 사이트는 혼자서 만들 수 있습니다. 만들고 싶은 웹 서비스를 정해서 완성하는 것을 목표로 공부해 보세요. 그러면 프로그래밍 지식을 훨씬 더 빠르게 습득할 수 있고 웹 서비스 전체를 이해하는 정도도 자연스레 높아집니다.

이렇게 웹 서비스를 충분히 이해하고 나면 모바일 앱 만들기도 도전할 수 있습니다. 모바일 앱도 프런트엔드 웹을 개발할 때와 마찬가지로 사용자에게 보여 주는 화면을 만들고, 데이터 처리와 계산 등의 프로그램 로직은 대부분 백엔드 서버에서 이루어지므로 웹에서 공부한 경험을 활용할 수 있기 때문입니다. 따라서 웹으로 개념을 먼저 잡고 나서 앱을 만들면 초보자도 더 수월하게 공부할 수 있죠.

그리고 게임을 만들고 싶다면 앞에서 배운 프런트엔드, 백엔드의 공부 원리가 그대로 적용됩니다. 게임도 사용자에게 보여 주는 프런트엔드 영역을 만드는데 이는 웹, 앱과 같은 방식으로 만들기 때문입니다. 또, 게임 속 캐릭터의 레벨을 저장하거나 점수를 저장하는 등의 프로그래밍 로직은 백엔드에서 구현합니다.

이렇듯 프런트엔드와 백엔드 웹 공부를 하면 나중에 앱이나 게임 등 다른 영역의 개발로 넘어갈 때 이해하는 속도도 빠르고 더 쉽게 배울 수 있습니다.

02-3 코딩 공부를 위한 '인싸' 세팅 2가지

전 세계 웹 브라우저의 점유율 살펴보기

웹 사이트에 접속하려면 기본적으로 웹 브라우저가 필요합니다. 당연히 우리가 사용하는 컴퓨터에도 웹 브라우저가 설치되어 있습니다. 예를 들어 윈도우를 기반으로 한 컴퓨터에는 인터넷 익스플로러나 엣지 브라우저가 기본으로 설치되어 있죠. 웹에 관심이 있다면 크롬, 사파리, 파이어폭스, 엣지 등 다양한 웹 브라우저를 알고 있을 겁니다. 그렇다면 보통 개발할 때 기준으로 삼는 웹 브라우저는 무엇일까요?

먼저 statcounter.com 사이트에 접속해서 웹 브라우저의 점유율을 살펴보겠습니다. 이 사이트에서는 전 세계 데스크톱 웹 브라우저의 사용 현황을 확인할 수 있습니다.

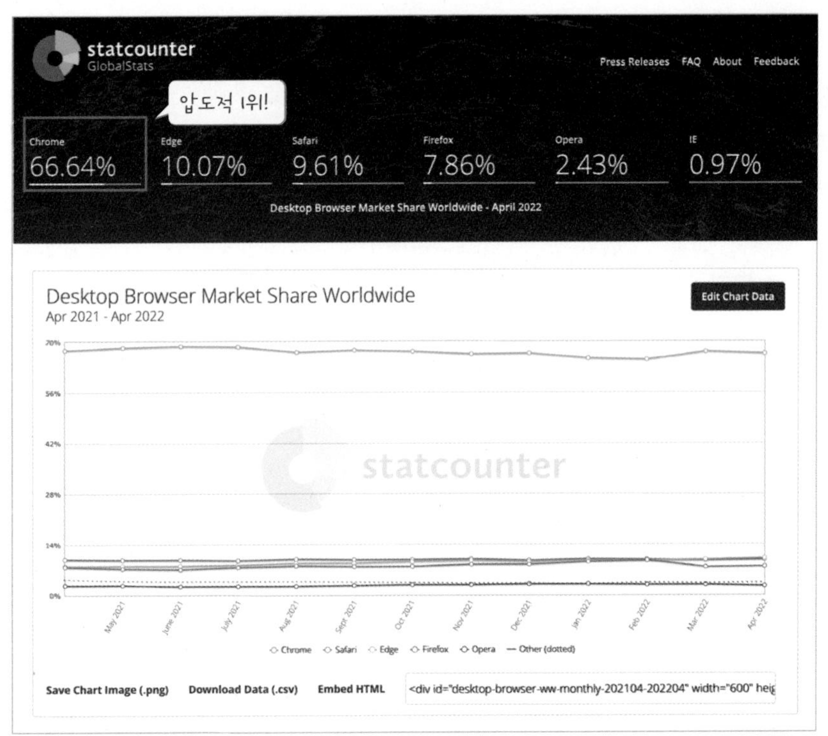

전 세계 데스크톱 웹 브라우저 사용 점유율(gs.statcounter.com/browser-market-share/desktop/worldwide)

크롬Chrome 브라우저가 약 67%로 압도적인 1위를 차지하였고, 인터넷 익스플로러IE는 1%에 못 미치는 점유율을 보입니다. 따라서 많은 사람들이 사용하는 크롬을 기준으로 개발하는 것이 좋겠습니다. 참고로 익스플로러는 개발사인 마이크로소프트에서도 더 이상 지원하지 않는 웹 브라우저입니다. 마이크로소프트의 최신 웹 브라우저인 엣지Edge는 크롬과 같은 엔진을 사용하고 있죠.

크롬 브라우저 설치하기

아직 크롬을 사용하지 않았다면 이번 기회에 꼭 사용하기 바랍니다. 웹 개발자를 위한 편리한 개발자 도구도 내장되어 있답니다.

❗ 크롬의 개발자 도구는 03-1절에서 자세히 다룹니다.

다음과 같이 google.com/chrome에 접속하여 [Chrome 다운로드]를 클릭하고 설치 파일을 실행해 크롬을 내 컴퓨터에 직접 설치해 보세요.

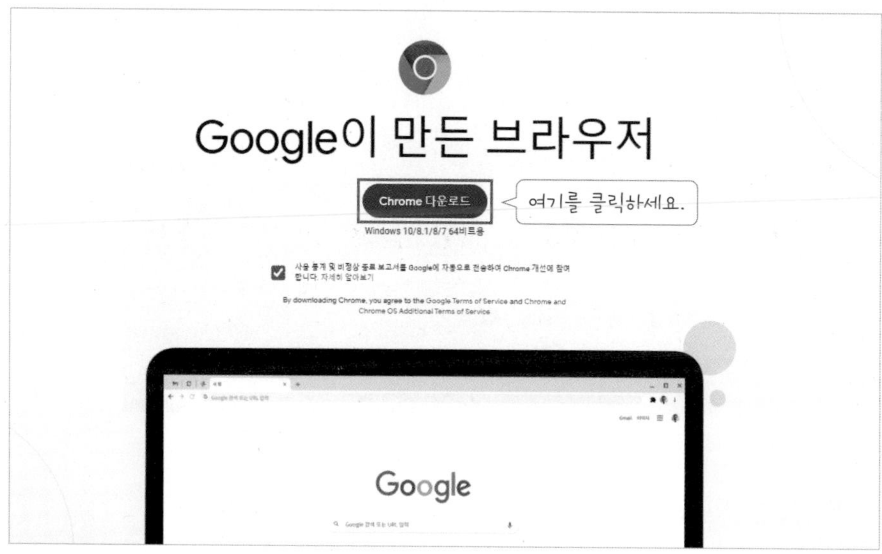

크롬 다운로드 페이지

코드 에디터란?

이번에는 소스 코드를 작성할 때 필요한 코드 에디터를 설치하겠습니다. 코드 에디터는 코드 파일을 만들 때 사용하는데, 마치 메모장과 같은 프로그램에 코딩을 위한 부가 기능이 담긴 프로그램입니다. 물론 간단한 웹 페이지를 만들 때는 메모장을 사용할 수도 있습니다. 하지만 메모장은 코드 오류, 자동 완성, 파일 구조화 등의 부가 기능이 없어서 코딩할 때 매우 불편하고 생산성도 떨어집니다.

코드 에디터는 대표적으로 비주얼 스튜디오 코드Visual Studio Code, 서브라임 텍스트Sublime Text, 브래키츠Brackets, 아톰Atom 등이 있습니다. 이 책에서는 요즘 많이 쓰는 무료 코드 에디터인 비주얼 스튜디오 코드를 사용합니다.

비주얼 스튜디오 코드 설치 파일 내려받기

code.visualstudio.com에 접속한 다음, 화면 왼쪽에 있는 [Download for Windows] 버튼을 클릭하고 설치 파일을 내려받습니다.

❗ 비주얼 스튜디오 코드 홈페이지에 접속한 사용자 컴퓨터 환경에 맞게 윈도우 또는 macOS 버튼이 자동으로 나타납니다.

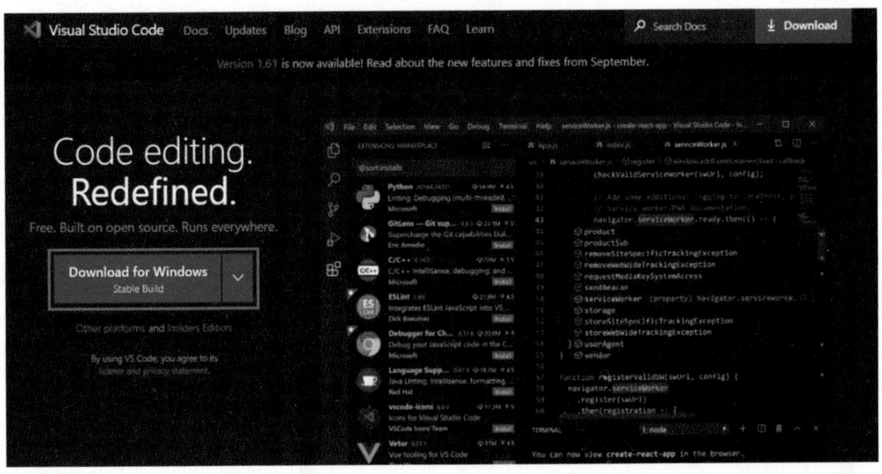

비주얼 스튜디오 코드 설치 페이지

비주얼 스튜디오 코드 설치 완료하기

설치 파일을 실행한 후 [동의합니다]를 선택하고, [다음]을 클릭해 설치를 완료합니다.

❗ 비주얼 스튜디오 코드 설치 과정에서 특별하게 설정할 것은 없으니 안내를 따라 진행해 보세요.

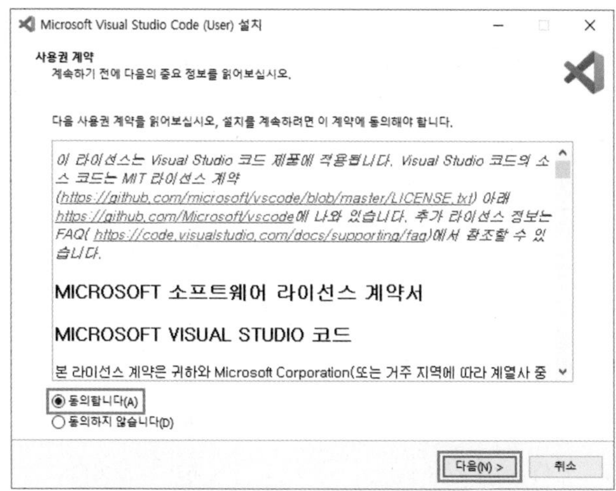

비주얼 스튜디오 코드의 설치 화면

설치를 완료하면 다음과 같이 비주얼 스튜디오 코드가 자동으로 실행됩니다.

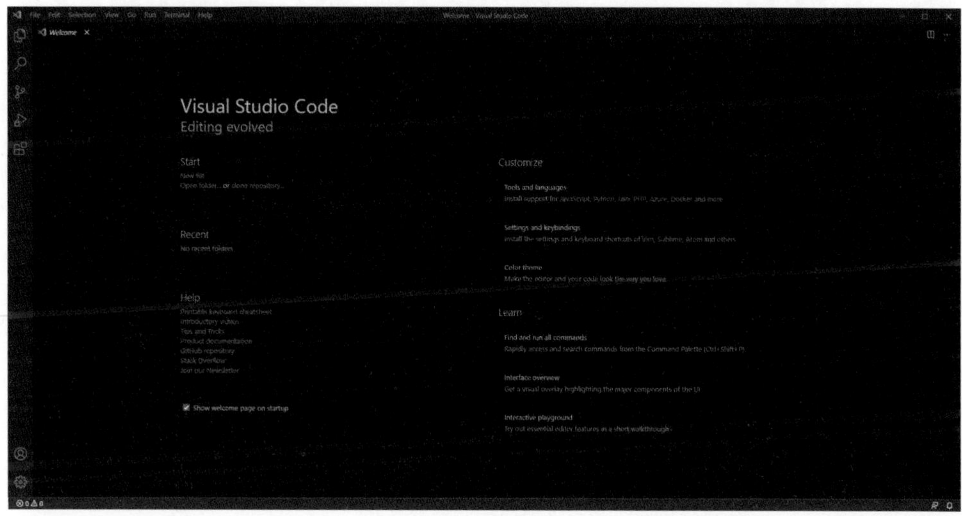

비주얼 스튜디오 코드 설치 완료

지금까지 웹 코딩에 필요한 기본 프로그램인 크롬과 비주얼 스튜디오 코드를 설치했습니다. 둘째마당부터는 이 두 프로그램을 사용해서 본격적으로 실습해 보겠습니다.

둘째마당

웹 사이트는 어떻게 작동할까? — 만들기부터 검색 최적화까지

오늘부터
웹 프로그래밍 공부를 시작한다!
자, 웹프의 기본!
HTML 문법부터 하나씩 외워 볼까!

1시간 후…
아함~ 지루해.
코딩 공부는 왜 이렇게 재미없지?
그냥 포기할까?

그렇게 공부하니까 금방 지루하지!
이 방법대로 해보라구!
1. 책으로는 큰 개념을 공부하기!
2. 모든 코드를 외우려 하지 말고,
필요할 때 인터넷에서 찾아 쓰자!

ctrl + c
ctrl + v
이렇게 필요한 코드를
인터넷에서 찾아서
쓰면 되는 거야!
탁탁!
탁탁!

짠! 원하는 결과가 바로 나오지?
Joogle

이것이 바로 조코딩식 학습법!
세부적인 문법을 외울 필요 없이
큰 개념만 알아도 쉽게
코딩할 수 있어!
우와~

03

HTML을 이해하면 네이버 뉴스를 해킹할 수 있다?

웹 개발의 기본 언어 중 하나는 HTML입니다.
HTML의 태그를 조금만 다룰 줄 알면
네이버 뉴스 기사도 쉽게 조작할 수 있죠!
그래도 진짜 '뉴스 조작'은 금물!

03-1 네이버 뉴스 사이트에 숨어 있는 HTML

이제 웹 프로그래밍의 기초에 대해 본격적으로 공부할 시간입니다. 그중에서 가장 기본적인 HTML을 배워볼 텐데요. HTML은 02장에서 살펴본 것처럼 웹 프런트엔드, 즉 우리가 보는 화면을 구성하는 기본 언어입니다. 쉽게 말해 웹 페이지의 전체 구조를 나타내는 언어라고 할 수 있죠.

HTML과 태그

HTML은 Hyper Text Markup Language의 줄임말입니다. **하이퍼 텍스트**Hyper Text란 웹 브라우저 화면의 어떤 요소를 클릭했을 때 다른 페이지로 이동할 수 있는 링크를 의미합니다. 그리고 **마크업**Markup은 태그 등을 이용해서 웹 문서의 구조를 표시한다는 뜻이죠. 과거에 HTML은 그 단어의 의미처럼 여러 웹 문서를 서로 연결해 주는 역할만 했습니다. 그러나 요즘은 앱, 게임 등 다양한 분야에서 쓰는 매우 유용한 언어가 되었습니다.

HTML은 마치 테트리스처럼 블록을 쌓는 방식으로 작성합니다. 이 블록을 **태그**라고 하는데 `<tag명>내용</tag명>`과 같은 형식으로 쓰죠. 태그는 그 기능과 역할에 따라 여러 종류가 있습니다. 이해를 더 돕기 위해 로그인 페이지 화면을 예로 들어 자세히 살펴보겠습니다.

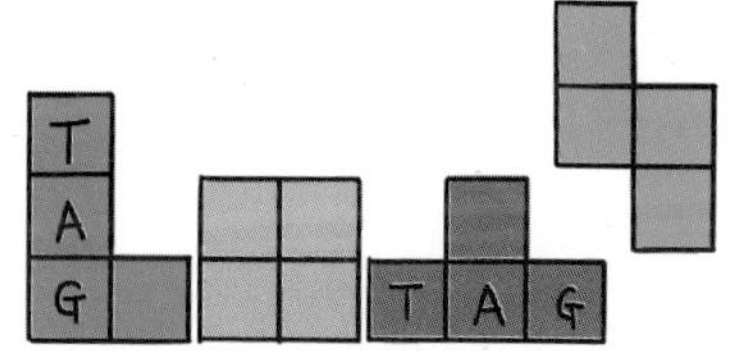

로그인 페이지로 살펴보는 HTML 태그

평소에 우리가 자주 보는 로그인 페이지는 다음과 같은 태그로 구성되어 있습니다.

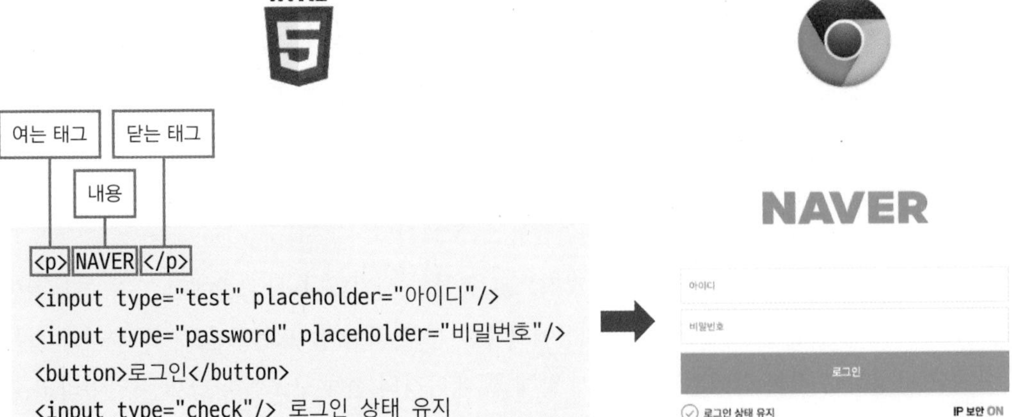

로그인 페이지를 HTML로 작성했을 때

❗ 간단히 표현했지만 실제 작성한 코드는 이 그림보다 훨씬 복잡할 것입니다.

왼쪽에 있는 태그로 작성한 문서, 즉 HTML 파일을 웹 브라우저에서 실행하면 웹 브라우저는 이 코드를 해석하여 오른쪽과 같은 로그인 화면으로 보여 줍니다.

여기에서 `<tag명>`은 **여는 태그**이고, 태그 이름 앞에 /가 붙은 `</tag명>`은 **닫는 태그**인데, 이 사이에는 웹 페이지에 보여 줄 내용을 입력합니다.

❗ 위 그림의 <input> 태그처럼 내용을 입력하지 않는 태그라면 <태그명/>과 같은 형식으로 입력합니다.

또한 태그 이름은 그 태그의 역할 자체를 의미하는 경우가 많습니다. 예를 들어 앞의 그림에서 `<button>`**로그인**`</button>`은 버튼을 나타내는 태그입니다. 웹 브라우저는 이 태그를 버튼으로 인식하고, 로그인 텍스트를 포함한 초록색 버튼을 웹 브라우저 화면에 보여 주는 것이죠.

네이버 뉴스 사이트의 구조 알아보기

실제 네이버 뉴스 사이트 구조를 살펴보면서 HTML을 더 알아보겠습니다. 네이버 뉴스 사이트는 특정 구역으로 나눌 수 있습니다. 다음과 같이 헤더, 기사, 기사 링크, 광고 영역으로 크게 구분합니다.

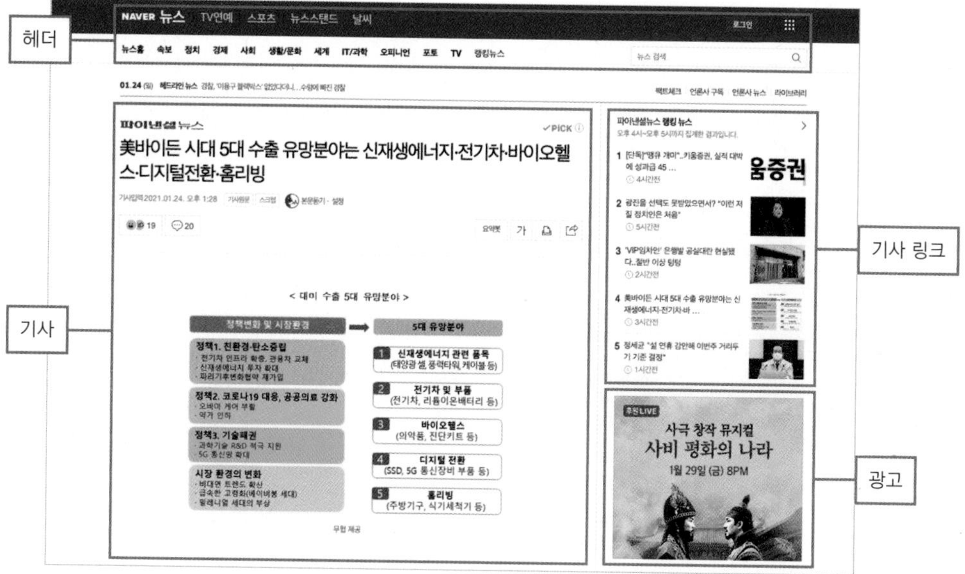

네이버 뉴스 사이트의 영역 나누기

이렇게 나눈 각각의 영역을 더 세분화할 수도 있습니다. 기사 영역은 기사 제목과 기사 내용으로 나눌 수 있죠.

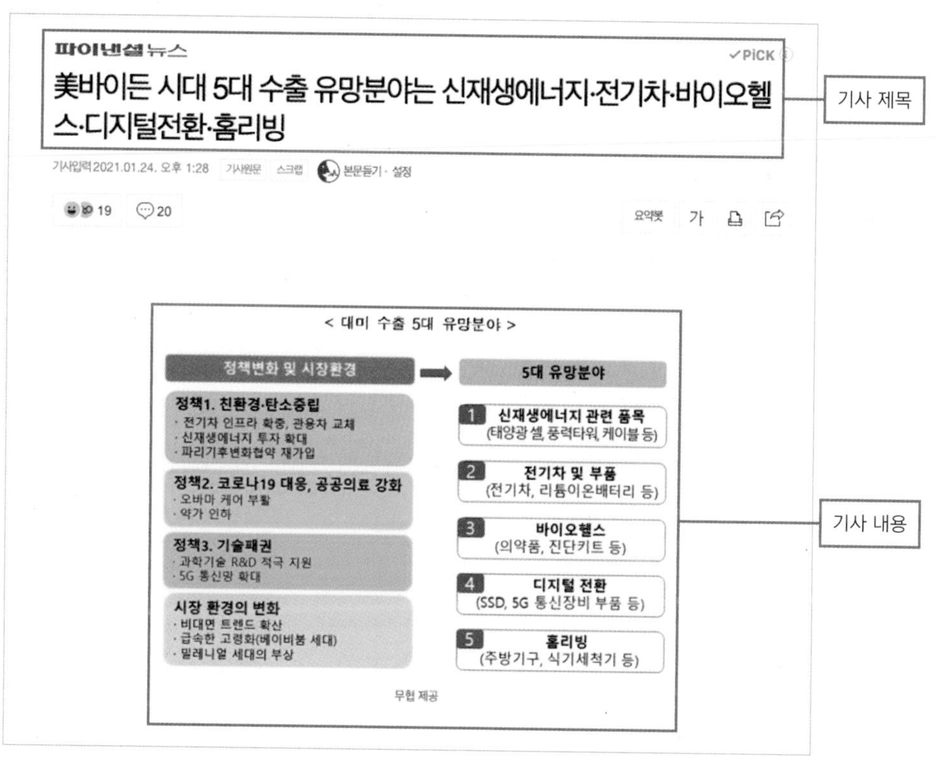

기사 영역 나누기

지금은 학습 단계라서 임의로 단순하게 나누었지만 이보다 더 세밀하게 구분할 수도 있고, 실제 소스 코드는 작은 영역까지 모두 나눠서 작성되어 있을 겁니다. 이렇듯 웹 사이트의 구조는 마치 블록처럼 구분되어 있습니다. 그렇다면 각 영역 안에 HTML 태그로는 어떻게 작성할까요? 앞에서 살펴본 뉴스 기사 영역을 다음의 HTML 코드로 간단히 나타낼 수 있습니다.

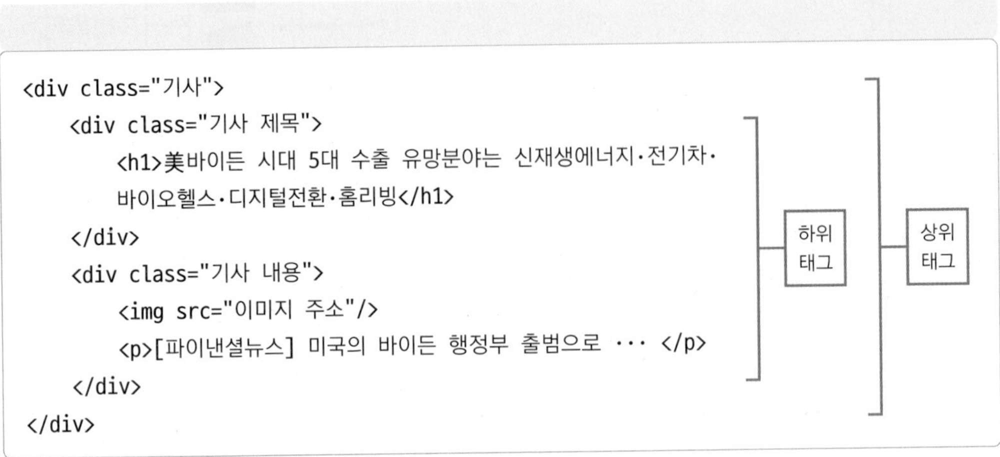

```
<div class="기사">
    <div class="기사 제목">
        <h1>美바이든 시대 5대 수출 유망분야는 신재생에너지·전기차·
        바이오헬스·디지털전환·홈리빙</h1>
    </div>
    <div class="기사 내용">
        <img src="이미지 주소"/>
        <p>[파이낸셜뉴스] 미국의 바이든 행정부 출범으로 … </p>
    </div>
</div>
```


처음에 작성한 <div>라는 태그는 분할[division]이라는 뜻으로 구역을 나누어 주는 기능을 합니다. 이 태그는 투명한 상자라고 생각하면 됩니다. 전체 기사를 <div class="기사"></div>를 사용하여 하나의 큰 영역으로 구성하고, 그 내부를 <div class="기사 제목"></div>와 <div class="기사 내용"></div>를 사용하여 기사 제목 영역과 기사 내용 영역으로 나누었습니다. 그리고 기사 제목 영역 내부에는 <h1>美바이든 시대 5대 수출 유망분야는···</h1>이라는 제목이 있습니다. 이 <h1> 태그는 기사 제목[headline]을 의미합니다. 그다음 기사 내용 영역에는 이미지[image]를 의미하는 <img> 태그를 사용하여 기사의 이미지를 표시했습니다. <img> 태그 안에는 src 속성을 사용할 수 있는데, 여기에는 이미지를 가져올 주소인 이미지 위치를 작성합니다. 마지막으로 문단[paragraph]을 의미하는 <p>와 </p> 태그를 사용하여 기사 본문을 표시합니다.

잘 살펴보면 태그는 계층 구조로 이루어진다는 것을 알 수 있습니다. 이 코드에서 첫 번째 태그인 <div>는 **상위 태그**라고 하고, 그 안에 있는 <div>, <h1>, <img>는 **하위 태그**라고 하죠. 상위 태그를 **부모 태그**, 하위 태그를 **자식 태그**라고도 합니다.

크롬 개발자 도구로 네이버 뉴스 사이트 뜯어보기

그럼 이번에는 크롬 개발자 도구를 사용해 실제 네이버 뉴스 사이트가 어떻게 구성되어 있는지 확인해 보겠습니다. 크롬에서 news.naver.com에 접속하고 뉴스 기사 하나를 골라 클릭해 보세요.

크롬 개발자 도구 실행하기

HTML 코드를 확인하려면 크롬 개발자 도구를 실행해야 합니다. 다음과 같이 뉴스 기사 화면에서 Ctrl + Shift + I 또는 F12 를 누르면 크롬 개발자 도구가 실행되고 HTML 코드가 나타납니다.

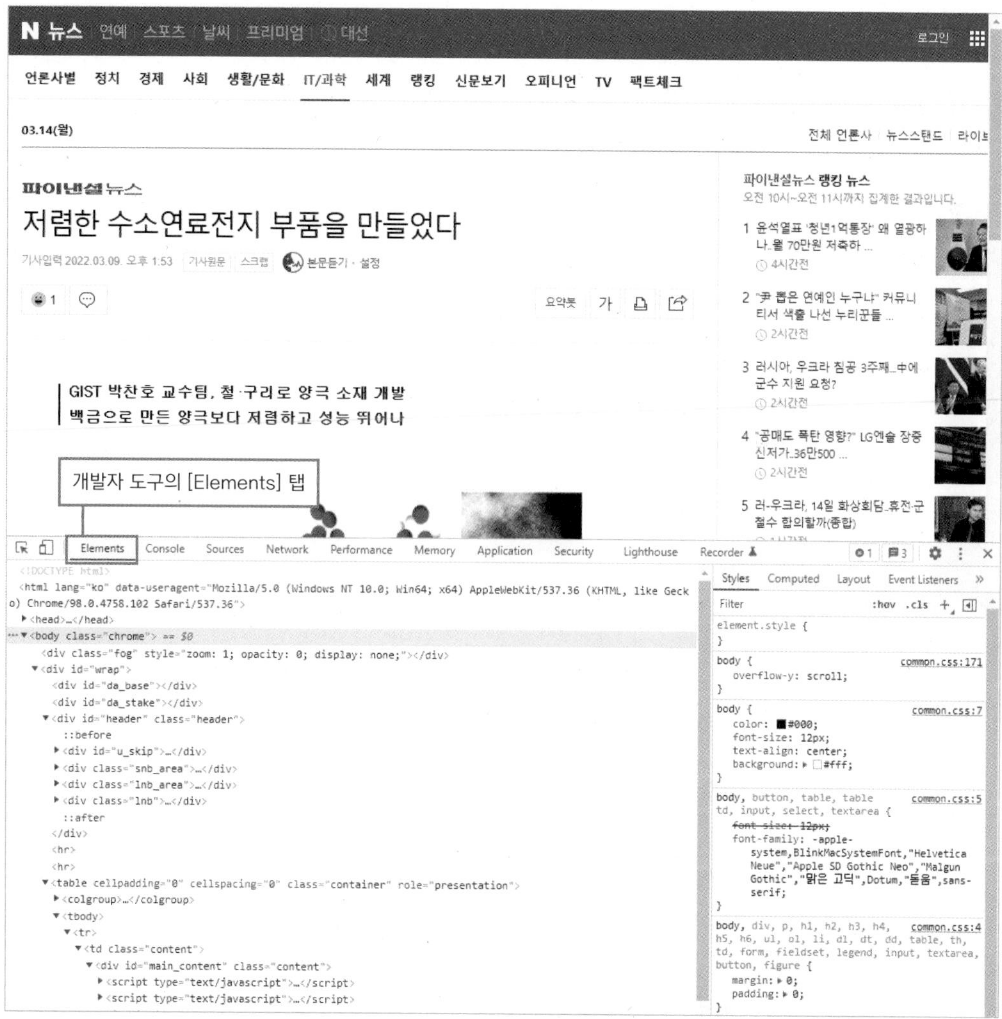

크롬 개발자 도구를 연 화면

크롬 개발자 도구는 기본적으로 [Elements] 탭이 보이는 상태로 실행됩니다. [Elements] 탭에서는 현재 접속한 웹 페이지의 HTML 코드를 편리하게 확인할 수 있습니다.

❗ 이제부터 '크롬 개발자 도구'는 간단히 '개발자 도구'라고 줄여서 부르겠습니다.

개발자 도구에서 HTML 코드 살펴보기

개발자 도구 태그 왼쪽에 있는 ▶, ▼를 클릭하면 태그를 열거나 접을 수 있으며, 부모 요소와 자식 요소를 한눈에 볼 수 있습니다.

또한 [⇱]를 클릭하고 웹 페이지 요소 위에 마우스 커서를 올리면, 각 요소의 영역이 색깔별로 표시되어 소스 코드를 자세히 살펴볼 수 있습니다. 다음과 같이 뉴스 로고 이미지 영역에 마우스 커서를 올려 보세요. 그러면 개발자 도구는 해당 이미지 영역에 작성된 <img> 태그를 선택하여 보여 줍니다.

개발자 도구에서 이미지 요소를 선택해 HTML 코드 확인하기

여기에서 재밌는 건 개발자 도구를 이용해 HTML 코드를 수정할 수 있다는 점입니다. 다음 절에서 네이버 뉴스 기사를 조작해 보겠습니다.

03-2 네이버 뉴스 기사 조작하기

주가 조작이든, 뉴스 조작이든 여론을 왜곡하는 기사 조작은 범죄입니다. 그러나 학습을 위해 뉴스를 한 번 바꿔 볼게요.

Do it! 01 기사 제목 태그 선택하기

기사 제목 영역이 어떤 태그로 작성되었는지 확인해 봅시다. 화면처럼 개발자 도구에서 [선택 아이콘]를 클릭한 뒤 기사 제목 영역을 클릭하면 기사 제목에 해당하는 태그가 선택됩니다.

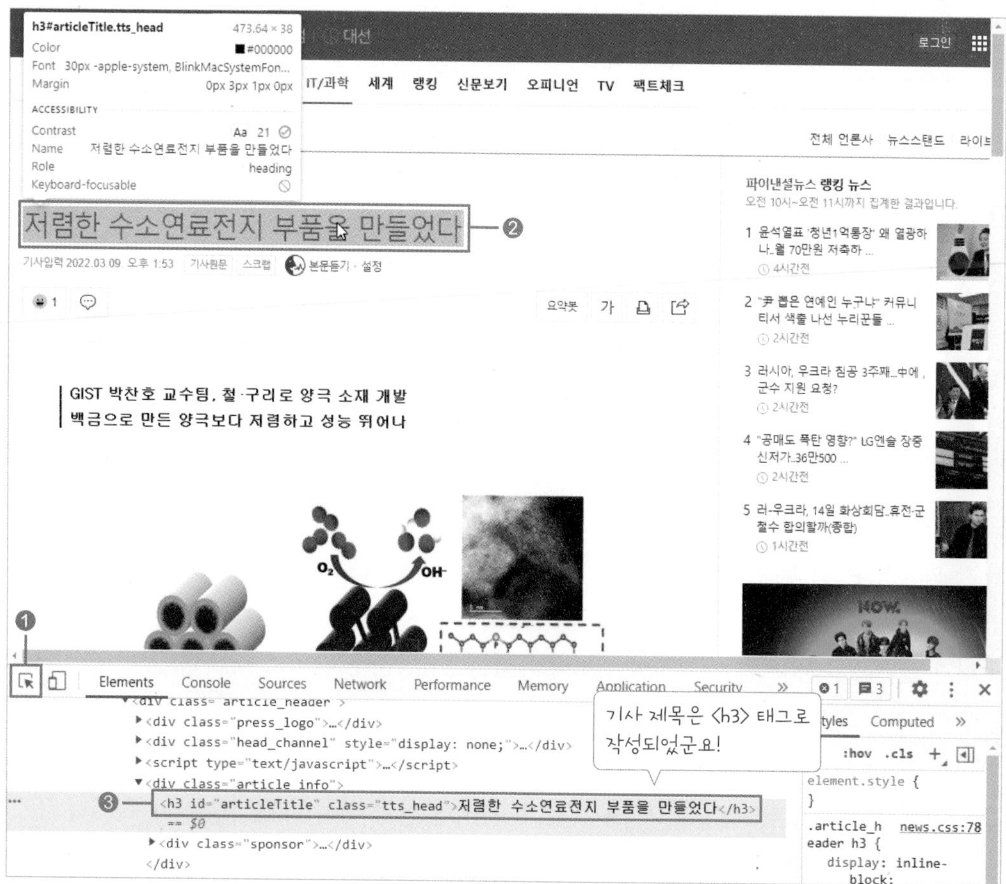

개발자 도구에서 기사 제목 영역의 태그 선택하기

Do it! 02 기사 제목 변경하기

개발자 도구에서 <h3> 태그 안의 텍스트를 더블클릭하면 내용을 변경할 수 있습니다. 다음과 같이 자신이 원하는 텍스트를 입력해 보세요.

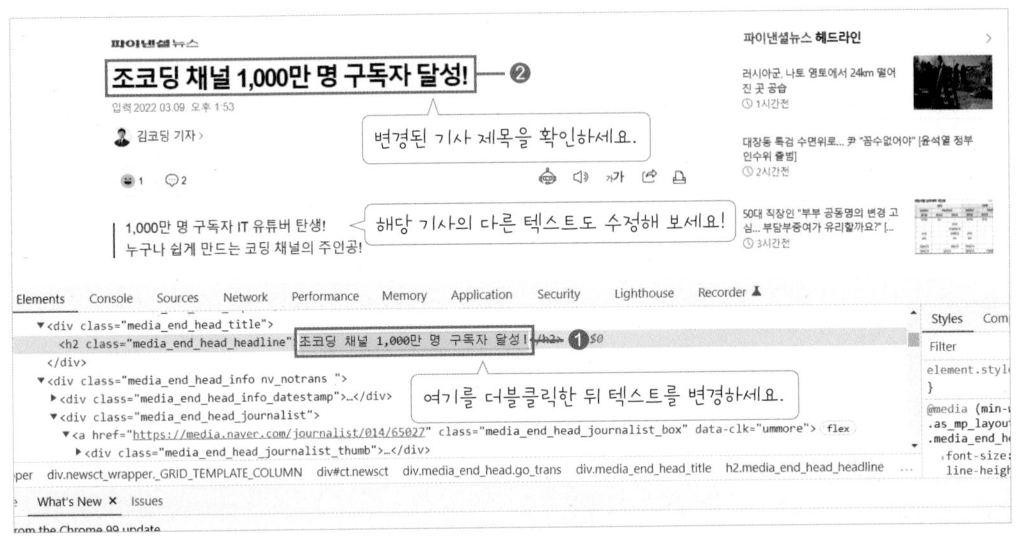

기사 제목 텍스트 변경하기

기사 제목 텍스트를 변경하면 웹 페이지에 바로 반영되어 나타납니다. 기사 제목을 정말 간단하게 바꾸었죠? 같은 방식으로 기사 제목뿐 아니라 날짜, 내용, 이미지도 변경할 수 있습니다. 기사 내용을 이리저리 바꿔 보면서 여기에는 어떤 HTML 태그가 들어 있는지, 구조는 어떻게 생겼는지 더 살펴보세요.

네이버 뉴스 웹 페이지 조작의 원리

이미 눈치챈 독자도 있겠지만 우리는 실제 네이버 뉴스 기사를 조작한 것은 아닙니다. 현재 내가 보고 있는 웹 브라우저의 화면만 변경된 것이죠. 이 개념을 이해하려면 프런트엔드, 백엔드 웹의 작동 원리를 알아야 합니다.

우리가 웹 브라우저(프런트엔드)의 주소 창에 news.naver.com을 입력하면, 브라우저는 자동으로 DNS^domain name system^를 통해 입력받은 웹 페이지 주소에 해당하는 네이버 서버 컴퓨터(백엔드)를 찾아서 접속을 요청합니다. 그러면 네이버 서버는 요청한 브라우저에 HTML 문서를 전달해 줍니다. 그리고 브라우저는 이 문서를 받아 해석한 뒤 우리에게 네이버 뉴스 페이지를 보여 주는 것이죠.

❶ DNS는 05-1절에서 자세히 다룹니다.

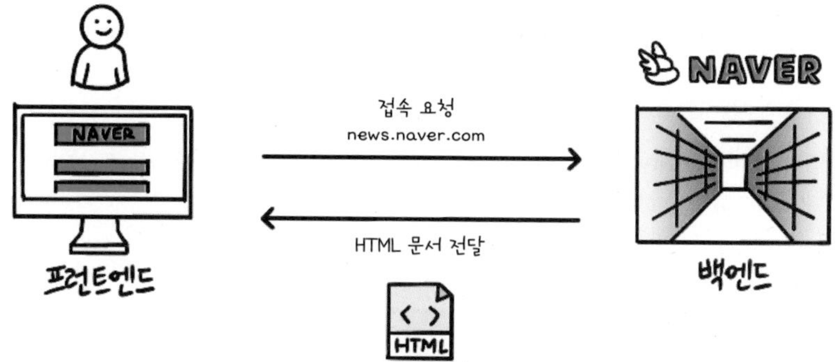

네이버 뉴스 사이트에 단일 사용자가 접속하는 과정

마찬가지로 다른 사용자도 각자 자신의 컴퓨터 웹 브라우저에서 네이버 뉴스 페이지에 접속하면, 네이버 서버가 반환하는 HTML 문서를 받아 사용자 화면에 표시해 줍니다.

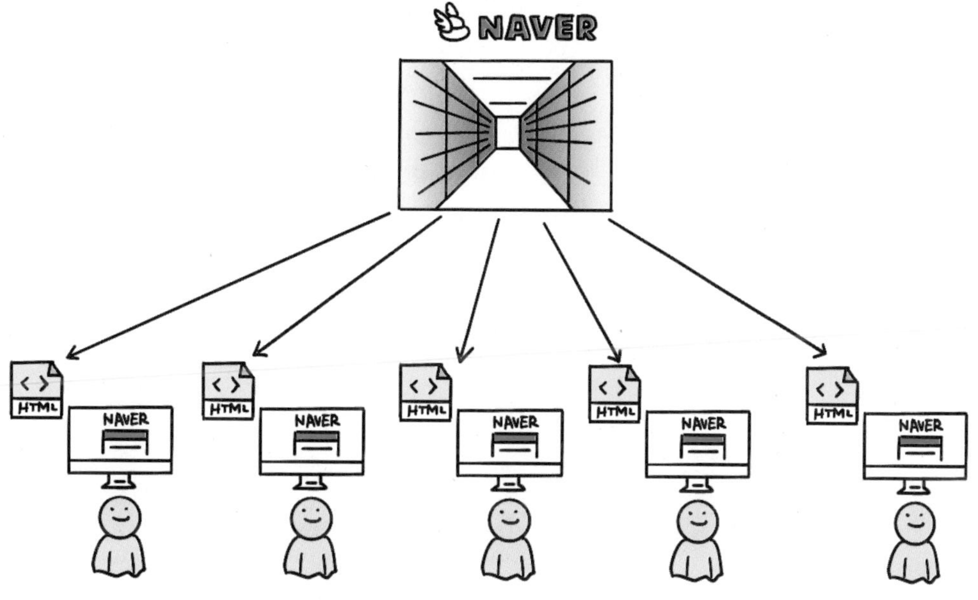

네이버 뉴스 사이트에 다수 사용자가 접속하는 과정

그럼 앞에서 네이버 뉴스 기사를 변경한 것처럼 보인 이유는 무엇일까요? 네이버 서버가 웹 브라우저에 전달해 준 HTML 문서, 즉 **내 컴퓨터가 받은 HTML 문서만 변경**했기 때문입니다. 따라서 다른 사람의 컴퓨터가 받은 HTML 문서에서는 변경되지 않은 상태로 원래의 뉴스 기사가 나타납니다. 실제 다수의 사용자가 보는 뉴스 기사를 조작하려면 네이버 서버에 있는 HTML 파일을 변경해야 할 것입니다. 하지만 이 일은 매우 어려울 뿐 아니라, 불법이므로 해서는 안 되겠죠?

독학 가능한 HTML 학습 사이트를 추천해 주세요!

혼자서 HTML을 공부할 수 있는 사이트 두 곳을 추천합니다. 첫 번째 사이트는 코드카데미입니다. codecademy.com/learn/learn-html에 접속하여 회원 가입을 마치면 다음과 같은 화면을 만날 수 있습니다.

❗ 코드카데미는 회원 가입 후 정해진 기간 동안 무료로 체험할 수 있습니다.

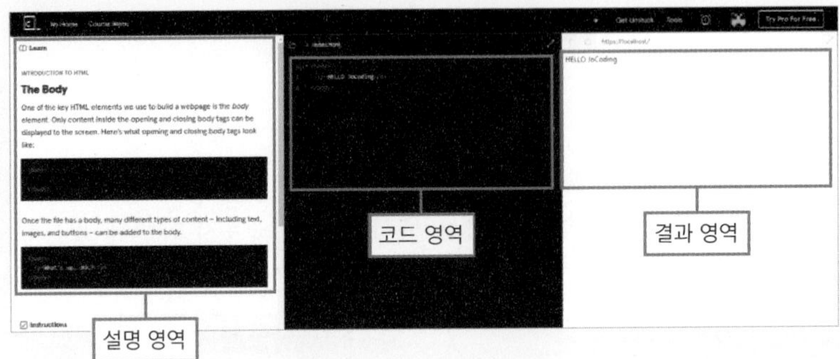

코드카데미의 학습 화면

코드카데미 학습 화면은 크게 세 영역으로 구분됩니다. 왼쪽 영역에서 설명과 과제를 읽고, 가운데 영역에 코드를 입력한 뒤 [Run]을 클릭하면 오른쪽 영역에 작성한 결과가 바로 나타납니다. 과제에 맞는 코드를 작성하면 다음 단계로 넘어갈 수 있기에 HTML을 체계적으로 공부할 수 있습니다.

두 번째 추천 사이트는 생활코딩입니다. 국내 사이트로 코딩을 쉽게 이해할 수 있도록 설명해서 인기가 많죠. opentutorials.org/course/2039에 접속하면 생활코딩의 HTML 강의를 만날 수 있습니다.

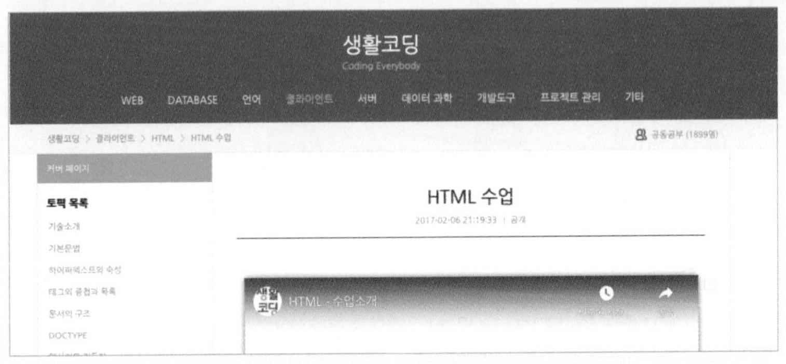

생활코딩 HTML 강의 페이지

HTML 문법은 다른 프로그래밍 언어에 비해 쉬우므로 생활 코딩에 정리된 사이트에서 학습하는 것만으로도 개념을 충분히 익힐 수 있습니다. 책을 보다가 궁금한 점이 생기면, 여기서 소개한 두 사이트에서 찾아보거나 필요할 때마다 인터넷에서 직접 검색하며 공부하길 추천합니다.

웹 사이트 만들고 인터넷에 공개하기

템플릿을 이용해 웹 사이트를
간단하게 만들고, 웹 사이트를 전 세계에
무료로 공개하는 방법을
알아보겠습니다.

04-1 웹 사이트를 인터넷에 공개하는 방법

03장에서는 웹 사이트의 구조를 만드는 HTML과 태그를 알아봤습니다. HTML로 작성한 문서는 웹 브라우저를 거쳐 웹 사이트 형태로 나타나죠. 하지만 여러분이 HTML을 배워 엄청난 웹 사이트를 만들었다 하더라도 내 컴퓨터에만 담겨 있다면 아무 소용이 없습니다. 웹 사이트는 인터넷에 공개해 많은 사람이 이용할 수 있어야 비로소 진정한 가치를 갖는 것이죠.

웹 사이트를 공개하는 두 가지 방법

내가 만든 웹 사이트를 인터넷에 공개하는 방법은 크게 두 가지가 있습니다. 첫 번째 방법은 내 컴퓨터를 서버로 만들어 인터넷에 내 IP 주소를 알리는 것이죠. 하지만 이 방법은 개인 컴퓨터를 외부에 공개하는 것이므로 보안이 취약합니다. 그리고 실시간 접속을 위해 컴퓨터를 항상 가동해야 하므로 유지비가 많이 들 수 있습니다. 그러므로 이 방법은 추천하지 않으며 학습 단계나 서버 테스트 과정 중에 임시로 사용할 것을 권장합니다.

두 번째 방법은 외부 서버를 이용하는 방법입니다. 다음 사진과 같은 서버실을 본 적이 있나요? 영화를 보면 해커들이 이런 곳에 침투해서 중요한 정보를 빼내는 장면이 나오곤 하죠.

서버 컴퓨터가 모여 있는 서버실

서버실은 서버 컴퓨터를 여러 개 보관하는 공간으로 서버 컴퓨터가 잘 작동할 수 있는 환경이 구축되어 있습니다. 이렇게 이미 구축된 서버의 일부 공간을 빌려서 내가 만든 웹 사이트를 외부에 공개할 수 있습니다.

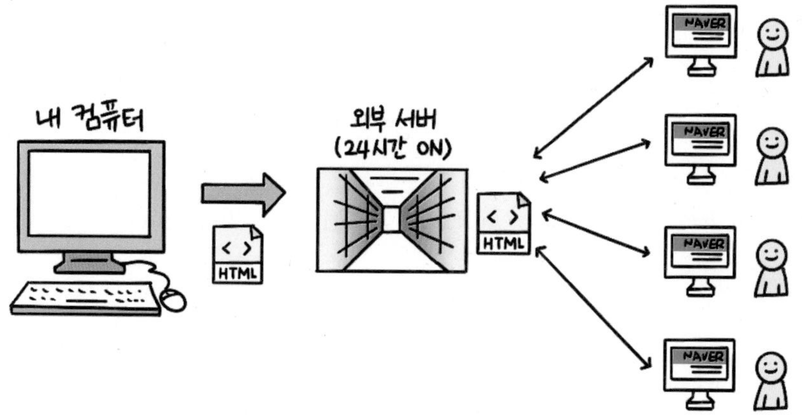

외부 서버를 이용해 웹 사이트를 제공하는 과정

그림과 같이 외부 서버에 내가 만든 웹 사이트, 즉 HTML 파일 등을 올려 두고 다른 사람들이 이곳에 접속할 수 있도록 보여 주는 것이죠. 큰 서버의 일부를 활용하면 유지비가 적게 들고, 전문 기업에서 서버 관리를 해주므로 편리하다는 장점이 있습니다. 이런 서비스를 제공하는 곳을 웹 호스팅 또는 클라우드 서비스 제공 업체라고 합니다. 대표적인 해외 서비스는 아마존 웹 서비스AWS, 마이크로소프트 애저Azure, 구글 클라우드 플랫폼GCP이 있고, 국내에는 카페 24 등이 있습니다.

웹 호스팅, 클라우드 서비스 제공 업체

이 중에서 어떤 서비스를 선택해도 무관하지만, 이 책에서는 무료이면서 간단히 사용할 수 있는 네트리파이netlify를 04-3절에서 사용해 보겠습니다.

04-2 템플릿을 이용해 웹 사이트 만들기

04장의 최종 목표는 웹 사이트를 인터넷에 공개하는 과정을 실습해 보는 것입니다. 그러려면 우선 배포할 웹 사이트가 있어야 합니다. 웹 사이트를 만들기 위해 처음부터 코드를 하나씩 작성하려면 시간이 오래 걸릴 거예요. 하지만 템플릿을 사용하면 웹 사이트를 빠르게 완성할 수 있습니다. 시작해 볼까요?

웹 사이트 템플릿이란 무엇인가요?

템플릿은 어떤 문서를 만들 때 안내 역할을 합니다. 마치 발표 자료를 만들 때 인터넷에서 파워포인트 템플릿을 찾아서 쓰는 것과 같죠. 웹 사이트를 만드는 것도 마찬가지입니다. 인터넷에서 웹 사이트 템플릿을 찾아 내려받은 뒤 내용을 수정하면 작업 시간도 단축되고, 디자인 면에서도 완성도 높은 웹 사이트를 만들 수 있습니다. 구글에서 'html free template'을 검색하면 다양한 무료 웹 사이트 템플릿을 찾을 수 있습니다.

Do it! 웹 사이트 템플릿 내려받고 실행하기

01 웹 사이트 템플릿을 제공하는 Free CSS 사이트(free-css.com)에 접속하세요.

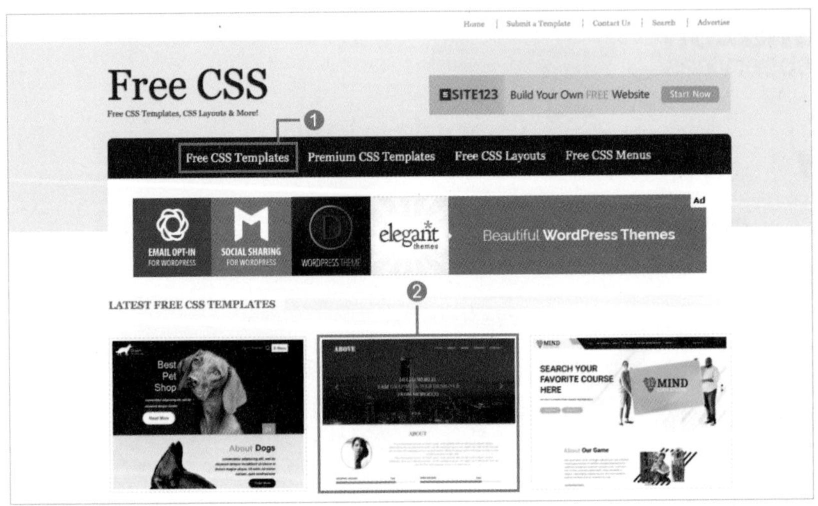

Free CSS에서 템플릿 선택하기

Free CSS의 메인 화면에서 [Free CSS Templates] 메뉴를 클릭해 마음에 드는 템플릿 디자인을 선택합니다. 여기에서는 ABOVE 템플릿을 선택하겠습니다.

책에서 선택한 ABOVE 템플릿을 찾고 싶다면 메인 화면 오른쪽 위에 있는 [Search]를 클릭해서 'ABOVE'를 검색하거나 주소창에 free-css.com/free-css-templates/page263/above를 입력하세요.

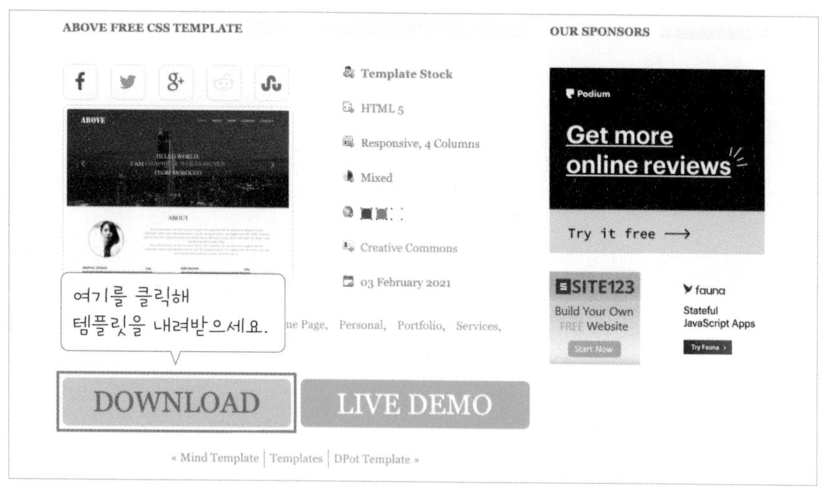

ABOVE 템플릿을 내려받기

[LIVE DEMO]를 클릭하면 선택한 웹 템플릿을 미리 볼 수 있고, [DOWNLOAD]를 클릭하면 템플릿 파일을 내려받을 수 있습니다. 템플릿 파일을 내려받아 압축을 풀면 다음과 같은 폴더와 파일이 들어 있습니다.

ABOVE 템플릿 폴더 확인하기

웹 사이트 템플릿을 사용할 때는 Readme.txt 또는 License.txt 파일을 확인해 저작권 관련 규정 및 범위를 잘 알아 두어야 합니다.

템플릿 폴더에는 기본 페이지에 해당하는 index.html 파일이 꼭 있어야 합니다. 이 파일을 더블클릭해서 웹 브라우저에서 열면 다음과 같이 템플릿 웹 사이트가 나타납니다.

파일 확장자 *.html이 보이지 않는다면 윈도우 탐색기 폴더 상단의 [보기 → 파일 확장명]을 선택해 체크하면 확장명을 표시할 수 있습니다.

웹 브라우저에서 index.html 파일 실행하기

Do it! 02 웹 사이트 템플릿 수정하기

이번에는 웹 사이트 템플릿을 수정해 보겠습니다. 비주얼 스튜디오 코드에서 index.html 파일을 열어야 합니다. 다음과 같이 ABOVE 템플릿 폴더에서 index.html 파일을 마우스 오른쪽 버튼으로 클릭한 뒤 [연결 프로그램 → Visual Studio Code]를 선택하면 열 수 있습니다.

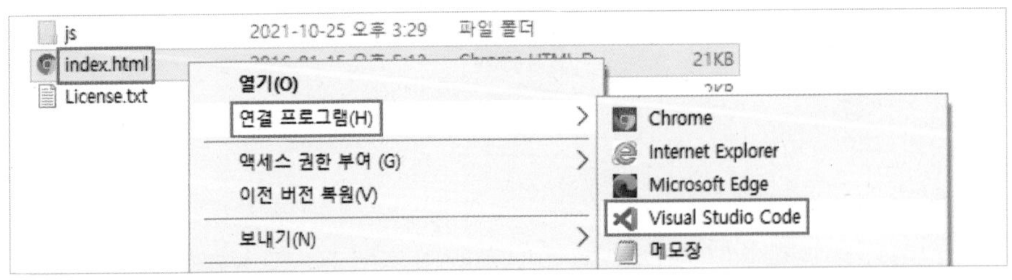

비주얼 스튜디오 코드를 연결해 index.html 열기

비주얼 스튜디오 코드에서 index.html 파일을 열면 복잡해 보이는 HTML 코드가 나타나는데, 지금은 필요한 텍스트만 간단하게 수정해 보겠습니다. Ctrl + F 를 눌러 'hello world'를 검색하고 다음과 같이 수정합니다.

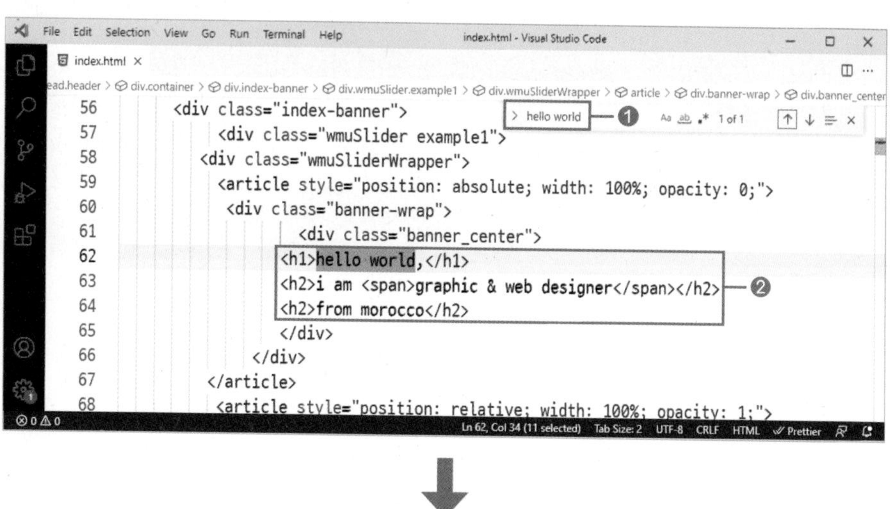

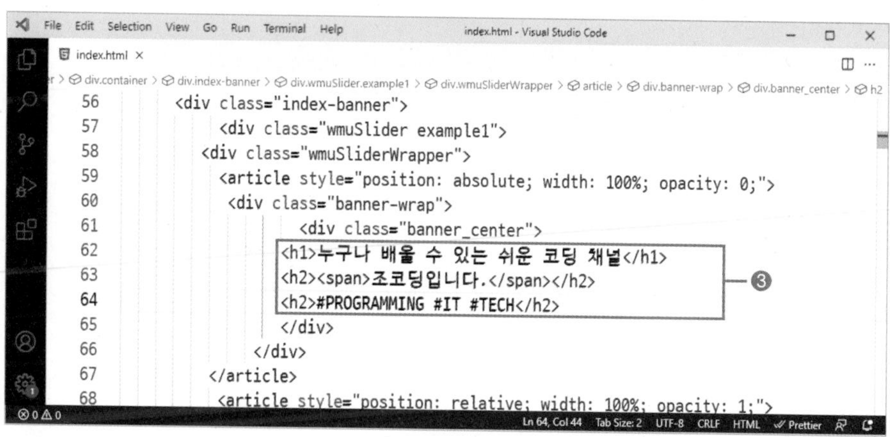

비주얼 스튜디오 코드에서 텍스트 수정하기

03-2절에서 다룬 네이버 뉴스 기사의 제목을 바꾸는 방법과 비슷하죠? 자신이 쓰고 싶은 텍스트로 얼마든지 수정해 보세요. 텍스트 수정을 마쳤다면 Ctrl + S 를 눌러서 index.html 파일을 저장하고 웹 브라우저에서 수정한 결과를 확인합니다.

❶ 여기에서 HTML 파일의 이름은 반드시 index.html로 지정해야 합니다. 파일 이름을 변경하면 배포할 수 없습니다.

ABOVE 템플릿을 수정한 결과 화면

지금까지 템플릿을 활용해 간단하게 웹 사이트를 만드는 과정을 살펴보았습니다. 웹 문서의 구조를 파악하고, 간단한 HTML 태그를 사용할 줄 안다면 얼마든지 쉽게 웹 사이트를 완성할 수 있답니다. 그렇다면 다음 절에서는 네트리파이로 웹 사이트를 배포하는 방법을 실습해 보겠습니다.

04-3 네트리파이로 웹 사이트 배포하기

앞에서 만든 웹 사이트 파일은 내 컴퓨터의 저장 공간에 있습니다. 이를 다른 사람들이 접속할 수 있도록 인터넷에 배포해야 합니다. 04-1절에서 알아본 것처럼 여러 웹 호스팅 서비스 가운데 네트리파이를 사용해 보겠습니다.

Do it! 01 네트리파이 계정 생성하기

netlify.com에 접속한 뒤, 오른쪽 위에 있는 [Sign up]을 클릭해 회원 가입 메뉴로 이동합니다. 회원 가입은 깃허브, 깃랩, 비트버킷의 계정과 연동할 수 있으며, 이런 사이트의 계정이 없다면 [Email]을 클릭해서 계정을 생성하면 됩니다.

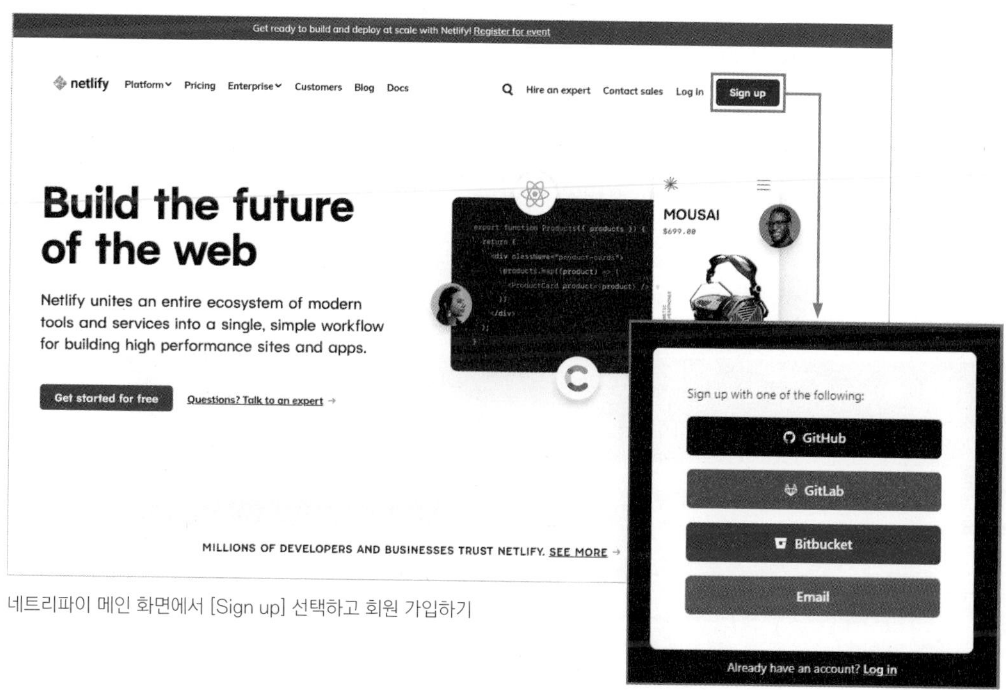

네트리파이 메인 화면에서 [Sign up] 선택하고 회원 가입하기

Do it! **02** 네트리파이에 웹 사이트 업로드하기

네트리파이에 로그인하고 나면 다음 화면이 나타납니다. 04-2절에서 수정한 ABOVE 폴더 전체를 네트리파이 화면의 중간 영역으로 드래그해서 업로드합니다.

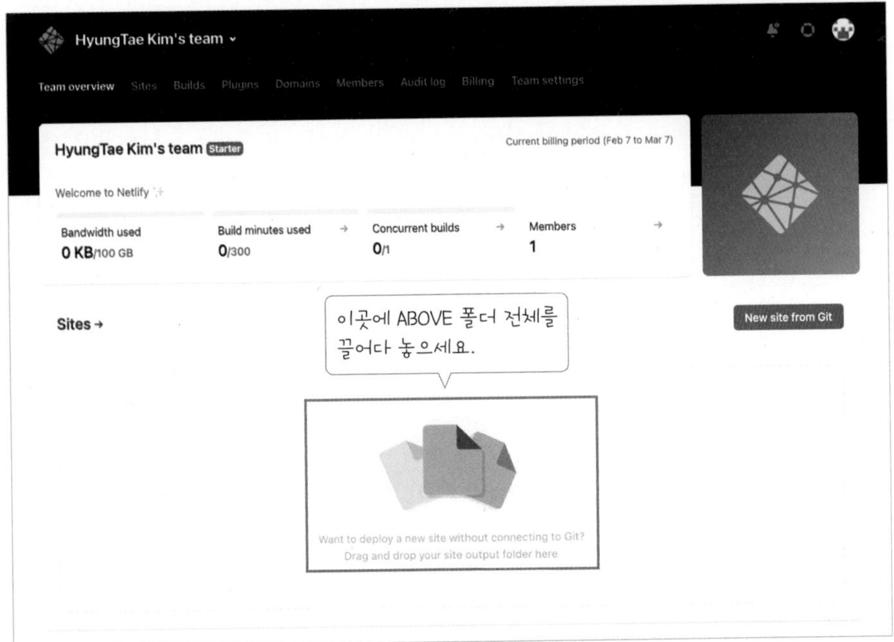

네트리파이에 로그인하면 나타나는 화면

그리고 잠시 기다리면 다음과 같은 화면이 나타납니다. 화면 왼쪽 상단을 보면 네트리파이에 업로드된 폴더, 즉 웹 사이트에 접속할 수 있는 주소가 자동으로 나타납니다. 이 주소를 클릭하면 앞에서 업로드한 웹 사이트에 바로 접속할 수 있습니다.

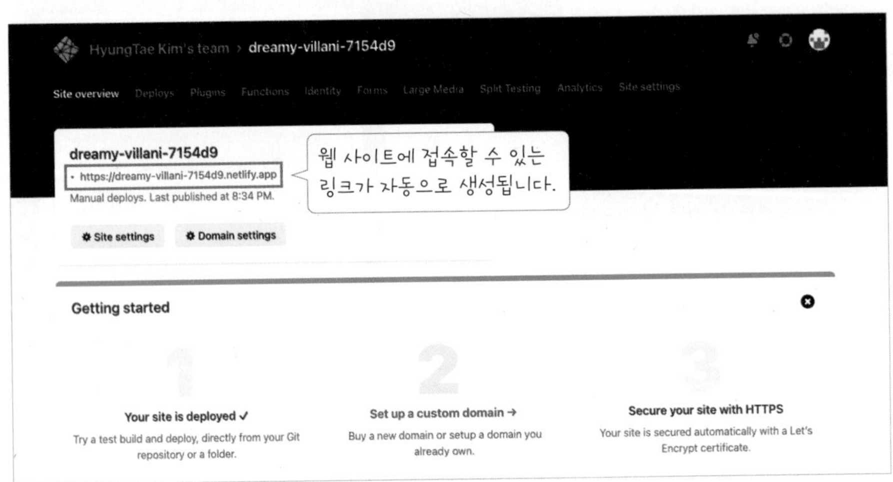

ABOVE 폴더를 업로드하여 생성된 웹 사이트 주소 확인하기

Do it! 03 웹 사이트 접속 주소 수정하기

앞에서 생성한 웹 사이트 주소는 길고 복잡해서 기억하기가 어렵죠? 이번에는 웹 사이트를 기억하기 쉬운 주소로 바꿔 보겠습니다. 다음과 같이 네트리파이 왼쪽 상단에 있는 [Site settings]를 클릭합니다.

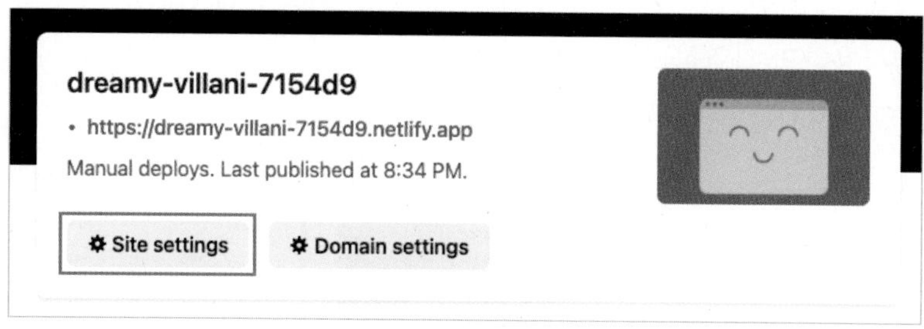

[Site settings] 선택하기

Site datails의 [Change site name]을 클릭하면 사이트 주소를 변경할 수 있는 창이 나타납니다. Site name에 바꾸고 싶은 사이트 주소를 입력하고 [Save]를 클릭해서 저장합니다.

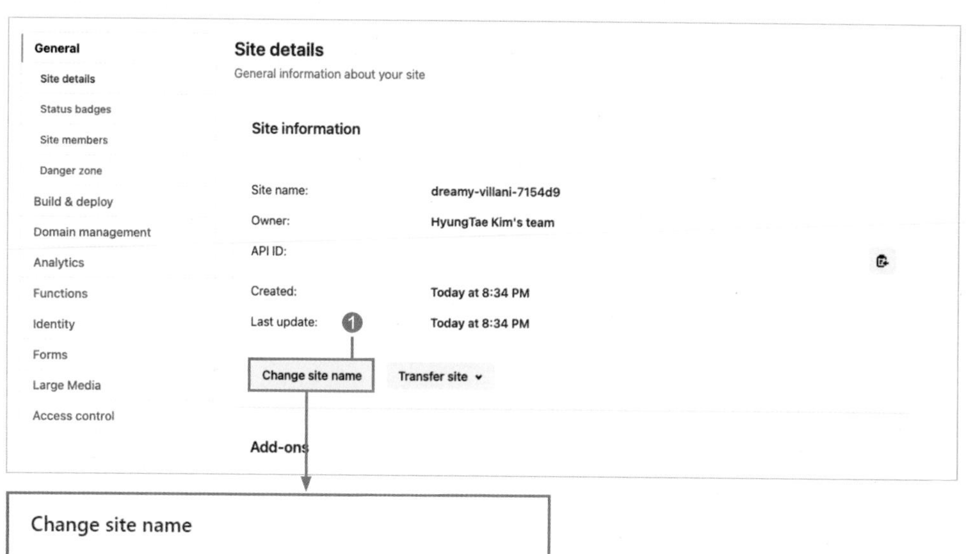

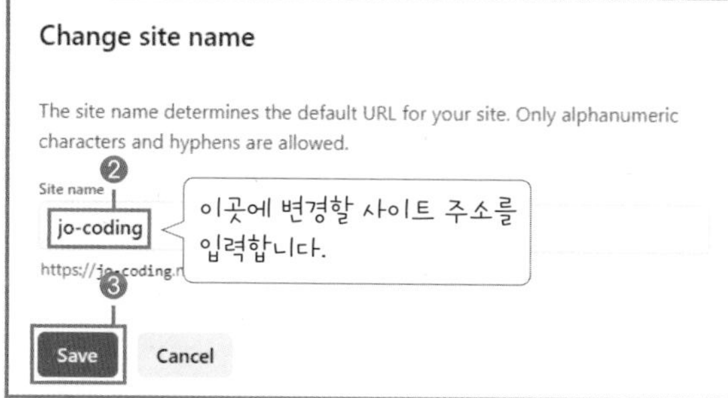

[Change site name]에서 사이트 이름 변경하기

이미 사용중인 사이트 주소를 입력했다면 'This site name is already taken' 이라는 오류 메시지가 나타납니다. 중복되지 않는 사이트 주소로 다시 입력하세요.

사이트 이름을 jo-coding으로 변경했고, 전체 주소는 https://jo-coding.netlify.app이 되었네요. 이 주소를 공유하면 웹 사이트에 누구나 접속할 수 있습니다. 참고로 주소 앞에 있는 HTTPS 방식의 웹 사이트 주소를 받기 위해선 보안 인증서를 사야 하고, 연결 과정도 매우 복잡한데요. 네트리파이를 사용하면 간단하게 HTTPS가 부여된 웹 사이트 주소를 받을 수 있습니다! 어때요? 웹 사이트 배포하는 방법, 생각보다 정말 쉽죠?

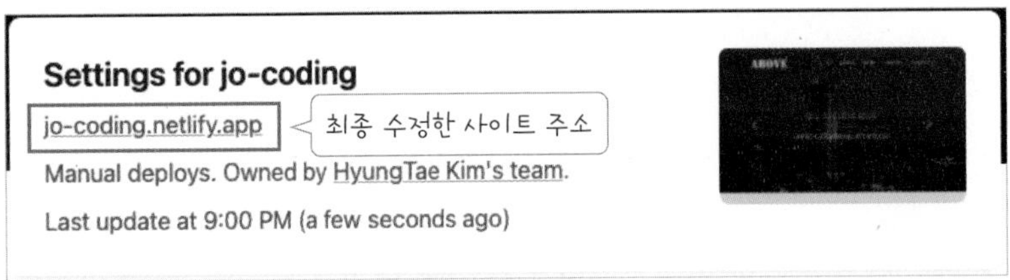

웹 사이트 이름과 주소 변경을 완료한 결과

도메인 구입부터 사이트 연결까지!

내가 원하는 웹 사이트의 주소로
변경하기 위해선 도메인을 구입해야 합니다.
그럼 도메인은 어디서 구입하고
웹 사이트와 어떻게 연결할까요?

05-1 도메인이란?

알아보기 쉬운 IP 주소, 도메인

누군가에게 전화할 때 번호를 알아야 하는 것처럼 컴퓨터도 서버의 번호를 알아야 웹 사이트에 접속할 수 있습니다. 이러한 서버의 번호를 **IP 주소**라고 합니다. 휴대폰 번호가 010-1111-1111과 같은 규칙으로 이루어진 것처럼 IP 주소는 111.111.111.111과 같은 규칙으로 작성하죠. IP 주소는 점(.)으로 구분하여 4개의 숫자를 묶어서 쓰는데 각 숫자는 0~255까지 쓸 수 있습니다. 그런데 웹 사이트에 접속할 때마다 복잡한 IP 주소를 기억해 두었다가 매번 입력해야 한다면 정말 불편하겠죠? 휴대폰 주소록에 전화번호와 이름을 연결해 저장하듯이, IP 주소도 우리가 알아보기 쉬운 텍스트인 **도메인**과 연결해서 사용할 수 있습니다. 바로 이것이 도메인의 기본 개념입니다.

원래 전화번호는
010-1111-1111이지만, '친구'로 저장하죠.
친구
거절
응답
이 사이트의 원래 IP 주소는
125.209.222.141이지만,
도메인 주소를 쓰면 돼요!
www.naver.com

DNS와 웹 사이트 접속 과정

IP 주소는 DNS^domain name system^라는 곳에 저장합니다. 그렇다면 DNS는 어떤 역할을 하는 걸까요? 예를 들어 www.naver.com에 접속하는 과정을 생각해 봅시다. 겉으로 보기엔 웹 브라우저 주소 창에 www.naver.com을 입력했으니, 사용자가 네이버 서버에 바로 접속하는 것 같죠. 하지만 실제로는 먼저 DNS에 www.naver.com의 IP 주소를 요청한 뒤, 그 결과를 받아 와야 합니다. 이 과정을 다음의 그림으로 표현할 수 있습니다. 살펴보겠습니다.

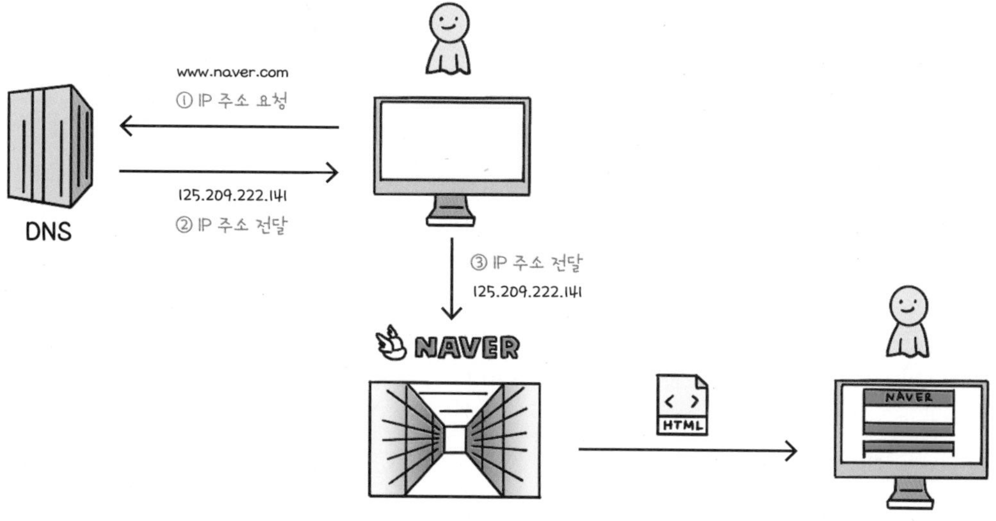

www.naver.com 사이트 접속 과정

우리가 보는 화면인 프런트엔드에서 www.naver.com을 입력하면 DNS는 이 주소를 받아 IP 주소를 넘겨줍니다. 그리고 받아 온 IP 주소에 해당하는 서버로 접속을 시도하고, 해당 서버가 반환해 주는 HTML 문서를 내려받아 프런트엔드 화면에 표시하는 것이죠.

만약 DNS에 존재하지 않는 주소에 접속을 시도하면 다음과 같은 오류 화면이 나타납니다. 따라서 도메인 주소를 사용하려는 DNS에 서버 IP 주소를 등록해야 합니다.

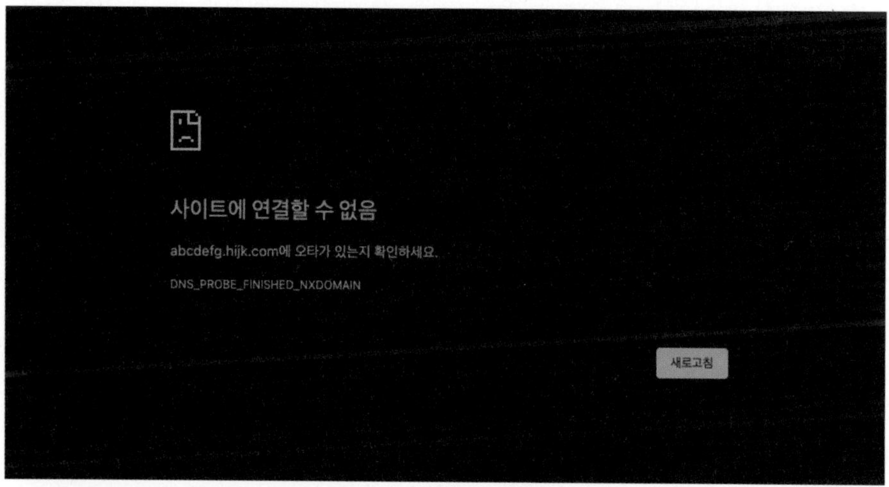

DNS 서버에 등록되지 않은 주소 접속 시 나타나는 오류 메시지 화면

05-2 도메인 구입하기

앞에서는 도메인의 기본 개념을 알아보았습니다. 그렇다면 04장에서 네트리파이에 업로드했던 웹 사이트를 다시 살펴보겠습니다. 04-3절에서 네트리파이에 등록한 웹 사이트 주소는 https://jo-coding.netlify.app입니다. 여기에서 netlify.app은 **메인 도메인**이고, 수정한 jo-coding은 **서브 도메인**입니다. 가운데 있는 점(.) 앞뒤로 2개의 도메인을 조합해서 웹 사이트 주소를 만든 것이죠. 즉, 네트리파이는 netlify.app의 하위인 서브 도메인을 사용할 수 있도록 제공해 주는 서비스입니다.

`https://jo-coding.netlify.app`

서브 도메인 메인 도메인

하지만 웹 사이트 주소에 netlify가 없는 고유한 도메인을 갖고 싶겠죠? 아무래도 netlify가 주소에 붙어 있으면 전문성이 떨어지는 것 같고, 다른 사용자가 웹 사이트 주소를 기억하기 어려울 테니까요.

그럼 내가 원하는 주소의 도메인은 어떻게 얻을 수 있을까요? 도메인을 사용하려면 먼저 DNS에 등록해야 합니다. 일반적으로 DNS 등록 위임을 받은 기관에 비용을 지불하고 등록을 처리하는데, 이것을 **도메인 구입**이라고 표현합니다.

도메인을 구입할 수 있는 곳은 많습니다. 구글에서 '도메인 구입'을 검색하면 다음과 같이 많은 사이트를 확인할 수 있습니다. 그중에서 국내 서비스인 카페24를 통해 도메인을 구매하고, 네트리파이에 업로드한 웹 사이트와 연결해 보겠습니다.

조코딩 유튜브 채널에서는 국외 사이트인 프리넘(freenom.com)을 이용하지만 책에서는 독자 편의를 위해 국내 사이트인 카페24(cafe24.com)에서 도메인 구매를 진행합니다.

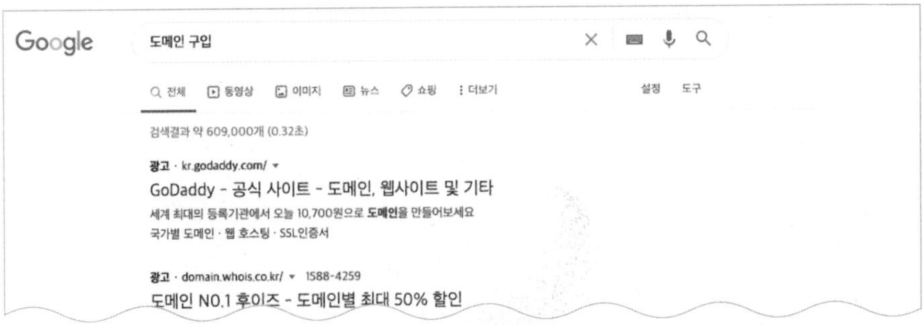

Google 도메인 구입

전체 동영상 이미지 뉴스 쇼핑 더보기 설정 도구

검색결과 약 609,000개 (0.32초)

광고 · kr.godaddy.com/

GoDaddy - 공식 사이트 - 도메인, 웹사이트 및 기타

세계 최대의 등록기관에서 오늘 10,700원으로 도메인을 만들어보세요

국가별 도메인 · 웹 호스팅 · SSL인증서

광고 · domain.whois.co.kr/ 1588-4259

도메인 NO.1 후이즈 - 도메인별 최대 50% 할인

구글에서 '도메인 구입'을 검색한 결과

Do it! 01 카페24 호스팅 센터에 접속하고 회원 가입하기

hosting.cafe24.com에 접속한 뒤 로그인 창 왼쪽 아래에 있는 [회원 가입]을 클릭하고 [일반 회원]으로 회원 가입을 진행해 보세요.

카페24 호스팅 센터에서 일반 회원으로 가입하기

Do it! 02 사용할 수 있는 도메인 검색하고 구매하기

로그인한 상태에서 메인 화면 가운데의 [도메인 검색] 탭을 선택해 사용할 도메인 주소를 입력하고 [도메인 검색]을 클릭합니다. 그러면 화면 아래에 도메인 검색 결과가 나타나는데, 여기에서 등록할 수 있는 도메인 목록과 그에 따른 비용, 기간을 확인할 수 있습니다.

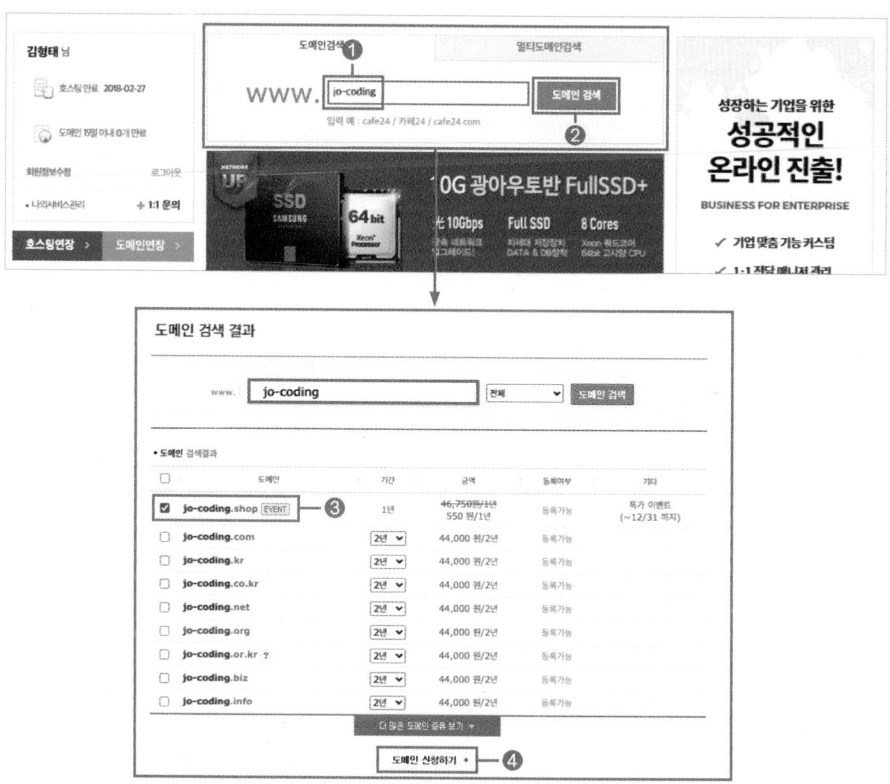

카페24 호스팅 센터에서 도메인 검색하고 결과 확인하기

도메인 목록 가운데 맨 위에 있는 jo-coding.shop의 비용이 가장 저렴해 보이네요. 실습용으로 이 도메인을 구매하겠습니다. jo-coding.shop 도메인만 클릭해 체크하고 맨 아래 [도메인 신청하기]을 클릭합니다.

마지막으로 도메인 신청 화면에서 필요한 정보를 입력하고 결제한 뒤 도메인 구입을 완료하세요.

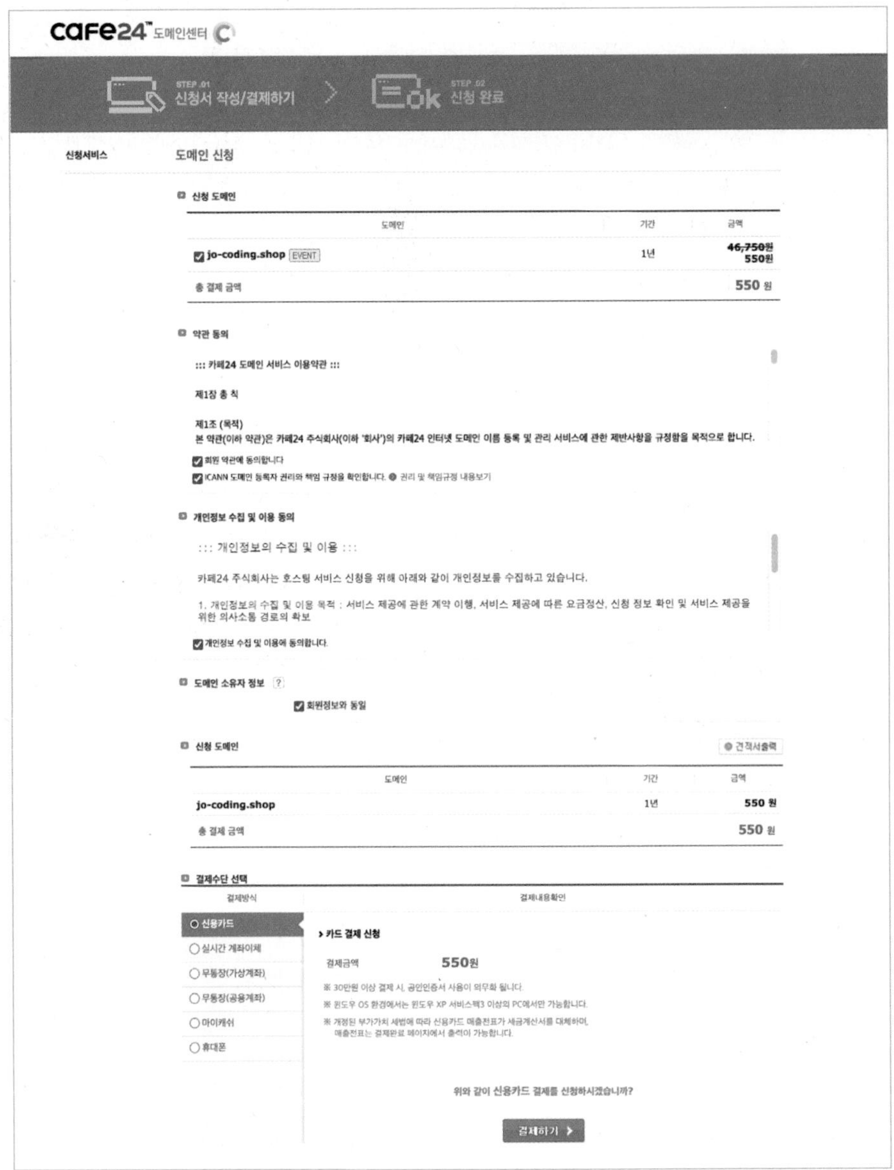

카페24 호스팅 센터에서 도메인 신청하기

05-3 구입한 도메인을 웹 사이트와 연결하기

이번에는 앞에서 구매한 도메인 주소(jo-coding.shop)와 네트리파이에서 배포한 웹 사이트(https://jo-coding.netlify.app)를 서로 연결해 보겠습니다.

Do it! 01 네트리파이에 도메인 등록하기

netlify.com에 로그인한 뒤 [Domain settings]를 선택합니다.

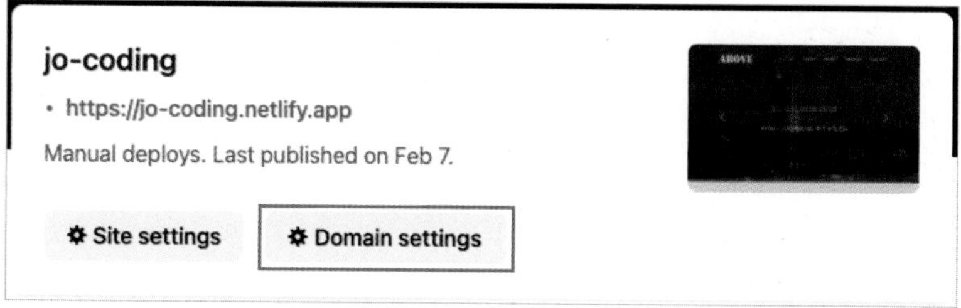

네트리파이에서 도메인 설정 메뉴 선택하기

다음과 같이 Custom domains에서 [Add custom domain]을 선택하면 사용자가 원하는 도메인을 직접 입력할 수 있는 화면으로 바뀝니다.

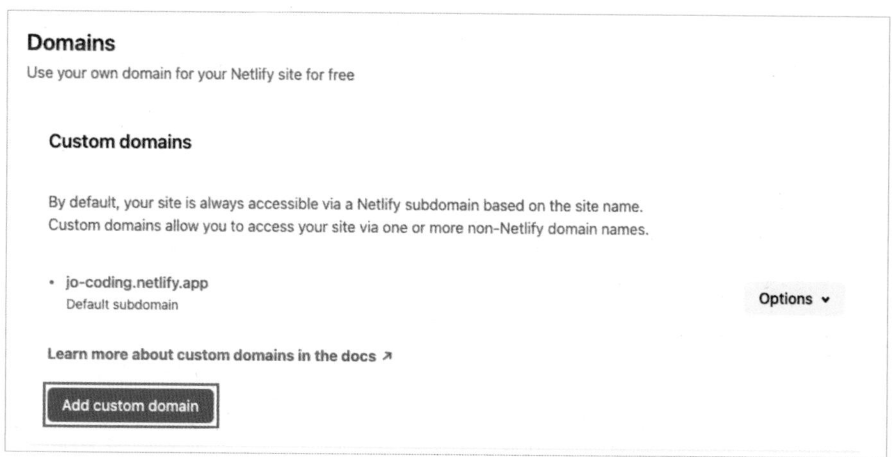

[Add custom domain] 선택하기

다음 화면처럼 Custom domain 입력란에 05-2절에서 구매한 도메인인 www.jo-coding.shop을 입력하고 [Verify]를 클릭합니다. 그리고 [Yes, add domain]을 클릭합니다.

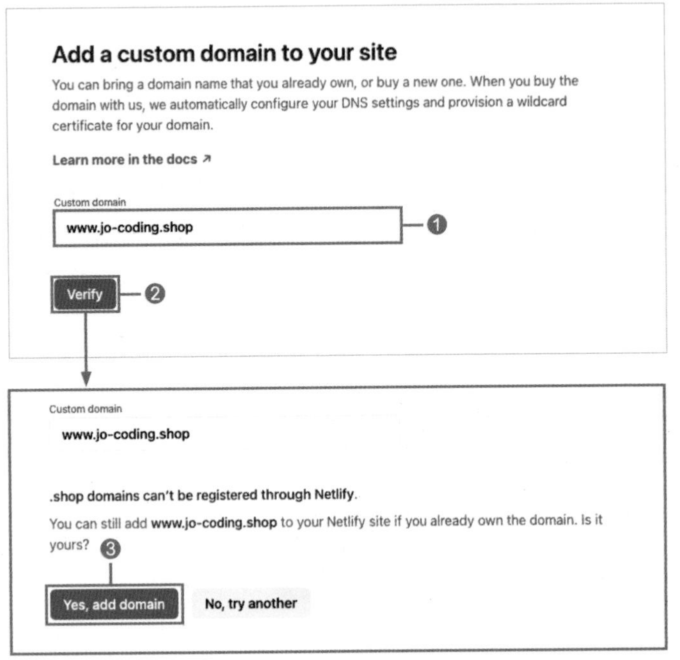

네트리파이에서 Custom domain 등록하기

여기까지 마치면 Custom domain 목록에는 등록한 도메인이 나타나지만, 실제로 사용하려면 Netlify DNS에 등록해야 합니다. 다음과 같이 www를 포함한 웹 사이트 주소 오른쪽에 있는 [Options]와 [Set up Netlify DNS]를 차례로 클릭합니다.

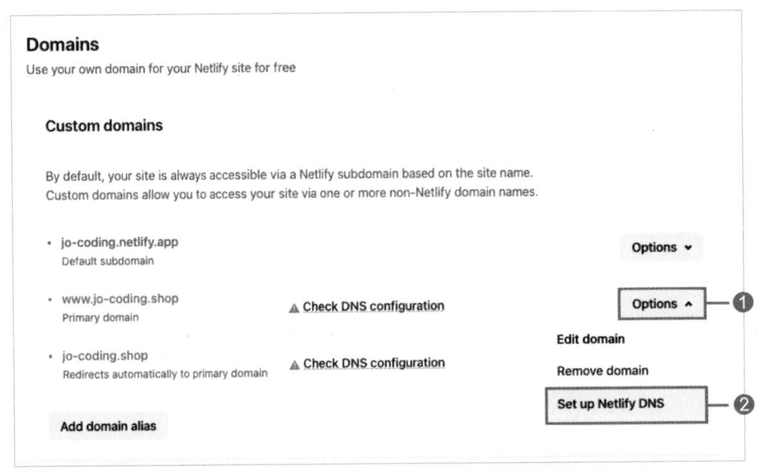

네트리파이의 Custom domain 목록 화면

그러면 Netlify DNS에 도메인을 등록하는 화면이 나타납니다. [Verify]를 선택하고 [Yes, add domain]과 [Continue]를 차례로 클릭합니다.

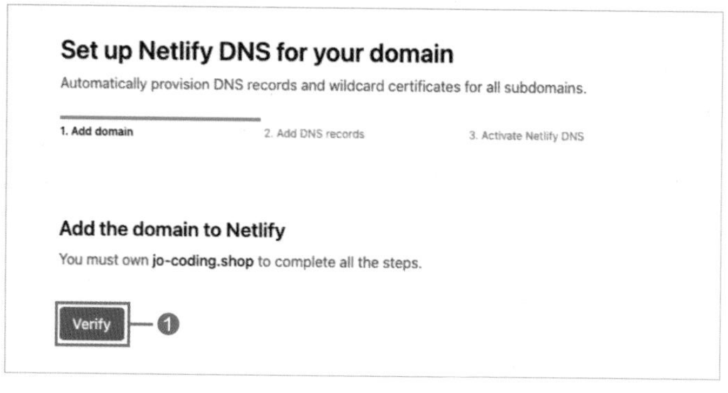

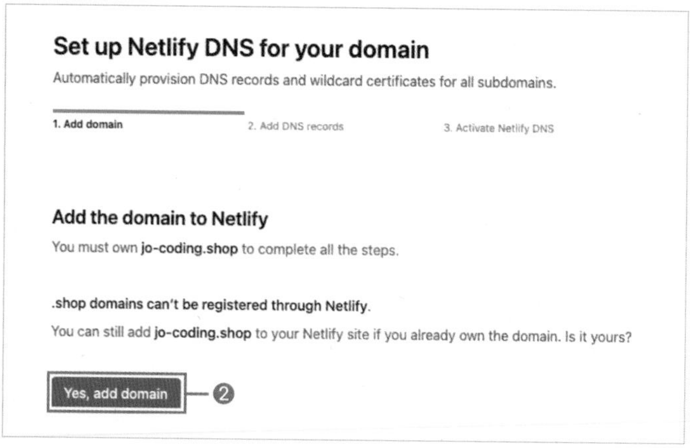

Set up Netlify DNS for your domain

Automatically provision DNS records and wildcard certificates for all subdomains.

1. Add domain 2. Add DNS records 3. Activate Netlify DNS

Add the domain to Netlify

You must own **jo-coding.shop** to complete all the steps.

.shop domains can't be registered through Netlify.

You can still add **jo-coding.shop** to your Netlify site if you already own the domain. Is it yours?

Yes, add domain ❷

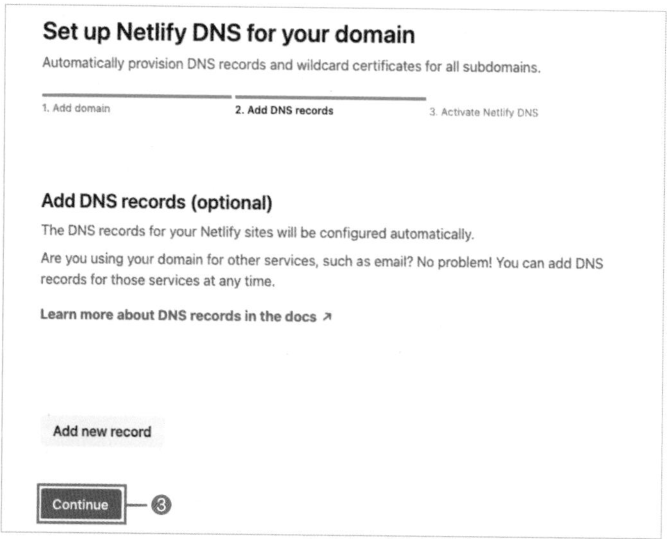

Netlify DNS에 도메인 추가하기

다음과 같이 네임서버 정보 4개가 나타나면, 네트리파이에 도메인 등록을 완료한 것입니다.

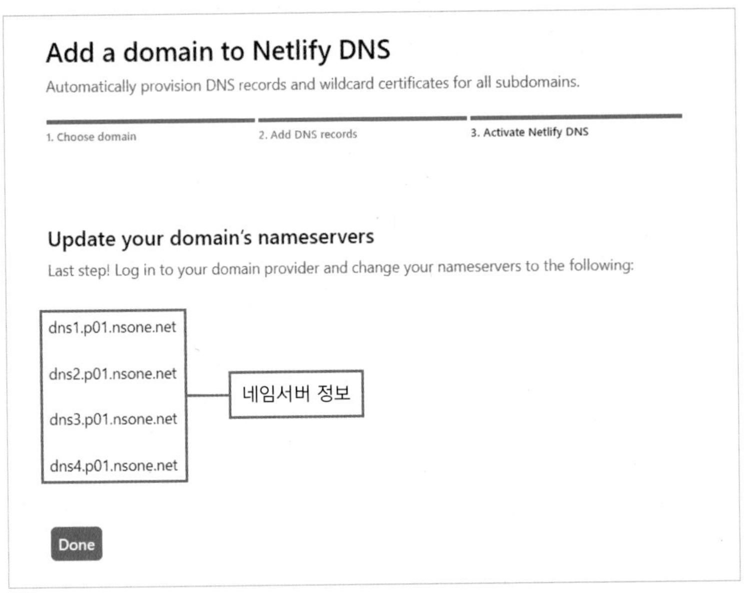
Add a domain to Netlify DNS
Automatically provision DNS records and wildcard certificates for all subdomains.
1. Choose domain
2. Add DNS records
3. Activate Netlify DNS
Update your domain's nameservers
Last step! Log in to your domain provider and change your nameservers to the following:
dns1.p01.nsone.net
dns2.p01.nsone.net
dns3.p01.nsone.net
dns4.p01.nsone.net
네임서버 정보
Done

Netlify DNS 도메인 등록을 완료한 화면

❶ 다음 단계에서 네임서버 주소 4개가 필요하므로 이 화면을 닫지 말고 따라오세요.

Do it! 02 카페24에서 도메인 연결하기

이번에는 카페24로 이동해 보겠습니다. 여기에서도 도메인의 네임서버를 변경해야 합니다. 새 웹 브라우저 창을 열어 카페24 호스팅 센터 hosting.cafe24.com에 접속합니다. 화면 오른쪽 위에서 [나의 서비스 관리 → 도메인 관리]를 선택합니다.

카페24 호스팅 센터에서 [도메인 관리] 선택하기

다음과 같이 도메인 목록이 나타나면 네트리파이에 연결한 jo-coding.shop을 선택하고 오른쪽에서 [네임서버 변경]을 클릭합니다.

카페24 호스팅 센터의 도메인 관리 화면

다음과 같이 현재 연결된 카페24의 1~4차 네임서버 정보가 보이죠? 여기를 네트리파이에 등록한 네임서버의 정보로 수정해야 합니다. [네임서버 변경하기]를 클릭합니다.

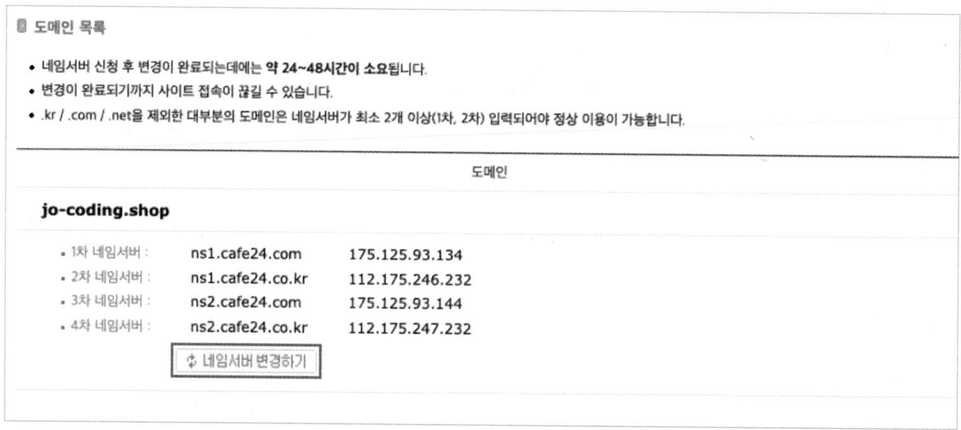

카페24 호스팅 센터의 도메인 목록 화면

❗ 이후 단계에서 직접 본인 인증을 완료해 주세요. 본인 인증을 완료하면 네임서버 변경 화면이 나타납니다.

01 단계에서 확인한 네트리파이의 네임서버 주소를 호스트명에 순서대로 입력하고 오른쪽에 있는 [IP 확인]을 각각 클릭합니다. 그리고 맨 오른쪽에 있는 IP 주소가 자동으로 입력되는지 확인하세요. 입력을 마치면 [변경하기]를 선택합니다.

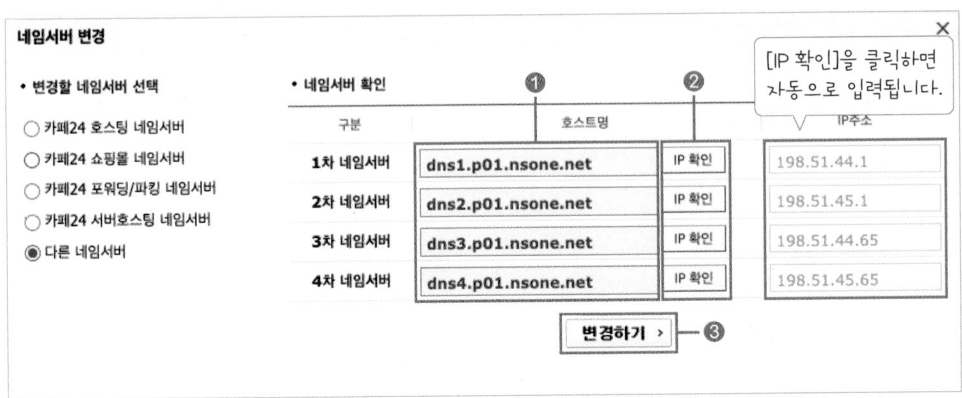

카페24 호스팅 센터에서 네임서버 변경하기

다음의 안내 창이 나타나면, 카페24에서도 네임서버 수정을 완료한 것입니다. 변경된 네임서버 정보가 적용될 때까지는 시간이 필요합니다. 안내 창에는 24~48시간이 소요된다고 나오지만, 실제로는 좀 더 빨리 반영되기도 합니다.

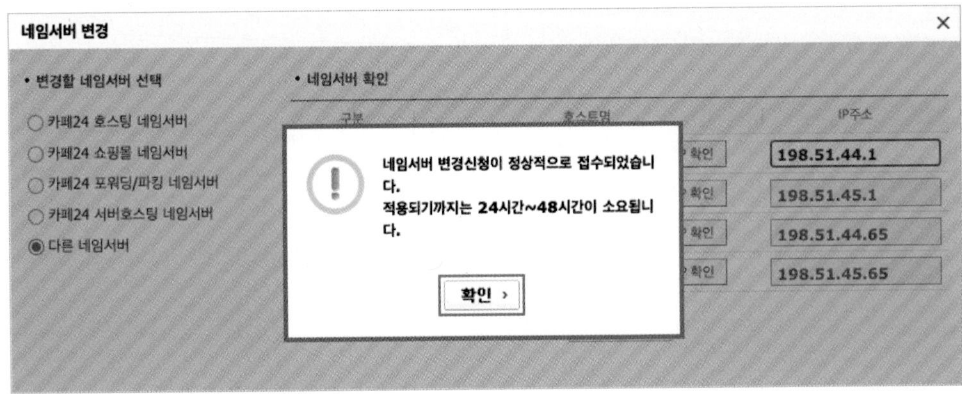

카페24 호스팅 센터에 네임서버 변경 신청이 접수되었다고 알려 주는 메시지 창

Do it! 03 네트리파이에서 최종 확인하기

카페24에서 네임서버를 수정하고 나서 바로 네트리파이의 도메인 관리 화면에 접속하면 다음과 같이 보입니다.

Domains
Use your own domain for your Netlify site for free

Custom domains

By default, your site is always accessible via a Netlify subdomain based on the site name.
Custom domains allow you to access your site via one or more non-Netlify domain names.

- jo-coding.netlify.app
  Default subdomain — Options
- jo-coding.shop
  Primary domain — ▲ Check DNS configuration — Options
- www.jo-coding.shop
  Redirects automatically to primary domain — ▲ Check DNS configuration — Options

Add domain alias

네트리파이 도메인 관리 화면 - 네임서버 적용 전

이후 카페24에서 네임서버 변경이 완료되면 다음과 같이 Netlify DNS가 적용되어 나타납니다.

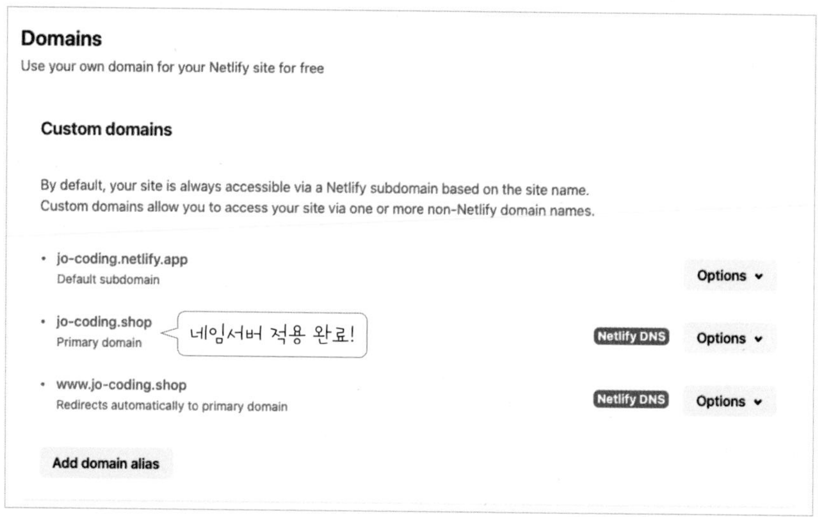

네트리파이 도메인 관리 화면 - 네임서버 적용 후

자, 웹 브라우저에서 jo-coding.shop 주소로 접속해 볼까요? 04장에서 제작한 웹 페이지가 잘 나타납니다. 우리가 원하는 도메인 주소의 홈페이지를 완성한 것이죠! 처음엔 도메인 연결하는 과정이 어렵다고 느낄 수 있지만, 차근차근 실습하다 보면 웹 사이트 등록부터 도메인 연결까지 모두 쉽게 완료할 수 있습니다.

❗ 이렇게 홈페이지를 등록하면 Let's Encrypt에서 제공하는 보안 인증서가 자동 적용됩니다. 즉, 도메인 앞에 https가 붙어서 보안 면에서 좀 더 안전한 사이트를 운영할 수 있습니다.

06

검색 엔진의 원리와 사이트 노출시키기

웹 사이트를 배포했지만

아무도 방문하지 않았나요?

그럼 네이버에서 특정 키워드로 검색할 때

내 웹 사이트가 나타나도록 설정해 볼까요?

06-1 네이버에 내 웹 사이트 등록하기

04, 05장의 과정을 통해 내가 만든 사이트를 인터넷에 공개하는 방법을 알아보았습니다. 그런데 지금까지는 내 사이트의 고유한 도메인, 즉 웹 사이트의 URL 주소를 만들었을 뿐입니다. 그렇다면 내 사이트를 많은 사람이 방문하도록 노출하려면 어떻게 해야 할까요? 바로 네이버, 구글과 같은 **검색 엔진**에 내가 만든 웹 사이트를 등록하면 됩니다. 여기서 말하는 검색 엔진은 **검색 사이트**이기도 합니다. 네이버, 구글 등에서 검색어를 입력했을 때 그 결과로 검색어와 관련된 사이트를 보여 주는 것이죠.

그렇다면 지금부터 여러 검색 사이트 가운데 네이버에서 내 사이트가 검색될 수 있도록 노출하는 방법을 실습해 보겠습니다.

Do it! 01 네이버 웹 마스터 도구 접속하기

네이버에서 검색할 때 내가 만든 웹 사이트를 나타나게 하려면 **네이버 웹 마스터 도구**에서 내 사이트를 등록해야 합니다. 네이버 웹 마스터 도구는 네이버 서치 어드바이저를 통해 접속할 수 있습니다. 다음과 같이 searchadvisor.naver.com에 접속한 후 오른쪽 위에 있는 [로그인]을 클릭합니다. 기존에 가지고 있는 네이버 계정으로도 로그인할 수 있습니다.

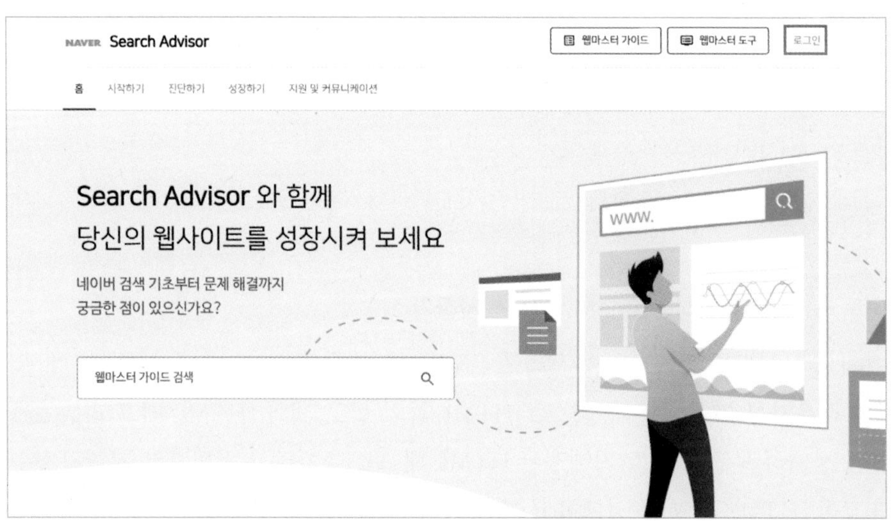

네이버 서치 어드바이저 접속 화면

서치 어드바이저에 처음 로그인하면 다음처럼 이용 동의 화면이 나타납니다. [이용 약관에 동의합니다]를 선택해 체크 표시하고 [확인]을 클릭합니다.

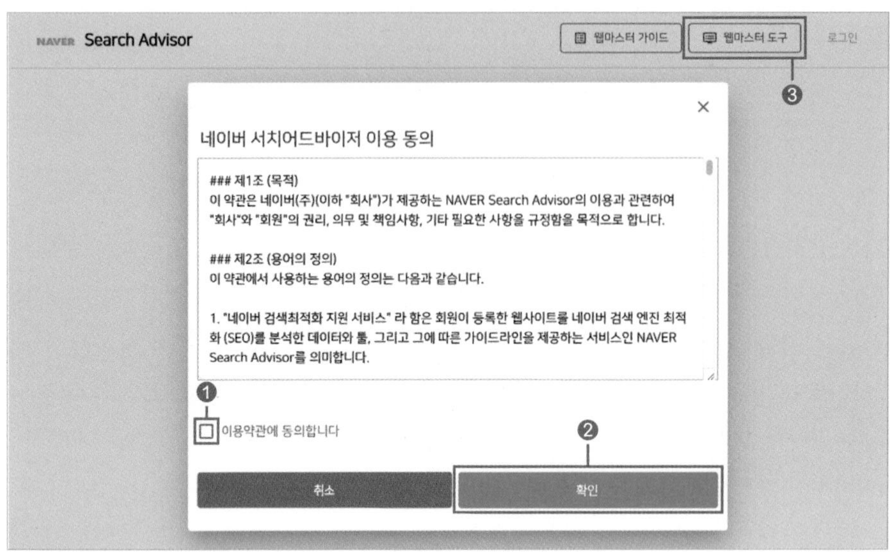

네이버 서치 어드바이저 이용 동의 화면

그리고 화면 오른쪽 위에 있는 [웹 마스터 도구]를 클릭해 웹 마스터 도구 페이지로 이동합니다. 웹 마스터 도구 페이지로 이동하면 제일 먼저 [사이트 등록] 화면이 나타납니다. 주소를 입력하는 곳에는 내 사이트 주소를 입력하고 ⊡를 클릭합니다.

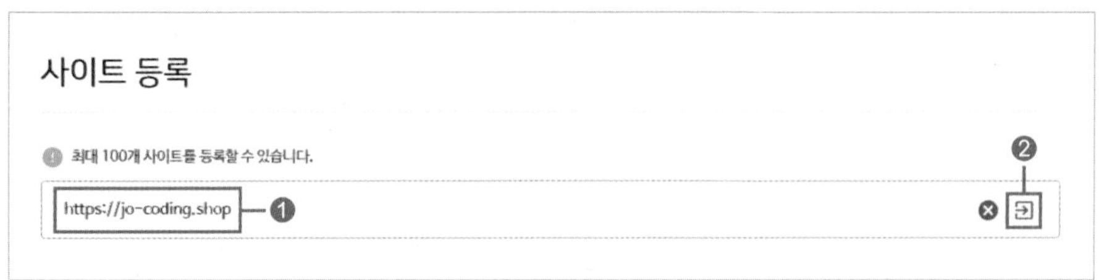

웹 마스터 도구 페이지에서 내 사이트 주소 등록

❗ 도메인을 구매하지 않았다면 04-3절에서 실습한 네트리파이의 웹 사이트 주소를 사용해도 됩니다.

Do it! 02 사이트 소유자를 확인하는 <meta> 태그 복사하기

사용자의 사이트를 등록하면 다음과 같은 [사이트 소유 확인] 화면이 나타납니다. 등록할 사이트의 소유자를 확인하는 과정으로 [HTML 파일 업로드]와 [HTML 태그]라는 2가지 방법 가운데 선택하면 됩니다. 여기에서는 HTML 태그를 추가하는 방법으로 진행하겠습니다. 다음과 같이 [HTML 태그]를 선택하고 아래에 있는 `<meta>` 코드를 복사합니다. 이 코드를 복사해 index.html 파일 **<head>**에 붙여 넣을 것입니다. [소유 확인]은 아직 클릭하지 마세요.

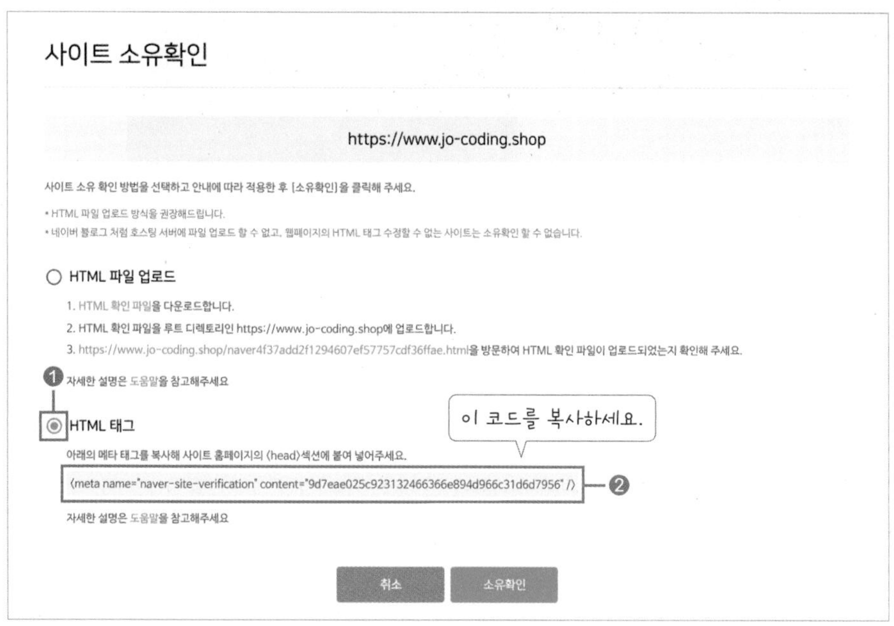

사이트 소유 확인 화면에서 HTML 태그 복사하기

Do it! 03 index.html 파일에 <meta> 태그 삽입하기

04-2절에서 템플릿을 이용해 만들었던 웹 사이트를 기억하죠? 여러 파일 중에서 메인 화면이 담겨 있는 index.html 파일을 선택해 비주얼 스튜디오 코드에서 열어 보세요. 상단에 있는 **<head>**와 **</head>** 태그 사이에 앞에서 복사한 **<meta>** 코드를 붙여 넣습니다. 그런 다음 Ctrl + S 를 눌러 파일을 저장합니다.

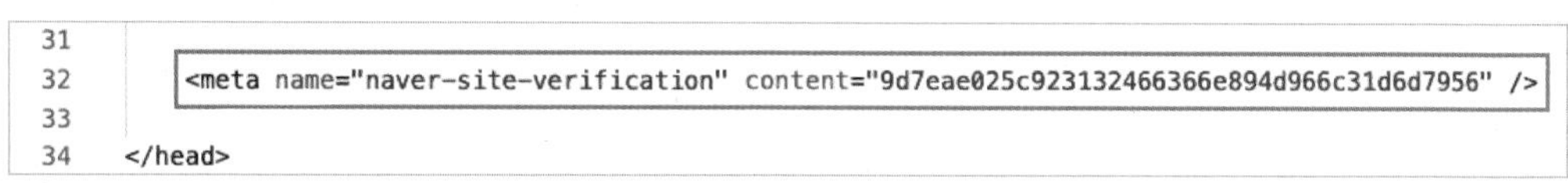

```
    <meta name="naver-site-verification" content="9d7eae025c923132466366e894d966c31d6d7956" />

</head>
```

index.html 파일에 <meta> 코드 추가하기

Do it! 04 수정한 웹 사이트 파일을 네트리파이에 재배포하기

이번엔 네트리파이에 접속합니다. 사이트를 선택한 후 화면 상단에서 [Deploys] 메뉴를 클릭합니다. 다음과 같이 03 단계에서 수정한 index.html 파일이 포함된 웹 사이트 폴더 전체를 마우스로 드래그해서 화면 가운데 상자 영역 안에 놓습니다.

❗ 전체 웹 사이트 폴더를 네트리파이에 다시 업로드하는 과정은 이후 단계에서도 여러 번 할 것입니다. 나중에 실습할 때 헤매지 않도록 지금 단계에서 잘 기억해 두세요.

수정한 웹 사이트를 네트리파이에 재배포하기

업로드가 완료되면 다음과 같이 [Uploading] 아이콘이 [Published]로 변경된 것을 확인할 수 있습니다.

❗ [Published]가 보이지 않으면 웹 브라우저 화면을 새로 고침(F5) 해보세요.

네트리파이에 웹 사이트 업로드 완료하기

Do it! 05 **웹 사이트에 <meta> 코드가 들어 있는지 확인하기**

네트리파이에 업로드한 웹 사이트에 접속하여 앞에서 추가한 `<meta>` 코드가 제대로 들어 있는지 확인합니다. 크롬에서 자신의 웹 사이트 주소로 접속한 뒤 개발자 도구 F12 를 실행하고 [Elements] 탭을 선택하면 다음과 같은 코드가 나타납니다. 03 단계에서 `<head>`와 `</head>` 태그 사이에 추가로 작성한 `<meta>` 코드가 들어 있는지 확인해 보세요.

```
<html>
▼<head>
    <title>Above Free Responsive Template | Template Stock</title>
    <meta name="viewport" content="width=device-width, initial-scale=1">
    <meta http-equiv="Content-Type" content="text/html; charset=utf-8">
    <meta name="keywords" content="Onepage Responsive web template, Bootstrap Web Templates,
        Flat Web Templates, Android Compatible web template,Smartphone Compatible web template,
        free webdesigns for Nokia, Samsung, LG, SonyEricsson, Motorola web design">
  ▶<script type="application/x-javascript">…</script>
    <link href="css/bootstrap.css" rel="stylesheet" type="text/css">
    <link href="css/style.css" rel="stylesheet" type="text/css" media="all">
    <!-- jQuery (necessary for Bootstrap's JavaScript plugins) -->
    <script src="js/jquery.min.js"></script>
    <script type="text/javascript" src="js/move-top.js"></script>
    <script type="text/javascript" src="js/easing.js"></script>
  ▶<script type="text/javascript">…</script>
    <meta name="naver-site-verification" content="9d7eae025c923132466366e894d966c31d6d7956">
  </head>
```

이 코드가 있는지 확인!

웹 사이트의 코드 확인하기

추가한 코드가 잘 보이죠? 만약 이렇게 보이지 않는다면 수정한 코드를 저장했는지 확인하고 네트리파이에 다시 업로드해 봅시다.

Do it! 06 네이버 웹 마스터 도구 페이지에서 소유자 확인하기

사이트 소유자 인증을 마치기 위해 네이버 웹 마스터 도구 페이지로 돌아가서 [소유확인]을 클릭합니다.

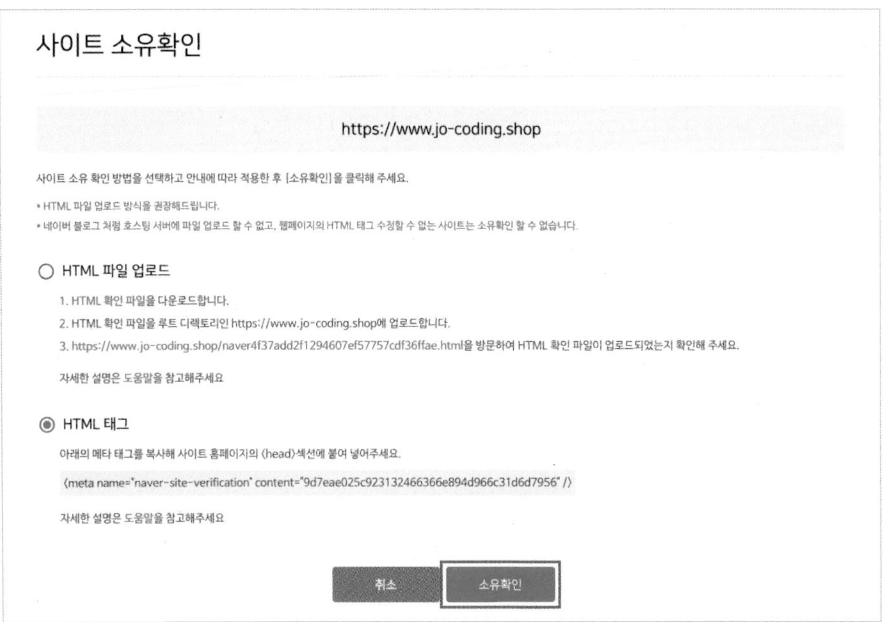

네이버 웹 마스터 도구에서 사이트 소유 확인 화면

잠시 기다리면 다음과 같이 소유 확인 메시지가 나타나면 [확인]을 클릭합니다. 네이버 웹 마스터 도구 페이지에 내 사이트 등록을 마쳤습니다.

네이버 웹 마스터 도구에서 사이트 소유 확인 성공 메시지

등록을 마친 후 네이버에서 내 웹 사이트를 검색하면 결과가 바로 나타나지 않습니다. 네이버 검색 엔진이 새로운 사이트를 인식하는 데 시간이 어느 정도 필요한데요. 다음 06-2절에서 설명하는 검색 엔진의 원리를 배우면 쉽게 이해할 수 있습니다.

참고로 03 단계에서 index.html 파일에 추가한 <meta> 코드는 홈페이지에 꼭 필요한 태그가 아니고, 네이버 웹 마스터 도구에서 웹 사이트 소유 확인을 하는 임시 태그이므로 추후 제거하는 것을 추천합니다.

06-2 크롤러와 사이트 맵 설정

06-1절에서는 네이버 검색엔진에 내가 만든 웹 사이트를 등록해 보았습니다. 하지만 사이트를 등록해도 검색 결과에 바로 나타나지 않는다고 했죠? 그 이유를 알기 위해선 검색 엔진의 원리를 이해해야 합니다.

검색 엔진의 원리 이해하기

검색 엔진에는 정보를 수집하는 **로봇**이 존재합니다. 이 로봇을 **크롤러**라고 하는데, 여러 사이트를 돌아다니면서 얻은 정보를 모아서 다시 검색 엔진에 돌려주는 역할을 합니다. 그리고 검색 엔진은 받은 정보를 바탕으로 검색 서비스를 제공하는 것이죠. 이때 우리가 네이버 웹 마스터 도구에 웹 사이트를 등록하면, 검색 로봇이 돌아다닐 대상 사이트에 내 사이트가 추가되는 것입니다. 따라서 이 로봇이 내가 등록한 웹 사이트에 방문해서 정보를 수집하기 전까지는 검색 엔진에 내 사이트가 나타날 수 없습니다. 그래서 시간이 어느 정도 필요한 것이죠.
크롤러는 검색 엔진마다 부르는 이름이 따로 있는데 구글에선 구글 봇, 네이버에선 예티를 사용합니다.

검색 엔진에서 정보를 수집하는 크롤러

크롤러를 위한 robot.txt, sitemap.xml 파일 설정하기

그런데 크롤러가 모든 사이트의 정보를 마구잡이로 수집하면 문제가 발생할 수 있습니다. 웹 사이트 내용 중에서 검색 엔진에 노출하고 싶지 않은 정보도 있을 텐데, 크롤러 때문에 전체 정보가 공개되어 난감한 상황이 생길 수 있어요. 이러한 문제를 막기 위해 크롤러에게 적용하는 약속 문서가 생겼습니다. 바로 **robots.txt 파일**입니다. 크롤러는 웹 사이트를 방문하면서 가장 먼저 사이트의 robots.txt 파일을 읽습니다. 이 파일에 크롤러의 수집을 허용한다고 써 있으면 크롤러가 접근하여 정보를 가져오고, 반대로 거부한다고 써 있으면 해당 사이트의 정보를 수집하지 않습니다.

sitemap.xml도 크롤러를 위한 파일입니다. 여기에는 사이트의 구조가 작성되어 있어서 사이트 맵 파일이라고도 합니다. 크롤러가 웹 사이트에 접근했을 때 sitemap.xml 파일에 있는 사이트의 지도를 보고 좀 더 정확하고 효율적으로 탐색할 수 있게 합니다.

지금부터 검색 엔진의 크롤러가 웹 사이트에 접근했을 때 정보 수집을 허가하는 robots.txt 파일과 사이트 맵을 제공하는 sitemap.xml 파일을 만들고 내 웹 사이트에 적용해 보겠습니다.

Do it! 01 네이버 웹 마스터 도구에서 robots.txt 파일 내려받기

다음과 같이 네이버 웹 마스터 도구에 접속해 자신이 등록한 사이트를 선택하고, 사이트 요약 화면으로 이동합니다.

네이버 웹 마스터 도구에서 내 사이트 선택하기

다음과 같이 왼쪽 메뉴에서 [검증 → robots.txt]를 클릭합니다. 다음과 같이 수집 요청 메시지 창이 나타나면 [확인]을 클릭하세요.

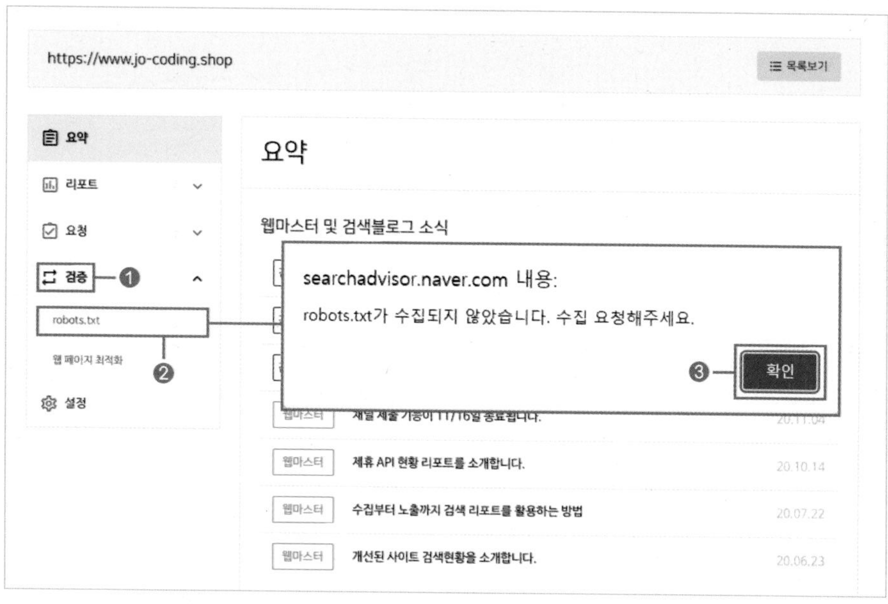

robots.txt 메뉴 클릭하고 메시지 창에서 [확인] 선택하기

여기에서 robots.txt 파일을 직접 작성할 수도 있지만 좀 더 쉬운 방법으로 진행해 보겠습니다. 화면 중간에 있는 [robots.txt 간단 생성]에서 다음과 같이 [모든 검색 로봇]과 [수집을 허용합니다.]를 선택하고 [다운로드]를 클릭합니다.

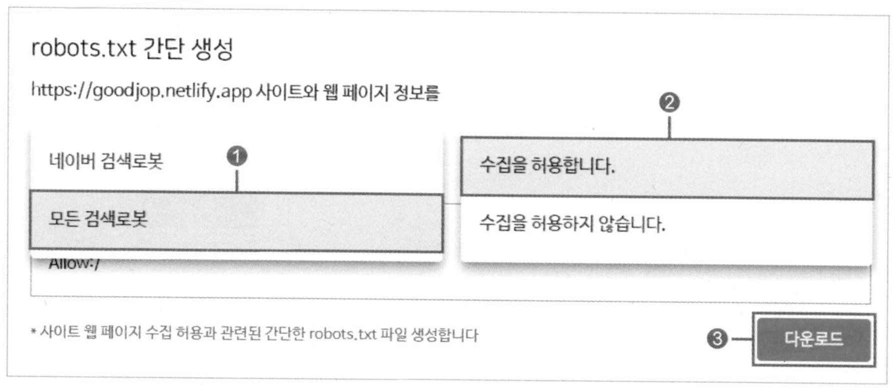

robots.txt 파일 내려받기

Do it! 02 **robots.txt 파일을 네트리파이에 올리기**

내려받은 robots.txt 파일을 내 웹 사이트 폴더에 넣어야 합니다. 다음과 같이 index.html 파일과 같은 경로(최상위 폴더)에 robots.txt 파일을 넣습니다.

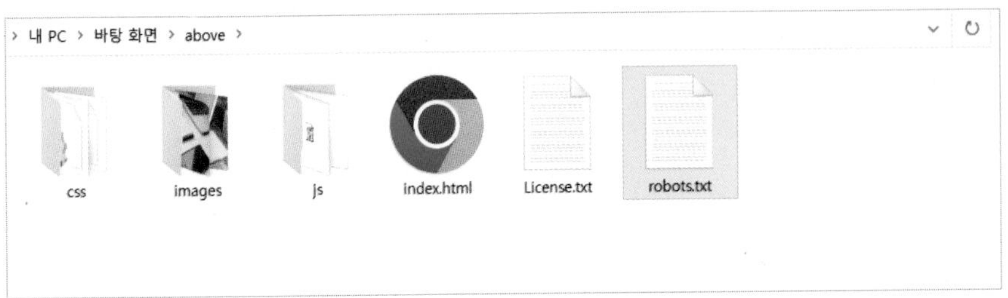

robots.txt 파일을 넣은 웹 사이트 폴더

이제 robots.txt 파일이 포함된 웹 사이트 폴더 전체를 네트리파이에 올려서 재배포합니다.

❶ 웹 사이트를 네트리파이에 재배포하는 방법이 잘 기억나지 않는다면 06-1절의 04 단계를 참고해 보세요.

Do it! 03 **네이버 웹 마스터 도구에서 robots.txt 수집 요청하기**

네트리파이에 웹 사이트 전체 폴더를 모두 올렸다면, 다음과 같이 네이버 웹 마스터 도구의 [robots.txt 정보]에서 [수집 요청]을 클릭합니다.

robots.txt 정보 https://www.jo-coding.shop/robots.txt

2021.03.28 19:37:53 기준으로 수집된 robots.txt의 정보입니다.

수집요청

네이버 웹 마스터 도구의 [robots.txt 정보]에서 [수집 요청] 선택하기

robots.txt 파일이 웹 사이트에 제대로 반영되면, 다음과 같이 비어 있던 robots.txt 파일에 작성한 코드가 똑같이 나타납니다. 이는 앞에서 업로드한 robots.txt 파일을 정상적으로 읽어 왔다는 뜻이며, 검색 엔진의 크롤러가 읽을 수 있는 사이트로 설정된 것입니다.

robots.txt 코드가 정상적으로 설정된 화면

Do it! 04

sitemap.xml 파일 만들기

이번엔 크롤러가 내 사이트의 정보를 효율적으로 수집할 수 있게 도와주는 sitemap.xml 파일을 설정할 차례입니다.

인터넷에서 검색해 보면 사이트 맵을 쉽게 만들어 주는 사이트가 여러 곳 나옵니다. 우리는 XML-sitemaps라는 곳에서 사이트 맵을 만들겠습니다. xml-sitemaps.com에 접속한 뒤, 주소 입력란에 내 사이트 주소를 입력하고 [START]를 클릭합니다.

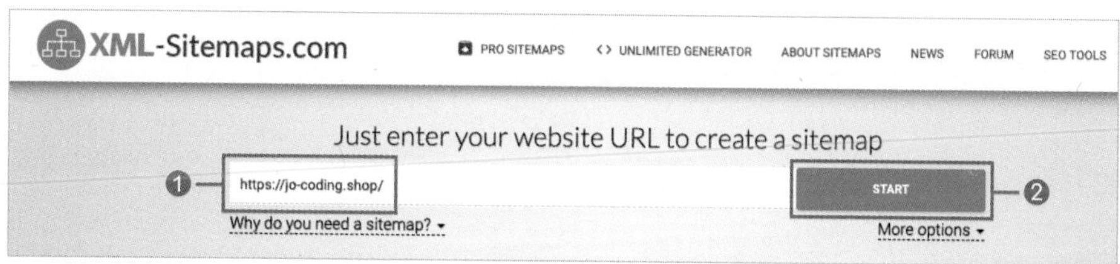

XML-Sitemaps에서 내 사이트 입력하고 [START] 클릭하기

다음과 같이 완료 상태로 바뀌면, 하단에 있는 [VIEW SITEMAP DETAILS]를 클릭해 생성된 사이트 맵을 내려받을 수 있는 페이지로 이동합니다.

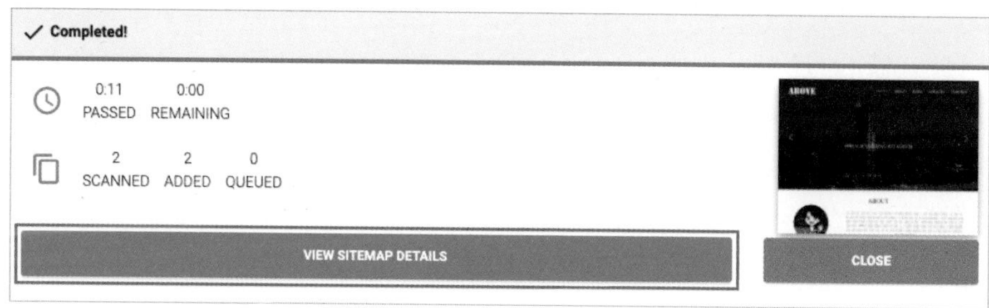

사이트 맵이 생성된 화면

[DOWNLOAD YOUR XML SITEMAP FILE]을 클릭해 사이트 맵을 내려받기만 하면 간단하게 사이트 맵 파일이 완성됩니다.

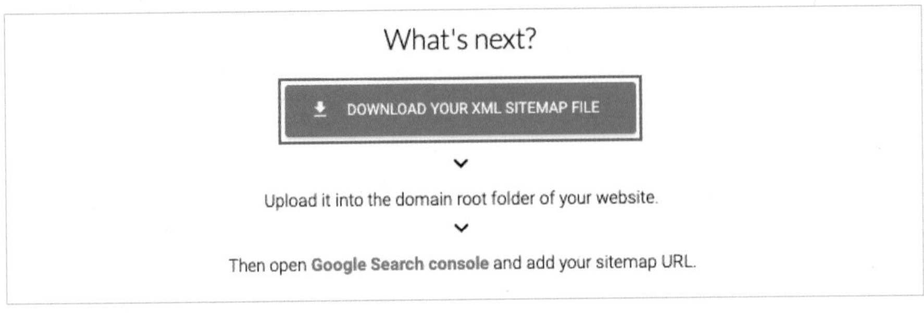

사이트 맵 내려받기

Do it! 05 robots.txt 파일에 sitemap.xml 파일의 경로 입력하기

내려받은 사이트 맵 파일을 검색 엔진에 올리기 전에 해야 할 일이 있습니다. 바로 robots.txt 파일에 사이트 맵 파일의 경로를 입력하는 것이죠. 그러면 크롤러가 사이트 맵을 좀 더 빠르게 참조할 수 있습니다. 사이트 맵 파일은 robots.txt 파일과 같은 경로에 업로드할 것이므로 파일 경로는 `https://[사이트주소]/sitemap.xml`입니다. 다음과 같이 robots.txt 파일을 열어서 수정합니다. 다음 코드는 작성 예일 뿐 `https://jo-coding.shop` 부분에는 자신의 사이트 주소를 입력해야 합니다.

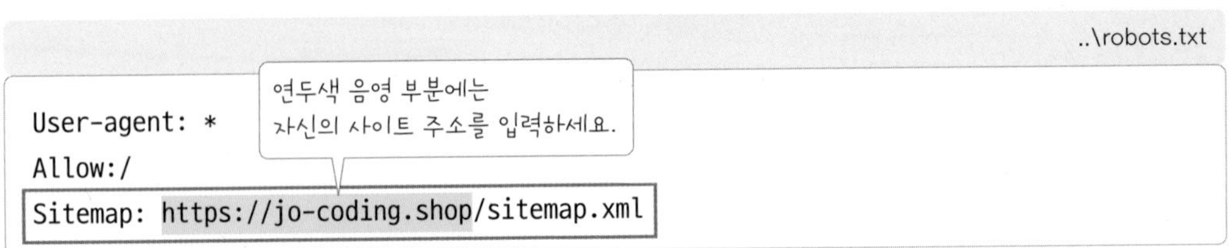

..\robots.txt

```
User-agent: *
Allow:/
Sitemap: https://jo-coding.shop/sitemap.xml
```

Do it! 06 robots.txt, sitemap.xml을 네트리파이에 올리고 확인하기

수정한 robots.txt 파일과 내려받은 sitemap.xml 파일을 모두 네트리파이에 올려야겠죠? 앞의 02 단계와 같이 sitemap.xml 파일을 최상위 폴더인 index.html 파일과 같은 위치에 넣고, 전체 웹 사이트 폴더를 네트리파이에 업로드합니다.

이제 sitemap.xml 파일이 제대로 올라갔는지 확인해 보겠습니다. 웹 브라우저 주소 창에서 '사이트 주소/sitemap.xml'을 입력해 접속하세요. 다음 화면처럼 사이트 맵 코드가 잘 나타나는지 확인하면 됩니다.

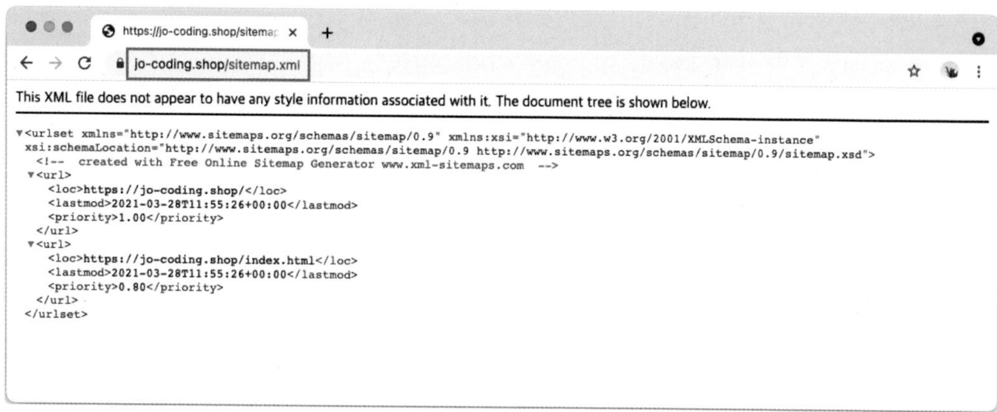

웹 브라우저에서 sitemap.xml 파일 확인하기

Do it! 07 네이버 웹 마스터 도구에서 robots.txt 정보 수집 다시 요청하기

이번에는 네이버 웹 마스터 도구로 돌아가서 robots.txt 파일의 [수집 요청]을 클릭해야 합니다. [수집 요청]을 클릭하면 다음 화면처럼 사이트 맵의 경로가 추가로 반영되어 나타납니다.

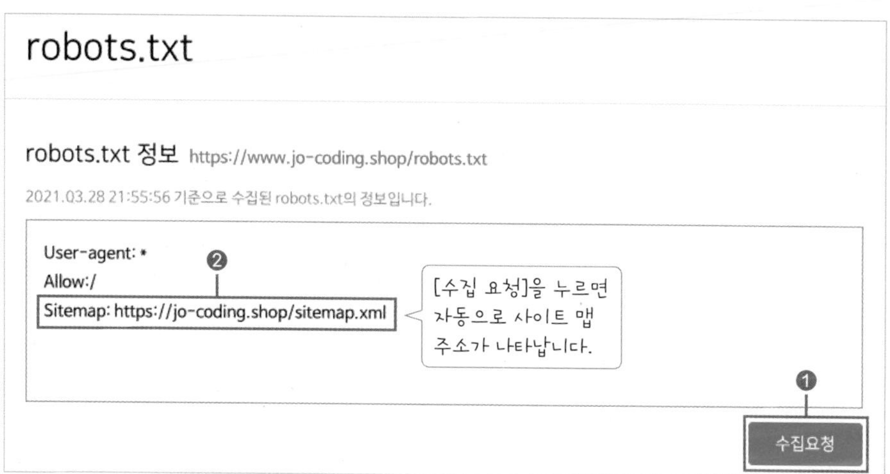

네이버 웹 마스터 도구에서 [수집 요청] 선택 후 업데이트된 robots.txt 정보 확인하기

Do it! 08 **네이버 웹 마스터 도구에 사이트 맵 제출하기**

마지막 단계로, 등록한 사이트 맵을 네이버 웹 마스터 도구에 제출해야 합니다. 왼쪽 메뉴에서 [요청 → 사이트 맵 제출]을 선택합니다. 그리고 오른쪽 [사이트 맵 URL 입력] 아래에 'sitemap.xml'을 입력하고 [확인]을 클릭합니다. 그럼 바로 아래 [제출된 사이트 맵]에 내가 등록한 사이트 맵이 나타납니다.

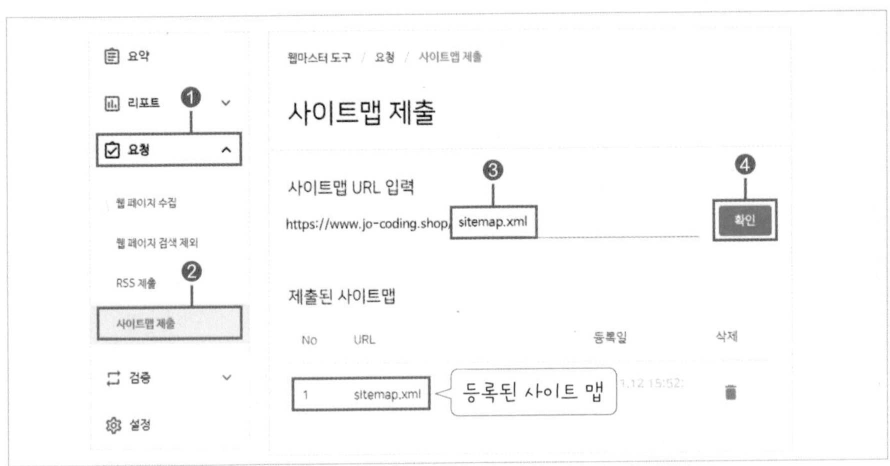

네이버 웹 마스터 도구에 사이트 맵 제출하고 확인하기

지금까지 내 웹 사이트를 네이버 크롤러가 수집할 수 있도록 설정해 보았습니다. robots.txt, sitemap.xml 파일 정보를 네이버 웹 마스터 도구에 제출했으므로 네이버 크롤러는 이 정보를 활용해서 내 웹 사이트 내용을 정확하게 확인하여 검색 엔진에 노출할 수 있습니다. 그런데 내 사이트가 네이버의 검색 화면 상단에 노출되려면 어떻게 해야 할까요? 검색 엔진 최적화라는 과정을 거치면 됩니다.

06-3 검색 엔진 최적화하기

앞에서 네이버 웹 마스터 도구에서 크롤러와 사이트 맵을 설정했죠. 하지만 네이버에서 검색 결과 상단에 내 사이트가 나타나게 하려면 **검색 엔진 최적화**search engine optimization, SEO 작업을 해야 합니다. 다음 실습을 하면서 자세히 알아보겠습니다.

Do it! 01 네이버 웹 마스터 도구에서 검색 엔진 최적화 확인하기

먼저 내 사이트의 검색 엔진 최적화 상태를 확인해 보겠습니다. 네이버 웹 마스터 도구에서 내 사이트를 클릭하고 [검증 → 웹 페이지 최적화] 메뉴를 클릭합니다. 우선 URL 주소는 비워 두고 [확인]을 클릭해 어떤 결과가 나오는지 보세요.

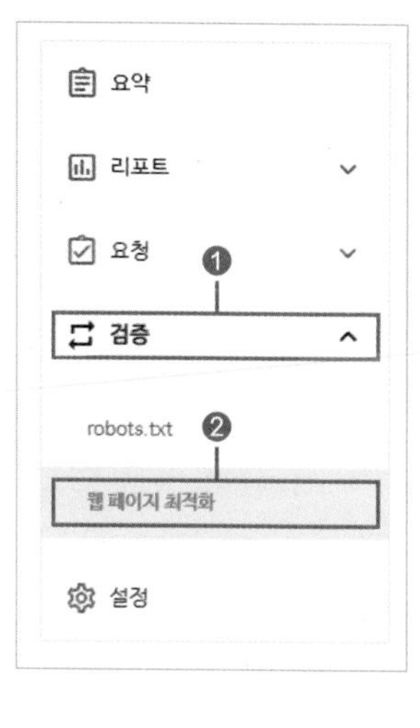

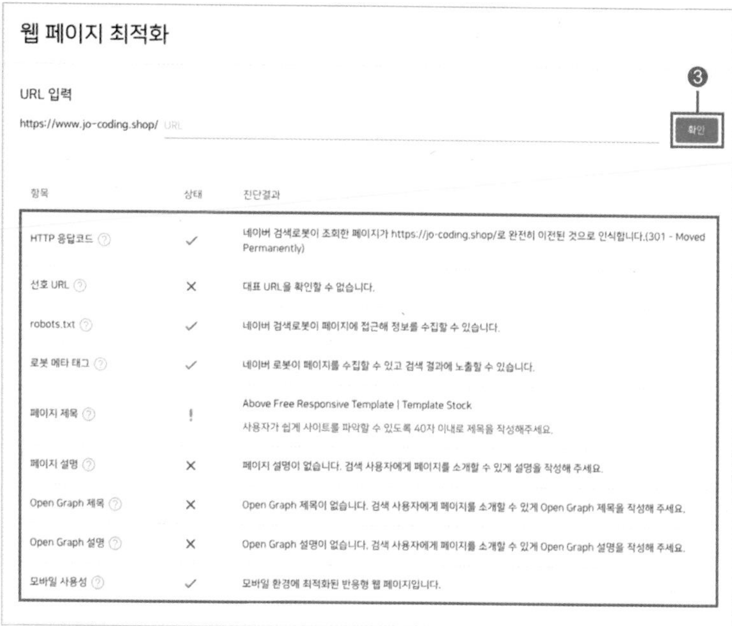

네이버 웹 마스터 도구에서 웹 페이지 최적화 확인하기

오른쪽 화면처럼 최적화와 관련된 점검 항목이 나오고, 내 사이트의 최적화 상태와 진단 결과를 확인할 수 있습니다. 상태에서 ☒는 개선해야 한다는 것을, ☑는 최적화가 잘 되었다는 것을 나타냅니다. ☑ 표시된 항목이 많을수록 검색 순위가 올라갑니다.

사실 지금까지 실습한 웹 사이트는 공용 템플릿이고 최적화를 고려하지 않았기 때문에 ☒ 가 많습니다. 특히 홈페이지 정보의 핵심인 제목이나 설명을 수정하지 않으면 검색 결과에 제대로 나타나지 않을 수 있습니다. 따라서 제목이나 설명 등은 내가 노출하고 싶은 검색어에 맞게 입력해야 합니다.

항목 오른쪽에 있는 ⓘ 표시를 선택하면 최적화 방법을 볼 수 있습니다. 또는 네이버 웹 마스터 도구 상단의 [웹 마스터 가이드 → HTML 마크업]을 참고하면 어떤 항목을 수정해야 하는지 더 정확하게 알 수 있습니다.

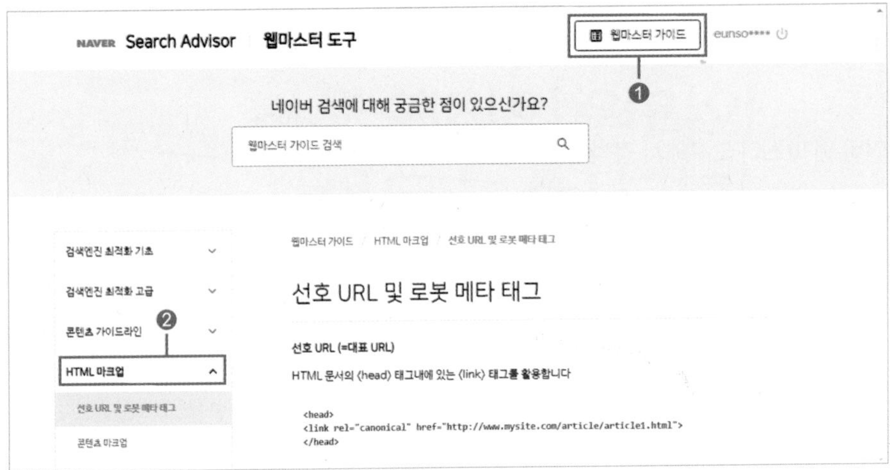

ⓘ 이 책에서는 지금까지 만든 웹 사이트 환경에 맞춰서 검색 엔진 최적화를 위한 index.html 코드를 수정하고, 최적화된 웹 사이트 결과 화면을 확인하는 과정만 다룹니다.

Do it! 02 검색 엔진 최적화 코드로 수정하기

검색 엔진 최적화를 위해 비주얼 스튜디오 코드에서 index.html 파일을 열고, <head>와 </head> 사이의 코드를 다음과 같이 추가 또는 수정해 보세요. 이 코드를 참고하여 홈페이지의 제목이나 설명을 자신이 원하는 내용으로 얼마든지 변경할 수 있습니다.

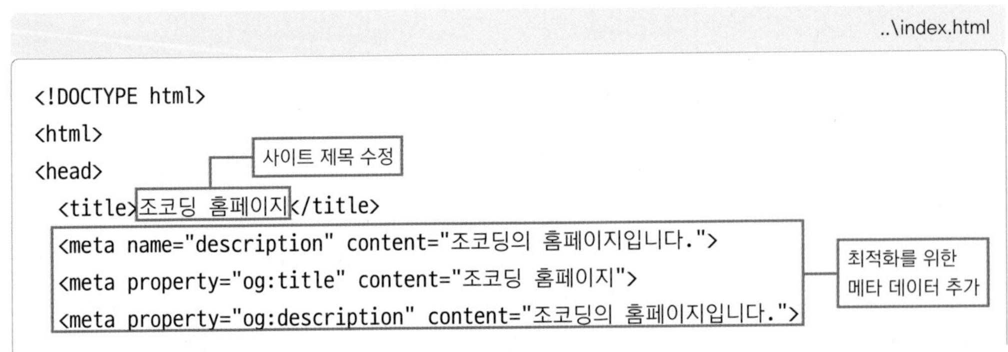

..\index.html

```
<!DOCTYPE html>
<html>
<head>
  <title>조코딩 홈페이지</title>
  <meta name="description" content="조코딩의 홈페이지입니다.">
  <meta property="og:title" content="조코딩 홈페이지">
  <meta property="og:description" content="조코딩의 홈페이지입니다.">
```

```
  <meta name="keywords" content="조코딩 홈페이지" />
  <link rel="canonical" href="https://jo-coding.shop/">
  <meta name="viewport" content="width=device-width, initial-scale=1">
  <meta http-equiv="Content-Type" content="text/html; charset=utf-8" />
(… 생략 …)
```

사이트의 대표 키워드 수정

검색 엔진에 알려줄 대표 URL

내 웹 사이트 주소 입력

수정을 모두 마쳤다면 index.html 파일을 저장하고 웹 사이트 전체 폴더를 네트리파이에 다시 업로드하세요.

Do it! 03 웹 마스터 도구에서 웹 페이지 최적화 결과 확인하기

네이버 웹 마스터 도구로 돌아가서 웹 페이지 최적화 결과를 확인해 봅시다. 다음과 같이 모두 ✓ 로 변경된 것을 확인할 수 있습니다.

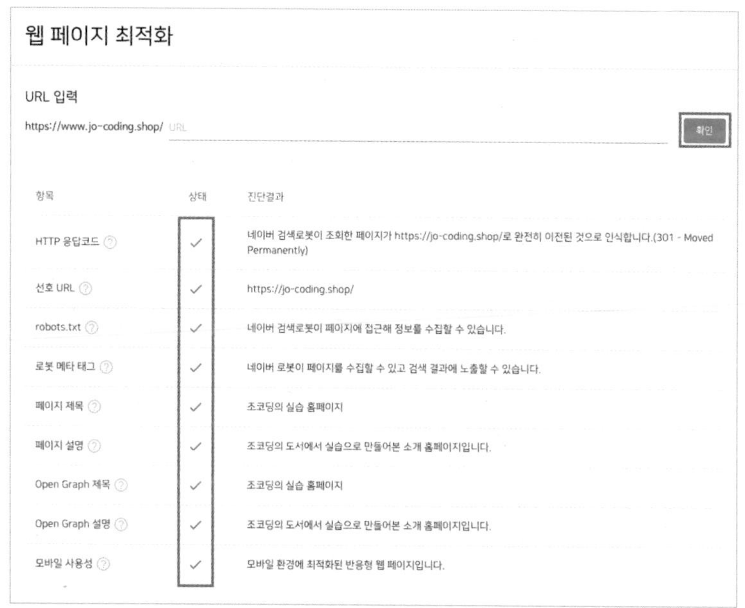

네이버 웹 마스터 도구에서 웹 페이지 최적화 확인 화면

❗ 웹 페이지 최적화 작업을 마치고 네이버 검색 결과 상단에 나타내려면 처리하는 시간이 필요합니다. 2~3일 여유를 두고 네이버에서 검색해 보는 것을 추천합니다.

지금까지 네이버에서 내 사이트가 검색되도록 설정하는 방법을 알아보았습니다. 가장 먼저 웹 마스터 도구에서 내 사이트를 등록한 뒤, 크롤러와 사이트 맵을 설정하고 검색 엔진 최적화 작업을 하면 됩니다. 그러면 내 사이트를 네이버 검색 결과를 화면 상단에 얼마든지 보여줄 수 있고, 많은 방문자를 얻을 수 있습니다.

07

구글 메인 화면을 똑같이 만들며 배우는 CSS

HTML의 기초를 끝냈다면

CSS 공부를 시작하세요!

구글의 메인 화면을 클론 코딩하고 나면

CSS를 쉽게 이해할 수 있을 거예요.

07-1 CSS, 이것만 기억하자!

CSS는 HTML을 꾸미는 역할을 합니다. HTML 태그를 선택하여 화면에 표시되는 위치를 이동하거나 크기와 색상도 바꿀 수 있죠. 여기에서는 CSS가 무엇인지, CSS로 어떤 일을 할 수 있는지 알아보고 기본 사용법을 배워 보겠습니다.

ⓘ 이 책에서는 CSS 전체를 다루지 않습니다. CSS를 자세히 다루려면 책 한 권 분량이 될 수 있기 때문이죠. 따라서 지금 단계에서 꼭 필요한 것 중심으로 설명하겠습니다. CSS를 더 깊게 알고 싶다면 03장에서 설명한 코드카데미(codecademy.com/learn/learn-html)와 생활코딩(opentutorials.org)을 참고해 공부하는 것을 추천합니다.

CSS의 태그 선택자

우리가 HTML 문서에 **<h1>사과</h1>** 태그를 작성하면, 웹 브라우저는 HTML의 **h1** 요소를 인식하고 화면에 다음과 같이 보여 줍니다. 이렇게 코드를 HTML 태그로만 작성하면 웹 브라우저에서는 검은색 글자로 나타나죠.

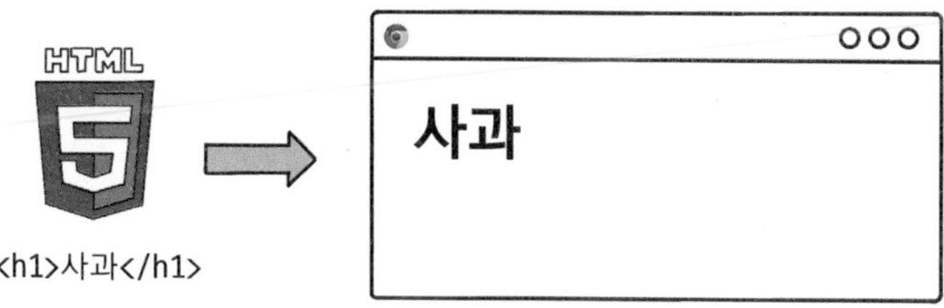

<h1> 태그를 작성했을 때 웹 브라우저에 보이는 결과

만약 **사과**라는 글자의 색상을 바꾸고 싶다면 어떻게 해야 할까요? 바로 이때 HTML을 꾸며 주는 CSS를 사용합니다. 다음과 같이 어떤 요소를 꾸며 줄 것인지 대상(**h1**)을 선택한 다음 { } 사이에는 CSS 문법에 맞춘 속성 등을 작성하고, 마지막으로 속성을 구분하는 ;을 붙입니다. 그리고 CSS에서 **h1**은 태그가 아니라 **태그 선택자**라고 합니다.

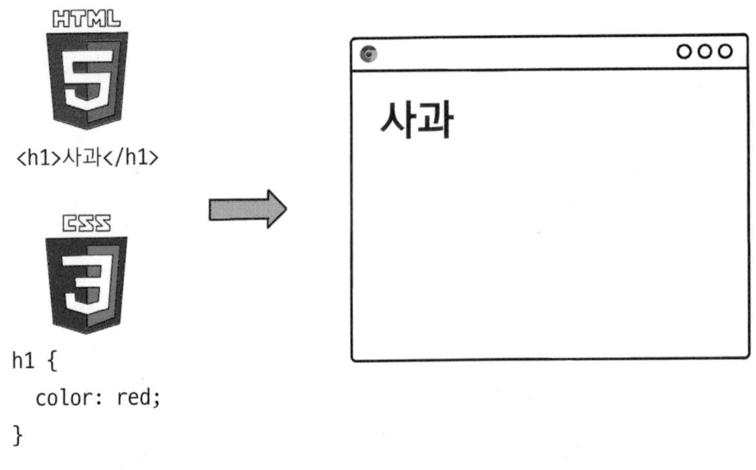

CSS의 기본형

다시 말해 `h1 { color: red; }`를 작성하면, CSS 태그 선택자로 `h1` 요소가 된 것이죠. 그러면 HTML 문서와 연결된 `<h1>` 태그의 글자인 **사과**가 빨간색으로 나타납니다. 여기까지는 쉽게 이해할 수 있죠?

CSS의 클래스 선택자와 아이디 선택자

그럼 다음과 같이 하나의 HTML 문서 안에 `<h1>` 태그가 여러 개 있을 때, 단어를 2개씩 묶어 색상을 다르게 적용하고 싶다면 어떻게 할까요?

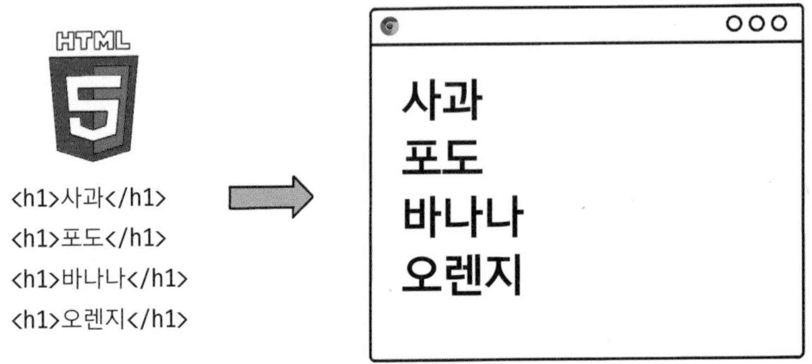

<h1> 태그가 여러 개일 때 웹 브라우저에 나타난 결과

앞에서 살펴본 CSS 기본형 예처럼 `h1 { 속성; }`으로 작성한다면, HTML 문서 안에 있는 모든 `<h1>` 태그에 같은 CSS 속성이 적용됩니다. 그러므로 `h1` 요소를 각각 구분해서 선택해야 합니다. `h1` 요소를 구분해서 선택하는 방법은 여러 가지이지만, 가장 일반적인 방법은 `<h1>` 태그에 **클래스**class 선택자 또는 **아이디**id 선택자를 써서 `<h1>` 태그를 구분하는 것입니다. 예를 들어

<h1 class="red">사과</h1> 또는 <h1 id="apple">사과</h1>과 같이 지정하고, CSS를 작성할 때 클래스나 아이디 이름으로 선택할 수 있습니다.

여러 요소에 적용할 수 있는 클래스 선택자

클래스 선택자를 사용하는 방법부터 알아보겠습니다. 다음은 클래스 선택자를 사용해 **사과**와 **포도**, **바나나**와 **오렌지**를 묶어서 2가지 색으로 나타낸 예입니다. HTML에서는 <h1> 태그에 class 속성을 넣고 임의의 클래스 이름인 red와 orange를 입력합니다. 그리고 CSS에는 **.클래스명 { 속성; }**의 형식으로 입력하면 됩니다. .red { color: red; }는 red라는 클래스를 가진 태그의 색을 빨간색으로 적용하고, .orange { color: orange; }는 orange라는 클래스를 가진 태그의 색을 주황색으로 적용하는 것이죠.

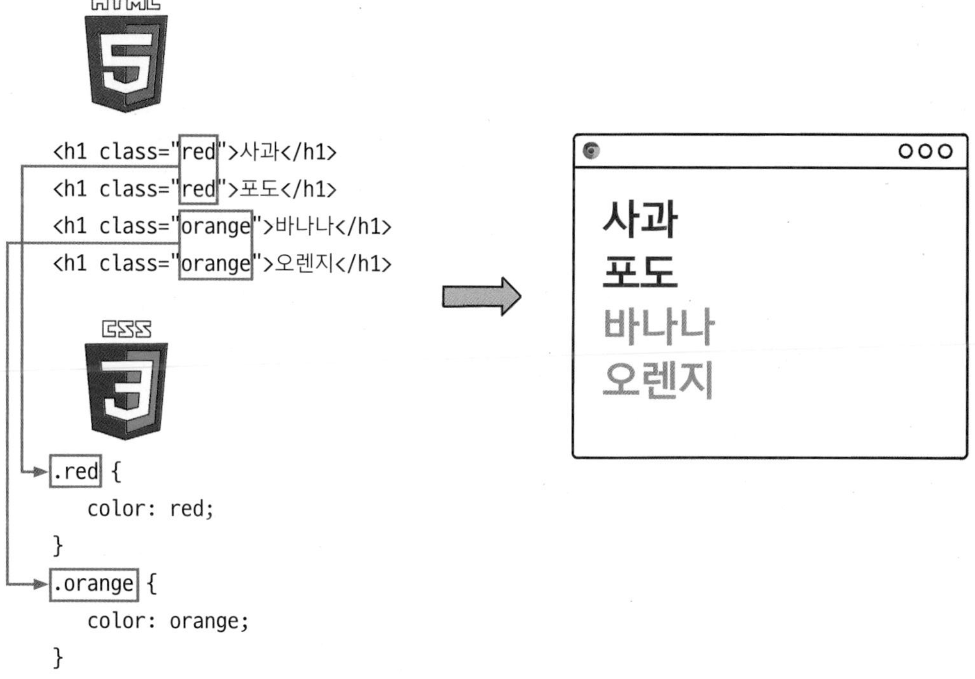

CSS 클래스를 사용해 2가지 색상 적용하기

하나의 요소만 적용할 수 있는 아이디 선택자

다음으로 아이디 선택자는 태그 하나만 선택해서 적용할 때 사용합니다. 클래스 선택자와 다르게 여러 태그에 같은 아이디를 부여할 수 없기 때문입니다.

CSS에서는 **#아이디명 { 속성; }**의 형식으로 작성할 수 있으며, 예를 들어 #apple { color:

`red; }`는 아이디가 `apple`인 태그에만 CSS 속성을 적용하라는 뜻입니다. 다음과 같이 `<h1 id="apple">사과</h1>`은 `#apple`의 속성인 빨간색을 적용하고, `<h1 id="grape">포도</h1>`은 `#grape`의 속성인 보라색이 적용되었습니다.

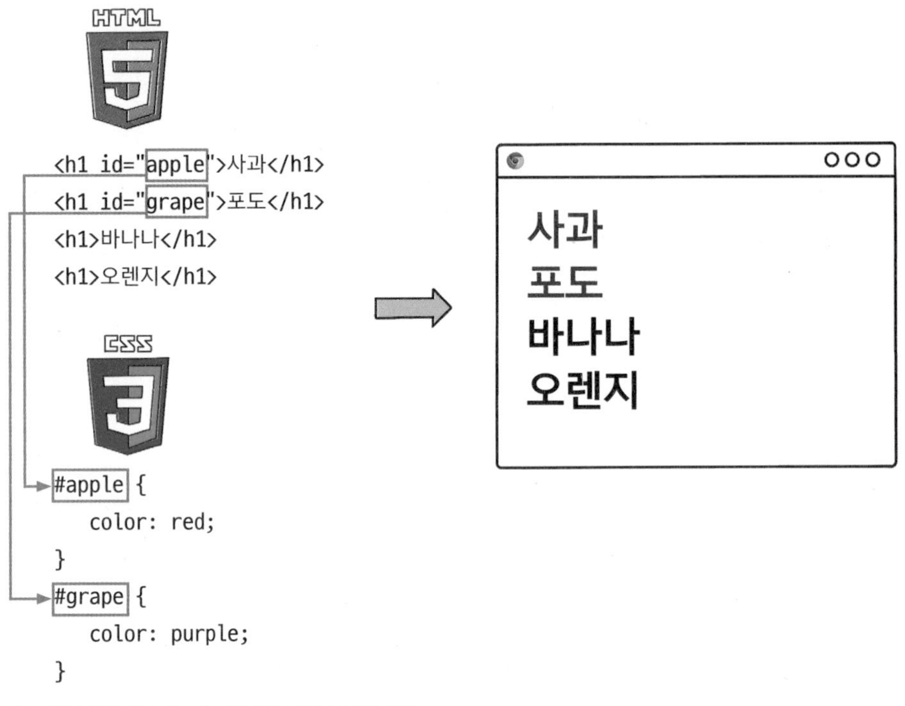

CSS에서 아이디를 사용해 웹 브라우저에 나타난 결과

CSS의 우선순위 구분하기

아이디 선택자와 클래스 선택자를 섞어서 사용할 수도 있습니다. 태그 하나에는 클래스를, 또 다른 태그에는 아이디를 부여해서 CSS를 각각 다르게 작성하는 것이죠. 그런데 선택자를 여러 개 사용하려면 **우선순위**를 고려해야 합니다. 우선순위란 태그 하나에 선택자를 여러 개 사용하여 같은 CSS 속성을 중복 지정할 때, 어떤 CSS 속성을 우선 적용할지 정한다는 뜻입니다. 이때 범위가 더 구체적인 선택자일수록 우선순위가 높습니다.

그럼 구체적인 선택자란 무엇일까요? 이렇게 이해하면 쉽습니다. 아이디 선택자는 해당 아이디를 지닌 태그 **단 하나**의 요소만 적용합니다. 그리고 클래스 선택자는 해당 클래스를 부여한 태그 **여러 개**에 적용할 수 있죠. 마지막으로 태그 선택자는 작성한 **모든 태그**에 CSS를 적용할 수 있으므로 범위가 가장 넓습니다. 정리하자면, 아이디 선택자 > 클래스 선택자 > 태그 선택자 순서로 우선순위가 높다고 보면 됩니다.

다음 그림에서 <h1 id="apple" class="blue">사과</h1>의 태그 선택자는 color: green 속성을 지정하고, 클래스 선택자는 color: blue 속성을 지정했습니다. 그리고 아이디 선택자는 color: red 속성을 갖고 있습니다. 이 경우에 CSS 우선순위에 따라 아이디 선택자의 CSS 속성을 가장 먼저 적용합니다. 따라서 결과 화면에서도 **사과**에는 아이디 선택자의 속성이 적용되어 빨간색 글자가 웹 브라우저에 나타납니다.

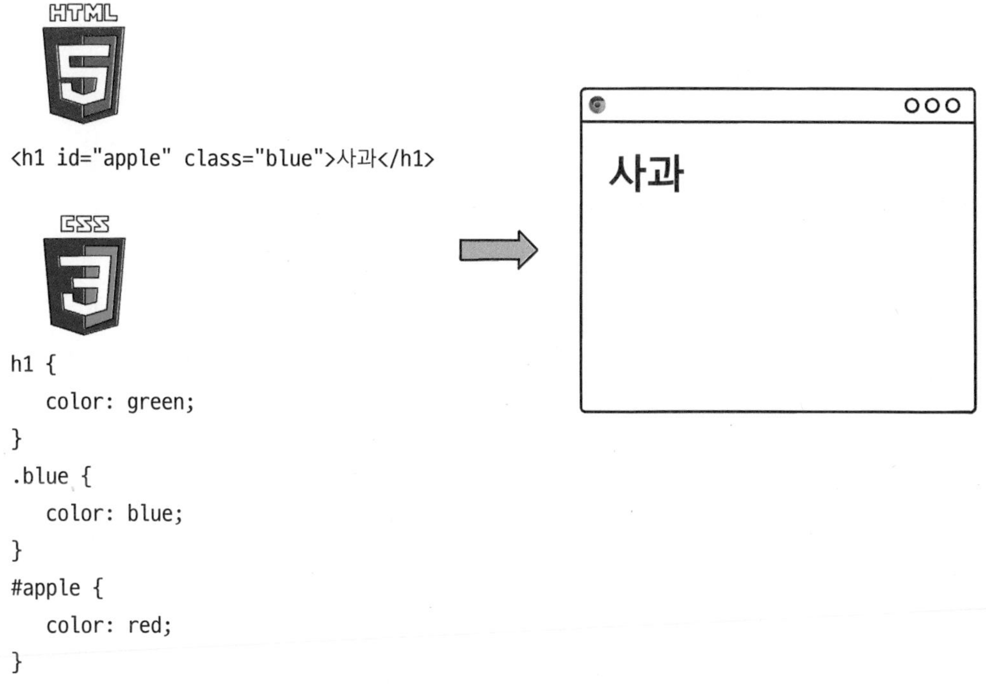

한 태그에 여러 CSS 선택자를 사용할 때의 결과

지금까지 CSS의 기초를 간단히 알아보았습니다. CSS를 사용할 때는 선택한 HTML 태그에 CSS 속성을 부여한다는 것을 기억하면 됩니다.

07-2 구글 메인 화면 클론 코딩하기

이번에는 HTML과 CSS를 사용해서 구글의 메인 화면을 클론 코딩해 보겠습니다. 구글 메인 화면은 구조가 아주 간단해서 초보자도 천천히 따라 하면 충분히 만들 수 있습니다.

Do it! 01 **필요한 파일 생성하기**

클론 코딩에 필요한 기본 파일을 만들겠습니다. 우선 내 컴퓨터 탐색기에서 임의의 위치를 지정해 폴더를 만들고 'google'이라고 이름을 붙이세요. 그리고 비주얼 스튜디오 코드를 실행해 화면 상단 메뉴에서 [File → Open folder]를 선택하거나, 시작 화면에서 [Open folder…]를 선택해 google 폴더를 불러옵니다.

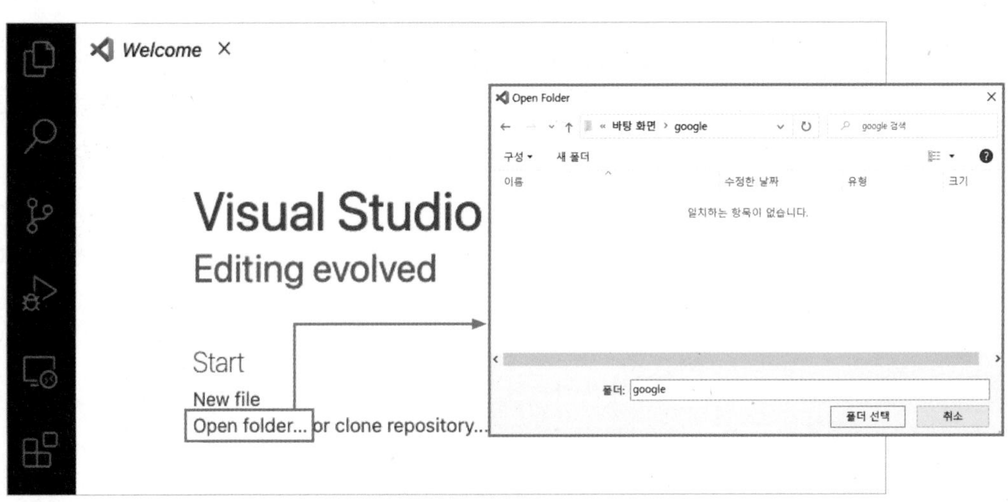

비주얼 스튜디오 코드에서 폴더 불러오기

다음과 같이 비주얼 스튜디오 코드에서 google 폴더가 보이면, 폴더명 오른쪽에 있는 아이콘을 선택하여 index.html, style.css 파일을 만들어 보세요. 아직 아무 내용도 입력하지 않았으니 비어 있는 파일이 생성됩니다.

HTML, CSS 파일을 만들 때는 파일명 뒤에 *.html, *.css처럼 확장자를 꼭 붙여야 합니다.

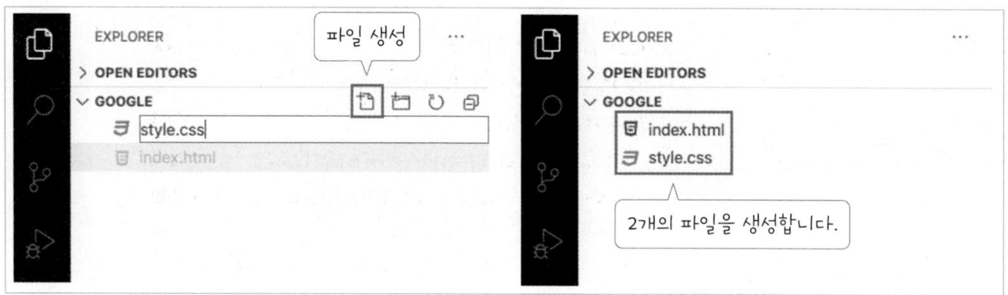

비주얼 스튜디오 코드에서 파일 만들기

Do it! 02 index.html 기본 내용 작성하기

index.html 파일부터 작성하겠습니다. HTML 파일의 기본 형식은 비주얼 스튜디오 코드의 자동 완성 기능을 사용하여 쉽게 작성할 수 있습니다. index.html 파일을 선택하고 다음과 같이 1행에서 !를 입력한 후 Tab 또는 Enter 를 눌러 보세요.

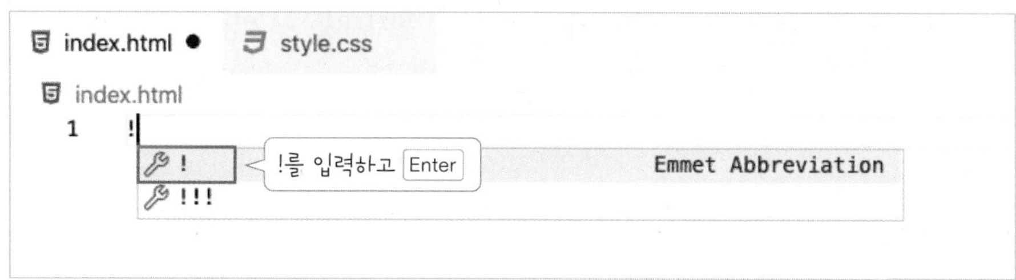

비주얼 스튜디오 코드에서 자동 완성 코드 입력하기

그럼 다음과 같은 HTML 기본 양식이 자동으로 작성됩니다. 이 양식은 HTML에서 꼭 필요한 기본 코드라고 생각하면 됩니다.

index.html ● style.css

index.html > ...

```
<!DOCTYPE html>
<html lang="en">
<head>
    <meta charset="UTF-8">
    <meta name="viewport" content="width=device-width, initial-scale=1.0">
    <title>Document</title>
</head>
<body>

</body>
</html>
```

HTML의 기본 양식이 자동 입력됩니다.

자동 완성 기능으로 작성된 HTML 기본 양식

2행에서 <html lang="en"> 태그의 lang 속성은 웹 페이지가 어떤 언어로 작성되었는지를 나타냅니다. 우리가 만드는 웹 사이트는 한국어를 지원하므로 <html lang="ko">로 변경해야 합니다.

7행 <title></title>은 웹 페이지의 제목을 표시하는 태그입니다. 웹 브라우저 상단에 보이는 웹 페이지 이름이 바로 <title>와 </title> 태그 사이에 적힌 내용을 기준으로 표시됩니다. 조코딩의 구글 웹 페이지를 만드는 것이니 <title>Joogle</title>로 변경하겠습니다. 자신이 원하는 문구로 직접 변경해도 좋습니다. 변경한 코드는 다음과 같습니다.

..\google\index.html

```
<!DOCTYPE html>
<html lang="ko">   한국어를 지원하는 속성 변경
<head>
  <meta charset="UTF-8">
  <meta http-equiv="X-UA-Compatible" content="IE=edge">
  <meta name="viewport" content="width=device-width, initial-scale=1.0">
  <title>Joogle</title>
</head>            웹 페이지의 제목 수정
<body>

</body>
</html>
```

Do it! 03 HTML 태그 작성하기

기본 양식은 작성했으니, 이제 본격적으로 HTML을 사용해 웹 페이지의 뼈대를 만들어 보겠습니다. 구글 페이지의 모든 기능을 구현하려면 시간이 너무 많이 걸리므로 다음 메인 화면을 참고하여 로고, 검색 창, 버튼만 만들어 보겠습니다.

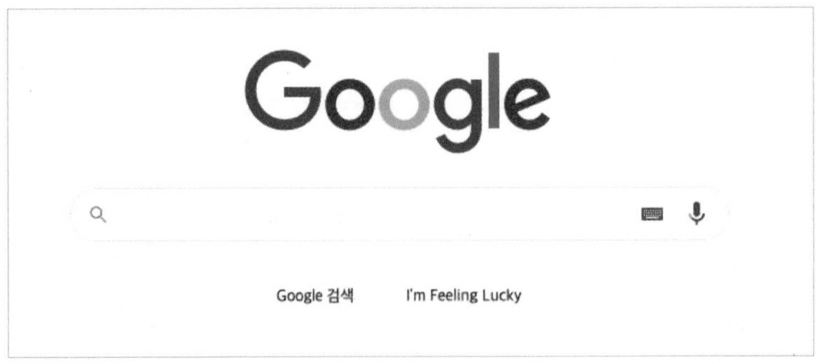

우리가 만들 구글의 메인 화면

다음과 같이 <body>와 </body> 사이에 HTML 태그를 작성해 보세요.

..\google\index.html

```
(… 생략 …)
</head>
<body>
  <h1>Joogle</h1>
  <form>
    <input type="text" />
    <button>Google 검색</button>
    <button>I'm Feeling Lucky</button>
  </form>
</body>
</html>
```

구글의 메인 화면을 만들어 주는 뼈대로 <h1>, <form>, <input>, <button> 태그를 사용해 보았습니다. <h1> 태그는 일반 텍스트를 제목으로 만들어 줍니다. h1~h6를 쓸 수 있으며, h1이 가장 중요한 제목이고 크게 표시되죠. <form>은 사용자에게 정보를 입력받아 서버 등에 전송할 때 쓰는 태그입니다. <input>은 검색 칸처럼 단어를 입력할 수 있는 태그이고, <button>은 버튼을 만드는 태그입니다. 이 index.html 파일을 웹 브라우저로 실행하면 다음과 같이 표시됩니다.

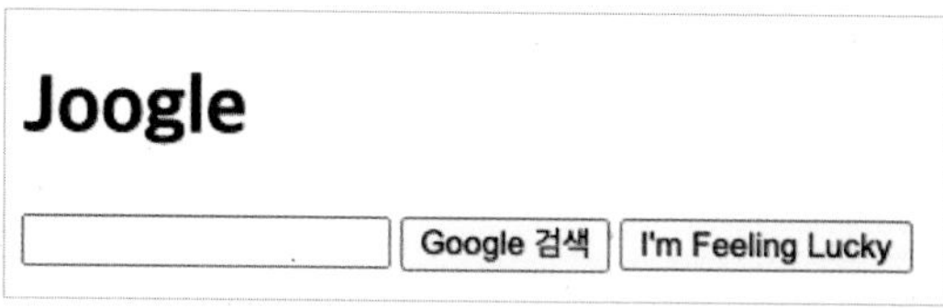

index.html 파일의 결과 화면

Do it! 04 HTML과 CSS 연결하기

아직은 실제 구글 화면과 다르죠? 그렇다면 CSS를 사용해 구글 화면처럼 똑같이 만들겠습니다. CSS를 작성하기 전에 먼저 HTML 파일과 CSS 파일을 연결해야 합니다.

다음과 같이 index.html의 </head> 태그 앞에 <link> 태그를 입력하고 rel="stylesheet" 속성을 부여합니다. 그리고 href 속성에는 CSS 파일의 경로를 작성하면 됩니다. 지금은 index.html과 style.css 파일이 같은 폴더에 있으므로 파일 이름만 쓰면 됩니다. 다음과 같이 코드 한 줄을 추가해 보세요.

..\google\index.html

```
(… 생략 …)
  <title>Joogle</title>
  <link rel="stylesheet" href="style.css" />
</head>
<body>
(… 생략 …)
```

<link> 태그를 추가하세요.

Do it! 05 Joogle을 가운데 정렬하기

style.css 파일을 열고 CSS를 작성해 보겠습니다. Joogle 텍스트를 가운데로 정렬해 볼까요? 가운데 정렬은 `text-align: center;` 속성을 사용하면 됩니다. 다음과 같이 `<h1>` 태그에 가운데 정렬 속성을 부여해 보겠습니다.

요소를 가운데 정렬하는 CSS를 더 알고 싶다면, 구글에서 'CSS 가운데 정렬'을 검색해 보세요. 관련한 정보를 쉽게 찾을 수 있습니다. 이렇게 잘 모르는 내용은 검색해 찾으면서 공부하는 습관을 가져 보세요.

..\google\style.css

```
h1 {
  text-align: center;
}
```

<h1> 태그를 가운데 정렬하는 속성

CSS 파일을 저장한 후 웹 브라우저에서 index.html 파일을 실행하면 Joogle 텍스트가 가운데 정렬되었습니다.

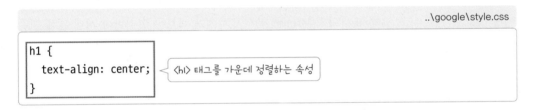

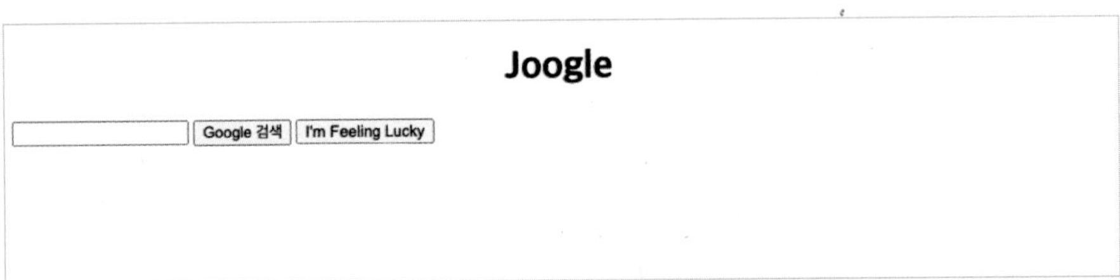

Joogle을 가운데 정렬한 결과 화면

Joogle이 웹 브라우저 화면 위쪽 가까이에 붙어서, 여백을 살짝 주어야 보기 좋을 것 같습니다. 여백 공간을 주려면 어떤 속성을 사용해야 할까요? 바로 **패딩**padding 또는 **마진**margin 속성을 사용하는 방법이 있습니다. 다음 그림을 자세히 살펴보겠습니다.

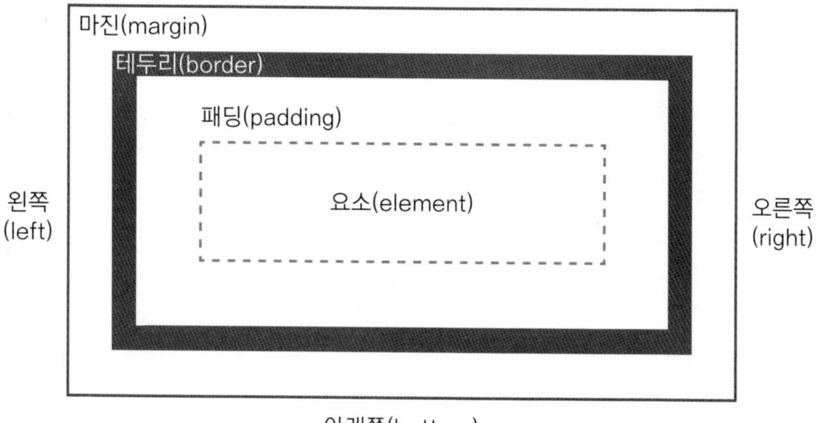

패딩과 마진 속성 이해하기

특정 HTML 요소element 주변에는 패딩과 마진 속성으로 여백을 줄 수 있습니다. 테두리border를 기준으로 안쪽 여백을 패딩padding, 바깥쪽 여백을 마진margin이라고 합니다. 그리고 패딩과 마진은 각각 위쪽top, 오른쪽right, 아래쪽bottom, 왼쪽left의 여백 크기를 다르게 지정할 수 있습니다. 아직 `border` 속성을 적용하지 않아 테두리가 눈에 보이지 않지만 패딩과 마진이 겹치지 않고 여백을 차지합니다.

Do it! 06 테두리를 그리는 border 속성 확인하기

그렇다면 요소의 여백을 지정하기 위해 `<h1>` 태그의 테두리를 확인해야 합니다. 테두리 속성은 `border: [두께] [모양] [색상];` 형식으로 작성합니다. 다음과 같이 `border` 속성을 추가하고 웹 브라우저에서 Joogle 텍스트 영역을 감싸는 테두리를 확인해 보세요.

..\google\style.css

```
h1 {
  text-align: center;
  border: 1px solid black;
}
```

1px 굵기의 검은색 선을 테두리로 지정합니다.

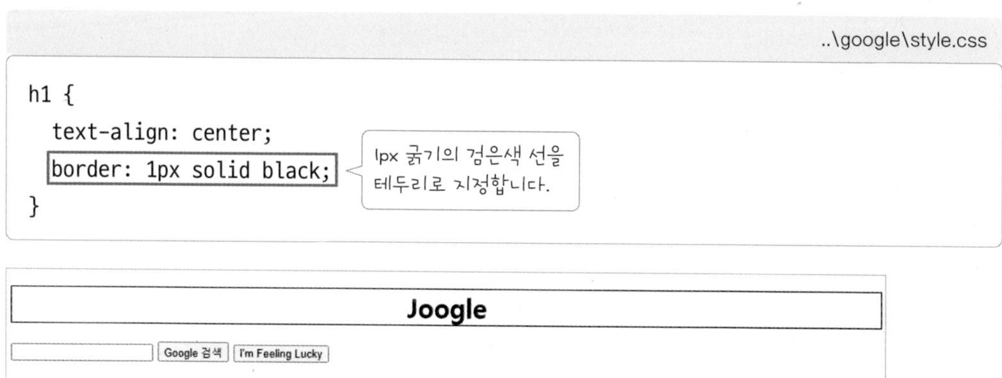

<h1> 태그에 border 속성을 적용한 결과 화면

<h1> 태그의 테두리는 웹 브라우저의 화면 끝까지 나타날까요?

결과 화면을 보고 궁금한 점이 생길 수 있습니다. `<h1>` 태그의 테두리 크기가 Joogle 텍스트에 맞추지 않고 왜 웹 브라우저 화면에 좌우로 길게 뻗어서 나타날까요? 또 Joogle 텍스트에 딱 맞는 테두리를 지정하려면 어떻게 해야 할까요? 이 점을 이해하려면 CSS의 인라인(inline)과 블록(block) 속성을 알아야 합니다.
모든 HTML 태그에는 기본적으로 `display: inline;` 또는 `display: block;` 속성값을 갖고 있습니다. 인라인 속성을 가진 태그는 화면에 표현된 만큼의 영역을 차지하고, 반대로 블록 속성을 가진 태그는 보이는 화면의 좌우 끝까지 확장된 영역을 차지합니다. 인라인 속성을 대표하는 태그는 `<span>`이고, 블록 속성을 대표하는 태그는 `<div>`, `<h1>` 등이 있습니다. 앞의 예제에서는 `<h1>` 태그가 `block` 속성이므로 화면의 좌우 끝까지 나타납니다. 만약 텍스트에 테두리를 딱 맞추려면 `<h1>Joogle</h1>` 대신 `<span>Joogle</span>`으로 바꾸거나, `h1`에 인라인 속성을 지정해야 합니다.

Do it! 07 안쪽 여백을 주는 패딩 속성 추가하기

`<h1>` 태그에 여백을 넣는 패딩 속성을 입력해 보겠습니다. **`padding: 위쪽 여백, 오른쪽 여백, 아래쪽 여백, 왼쪽 여백;`** 형식으로 작성하면 됩니다. 시계 방향 순서인 위쪽, 오른쪽, 아래쪽, 왼쪽을 잘 기억하면서 다음의 코드를 입력해 보세요. 여백을 따로 주고 싶지 않다면 `0` 또는 `0px`로 작성하면 됩니다.

❶ 또한 padding: 10px;처럼 값을 하나만 부여하면 상하좌우 모두 동일한 여백이 지정되고, padding: 10px 20px;처럼 값을 두 개 부여하면 상하 여백은 10px, 좌우 여백은 20px로 적용됩니다.

..\google\style.css

```
h1 {
  text-align: center;
  border: 1px solid black;
  padding: 10px 40px 50px 150px;
}
```

Joogle

Google 검색 | I'm Feeling Lucky

<h1> 태그에 padding 속성을 적용한 결과

06 단계 결과 화면과 어떤 차이가 나는지 확인해 보세요. border 테두리에 지정한 padding값만큼 여백이 달라졌죠?

Do it! 08 **바깥쪽 여백을 주는 마진 속성 추가하기**

마진은 패딩과 마찬가지로 margin: 위쪽 여백, 오른쪽 여백, 아래쪽 여백, 왼쪽 여백;으로 작성합니다. 다음과 같이 마진 속성을 추가해 보세요.

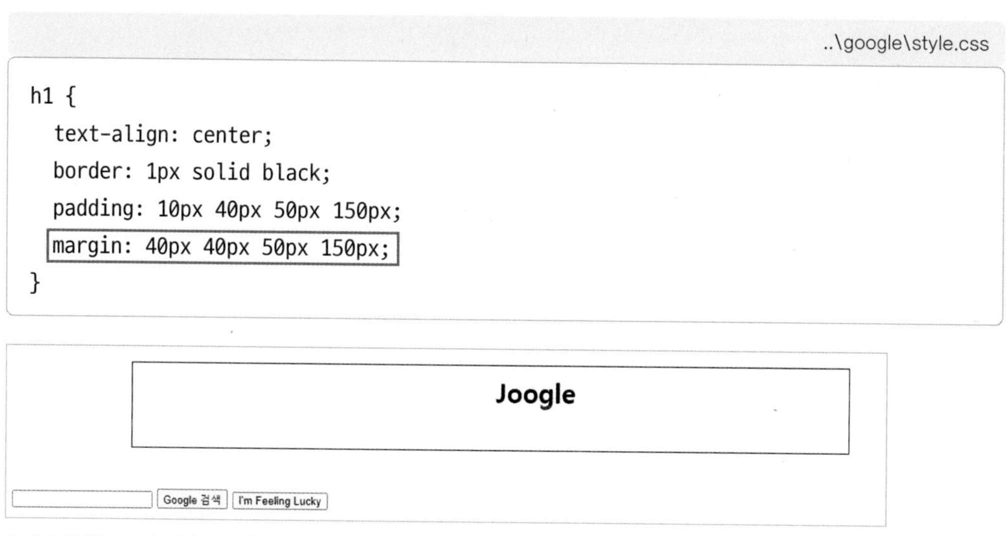

..\google\style.css

```
h1 {
  text-align: center;
  border: 1px solid black;
  padding: 10px 40px 50px 150px;
  margin: 40px 40px 50px 150px;
}
```


<h1> 태그에 margin 속성을 적용한 결과

테두리를 기준으로 바깥쪽 여백이 더 추가된 것을 확인할 수 있습니다.

Do it! 09 **<h1> 태그의 margin 속성 수정하기**

지금까지는 border, padding, margin 속성을 이해할 수 있도록 연습 코드를 작성한 것입니다. 이제 실제 구글 메인 화면을 참고하여 Joogle 텍스트 여백을 수정해 보겠습니다. 구글 화면을 살펴보니 텍스트 상단 영역에 여백이 필요해 보입니다. 텍스트 상단에 여백을 주려면 어떤 CSS 속성을 사용할 수 있을까요? Joogle 텍스트 영역 바깥쪽에 여백을 주는 margin이 적합해 보입니다. 다음과 같이 margin 속성을 수정해 보세요.

..\google\style.css

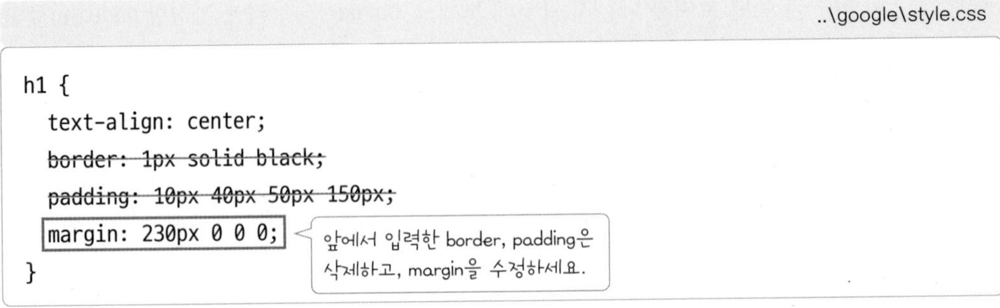

```
h1 {
  text-align: center;
  border: 1px solid black;
  padding: 10px 40px 50px 150px;
  margin: 230px 0 0 0;
}
```


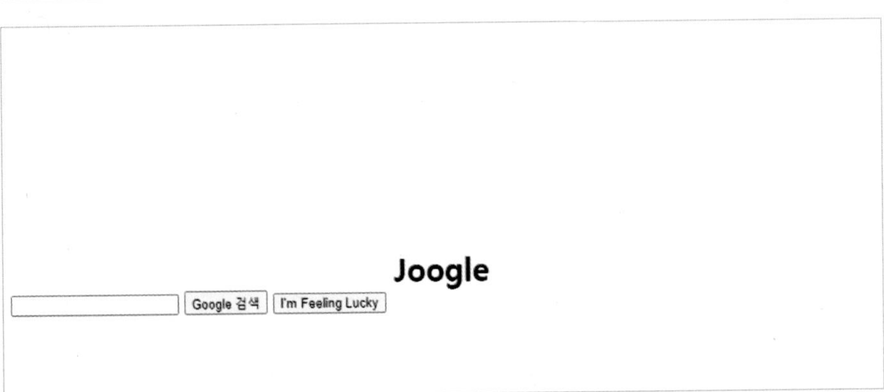

<h1> 태그의 margin 속성을 수정한 결과

Joogle 텍스트 상단에 여백이 충분히 생겼습니다. 그런데 아직은 구글 화면과 많이 차이 나 보입니다. 입력해야 할 CSS 코드가 더 있다는 의미겠죠?

Do it! 10 폰트 크기 변경하기

폰트 크기를 조절하는 `font-size` 속성을 사용해 봅시다. 다음과 같이 `font-size: 90px;` 속성을 추가해서 Joogle 텍스트를 크게 키워 보세요.

..\google\style.css

```
h1 {
  text-align: center;
  margin: 230px 0 0 0;
  font-size: 90px;
}
```

<h1> 태그의 폰트 크기 키우기

Do it! 11 폰트 색상 변경하기

이번에는 Joogle 텍스트의 색상을 변경해 보겠습니다. 구글 화면을 보면 오른쪽 그림처럼 G, o, o, g, l, e 알파벳마다 색상이 지정되어 있습니다. 실제 구글 로고는 하나의 이미지로 만들어졌지만 우리는 CSS를 이용해서 Joogle 텍스트에 색상을 하나씩 지정해 보겠습니다. 다음과 같이 <h1> 태그 안에 작성한 J, o, o, g, l, e마다 <span> 태그로 구분하여 입력합니다.

구글 로고 색상

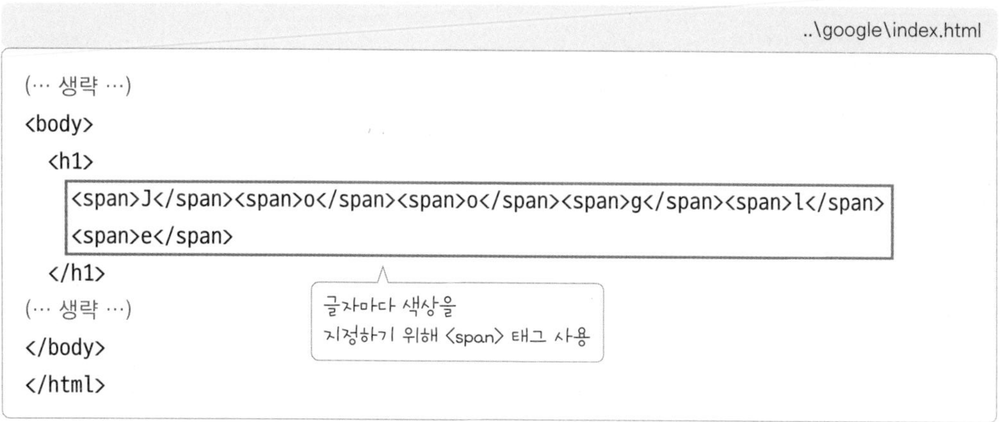

..\google\index.html

```
(… 생략 …)
<body>
  <h1>
    <span>J</span><span>o</span><span>o</span><span>g</span><span>l</span>
    <span>e</span>
  </h1>
(… 생략 …)
</body>
</html>
```

글자마다 색상을
지정하기 위해 <span> 태그 사용

이제 문자마다 색상을 변경해야 하므로 CSS 가상 선택자의 `nth-child`를 사용할 것입니다. 가상 선택자는 `h1 span:nth-child(n)` 형식으로 작성하는데, 이는 <h1>의 하위 태그인 <span> 태그 중에서 n번째 <span> 태그에 속성을 적용하겠다는 의미입니다. 그럼 첫 번째로 J

의 문자색부터 바꿔 보겠습니다. `h1 span:nth-child(1)`을 작성한 뒤 `color` 속성값을 지정하면 됩니다. 다음과 같이 입력하고 어떤 색을 적용되는지 확인해 보세요.

..\google\style.css

```
h1 {
  text-align: center;
  margin: 230px 0 0 0;
  font-size: 90px;
}

h1 span:nth-child(1) {
  color: #4285f4;
}
```

첫 번째 <span> 태그인 J를 파란색으로 지정

텍스트 J에 색을 적용한 결과

텍스트 J가 구글 로고의 G와 같은 색으로 변경되었습니다. 그럼 나머지 o, o, g, l, e도 같은 방법으로 색상을 변경하겠습니다.

..\google\style.css

```
(… 생략 …)
h1 span:nth-child(1) {
  color: #4285f4;
}
```

```
h1 span:nth-child(2) {
  color: #ea4335;
}

h1 span:nth-child(3) {
  color: #fcc629;
}

h1 span:nth-child(4) {
  color: #4285f4;
}

h1 span:nth-child(5) {
  color: #34a853;
}

h1 span:nth-child(6) {
  color: #ea4335;
}
```

글자마다 다른 색상을 입력합니다. 본인이 원하는 색으로 바꿔도 좋아요!

Joogle

Google 검색 I'm Feeling Lucky

Joogle 텍스트에 색상을 적용한 결과

어때요? 폰트 색상만 바꾸었는데 구글 메인 화면과 비슷해졌죠?

Google 로고와 비슷한 색을 찾으려면 구글에서 'color picker'를 검색해 보세요. color picker는 웹 브라우저 화면에 보이는 요소의 색상 코드를 얻을 수 있도록 도와줍니다.

Do it! 12 **검색 칸과 버튼 배치 변경하기**

구글 로고 아래에 있는 검색 칸과 버튼의 위치를 변경해 보겠습니다. 현재 검색 칸, [Google 검색], [I'm Feeling Lucky] 버튼이 일렬로 배치되어 있지만, 구글처럼 검색 칸과 버튼 2개를 줄 바꿈 하고 가운데 정렬되도록 수정하겠습니다.

`<form>` 태그에 가운데 정렬 속성을 지정하고, `<input>` 태그의 너비를 `100%`로 지정하여 상위 요소의 너비만큼 늘어나도록 만들면서 최대 너비는 `584px`로 제한합니다.

..\google\style.css

```
(… 생략 …)
form {
  text-align: center;
}

input {
  width: 100%;
  max-width: 584px;
}
```

이번엔 index.html 파일의 `<input>` 태그 뒤에 `<br>` 태그를 추가합니다. `<br>`은 줄 바꿈을 해 주는 태그입니다.

..\google\index.html

```
(… 생략 …)
<form>
  <input type="text" />
  <br />
  <button>Google 검색</button>
  <button>I'm Feeling Lucky</button>
</form>
(… 생략 …)
```

여기까지 수정하고 나면 다음과 같은 결과가 나타납니다.

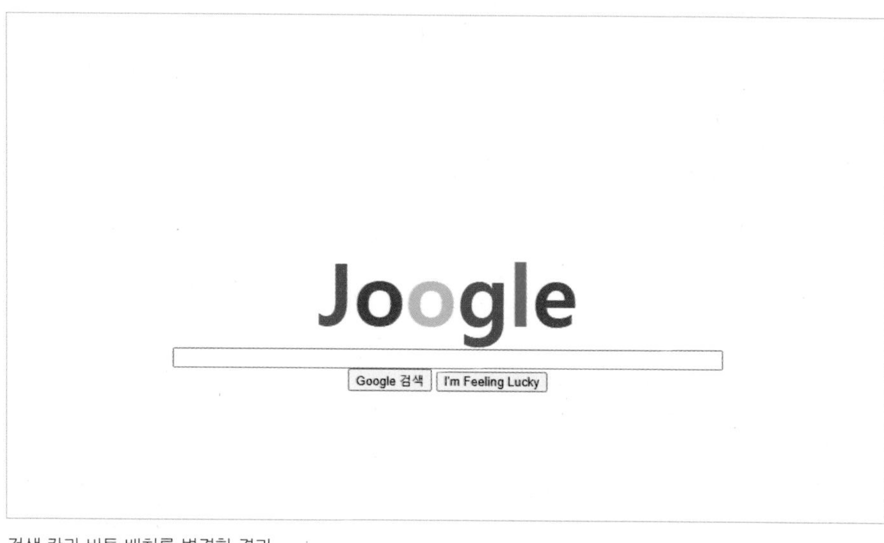

검색 칸과 버튼 배치를 변경한 결과

Do it! 13

검색 칸과 버튼 모양 조정하기

검색 칸과 버튼 모양을 살짝 조정하면 실제 구글 메인 화면과 더 비슷해질 것입니다. 이번에는 CSS 코드를 먼저 작성한 후에 설명하겠습니다. 다음은 검색 칸의 스타일을 수정하는 CSS 코드입니다.

..\google\style.css

```
(… 생략 …)
input {
  width: 100%;
  max-width: 584px;
  height: 44px;
  border-radius: 24px;
  border: 1px solid #dfe1e5;
  margin: 25px 0 25px 0;
  padding: 0 15px 0 15px;
}

input:focus {
  outline: none;
}
```

검색 칸의 모양 바꾸기

height 속성으로 검색 칸의 높이를 44px로 만들고, border-radius 속성을 입력해 테두리를 둥글게 만듭니다. border 속성으로 테두리 색을 변경하고, margin을 입력해 위아래 바깥 여백을 추가합니다. 그리고 padding 속성으로 좌우 안쪽 여백도 추가합니다.
다음으로 input:focus는 검색 칸이 포커스를 받았을 때 스타일을 지정하는 선택자입니다. 크롬에서는 기본으로 검은색 두꺼운 테두리가 나타나는데 여기에서는 이 테두리가 보이지 않게 했습니다.

> 포커스란 input 태그에 텍스트 커서가 위치하는 상태를 말합니다.

이번엔 버튼 스타일을 설정해 보겠습니다.

..\google\style.css

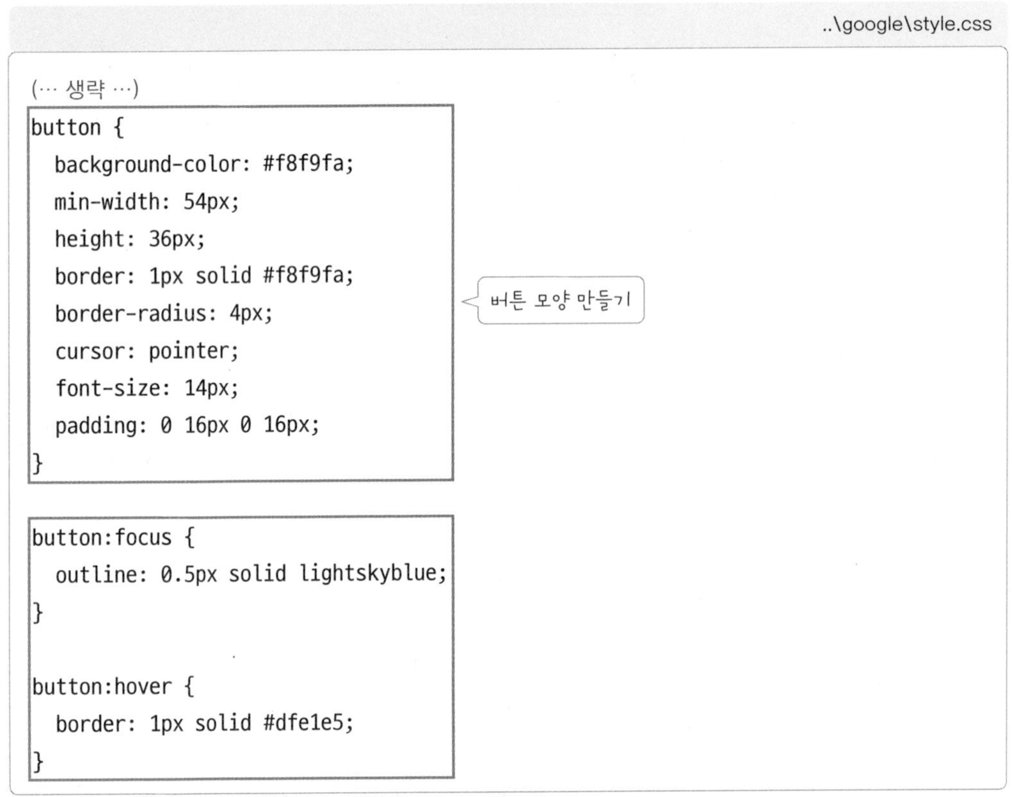


```
(… 생략 …)
button {
  background-color: #f8f9fa;
  min-width: 54px;
  height: 36px;
  border: 1px solid #f8f9fa;
  border-radius: 4px;
  cursor: pointer;
  font-size: 14px;
  padding: 0 16px 0 16px;
}

button:focus {
  outline: 0.5px solid lightskyblue;
}

button:hover {
  border: 1px solid #dfe1e5;
}
```

<button> 태그 안에 background-color 속성을 넣어 구글처럼 회색 계열로 색을 변경하고, min-width를 입력해 최소 너비를 지정합니다. height 속성으로 높이도 지정하고, border와 border-raduis를 입력해 버튼의 테두리를 조절합니다. cursor 속성을 쓰면 버튼 위에 마우스 커서를 올릴 때 커서 모양을 지정할 수 있습니다. 속성값을 지정하지 않으면 커서가 화살표 모양 그대로지만, 이 코드처럼 pointer를 입력하면 손가락 모양이 나타납니다(크롬 기준). 버튼 안의 폰트 크기는 14px이고, padding 속성으로 텍스트 좌우 여백을 주었습니다.

button:focus는 앞에서 설명한 input:focus와 같은 선택자입니다. 검색 칸에서 Tab 을 눌렀을 때 버튼에 포커스가 생기면 연한 하늘색 계열의 외곽선이 나타납니다.
마지막으로 button:hover는 요소 위에 마우스 커서를 올리면 버튼 스타일을 지정해 줍니다. 여기에서는 border 속성을 작성하여 버튼에 마우스 커서를 올렸을 때 테두리가 강조되도록 만들었습니다. 결과 화면은 다음과 같습니다.

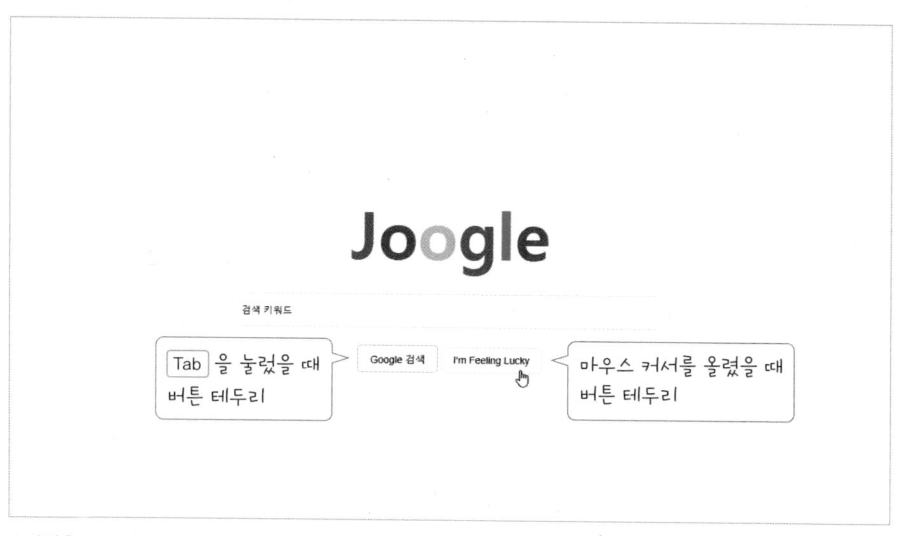

스타일을 모두 적용한 Joogle의 결과 화면

Do it! 14 실제 검색할 수 있는 기능 추가하기

마지막 기능을 구현해 보겠습니다. 구글은 검색 사이트이므로 검색어를 입력한 후 검색하는 화면도 보이면 좋겠죠? 하지만 실제로 구글 검색 엔진을 만들 수는 없으니 여기에서는 검색어를 입력하고 Enter 를 치거나 [Google 검색] 버튼을 누르면 실제 구글 검색 결과가 나타나도록 해보겠습니다.
먼저 구글 사이트에서 '조코딩'을 검색해 보세요. 검색 결과의 URL은 다음과 같이 복잡한 주소로 작성되어 있습니다.

실제 구글에서 '조코딩'을 검색한 결과 화면

여기에서 핵심은 첫 번째 줄의 `https://www.google.com/search?q=조코딩`입니다. 이 주소를 복사해서 웹 브라우저의 URL 주소 창에 입력하면 조코딩 검색 결과가 나타나는 것을 확인할 수 있습니다. 나머지 주소는 구글 내부에서 사용하는 옵션이므로 입력하지 않아도 검색하는 데 큰 영향을 주지 않습니다. 따라서 우리가 만든 Joogle에서 검색어를 입력하면 `https://www.google.com/search?q=[검색어]`로 이동하도록 처리해 보겠습니다. index.html 파일에 `<form>` 태그의 기본 기능을 이용해서 코드만 약간 추가하면 어렵지 않게 구현할 수 있습니다.

다음과 같이 index.html 파일을 열어 `<form>` 태그 안에 `action=이동할 주소`, `method="GET"` 속성을 추가합니다. `action` 속성은 `<form>`의 하위 태그인 `<input>`에서 사용자가 Enter 를 누르거나 버튼을 클릭했을 때 이동할 주소로 입력합니다. `method`는 해당 주소를 호출하는 방식을 의미하는데 `GET`으로 지정합니다.

그리고 `<input>` 태그의 `name` 속성값으로 `q`를 입력합니다. 여기에서 지정한 `name`값은 `https://www.google.com/search?q=조코딩`에서 `q`에 해당하는 값으로, 사용자가 `<input>` 태그 안에 입력한 값이 되어 URL에 자동으로 넘겨줍니다.

..\google\index.html

```
(… 생략 …)
<form action="https://www.google.com/search" method="GET">
  <input name="q" type="text" />
  <br />
  <button>Google 검색</button>
  <button>I'm Feeling Lucky</button>
</form>
(… 생략 …)
```

이렇게 작성하면 사용자가 검색어를 입력하고 Enter 를 누르거나 [검색] 버튼을 클릭했을 때 실제 구글 사이트로 이동하여 검색 결과를 보여 줍니다.

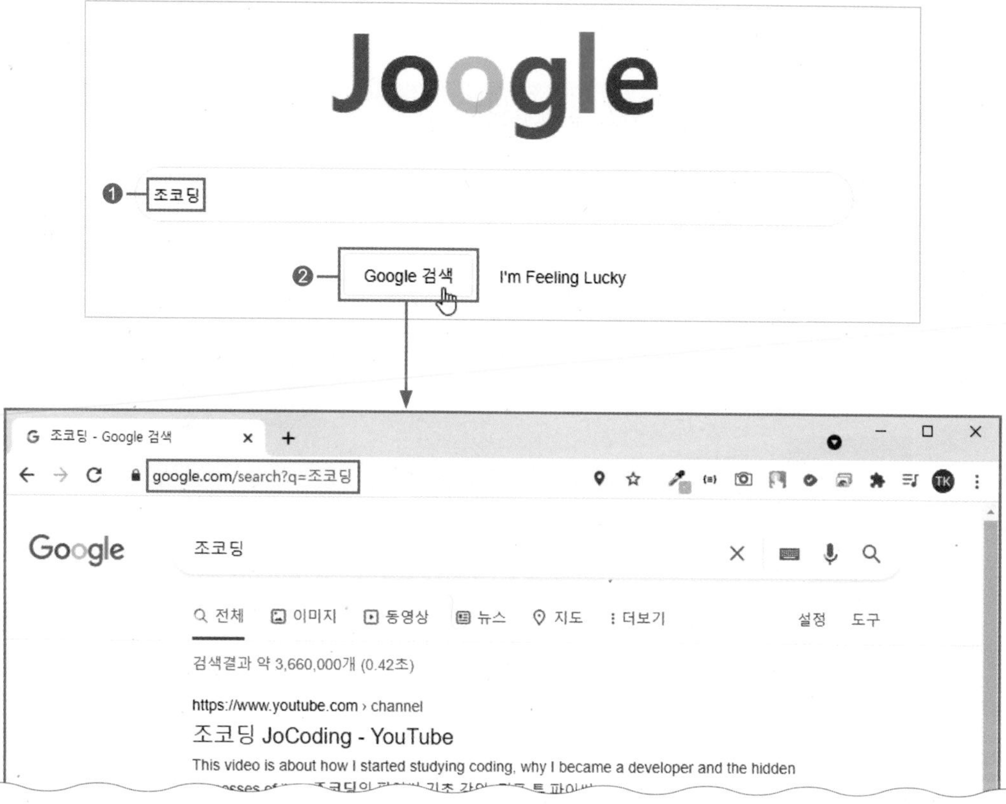

Joogle에서 검색 칸에 '조코딩'을 입력했을 때 결과 화면

생각보다 어렵지 않죠? 이 실습 과정에서 이해하기 힘들었던 내용은 언제든 구글에서 검색하며 학습해 보세요. 코딩 입문 단계에서는 직접 찾아보면서 공부하는 것이 실력을 가장 빠르게 높일 수 있는 가장 좋은 방법입니다.

07-3 부트스트랩으로 쉽게 코딩하기

앞에서는 구글의 메인 화면을 클론 코딩해 보았습니다. 그리고 CSS 코드를 직접 작성하면서 CSS의 개념과 사용법도 다뤘습니다. 이번에는 CSS를 직접 작성하지 않고 웹 브라우저 화면을 좀 더 쉽게 꾸며 주는 도구를 사용해 보겠습니다. 바로 부트스트랩입니다.

Do it! 01 **부트스트랩 사이트 접속하기**

다음과 같이 getbootstrap.com에 접속합니다.

부트스트랩 메인 화면

화면 상단에서 [Docs]를 클릭하고 왼쪽에서 [Components], [Buttons] 메뉴를 차례대로 선택해 보면 미리 만들어진 화면 요소를 확인할 수 있습니다. 여기에 나와 있는 코드를 내 사이트에 붙여 넣기만 하면 디자인 요소를 쉽게 활용할 수 있습니다.

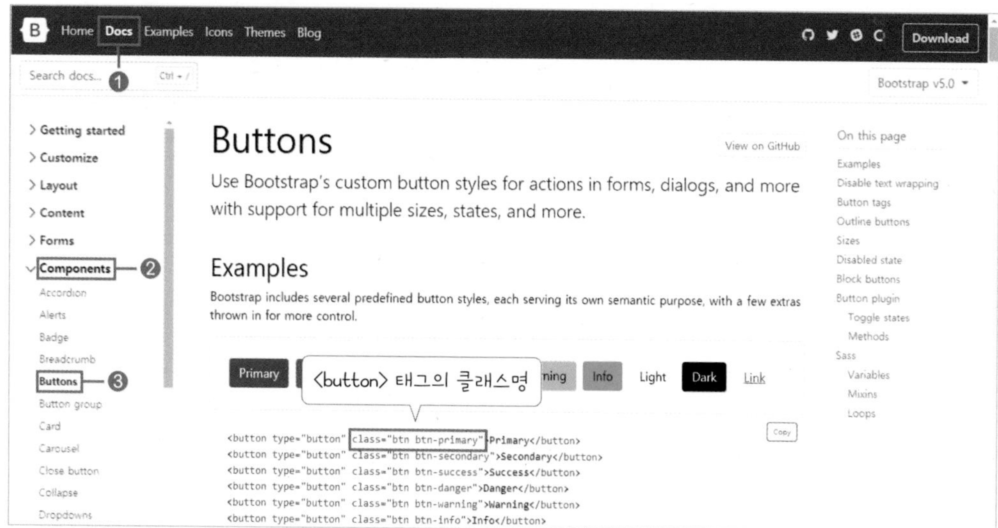

부트스트랩에서 샘플 코드 확인하기

이 페이지의 버튼 샘플 코드를 보면 `<button>` 태그는 그대로 사용하고 클래스명으로 `btn btn-primary`를 사용합니다. 이처럼 특정 클래스에 해당하는 CSS 코드를 작성해 놓고 필요에 따라서 부트스트랩을 사용하면 미리 정의한 디자인을 쉽게 적용할 수 있습니다. 예를 들어 위 그림에서 `<button>` 태그는 `btn` 클래스로 버튼의 기본 모양을 적용하고, `btn-primary` 클래스로 버튼의 텍스트 색을 적용하는 것이죠. 게다가 이 사이트를 잘 살펴보면 부트스트랩을 쉽게 활용할 수 있는 샘플 코드를 충분히 안내하고 있습니다. 이를 잘 살펴보면 부트스트랩을 어떠한 방식으로 활용할 수 있는지 어느 정도 감을 잡을 수 있습니다. 이뿐만 아니라 UI와 관련한 일부 자바스크립트 코드 또한 미리 작성되어 있어 자바스크립트를 적용한 화면도 구성할 수 있습니다.

Do it! 02 CSS 파일 초기화하기

이제 부트스트랩을 활용하여 구글 메인 화면을 더 쉽고, 빠르게 클론 코딩해 보겠습니다. 07-2절에서 작성한 최종 코드에서 검색 칸과 버튼에 해당하는 CSS 코드를 제거합니다. 그리고 부트스트랩을 사용해 스타일을 새롭게 적용하여 보겠습니다. 다음과 같이 CSS 파일에서 `<h1>` 태그에 해당하는 CSS만 남기고 모두 삭제합니다.

..\google-bootstrap\style.css

```
h1 {
  text-align: center;
  margin: 230px 0 0 0;
```

이렇게 <h1>의 CSS만 남겨 놓으세요.

```
  font-size: 90px;
}

h1 span:nth-child(1) {
  color: #4285f4;
}

h1 span:nth-child(2) {
  color: #ea4335;
}

h1 span:nth-child(3) {
  color: #fcc629;
}

h1 span:nth-child(4) {
  color: #4285f4;
}

h1 span:nth-child(5) {
  color: #34a853;
}

h1 span:nth-child(6) {
  color: #ea4335;
}
```

Joogle

Google 검색 | I'm Feeling Lucky

부트스트랩을 적용하기 전 Joogle 화면

Do it! 03 **부트스트랩 연결하기**

이제 부트스트랩의 CSS와 자바스크립트(JS) 코드를 Joogle 파일에 연결하겠습니다. 부트스트랩 메인 화면에서 [Get started] 메뉴를 클릭하면 다음과 같은 화면이 나타납니다. 여기에서 우리가 필요한 항목은 CSS 코드와 JS Bundle 코드입니다.

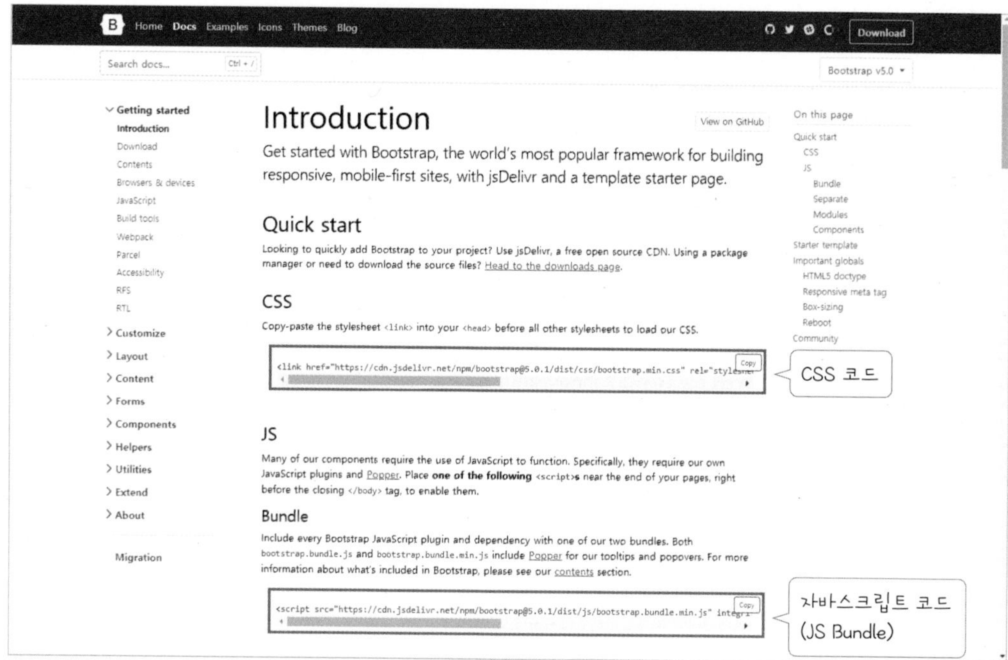

부트스트랩에서 CSS, JS 코드 복사하기

부트스트랩에서 CSS 코드를 복사해 다음과 같이 <head> 태그 안에 붙여 넣고, JS Bundle 코드는 <body> 태그의 마지막 부분에 붙여 넣으면 부트스트랩 연결이 완료됩니다.

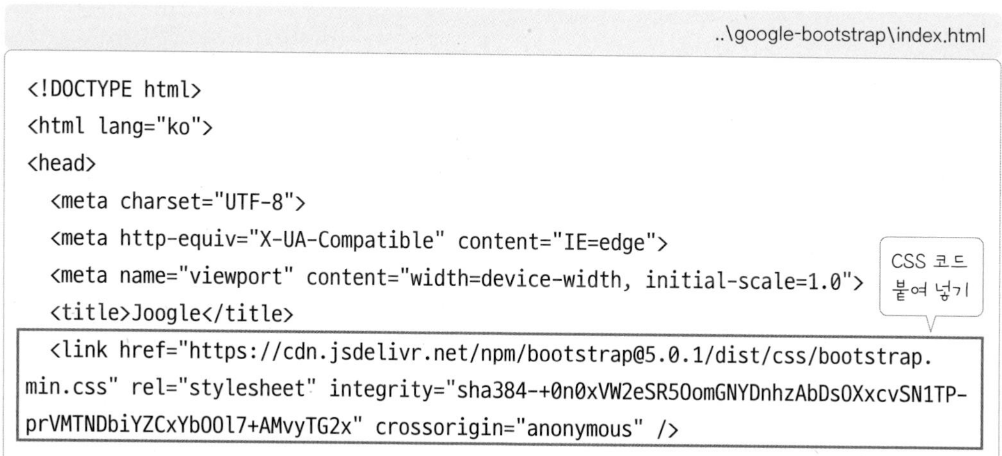

..\google-bootstrap\index.html

```
<!DOCTYPE html>
<html lang="ko">
<head>
  <meta charset="UTF-8">
  <meta http-equiv="X-UA-Compatible" content="IE=edge">
  <meta name="viewport" content="width=device-width, initial-scale=1.0">
  <title>Joogle</title>
  <link href="https://cdn.jsdelivr.net/npm/bootstrap@5.0.1/dist/css/bootstrap.
min.css" rel="stylesheet" integrity="sha384-+0n0xVW2eSR5OomGNYDnhzAbDsOXxcvSN1TP-
prVMTNDbiYZCxYbOOl7+AMvyTG2x" crossorigin="anonymous" />
```

```
  <link rel="stylesheet" href="style.css" />
</head>
<body>
  <h1>
    <span>J</span><span>o</span><span>o</span><span>g</span><span>l</span>
<span>e</span>
  </h1>
  <form action="https://www.google.com/search" method="GET">
    <input name="q" type="text" />
    <br />
    <button>Google 검색</button>
    <button>I'm Feeling Lucky</button>
  </form>
  <script src="https://cdn.jsdelivr.net/npm/bootstrap@5.0.1/dist/js/bootstrap.
bundle.min.js" integrity="sha384-gtEjrD/SeCtmISkJkNUaaKMoLD0//ElJ19smozuHV6z3Ie-
hds+3Ulb9Bn9Plx0x4" crossorigin="anonymous"></script>
</body>
</html>
```

JS Bundle 코드 붙여 넣기

이제 index.html 파일을 열어 결과 화면을 확인해 보겠습니다.

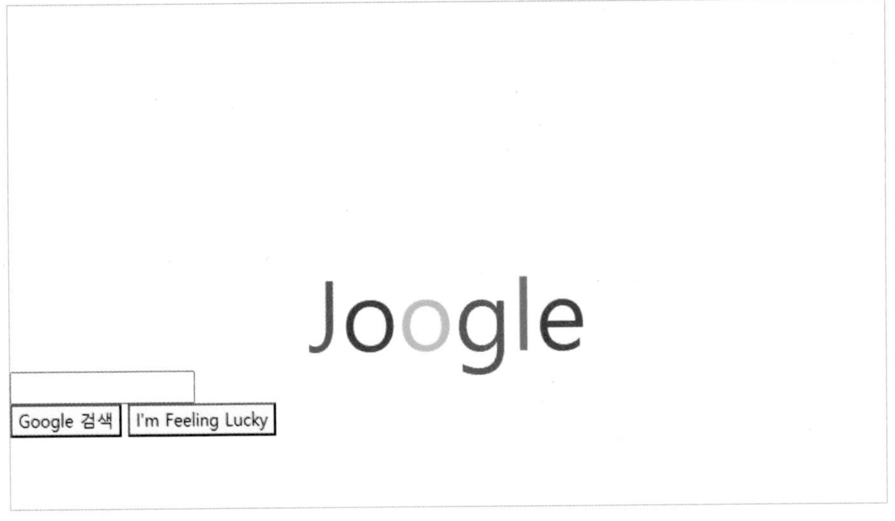

부트스트랩 연결하고 결과 화면 확인하기

버튼의 크기나 여백, Joogle 텍스트 모양 등 여러 요소가 달라진 것을 확인할 수 있습니다. 이는 부트스트랩의 기본 스타일이 적용되어서 그렇습니다. 예를 들어 기존의 <h1> 태그는 기본 font-weight: bold가 적용되어 텍스트가 두껍게 나타나지만, 부트스트랩에서 정의한 <h1>

태그는 font-weight: normal이라서 폰트 굵기가 달라집니다.

Do it! 04

부트스트랩 적용하기

부트스트랩에서 제공하는 클래스를 적용하면서 세부 디자인을 조절해 보겠습니다. index.html 파일을 다음과 같이 수정해 보세요.

..\google-bootstrap\index.html

```
(… 생략 …)
<body>
  <h1 class="fw-bold">  ❶
    <span>J</span><span>o</span><span>o</span><span>g</span><span>l</span>
<span>e</span>
  </h1>
  <form action="https://www.google.com/search" method="GET" class="text-center mt-4">  ❷
    <input class="form-control rounded-pill d-inline mb-4" name="q" type="text" />  ❸
    <br />
    <button class="btn btn-light">Google 검색</button>
    <button class="btn btn-light">I'm Feeling Lucky</button>  ❹
  </form>
(… 생략 …)
```

가장 먼저 Joogle의 폰트를 굵게 만듭니다. ❶ <h1> 태그에 fw-bold 클래스를 입력하면 font-weight: bold와 같은 CSS가 적용됩니다.

다음으로 검색 칸과 버튼을 가운데 정렬합니다. ❷ 부모 태그인 <form>에 text-center 클래스를 입력하면 text-align: center와 같은 CSS가 적용됩니다. 또, Joogle 아래쪽에 여백을 주기 위해 <form> 태그에 mt-4 클래스를 입력합니다. 여기에서 mt는 margin-top의 줄임말로 상단 여백을 의미하며, 4는 마진값의 상대적인 크기를 나타냅니다.

❸ <input> 태그에는 form-control 클래스를 부여합니다. 이는 부트스트랩에서 기본 정의한 <input> 태그의 스타일입니다. 테두리를 둥글게 만들기 위해 rounded-pill 클래스도 함께 입력합니다. 그런데 <input> 태그는 display: inline이 기본이지만, 부트스트랩에서 정의한 form-control 클래스를 적용하면 display 속성이 block으로 변경됩니다. 따라서 <input> 태그를 display: inline으로 변경하는 d-inline 클래스를 적용해야 합니다. 또한 <input>과 <button> 태그 사이에 여백을 주기 위해 mb-4 클래스를 추가합니다. mt와 마찬가지로 mb는 margin-bottom의 줄임말이고, 4는 마진값의 상대적인 크기를 나타냅니다.

그리고 ❹ <button> 태그 2개에 부트스트랩의 기본 버튼 스타일을 적용하기 위해 btn 클래스를 추가합니다. 회색 계열의 스타일을 위해 `btn-light` 클래스도 작성합니다. 결과 화면을 실행하면 다음과 같이 나타납니다.

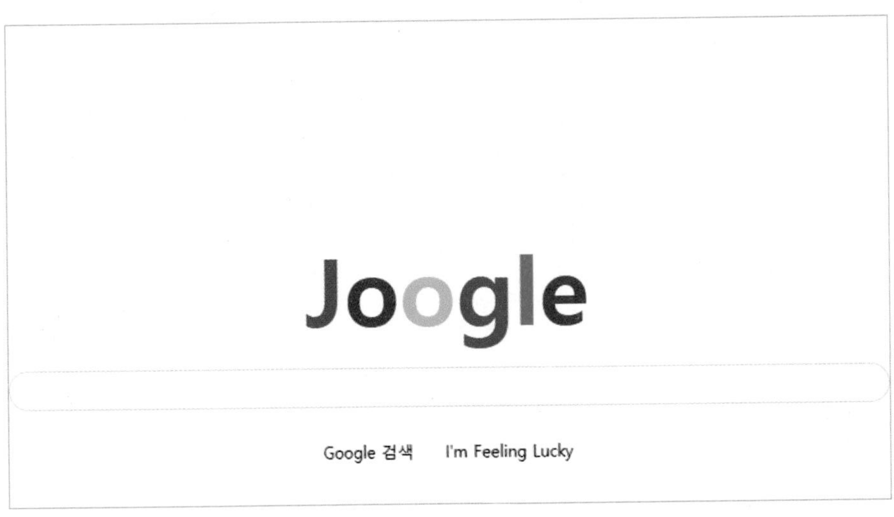

부트스트랩을 적용한 결과 화면

마지막 단계로 style.css 파일을 열어 검색 칸의 가로 길이를 조절하는 속성을 추가하면 됩니다. `<input>` 태그에 `max-width: 584px;`을 입력해 최대 너비를 지정하세요.

..\google-bootstrap\style.css

```
(… 생략 …)
input {
  max-width: 584px;
}
```

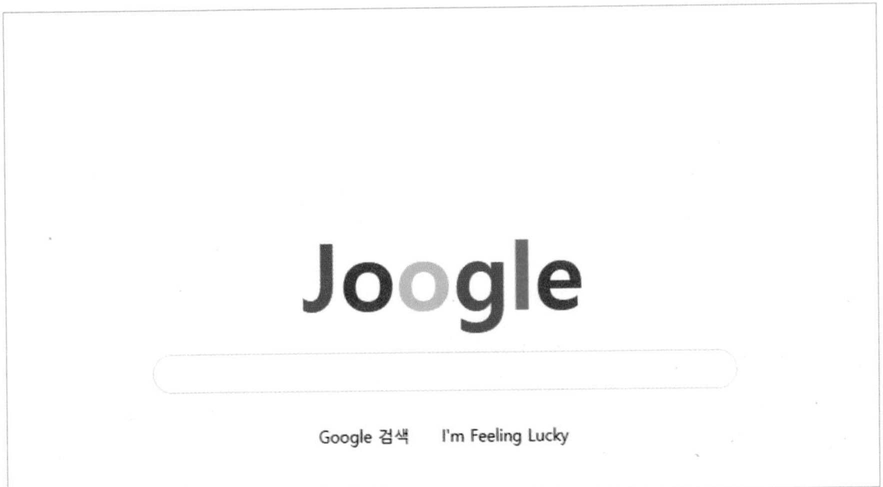

최종 결과 화면

이렇게 부트스트랩을 사용하면 모든 CSS 코드를 직접 작성하지 않고도 웹 페이지의 스타일을 좀 더 쉽고 간단하게 적용할 수 있습니다.

웹 페이지 요소를 편하게 쓰고 싶다면 코드펜을 이용해 보세요

코드펜(codepen.io)은 웹 페이지에서 사용하는 다양한 요소의 코드를 공유하는 커뮤니티 사이트입니다. 검색 창, 버튼 등 웹 사이트에서 자주 쓰는 요소를 직접 처음부터 만들지 않고, 코드펜에서 누군가 만들어 둔 요소를 가져다 쓰면 개발 시간을 많이 아끼면서 멋진 사이트를 만들 수 있습니다.

코드펜(codepen.io) 사이트 화면

08

자바스크립트로 스타크래프트 클로킹 기능 구현하기

자바스크립트는 프런트엔드와 백엔드 사이에서
데이터를 통신하게 해주는 중요한 역할을 합니다.
HTML과 CSS로 만든 화면의 요소를
움직이게 할 때도 쓰는 만능 언어죠.

08-1 자바스크립트 알아보기

웹에서 만능 역할인 자바스크립트

자바스크립트를 본격적으로 학습하기에 앞서 많은 사람이 혼동하는 개념을 정리하고 넘어가겠습니다. 자바스크립트를 처음 배우는 단계에서 **자바**Java와 **자바스크립트**JavaScript를 같거나 유사한 언어로 생각하는 경우가 많습니다. 아마도 자바라는 단어가 공통으로 들어가서 그런 것 같습니다. 그런데 이 두 언어는 완전히 다릅니다. 마치 햄과 햄스터에서 '햄'이라는 단어가 공통으로 들어 있지만 전혀 상관없는 것처럼, 자바와 자바스크립트도 완전히 다른 언어라는 것을 기억하세요.

자바와 자바스크립트는 다른 언어

자바스크립트는 웹, 앱, 서버 등을 다룰 수 있는 만능 언어입니다. 우리는 이 중에서 자바스크립트로 웹을 다루는 방법을 배워 보겠습니다.

웹에서 자바스크립트를 활용하여 할 수 있는 일은 무궁무진합니다. 웹 브라우저에서 경고 창을 표시하거나 뒤로 가기, 앞으로 가기, 새로 고침을 할 수도 있고, 주소 창도 변경할 수 있습니다. 이처럼 자바스크립트를 활용하면 브라우저를 조작하는 것뿐만 아니라 HTML, CSS도 바꿀 수 있습니다. 특정 태그를 추가 또는 제거하거나 CSS를 변화시키는 것도 할 수 있죠. 쉽게 말해서 웹에서 할 수 있는 거의 모든 일을 자바스크립트로 다 구현할 수 있습니다.

자바스크립트 함수 알아보기

자바스크립트에서 가장 중요한 함수의 개념을 배우고 바로 실습으로 넘어가겠습니다. 함수의 개념만 어느 정도 이해해도 자바스크립트로 만들 수 있는 기능이 정말 많습니다.

❗ 자바스크립트는 HTML, CSS와 다르게 프로그래밍 언어이므로 전체를 제대로 학습하려면 배워야 할 개념과 문법이 정말 많습니다. 또한 이 책에서 자바스크립트의 문법을 모두 다루기에는 분량이 너무 많으므로 자신에게 필요한 내용은 스스로 찾아서 학습하는 것을 추천합니다.

프로그래밍의 함수는 수학에서 배운 함수와 비슷한 점도 있어서 수학을 싫어한다면 조금 어렵게 느껴질 수도 있습니다. 그래서 쉬운 비유를 이용해서 함수를 설명해 보겠습니다.

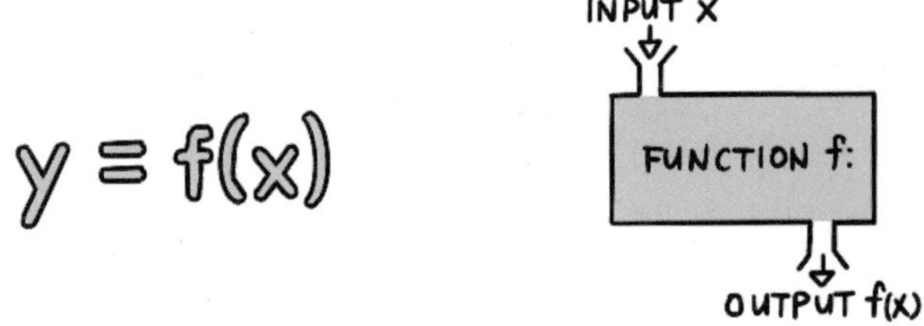

수학의 함수(왼쪽)와 프로그래밍의 함수(오른쪽)

함수를 '해리 포터'에 나오는 마법이라고 생각해 볼까요? 마법사가 지팡이를 들고 마법 주문을 걸면 물체가 떠오르는 특이한 현상이 일어나죠? 마찬가지로 프로그래밍에서도 함수의 이름을 부르면 함수에 설정된 특정 현상이 발생합니다.

프로그래밍에서 마법처럼 특정한 현상을 일으키는 함수

자바스크립트에서 함수를 사용하려면 함수 이름 바로 뒤에 괄호 ( )를 쓰면 됩니다. 마치 '해리 포터'에서 마법 주문을 걸듯이 윙가디움레비오사( )와 같이 쓰는 것이죠.

자바스크립트 함수 쓰기

그렇다면 자바스크립트 코드를 직접 작성해 보겠습니다. 자바스크립트 코드를 쓰고 실행하는 방법은 여러 가지가 있지만, 그 가운데 웹 브라우저의 개발자 도구를 이용하는 것이 가장 쉽습니다.

Do it! 01 크롬 개발자 도구에서 alert 함수 실행하기

크롬 브라우저를 열고 F12 를 누르면 개발자 도구가 실행됩니다. 다음과 같이 [Console] 탭을 클릭한 후, > 옆에 자바스크립트 코드를 쓰면 결과를 바로 볼 수 있습니다.

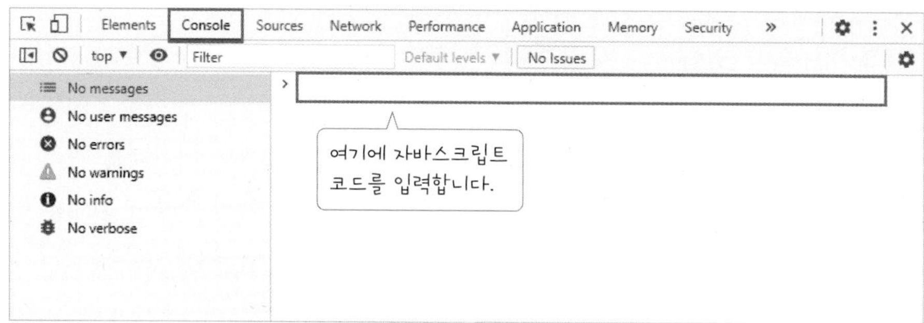

웹 브라우저에서 개발자 도구를 열고 [Console] 탭 선택하기

자바스크립트에서 함수를 사용하려면 함수를 **정의**하고 **실행**하는 과정이 필요합니다. 먼저 함수를 따로 정의하지 않고 웹 브라우저에 기본 정의된 `alert` 함수를 사용해 보겠습니다. 이 함수는 웹 브라우저에 경고 창을 띄우는 역할을 합니다. 다음과 같이 입력 창에 `alert( )`를 입력하고 Enter 를 누르면 이 함수가 실행됩니다.

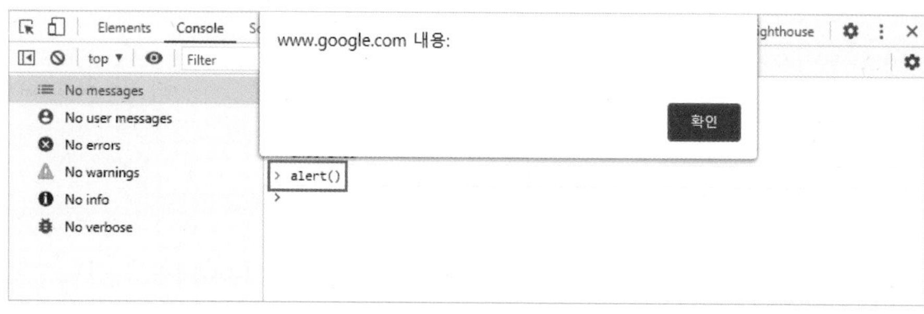

alert 함수를 실행한 결과

`alert` 함수가 실행되면서 그 결과로 웹 브라우저에 경고 창이 나타납니다. 다음 단계에서는 이 안에 경고 메시지가 함께 표시되도록 수정해 보겠습니다.

Do it! 02 alert 함수 안에 데이터 넣기

다음과 같이 alert("Hello")를 입력하고 Enter 를 눌러 보세요.

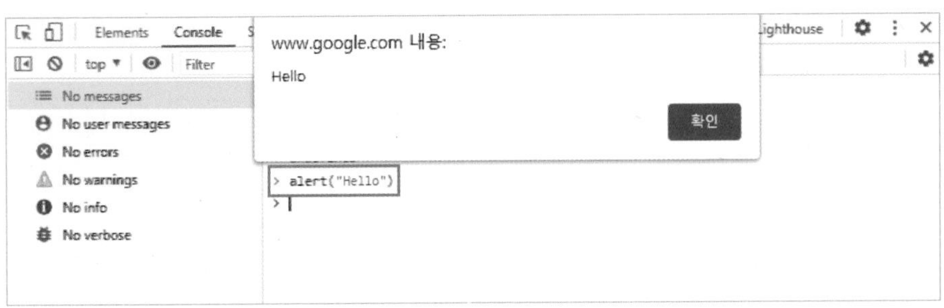

alert 함수를 수정한 결과

경고 창에 'Hello'가 표시되었습니다. 우리가 alert 함수에 입력한 데이터를 함수가 사용한 것입니다. 자바스크립트에서 텍스트를 입력할 때는 "Hello"와 같이 텍스트를 큰따옴표(" ")로 감싸 주어야 한다는 점도 함께 기억해 주세요. 또한 함수에 따라 필요한 데이터를 여러 개 전달해야 하는 경우도 있습니다. 이럴 땐 쉼표(,)를 이용해서 데이터 여러 개를 구분해서 전달하면 함수의 재료로 사용할 수 있습니다.

ⓘ 함수의 기능과 호출 시 전달할 데이터 등은 함수마다 다르므로 정확한 사용 방법은 구글에서 검색해 찾아보는 것을 추천합니다. 함수를 검색할 때 프로그래밍 언어와 함수명(예를 들어 '자바스크립트 alert')을 입력하면 자세한 내용을 찾을 수 있습니다.

Do it! 03 함수를 정의하고 실행하기

프로그래밍의 함수가 마법보다 놀라운 점이 있다면, 마법은 이미 정해진 주문만 외워서 사용해야 하지만 함수는 자신이 직접 만들거나 변형해서 사용할 수 있다는 점입니다. 자바스크립트에서 함수를 만드는 가장 기본적인 방법은 다음과 같습니다.

```
function 함수명(데이터1, 데이터2, ···) {
  함수에서 실행할 코드
}
```

그렇다면 웹 브라우저 경고 창에 '좋아요, 구독 부탁드립니다.'라는 메시지가 나타나도록 jocoding 함수를 정의해 보겠습니다. 처음엔 함수를 작성하는 것이 익숙하지 않겠지만, 기본형에 대입하면 함수를 어렵지 않게 만들 수 있습니다.

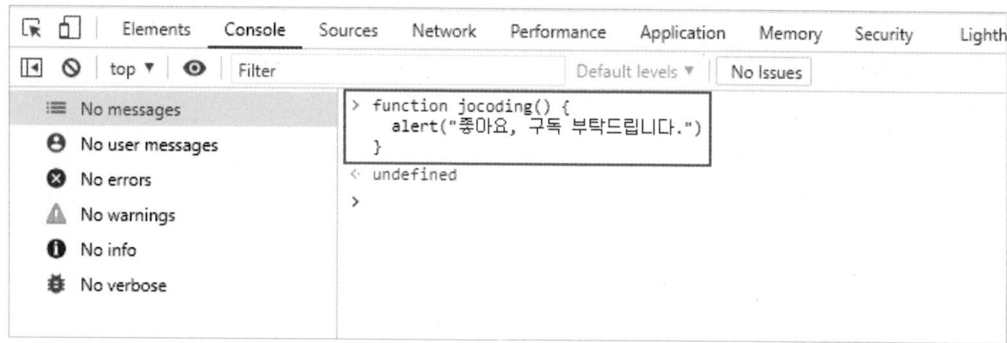

자바스크립트 코드 전체 작성하고 Enter 누르기

이렇게 입력하면 `jocoding` 함수를 정의한 것입니다. 지금은 함수를 정의했을 뿐이므로 특별한 동작을 하지 않습니다. `jocoding` 함수를 한 번 실행해 볼까요? 앞에서 작성한 `alert` 함수의 실행 방법과 같습니다. `jocoding()`을 입력하고 Enter 를 눌러 보세요.

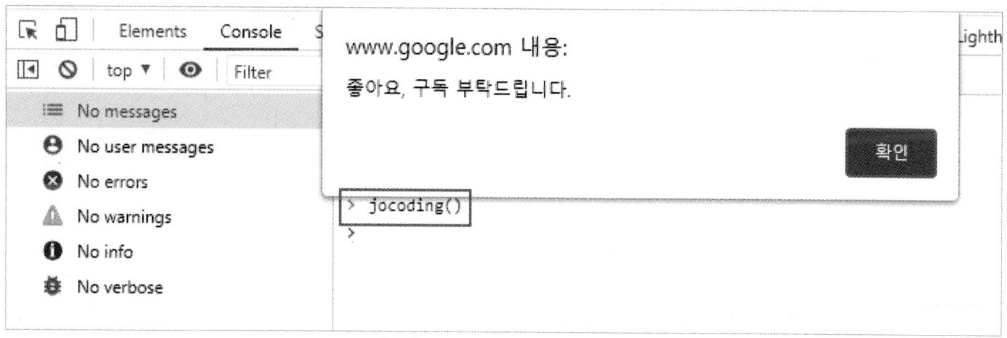

jocoding 함수 정의하고 실행하기

`jocoding` 함수에 정의된 것처럼 '좋아요, 구독 부탁드립니다.'라는 메시지가 잘 나타납니다.

08-2 제이쿼리로 레이스 클로킹 기능 구현하기

제이쿼리 알아보기

08-1절에서 자바스크립트 함수를 직접 만들어서 사용했죠. 혹시 '자바스크립트를 사용하는 사람이 엄청 많으니까 누군가 함수를 이미 만들어 놓지 않았을까?'라고 생각한 적이 있나요? 네, 맞아요! 유용한 함수와 기능을 모아서 자바스크립트를 더 쉽게 사용할 수 있게 도와주는 라이브러리가 있습니다. 우리가 여기서 다룰 라이브러리는 바로 **제이쿼리**jQuery입니다. 07장에서 CSS를 쉽게 만들어 주는 부트스트랩을 배운 것처럼 자바스크립트 라이브러리인 제이쿼리를 실습해 보겠습니다.

제이쿼리 로고

Do it! 01 비주얼 스튜디오 코드에서 기본 파일 준비하기

제이쿼리를 사용하여 스타크래프트 게임의 여러 기능 가운데 초보자도 쉽게 따라 할 수 있는 수준의 기능을 하나만 만들어 보겠습니다. (클로킹) 버튼을 클릭하면 스타크래프트의 '레이스'라는 전투기가 화면에서 사라졌다가 다시 클로킹을 클릭하면 나타나게 만드는 예제입니다. 자, 시작해 볼까요?

먼저 내 컴퓨터에 starcraft라는 폴더를 만듭니다. 그리고 비주얼 스튜디오 코드를 열어 starcraft 폴더 안에 index.html 파일을 생성한 뒤 실습에 필요한 이미지 2개를 준비해 주세요.

클로킹 버튼 이미지(왼쪽, cloaking.png)와 레이스 이미지(오른쪽, wraith.png)

❗ 예제 이미지는 [이지스퍼블리싱 홈페이지 → 자료실]에서 이 책 도서명을 검색하여 내려받을 수 있습니다.

이 이미지 2개를 index.html 파일이 있는 폴더에 복사 또는 이동하여 기본 준비를 합니다. 비주얼 스튜디오 코드에서 starcraft 폴더를 열면 다음과 같은 파일 3개가 보여야 합니다.

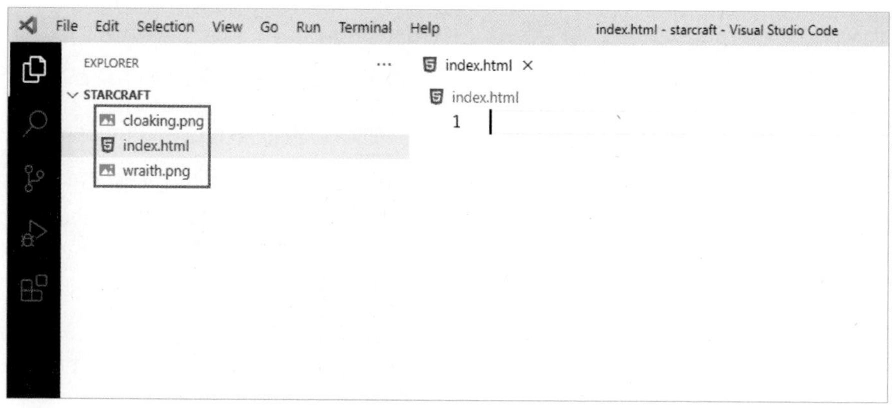

starcraft 폴더의 구조

Do it! 02 index.html 파일에 기본 HTML 입력하기

이제 메인 페이지인 index.html 파일을 작성해 보겠습니다. index.html 파일의 1행에서 !을 입력하고 Tab 또는 Enter 를 누르세요. 그럼 자동 완성 기능으로 HTML의 기본 양식이 입력됩니다. 그리고 2행에서 `<html lang="en">` 태그의 `lang` 속성값을 `"ko"`로 변경합니다. 7행의 `<title></title>` 태그 안은 `Starcraft`로 변경합니다. index.html 파일에 다음과 같은 코드가 입력되었나요?

..\starcraft\index.html

```
<!DOCTYPE html>
<html lang="ko">
<head>
  <meta charset="UTF-8">
  <meta http-equiv="X-UA-Compatible" content="IE=edge">
  <meta name="viewport" content="width=device-width, initial-scale=1.0">
  <title>Starcraft</title>
</head>
<body>

</body>
</html>
```

Do it! 03 클로킹과 레이스 이미지 추가하기

<body>에 <img> 태그를 넣어 이미지 2개를 추가합니다. <img> 태그에는 src와 alt 속성을 입력합니다. src 속성값에는 **이미지 파일의 경로** 또는 **URL 주소**를 입력하는데, 현재 이미지가 index.html 파일과 같은 폴더에 있으므로 이미지 이름만 적으면 됩니다. alt 속성은 이미지가 제대로 보이지 않을 때 표시하는 기능인데 주로 어떤 이미지인지 설명을 넣습니다. 다음과 같이 <img> 태그를 입력해 보세요.

..\starcraft\index.html

```
(… 생략 …)
<body>
  <img src="cloaking.png" alt="클로킹 버튼" />
  <img src="wraith.png" alt="레이스" />
</body>
</html>
```

결과를 웹 브라우저에서 확인해 볼까요? index.html 파일을 브라우저에서 열면 추가한 이미지가 잘 보입니다.

이미지 2개를 추가한 결과 화면

Do it! 04 제이쿼리 CDN 연결하기

이번엔 클로킹 버튼을 클릭하면 레이스 이미지가 사라졌다가 다시 클로킹 버튼을 클릭하면 나타나는 기능을 구현해 보겠습니다. 앞에서 소개한 제이쿼리를 이용하면 편리하게 이 기능을 만들 수 있습니다. 맨 먼저 제이쿼리 라이브러리와 index.html 파일을 연결하는 작업을 해야 합니다. 다음과 같이 jquery.com에 접속하여 오른쪽에 있는 [Download jQuery]를 선택합니다.

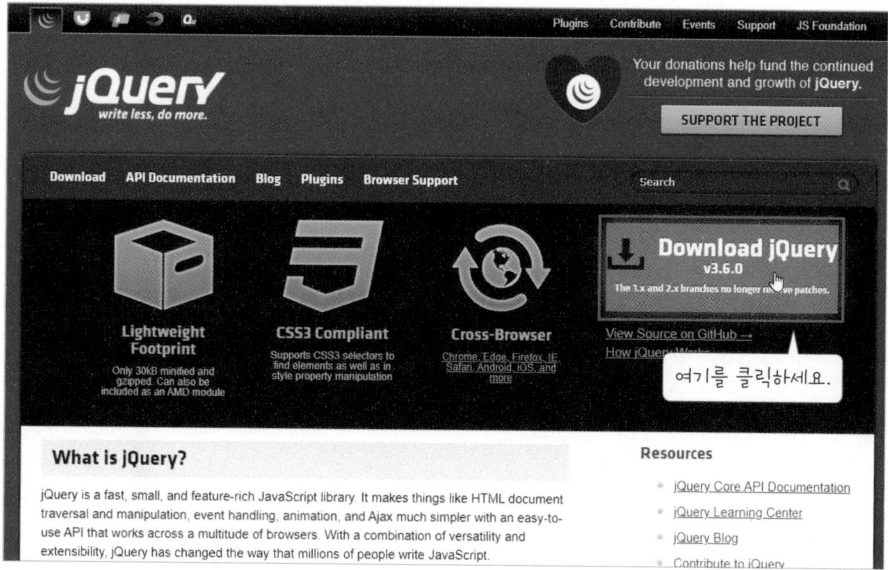

제이쿼리 사이트에서 [Download jQuery] 선택하기

다음과 같이 제이쿼리 다운로드 페이지가 나타나죠? 여기에서 제이쿼리 라이브러리 파일을 내려받아 starcraft 폴더에 직접 복사해서 사용할 수도 있지만, 좀 더 쉬운 방법인 CDN을 이용해 웹에 공개된 파일과 연결해서 사용하겠습니다.

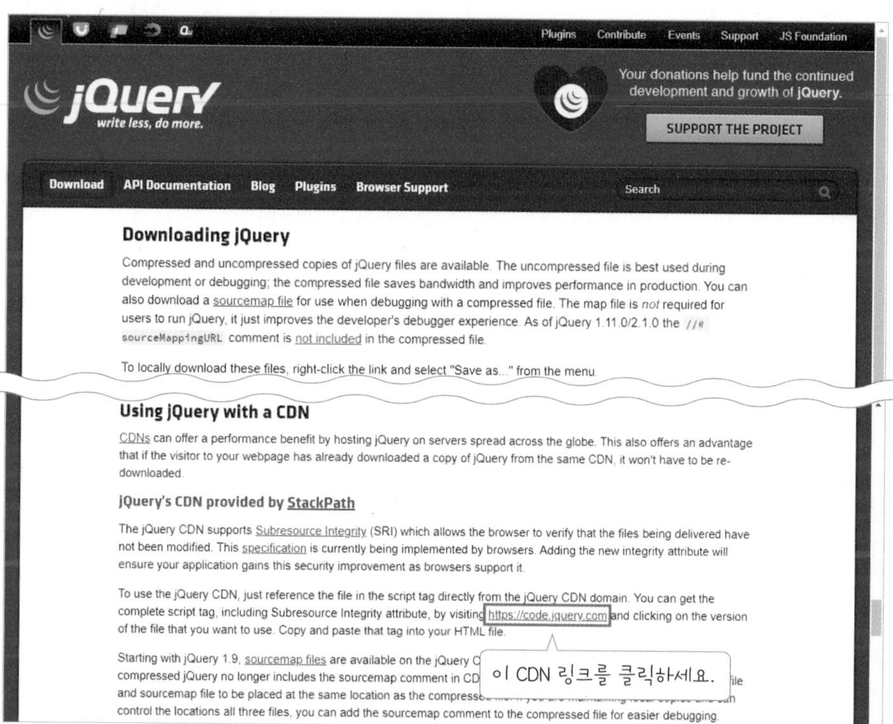

제이쿼리 다운로드 페이지에서 CDN 주소 선택하기

다운로드 페이지 중간에 있는 [Using jQuery with a CDN]을 보면 [https://code.jquery.com] 링크가 보입니다. 이 링크를 클릭하거나 브라우저에 code.jquery.com를 입력하여 제이쿼리 CDN에 접속합니다.

그다음 제이쿼리 CDN 페이지의 상단에서 [jQuery 3.x]의 [uncompressed]를 클릭하면 CDN으로 제이쿼리를 추가하여 사용할 수 있는 코드가 나타납니다.

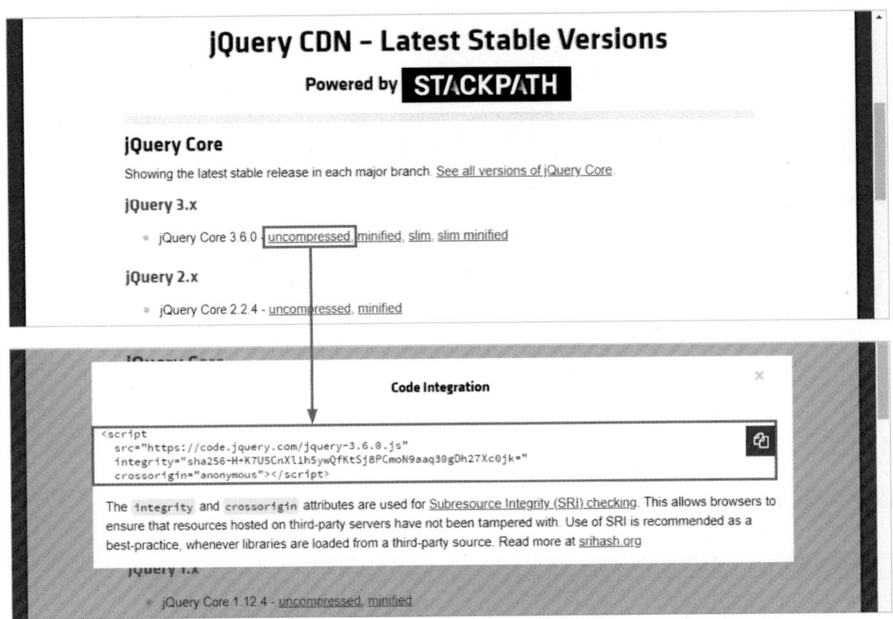

jQuery CDN 삽입 코드 확인하기

제이쿼리 CDN 삽입 코드를 복사한 뒤 다음과 같이 <body> 태그의 마지막 부분에 붙여 넣습니다. 이렇게 코드를 추가하고 저장하면 제이쿼리 연결이 완료됩니다.

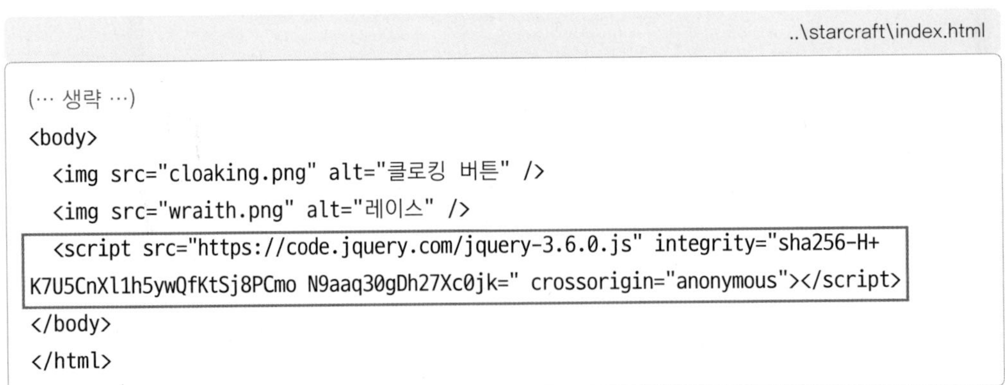

..\starcraft\index.html

```
(… 생략 …)
<body>
  <img src="cloaking.png" alt="클로킹 버튼" />
  <img src="wraith.png" alt="레이스" />
  <script src="https://code.jquery.com/jquery-3.6.0.js" integrity="sha256-H+
K7U5CnXl1h5ywQfKtSj8PCmo N9aaq30gDh27Xc0jk=" crossorigin="anonymous"></script>
</body>
</html>
```

여기에서 입력한 <script> 태그는 자바스크립트 코드입니다. 자바스크립트 코드는 <head> 태그 내부에 넣어도 동작하지만 보통 <body> 태그가 끝나는 바로 위에 작성합니다.

Do it! 05 구글링으로 제이쿼리 함수 찾기

제이쿼리를 연결했으니 이번엔 제이쿼리에 있는 자바스크립트 함수를 사용할 차례입니다. 레이스 이미지를 숨겼다가 보여 주는 기능을 구현한다고 했죠? 제이쿼리 함수를 찾는 방법도 알아볼 겸 다음과 같이 구글에서 'jQuery hide show'를 검색하세요.

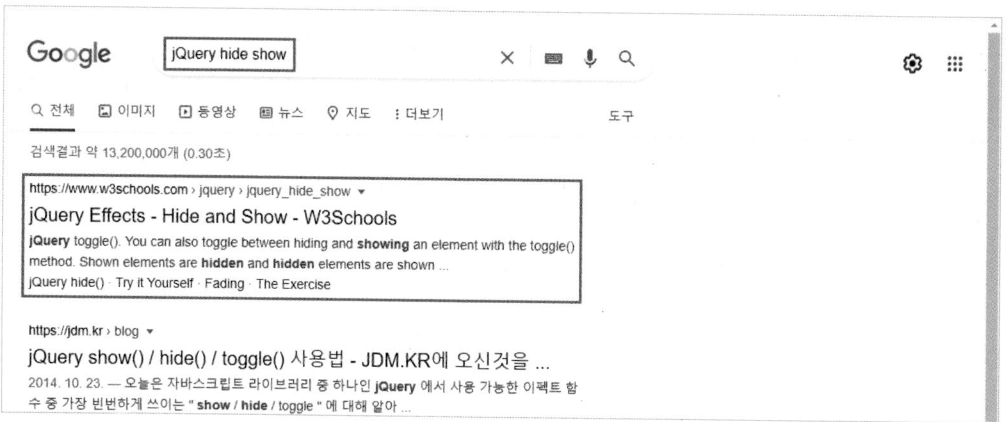

구글에서 'jQuery hide show'를 검색한 결과

여러 검색 결과 중에서 맨 위에 있는 w3schools 사이트를 선택하겠습니다. w3schools로 이동하니, 제이쿼리의 hide와 show 기능이 있는 함수들이 나타납니다. 이 페이지를 중간쯤 내려서 `toggle`이라는 제이쿼리 함수를 찾아보세요.

! w3schools는 다양한 웹 프로그래밍 언어의 설명과 예제를 참고할 수 있는 사이트입니다. 다음 화면처럼 [Example]에서 함수 사용 방법도 볼 수 있고, [Try It Yourself]를 클릭하면 함수를 실행할 수도 있습니다.

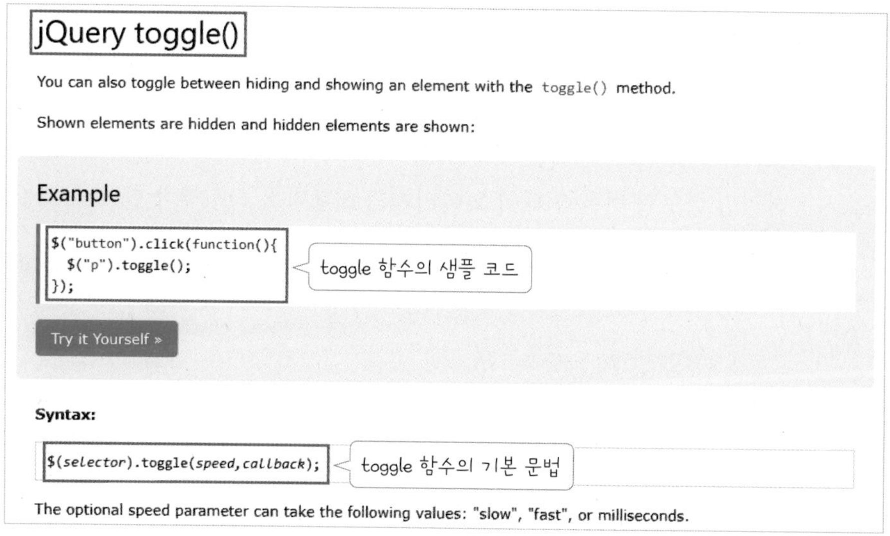

w3schools에서 jQuery toggle 함수 확인하기

toggle 함수는 화면에 표시된 요소를 숨기고, 숨김 처리된 요소를 다시 나타내는 기능이 있습니다. 우리에게 필요한 함수를 찾은 것 같습니다. 그리고 w3schools의 [Syntax]를 보면, $(selector).toggle(speed, callback);이라고 써 있네요. 여기에서 selector는 적용할 대상인 선택자를 의미합니다. CSS 선택자와 동일한 방식으로 대상 요소를 지정할 수 있습니다. 단, 해당 선택자를 큰따옴표로 감싸야 한다는 것을 꼭 기억하세요. 그리고 toggle 함수에 추가로 전달할 수 있는 speed와 callback이 있습니다. speed는 요소가 화면에서 사라지거나 나타나는 데 소요되는 시간을 말하며 속성값을 slow, fast 또는 밀리초 단위로 지정할 수 있습니다. callback은 요소가 화면에서 사라지거나 나타나는 동작을 완료한 후에 추가로 실행할 함수가 있다면 쓰는 옵션입니다.

Do it! 06

클릭 함수와 아이디 선택자 만들기

그렇다면 이 toggle 함수는 언제 실행해야 할까요? 바로 클로킹 버튼을 클릭했을 때 함수를 실행해야 합니다. 제이쿼리 함수로 클릭 기능을 구현한다면 구글에서 'jQuery click'을 검색해서 그 함수를 찾을 수도 있습니다. 그런데 이 함수는 자주 쓰는 기능이므로 아주 간단한 제이쿼리 문법이 있습니다. $(selector).click(callback); 형식으로 쓰면 되죠. selector에 클로킹 버튼을 선택할 수 있는 선택자를 지정하고, 클릭했을 때 실행할 함수를 callback에 전달하면 됩니다.

다음과 같이 클로킹 버튼을 작동시키는 click 함수와, 레이스 이미지를 보여 주거나 숨기는 toggle 함수를 조합해서 작성하면 되겠네요!

```
$("클로킹 버튼 선택자").click(function() {
  $("레이스 이미지 선택자").toggle();
});
```

그 전에 함수를 사용하려면 클로킹 버튼과 레이스 이미지의 선택자를 작성해야 합니다. 다음과 같이 <img> 태그에 id 속성을 각각 추가합니다.

..\starcraft\index.html

```
<!DOCTYPE html>
<html lang="ko">
<head>
  <meta charset="UTF-8">
```

```
    <meta http-equiv="X-UA-Compatible" content="IE=edge">
    <meta name="viewport" content="width=device-width, initial-scale=1.0">
    <title>Starcraft</title>
</head>
<body>
    <img id="cloaking" src="cloaking.png" alt="클로킹 버튼" />
    <img id="wraith" src="wraith.png" alt="레이스" />
    <script src="https://code.jquery.com/jquery-3.6. 0.js" integrity="sha256-H+
K7U5CnXl1h5ywQfKtSj8PCmoN9aaq30gDh27Xc0jk=" crossorigin="anonymous"></script>
</body>
</html>
```

이제 **<img>** 태그의 **id** 속성을 기준으로 이미지 요소를 선택할 수 있습니다. 07-1절에서 소개한 CSS 아이디 선택자처럼 **id** 속성의 요소는 **#id**와 같은 형식으로 사용할 수 있습니다.

Do it! 07 **함수 정의하고 실행하기**

HTML 파일에서 자바스크립트를 사용하는 2가지 방법이 있습니다. HTML 파일 외부에 자바스크립트 파일(JS 파일)를 만들거나, 또는 HTML 파일 내부에 자바스크립트 코드를 작성하는 방법입니다. 여기에서 사용할 코드는 분량이 얼마 안 되므로 HTML 파일 내부에 **<script>** 태그를 넣어 자바스크립트 코드를 작성하겠습니다. 다음과 같이 **</body>** 태그 바로 위에 입력해 줍니다.

..\starcraft\index.html

```
<!DOCTYPE html>
<html lang="ko">
<head>
    <meta charset="UTF-8">
    <meta http-equiv="X-UA-Compatible" content="IE=edge">
    <meta name="viewport" content="width=device-width, initial-scale=1.0">
    <title>Starcraft</title>
</head>
<body>
    <img id="cloaking" src="cloaking.png" alt="클로킹 버튼" />
    <img id="wraith" src="wraith.png" alt="레이스" />
```

```
  <script src="https://code.jquery.com/jquery-3.6.0.js" integrity="sha256-H+
K7U5CnXl1h5ywQfKtSj8PCmoN9aaq30gDh27Xc0jk=" crossorigin="anonymous"></script>
  <script>
    $("#cloaking").click(function() {
      $("#wraith").toggle();
    });
  </script>
</body>
</html>
```

코드가 생각보다 간단하죠? 클로킹 버튼을 클릭하면 레이스 이미지를 보여 주거나 숨기라는 의미입니다. 마지막으로 index.html 파일을 웹 브라우저에서 실행하여 예상한 대로 작동하는지 확인해 봅시다.

최종 결과 화면

결과 화면처럼 클로킹 버튼을 클릭하면 레이스 이미지가 화면에서 사라졌다가 다시 클로킹 버튼을 누르면 제대로 나타납니다.

지금까지 자바스크립트의 함수와 제이쿼리를 활용하여 간단한 기능을 구현해 보았습니다. 자바스크립트가 어려워서 그동안 공부를 미뤄 왔다면 이번 기회에 제이쿼리를 배워 보세요. 모든 자바스크립트 함수를 처음부터 작성하기보다는 제이쿼리 예제를 활용해 조금씩 변형하면 자신이 원하는 자바스크립트 기능을 좀 더 쉽게 완성할 수 있습니다.

API를 활용해 만드는 책 검색 서비스

08장에서 배운 자바스크립트를 사용하여
프런트엔드와 백엔드를 연결해 주는
API를 알아보겠습니다.
그리고 카카오 오픈 API를 활용해
책 검색 웹 서비스를 만들어 봅니다.

09-1 API와 제이쿼리 AJAX

API 개념 이해하기

책 검색 웹 서비스를 만들기에 앞서 프런트엔드와 백엔드를 연결하는 API의 개념을 알아보겠습니다. 02장에서 다룬 것처럼 프런트엔드는 우리가 보는 화면을 의미하고, 백엔드는 화면에 보여 줄 데이터를 처리합니다.

웹 사이트의 게시판을 예로 들어 자세히 설명해 보겠습니다. 프런트엔드는 게시판의 틀처럼 제목의 위치와 텍스트의 색상, 크기, 동작 등을 정의해서 화면에 표시합니다. 반면에 백엔드는 데이터베이스database와 통신하여 게시판의 제목이나 게시글처럼 그 안에 들어갈 데이터를 처리합니다.

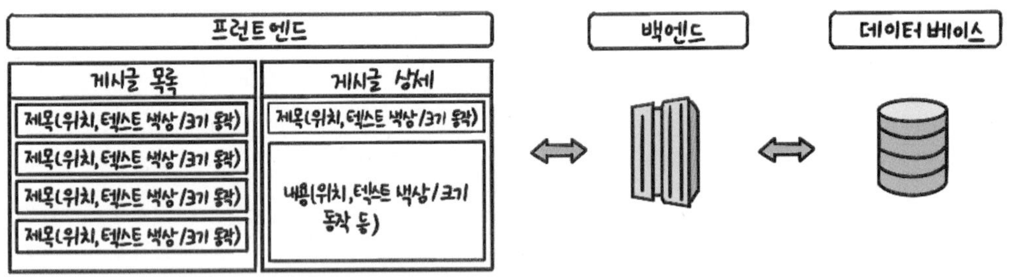

프런트엔드, 백엔드, 데이터베이스의 관계

만약 사용자가 웹 브라우저에서 어떤 게시물을 열람하면, 프런트엔드는 백엔드에게 이 게시물의 정보를 요청합니다. 그럼 백엔드는 데이터베이스를 조회하여 요청받은 게시물의 제목, 내용, 작성 일자, 조회 수 등의 정보를 가져와서 프런트엔드에 전달합니다. 마지막으로 프런트엔드는 백엔드에게 받은 정보를 사용자 화면에 보여 주는 것이죠. 여기에서 중요한 건 프런트엔드가 백엔드에게 정보를 요청할 때 특정한 규칙에 맞아야 한다는 것입니다.

이러한 사용 규칙을 제공하는 것이 바로 APIapplication programming interface입니다. 그리고 **오픈 API**는 누군가 백엔드 환경을 미리 만들어 놓고, 이곳의 주소와 사용 규칙을 공개한 API를 의미합니다. 오픈 API에는 지도, 결제뿐만 아니라 인공지능AI 같은 고급 기능까지 공개되어 있어서, 우리는 API 규칙에 맞게 요청을 보내면 프런트엔드에서 데이터를 보여 줄 수 있습니다. 내가 가진 데이터나 백엔드 기술 없이 웹 서비스를 만들 수 있죠.

API 가이드 알아보기

카카오 책 검색 API의 작동 원리를 이용해서 API를 조금 더 알아보겠습니다. 웹 사이트에서 카카오의 API 서버에 접속한 다음 어떤 책의 정보를 달라고 요청하면, API 서버는 데이터베이스를 검색하여 요청받은 책 정보를 웹 사이트에 전달해 줍니다. 이때 API 서버에 정보를 달라고 하는 것을 **요청**request이라고 하고, 찾은 정보를 웹 사이트로 회신하는 것을 **응답**response이라고 합니다.

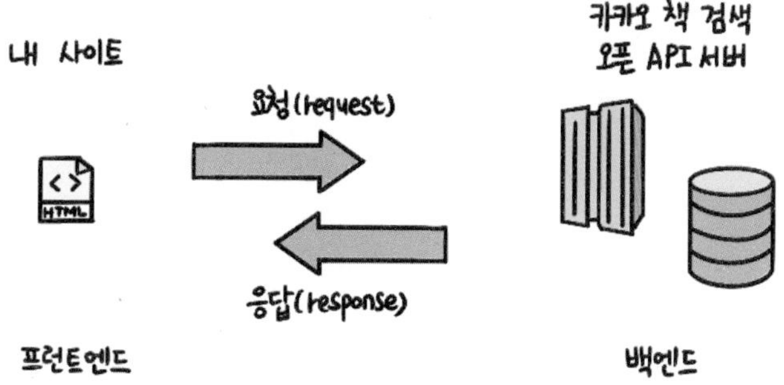

API의 요청과 응답 과정

요청과 응답은 API 종류마다 정해진 형식이 있는데, 이렇게 작성한 문서를 **API 가이드**라고 합니다. API 가이드는 API마다 조금씩 다르게 정의되어 있지만, 공통적으로 요청과 응답에 대한 정보가 들어 있습니다. 다음과 같은 카카오 책 검색 API 가이드를 살펴보겠습니다.

API 가이드

❶ 요청(request)
1. 주소: `https://dapi.kakao.com/v3/search/book`
2. 전송 방식: GET
3. 보낼 것

query	검색어(필수)
sort	정렬 방식(선택)
target	검색 대상(선택)

❷ 응답(response)
1. 형식: JSON
2. 응답 의미 설명

title	도서 제목
contents	도서 소개
thumbnail	도서 표지 섬네일 URL

카카오 책 검색 API 가이드의 예

요청에서 **주소**는 어디로 요청을 보내야 하는지를 작성합니다. 이곳에는 API 서버 주소가 있고, **전송 방식**으로 GET을 사용한다고 써 있습니다. 그다음 요청에서 **보낼 것**은 API에서 받을 여러 가지 정보입니다. 검색 API이므로 검색어는 필수 항목이고, 정렬 방식이나 검색 대상 등은 선택 항목입니다.

❗ API 전송 방식은 크게 GET과 POST가 있습니다. 간단히 설명하자면 GET 방식은 주소 창에 모든 정보를 담아서 전달하고, POST 방식은 주소 창이 아닌 내부에 정보를 담아 전송합니다.

그리고 **응답**에는 어떤 **형식**으로 반환되는지 설명되어 있습니다. 이 가이드에는 **JSON**이라고 써 있네요. JSON('제이슨'이라고 읽습니다)은 JavaScript object notation의 줄임말로, 자바스크립트의 객체 형식으로 데이터를 전달하는 것을 의미합니다. 예를 들어 JSON의 구조는 다음과 같이 나타낼 수 있습니다.

❗ 일부 API는 XML 형식을 쓰기도 하지만, 요즘 대부분의 API는 JSON 형식으로 정보를 전달합니다.

```
{
  "이름": "홍길동",
  "나이": 25,
  "취미": ["농구", "노래"]
}
```

❗ 취미 항목의 값은 2개라서 대괄호 [ ]로 묶어서 나타냅니다. 이렇게 값이 2개 이상 나열되어 있는 것을 배열이라고 하는데요. 여러 개의 값을 [ ] 안에 ,(쉼표)로 구분해서 작성합니다.

이처럼 JSON은 { } 사이에 **키**와 **값**을 한 쌍으로 만들어 데이터를 모아서 전달해 주는 구조라고 생각하면 됩니다.
마지막으로 카카오 책 검색 API 가이드의 **응답 의미 설명**은 응답에는 도서 제목과 소개, 표지 섬네일 이미지 등 각 데이터를 설명하는 내용을 보여 줍니다.

제이쿼리 AJAX를 사용하기 위한 준비

API의 요청과 응답을 다룰 때에는 AJAX라는 기술을 사용합니다. AJAX의 원리를 이해하고 처음부터 모든 코드를 작성하려면 어렵지만, 08장에서 다룬 제이쿼리를 사용해 봤다면 AJAX를 좀 더 쉽게 쓸 수 있습니다. 여기에서는 제이쿼리 AJAX를 사용하기 전의 준비 과정만 설명하고, 09-2절에서 본격적으로 실습하겠습니다.

Do it! 01 index.html 파일 만들고 jQuery CDN 연결하기

비주얼 스튜디오 코드에서 book 폴더를 만들고, 그 안에 index.html 파일을 생성합니다. 다음과 같이 HTML 기본 코드를 작성하고, jQuery CDN을 적용합니다.

..\book\index.html

```
<!DOCTYPE html>
<html lang="ko">
<head>
  <meta charset="UTF-8">
  <meta http-equiv="X-UA-Compatible" content="IE=edge">
  <meta name="viewport" content="width=device-width, initial-scale=1.0">
  <title>API 연습</title>
</head>
<body>
  <h1>API 연습</h1>
  <script src="https://code.jquery.com/jquery-3.6.0.js" integrity="sha256H+
K7U5CnXl1h5ywQfKtSj8PCmoN9aaq30gDh27Xc0jk=" crossorigin="anonymous"></script>
</body>
</html>
```

jQuery CDN 붙여 넣기

jQuery CDN을 연결하는 방법이 기억나지 않는다면 08-2절의 04 단계를 참고해 보세요.

Do it! 02 **제이쿼리 AJAX로 API 호출하는 방법**

제이쿼리 AJAX로 API를 호출하는 방법을 알아보겠습니다. 제이쿼리 AJAX의 기본 사용 형식은 다음과 같습니다.

AJAX를 사용하는 자세한 방법은 제이쿼리 공식 홈페이지의 api.jquery.com/jquery.ajax를 참고하세요.

```
$.ajax(요청 정보).done(callback);
```

$.ajax(요청 정보)에는 JSON과 유사한 객체 형태로 호출하는 데 필요한 정보를 작성합니다. 호출 정보로 method(요청 방법), url(요청 주소)이 있고 필요에 따라 data 등을 작성합니다. 그리고 .done(callback)에는 **요청 및 응답이 완료된 뒤 실행**할 함수를 작성합니다. 이 함수는 요청 결과가 데이터로 전달되므로 데이터가 전달된다는 가정하에 작성해야 합니다.
예를 들어 다음과 같은 AJAX 코드로 작성할 수 있습니다. 이 코드를 실행하면 특정한 API를 호출한 후 반환받은 메시지를 화면의 경고 창으로 보여 줍니다.

```
$.ajax({
  method: "POST",
  url: "https://www.joogle.com/api/search",
  data: { name: "John", location: "Boston" }
})
  .done(function(msg) {
    alert(msg);
});
```

이렇게 작성하면 제이쿼리 AJAX로 API를 쉽게 호출할 수 있습니다. 다음 09-2절에서는 실제 책 검색 오픈 API를 사용하여 책 검색 웹 서비스를 만들어 보겠습니다.

09-2 책 검색 웹 서비스 만들기

카카오에서 제공하는 오픈 API를 사용하여 책 검색 서비스를 만들어 보겠습니다. 오픈 API는 사용할 수 있는 키를 발급받은 사람에게만 접근 권한을 주는 경우가 많습니다. API를 사용하는 데 아무런 제약이 없으면 남용될 수 있기 때문입니다.

Do it! 01 카카오 오픈 API 키 발급받기

카카오 개발자 사이트에서 API 키를 발급받아야 합니다. developers.kakao.com에 접속하면 다음과 같이 카카오 개발자 사이트가 나타납니다. 화면 오른쪽 위에 있는 [로그인]을 클릭하세요. 로그인을 완료했다면 메인 화면 왼쪽 중간에 있는 [시작하기]를 클릭하세요.

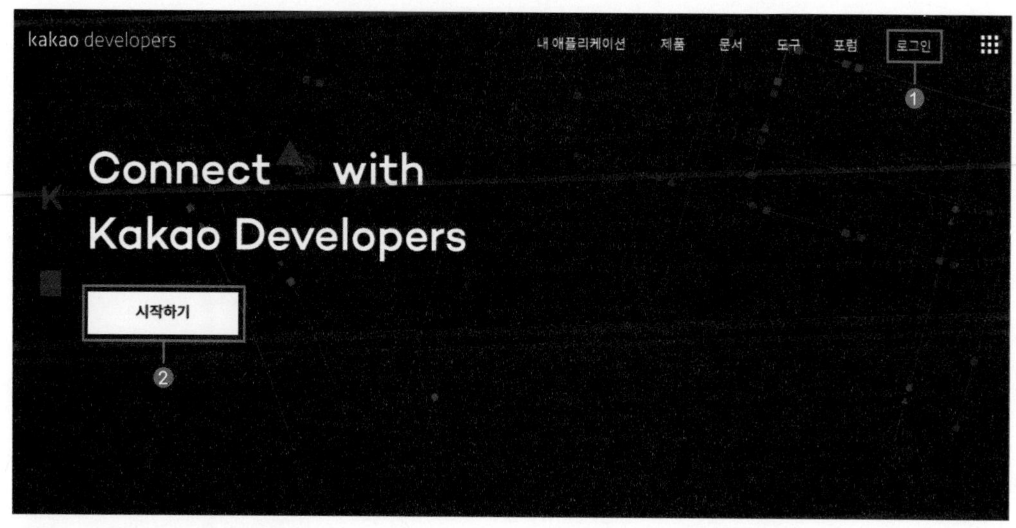

카카오 개발자 사이트에서 로그인하기

다음 화면이 나타나면 [애플리케이션 추가하기]를 클릭합니다.

[애플리케이션 추가하기] 선택

여기서 애플리케이션 추가는 카카오 개발자 사이트에서 카카오의 API 기능을 이용하는 애플리케이션 단위 하나를 생성하는 것이라고 생각하면 됩니다. 애플리케이션별로 인증 키를 구분해서 발급받을 수 있습니다. 만약 애플리케이션을 여러 개 등록한다면 각 애플리케이션마다 카카오 API를 얼마나 사용했는지 구분해서 확인할 수 있습니다.

다음과 같이 앱 이름과 사업자명을 입력하고 저장하세요.

애플리케이션 추가하기 정보 입력

전체 애플리케이션 목록에서 생성한 애플리케이션의 이름을 클릭하면 다음과 같이 애플리케이션의 요약 정보와 여러 종류의 앱 키값을 확인할 수 있습니다.

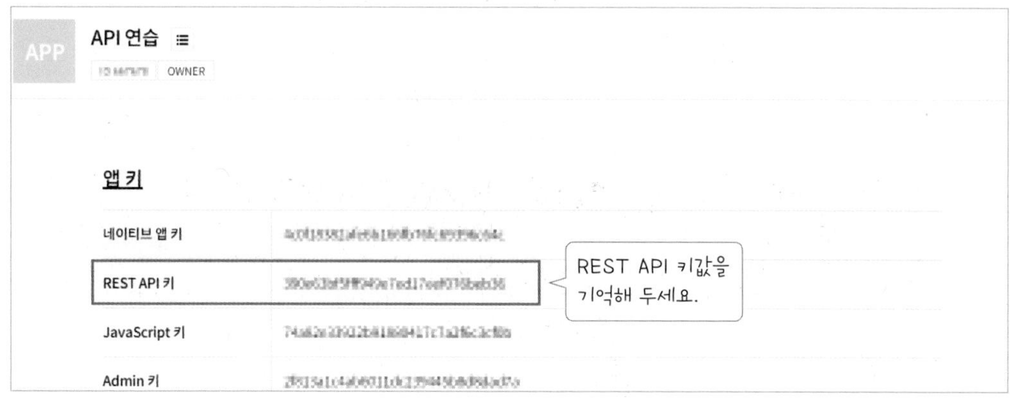

카카오 개발자 사이트에서 내 애플리케이션에서 앱 요약 정보 확인하기

❗ 위의 화면에서 키값은 숨김 처리를 했습니다.

우리가 사용할 앱 키값은 'REST API 키'입니다. 이 키값을 사용해서 책 검색 API를 호출할 것이니 잘 기억해 두세요.

Do it! 02 카카오 책 검색 API 가이드 살펴보기

카카오 책 검색 API 사용 방법이 있는 API 가이드를 살펴보겠습니다. developers.kakao.com/docs/latest/ko/daum-search/dev-guide#search-book에 접속하세요.

❗ 또는 카카오 개발자 사이트에서 [문서 → Daum 검색 → 개발 가이드]에 들어가서 Ctrl + F 를 누른 후 '책 검색'을 찾아보세요.

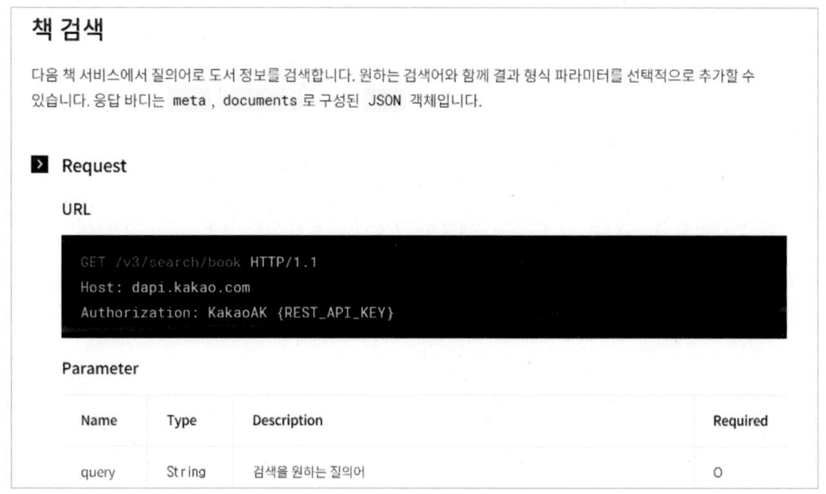

카카오 책 검색 API 가이드 접속하기

API 가이드 페이지에는 요청(Request)과 관련된 내용이 가장 먼저 보이네요. 그 아래에는 응답(Response)에 관한 정보가 나와 있고요. 마지막으로 사용 예(Sample)가 작성되어 있습니다. 이 샘플 코드와 함께 사용 방법을 살펴보겠습니다.

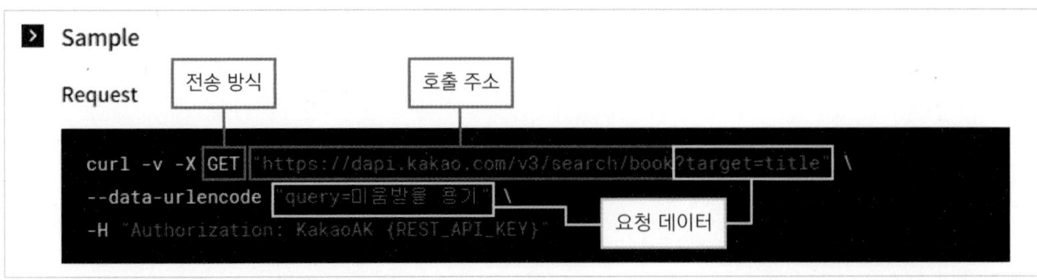

카카오 책 검색 API 가이드의 샘플 코드(Sample)

첫 번째 줄을 살펴보니 이 API는 `GET` 방식으로 호출합니다. 호출 주소는 Host의 주소와 상단의 세부 주소를 혼합한 `https://dapi.kakao.com/v3/search/book`을 지정합니다. 그리고 주소 뒤에 `?target=title`과 같이 요청 데이터가 붙어 있습니다. `GET` 방식의 호출은 요청 주소 뒤에 관련된 요청 데이터를 함께 전달할 수 있습니다.
만약 '클론 코딩' 책을 검색하려면 어떻게 작성할까요? API 가이드를 보면 `query=검색어`를 전달하게 되어 있죠? 호출 주소에 작성되어 있는 `target=title`은 제목에 한정하여 검색하는 제한 조건이라는 것도 알 수 있습니다. 주소 뒤에 `&query=클론 코딩`을 추가하여 다음과 같이 작성할 수 있습니다.

```
https://dapi.kakao.com/v3/search/book?target=title&query=클론 코딩
```

이는 제목에 한정하여 '클론 코딩'이라는 키워드로 책을 검색하라는 의미입니다. 이해할 수 있겠죠?

Do it! 03 AJAX 코드와 비교하여 책 검색 API 작성하기

API 가이드를 바탕으로 호출 코드를 작성하겠습니다. index.html 파일에서 `</body>` 태그 앞에 `<script>` 태그를 추가한 다음, 09-1절 마지막에 살펴본 AJAX 코드를 카카오 책 검색 API에 맞추어 사용할 것입니다.

09-1절에서 살펴본 AJAX 코드는 다음과 같습니다.

```
$.ajax({
  method: "POST",
  url: "https://www.joogle.com/api/search",
  data: { name: "John", location: "Boston" }
})
  .done(function(msg) {
    alert(msg);
  });
```

이 코드를 카카오 책 검색 API에 맞춰서 변경하면 다음과 같이 작성할 수 있습니다.

```
$.ajax({          ❶
  method: "GET",
  url: "https://dapi.kakao.com/v3/search/book?target=title&query=클론 코딩",   ❷
  headers: { Authorization: "KakaoAK [여러분의 REST API 키]" }   ❸
})
  .done(function(data) {   ❹
    console.log(data);
  });
```

두 코드를 비교하면서 하나씩 살펴보겠습니다. ❶ 우선 요청 정보의 **method** 항목값이 **POST**에서 **GET**으로 변경되었습니다. 이는 API 가이드에 따라 **GET**으로 호출하라고 지정한 것입니다. ❷ 다음으로 **url** 항목은 **target=title** 조건으로 제목에 한정하여 검색하도록 작성하고, **query=클론 코딩** 조건을 추가하여 검색 키워드를 '클론 코딩'으로 만들었습니다. ❸ 그리고 **data** 항목은 제거합니다. 왜냐하면 **data** 항목은 주로 **POST** 형식에서 사용하기 때문입니다. 여기에 **headers** 항목이 추가된 것을 확인할 수 있습니다. 주로 인증과 관련한 정보는 **headers** 항목에 포함하여 전달하기 때문입니다. **headers** 내부의 **Authorization** 항목으로는 API 가이드의 설명에 맞추어 **KakaoAK [여러분의 REST API 키]** 형식으로 키를 함께 전달해야 API가 제대로 응답을 합니다.

ⓘ [여러분의 REST API 키]값은 01 단계에서 [카카오 개발자 사이트 → 내 애플리케이션 → API 연습]을 클릭하면 보이는 REST API 키 항목을 의미합니다. 123…bb11aaa111ccc23으로 써 있는 값입니다.

❹ 요청 후 응답이 완료된 뒤에 실행되는 함수를 **.done( )** 내부에 작성한다고 했죠? 기존에는 **alert(msg)**로 메시지를 표시하도록 작성했는데, 책 검색 API의 결과는 JSON과 유사한 형식

의 객체로 전달되어 경고 창에서 확인하기가 어렵습니다. 따라서 `console.log` 함수를 사용하여 결과를 표시하겠습니다.

ⓘ console.log 함수의 결괏값은 웹 브라우저 개발자 도구의 [Console] 탭에 표시됩니다.

지금까지 설명한 책 검색 API를 호출하는 AJAX 코드는 index.html 파일에 다음과 같이 작성합니다.

..\book\index.html

```
<!DOCTYPE html>
<html lang="ko">
<head>
  <meta charset="UTF-8">
  <meta http-equiv="X-UA-Compatible" content="IE=edge">
  <meta name="viewport" content="width=device-width, initial-scale=1.0">
  <title>API 연습</title>
</head>
<body>
  <h1>API 연습</h1>
  <script src="https://code.jquery.com/jquery-3.6.0.js" integrity="sha256-H+
K7U5CnXl1h5ywQfKtSj8PCmoN9aaq30gDh27Xc0jk=" crossorigin="anonymous"></script>
  <script>
    $.ajax({
        method: "GET",
        url: "https://dapi.kakao.com/v3/search/book?target=title&query=클론 코딩",
        headers: { Authorization: "KakaoAK e906c99091fde6e882633f3fbd11111" }
    })
        .done(function(data) {
            console.log(data);
        });
  </script>
</body>
</html>
```

여기에는 자신의 REST API 키값을 넣어야 합니다.

index.html 파일을 열고 개발자 도구(F12)의 [Console] 탭에서 결과 화면을 확인해 보겠습니다.

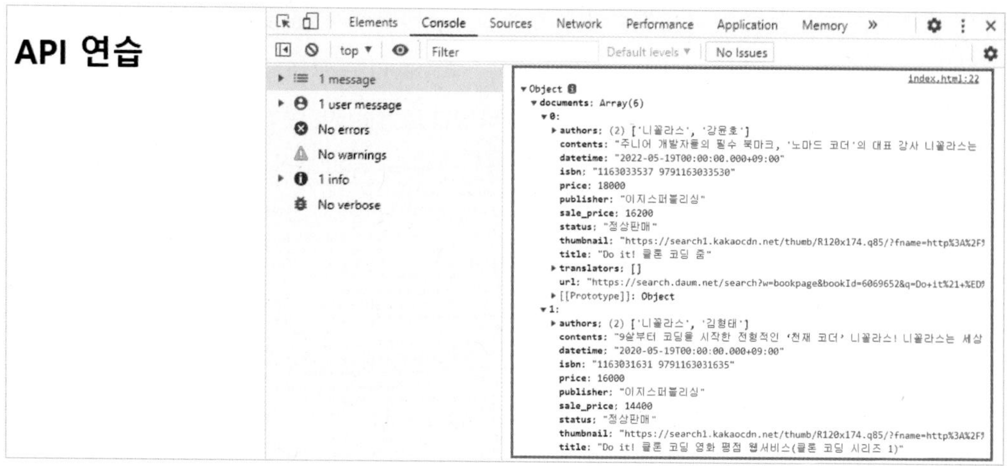

index.html 파일을 실행한 결과 화면

[Console] 탭에서 API를 호출하여 받은 결과 데이터를 확인할 수 있습니다. 02 단계에서 살펴본 책 검색 API 가이드의 응답(Response)과 구조가 같은 데이터를 받은 것을 알 수 있습니다.

Response

meta

Name	Type	Description
total_count	Integer	검색된 문서 수
pageable_count	Integer	중복된 문서를 제외하고, 처음부터 요청 페이지까지의 노출 가능 문서 수
is_end	Boolean	현재 페이지가 마지막 페이지인지 여부, 값이 false면 page를 증가시켜 다음 페이지를 요청할 수 있음

documents

Name	Type	Description
title	String	도서 제목
contents	String	도서 소개
url	String	도서 상세 URL
isbn	String	ISBN10(10자리) 또는 ISBN13(13자리) 형식의 국제 표준 도서번호(International Standard Book Number) ISBN10 또는 ISBN13 중 하나 이상 포함 두 값이 모두 제공될 경우 공백(' ')으로 구분
datetime	Datetime	도서 출판날짜, ISO 8601 형식 [YYYY]-[MM]-[DD]T[hh]:[mm]:[ss].000+[tz]
authors	String[]	도서 저자 리스트
publisher	String	도서 출판사
translators	String[]	도서 번역자 리스트

카카오 책 검색 API 가이드의 응답(Response)

이 책 검색 API 가이드를 살펴보겠습니다. 먼저 meta 항목에서 `total_count`값은 총 검색 결과의 수를 나타냅니다. 그리고 documents 항목은 `Array`라는 구조로 되어 있는데 이는 배열을 의미합니다. 배열은 자바스크립트의 데이터 타입으로, 데이터 여러 개를 [ ] 안에 쉼표(,)로 구분하여 포함하는 형식입니다. 쉽게 생각하면 데이터 목록이라고 할 수 있습니다. 즉, documents 항목에는 검색 결과로 도서가 여러 개 나타납니다. 앞에서 실습한 API 호출 예의 실행 결과 화면에서도 `documents: Array[6]`과 같이 나타나는 이유는 '클론 코딩'으로 검색된 도서가 6권이기 때문입니다. 이때 첫 번째 항목은 `0`, 두 번째 항목은 `1`로 표시되는데, 그 이유는 자바스크립트 배열의 항목 순서가 `0`부터 시작하기 때문입니다.

documents 항목의 하위 정보를 확인하면, API 가이드와 똑같이 나타납니다. `authors`는 작가의 이름, `title`은 도서의 제목 정보가 포함되어 있습니다. 우리는 이 정보를 활용하여 원하는 결과를 화면에 표시해 줄 수 있습니다.

Do it! 04 응답받은 정보 활용하기

앞의 실습에선 응답받은 정보를 [Console] 탭에 표시했지만, 이번에는 웹 브라우저 화면에 나타나도록 만들어 보겠습니다. 응답받은 정보의 일부를 화면에 표시하고, 검색어를 직접 입력하여 검색할 수 있는 기능도 구현해 보겠습니다. 응답받은 정보 중에서 documents 항목에 있는 `title`과 `thumbnail`의 데이터값을 사용하여 도서 이름과 이미지를 표시해 보겠습니다. 그 전에 응답받은 데이터 중에서 일부 항목을 선택하는 방법을 알아보겠습니다.

`data` 변수에 다음과 같은 JSON 데이터가 담겨 있다고 가정해 보겠습니다. `data` 변수에 JSON 데이터가 담기면 자바스크립트의 객체 형식으로 `data` 변수에 저장됩니다.

```
data = {
  "name": "홍길동",
  "age": 25,
  "gender": "male",
  "address": "서울특별시 양천구 목동",
  "hobby": ["baseball", "basketball"]
}
```

이 `data` 객체에서 특정한 값을 가져오려면 `data.키이름`으로 입력해야 합니다. 예를 들어 `name`값을 가져오려면 `data.name`으로 쓰고 `"홍길동"`을 값으로 가져옵니다. 나이와 성별도 `data.age`나 `data.gender`로 쓸 수 있겠죠?

그런데 hobby에 있는 배열값을 가져오려면 조금 다른 방법을 사용해야 합니다. 첫 번째 값인 "baseball"을 가져오려면 어떻게 해야 할까요? data.hobby를 사용하면 ["baseball", "basketball"]이라는 전체 데이터를 가져옵니다. 여기에서 첫 번째 요소를 선택하려면 data.hobby[0]처럼 [ ] 안에 몇 번째의 데이터인지 넣어야 합니다. 앞에서도 언급했지만 배열의 순서는 0부터 시작합니다.

이 내용을 바탕으로 응답받은 정보 가운데 첫 번째 도서의 정보에서 title과 thumbnail값을 분리해 보겠습니다. .done에 전달한 함수 내부에서 console.log 함수로 이 2개 값을 출력해 봅시다. 다음과 같이 작성할 수 있겠네요.

```
console.log(data.documents[0].title);
console.log(data.documents[0].thumbnail);
```

그렇다면 index.html 파일을 수정하고 결과를 확인해 보겠습니다.

..\book\index.html

```
(… 생략 …)
  <script>
    $.ajax({
      method: "GET",
      url: "https://dapi.kakao.com/v3/search/book?target=title&query=클론 코딩",
      headers: { Authorization: "KakaoAK e906c99091fde6e882633f3fbd11111" }
    })
      .done(function(data) {
        console.log(data.documents[0].title);
        console.log(data.documents[0].thumbnail);
      });
  </script>
</body>
(… 생략 …)
```

첫 번째 도서 제목과 이미지 주소가 [Console] 탭에 결과로 나타납니다.

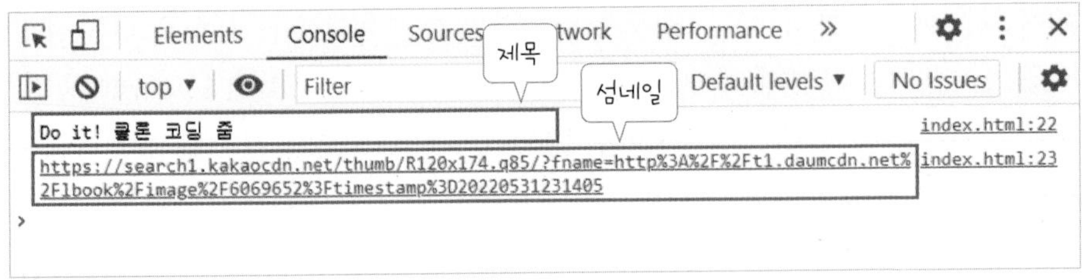

책 검색 API에서 제목과 섬네일 데이터만 가져온 결과 화면

응답받은 2개의 값을 [Console] 탭이 아닌 웹 페이지에 표시해 보겠습니다. 웹 브라우저 화면에 특정한 값을 나타내려면 새로운 태그를 추가해야 합니다. 여기에서는 제이쿼리를 사용해 HTML의 요소를 추가해 볼 건데요. 이번에는 여러분 스스로 구글에서 'jQuery add html'을 검색해서 제이쿼리로 HTML을 직접 추가하는 방법을 찾은 다음, 이어서 학습하는 것을 권장합니다.

구글에서 찾아보니 제이쿼리의 append 함수로 HTML 요소를 추가할 수 있습니다.

```
$("선택자").append("추가할 HTML 코드");
```

이렇게 코드를 작성하면, 이 선택자에 해당하는 태그 내부의 자식으로 작성한 HTML 코드가 추가되어 화면에 나타납니다. 지금은 간단하게 <body> 태그를 선택하여 가장 하위에 새로운 태그를 추가하고 도서 제목과 이미지를 화면에 표시해 보겠습니다. 다음과 같이 작성하면 <body> 태그 안에 <span> 태그를 사용한 도서 제목과 <img> 태그를 사용한 도서 이미지도 추가됩니다.

```
$("body").append("<span>" + data.documents[0].title + "</span>");
$("body").append("<img src=" + data.documents[0].thumbnail + "/>");
```

수정한 index.html 파일은 다음과 같습니다.

..\book\index.html

```
(… 생략 …)
  <script>
    $.ajax({
      method: "GET",
      url: "https://dapi.kakao.com/v3/search/book?target=title&query=클론 코딩",
      headers: { Authorization: "KakaoAK e906c99091fde6e882633f3fbd11111" }
    })
```

```
        .done(function (data) {
            $("body").append("<span>" + data.documents[0].title + "</span>");
            $("body").append("<img src=" + data.documents[0].thumbnail + "/>");
        });
    </script>
</body>
(… 생략 …)
```

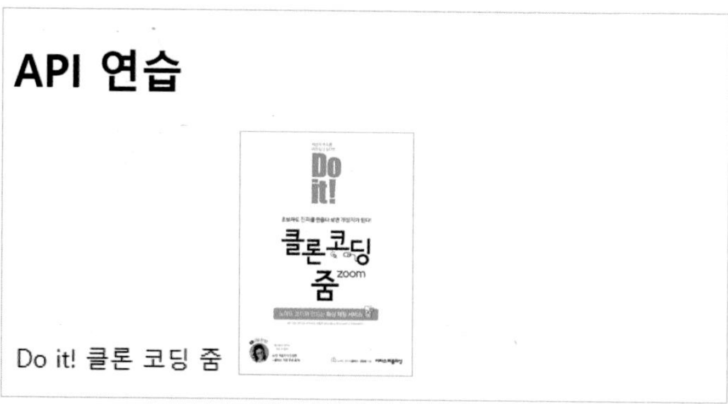

도서 제목과 섬네일 데이터를 웹 페이지에 보여 준 결과

드디어 앞에서 작업한 도서의 제목과 섬네일이 웹 브라우저 화면에 잘 나타납니다!

Do it! 05 검색 기능 추가하기

마지막으로 웹 브라우저 화면에서 검색어를 입력하면 도서 결과를 바로 보여 주는 기능을 추가해 보겠습니다. 앞에서 학습한 07, 08장의 내용을 조금 응용하고, 구글의 도움을 받으면 충분히 만들 수 있습니다. 검색 기능을 추가한 최종 코드부터 소개하겠습니다.

..\book\index.html

```
(… 생략 …)
<body>
    <h1>API 연습</h1>
    <input id="search" type="text" />        ①
    <button id="submit">검색</button>
    <br />
    <script src="https://code.jquery.com/jquery-3.6.0.js"
      integrity="sha256-H+K7U5CnXl1h5ywQfKtSj8PCmoN9aaq30gDh27Xc0jk=" crossorigin
="anonymous"></script>
```

```
  <script>
    $("#submit").click(function() {  ❷
      $.ajax({
        method: "GET",
        url: "https://dapi.kakao.com/v3/search/book?target=title&query=" +
$("#search").val(),  ❸
        headers: { Authorization: "KakaoAK e906c99091fde6e882633f3fbd11111" }
      })
        .done(function(data) {
          $("body").append("<span>" + data.documents[0].title + "</span>");
          $("body").append("<img src=" + data.documents[0].thumbnail + "/>");
      });
    })
  </script>
</body>
(… 생략 …)
```

이 코드에는 ❶ <input>, <button> 태그를 추가했고, 각 태그에는 아이디 선택자를 사용할 수 있도록 고유한 id 속성을 넣었습니다. ❷ `$("#submit").click()`은 버튼을 클릭하면 실행할 함수이며, 카카오 API를 호출해서 그 결과를 바탕으로 화면에 해당 내용을 추가하도록 처리했습니다. ❸ 검색어로 입력한 단어를 사용해서 API를 호출해야 하므로 `$("#search").val()`이라는 제이쿼리 함수를 사용했습니다. 이 함수를 실행하면 선택자에 해당하는 요소에 입력된 값을 가져옵니다.

웹 브라우저에서 확인한 결과 화면은 다음과 같습니다. '클론 코딩'을 검색하면 도서 제목과 섬네일이 제대로 나타납니다.

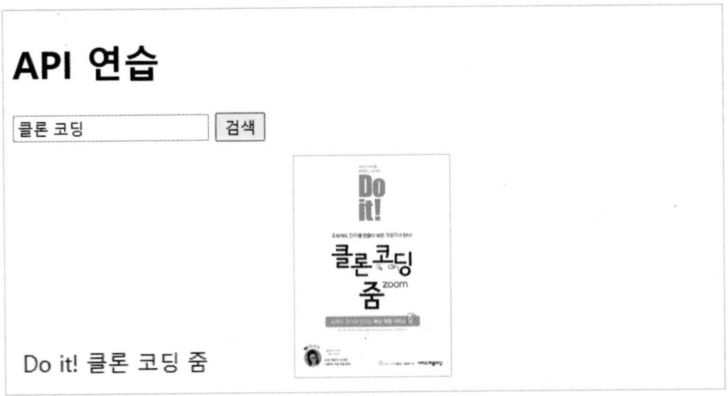

검색어를 입력한 결과 화면

카카오에는 책 검색 API 외에도 동영상 검색, 이미지 검색 등의 다양한 API가 공개되어 있으니, 이를 활용하여 새로운 서비스를 만들며 도전해 보길 바랍니다.

카카오 개발자 사이트의 API 목록(developers.kakao.com/product)

셋째마당

세상에서 가장 쉽게 만드는 인공지능

얼굴로 보는 인공지능 테스트 중...
드디어 완성이다!
어디 한번
테스트해 볼까?
탁탁

당신은 고양이상입니다.
START

우와! 이거 인공지능 아냐?
컴퓨터가 얼굴을 인식하네?
응, 내가 만든
동물상 테스트 앱이야!

뭐~어? 이걸 네가 만들었다고?
인공지능은 엄청
복잡한 기술 아냐?

인공지능을 쉽게 만들어 주는
서비스를 사용하면 돼!
Teachable
Machine
Get started

나는 코딩 왕초보인데
할 수 있을까?
물론이지~
충분히 할 수 있어!
같이 시작해 보자!

10

기초 편

인공지능으로 과일 도감 만들기

구글의 인공지능 기술인
티처블 머신을 알아보고,
이 기술을 이용해 과일 이름을 알아맞히는
인공지능 서비스를 만들어 보겠습니다.

10-1 인공지능 개념 잡기

티처블 머신은 6살 아이도 인공지능 프로그램을 만들 수 있을 만큼 쉽게 만들어진 웹을 기반으로 한 머신러닝 도구입니다. 티처블 머신으로 실습하기 전에 인공지능, 머신러닝, 빅데이터와 같은 기본 용어의 개념을 살펴보겠습니다.

인간처럼 학습하고 행동하는 인공지능

인공지능AI, artificial intelligence 이란 인간의 지적 능력을 기계나 컴퓨터 등을 이용해서 인공적으로 구현한 것으로, 마치 컴퓨터가 인간처럼 학습하고 행동하는 기술을 의미합니다. 뉴스에서 한 번쯤 들어 보았던 알파고AlphaGo를 떠올릴 수 있습니다. 인공지능은 학습한 지식을 바탕으로 인간처럼 혹은 인간보다 더 빠르고 정확하게 판단할 수 있습니다. 알파고처럼 바둑을 두기도 하고, 물체를 식별하며, 작곡을 하거나 소설을 쓰기도 합니다. 또한 날씨나 주가를 예측하는 일도 가능합니다.

인공지능이 할 수 있는 일

인공지능에서 중요한 것은 학습입니다. 컴퓨터가 판단을 하려면 특정한 기준이 필요한데, 그 기준을 만드는 것을 **학습**이라고 합니다. 학습은 그냥 이루어지지 않습니다. 사람도 학습할 때 교과서, 교육 영상과 같은 재료가 필요하듯이 인공지능이 학습하는 데에는 많은 양의 데이터가 필요합니다. 이렇게 많은 데이터를 **빅데이터**라고 합니다.
즉, 인공지능은 많은 양의 데이터를 학습하고, 학습을 통해 만든 기준으로 판단합니다. 이렇게 기계가 학습하는 과정을 **머신러닝**이라고 하며, 학습하여 만든 기준을 **학습 모델**이라고 합니다. 어떤가요? 인공지능, 머신러닝, 빅데이터의 개념이 생각보다 쉽죠?

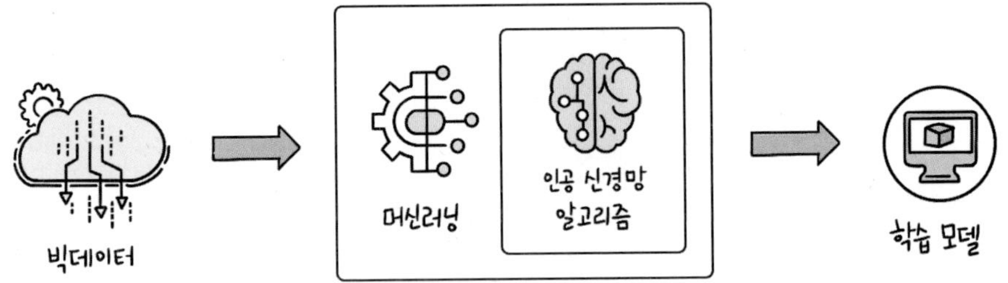

조금 더 세부적으로 살펴보면, 머신러닝에서는 마치 인간처럼 뇌의 신경망 구조를 모방한 알고리즘을 많이 사용하는데, 이를 **인공 신경망 알고리즘**이라고 합니다.

인공지능 구현을 도와주는 다양한 도구

인공지능은 수학, 컴퓨터 공학을 바탕으로 이루어지고, 인공지능 서비스를 직접 구현하려면 관련된 전문 지식이 필요하며 공부하기도 매우 어렵습니다. 하지만 텐서플로TensorFlow, 파이토치PyTorch와 같은 무료 라이브러리를 이용하면 어려운 인공지능 이론을 모르더라도 인공지능 서비스를 구현하고 개발할 수 있습니다. 또한 앞으로 소개할 **티처블 머신**Teachable Machine은 일반인도 다룰 수 있어 원하는 인공지능 서비스를 쉽게 완성할 수 있습니다.
구글이 제작한 티처블 머신은 신경망 학습 알고리즘을 활용하여 인공지능 모델을 간단하게 생성할 수 있습니다. 그 사용법도 너무 쉬워서 구글에서는 6살짜리 아이에게 인공지능을 교육할 때 사용할 수 있을 정도라고 하니, 우리는 더 쉽게 실습할 수 있겠죠? 지금부터 티처블 머신으로 인공지능을 활용한 웹과 앱 서비스를 함께 만들어 보겠습니다.

10-2 스스로 학습하는 티처블 머신 시작하기

티처블 머신은 데이터를 신경망 알고리즘으로 학습시켜서 **학습 모델**을 만듭니다. 학습 모델이란 티처블 머신을 통해 학습시킨 결과물이며, 인공지능은 이 모델을 기준으로 학습하지 않은 새로운 데이터가 들어왔을 때 판단을 내립니다. 여기에 프로그래밍을 약간 추가하면 정말 실용적인 인공지능 서비스를 만들 수 있습니다.

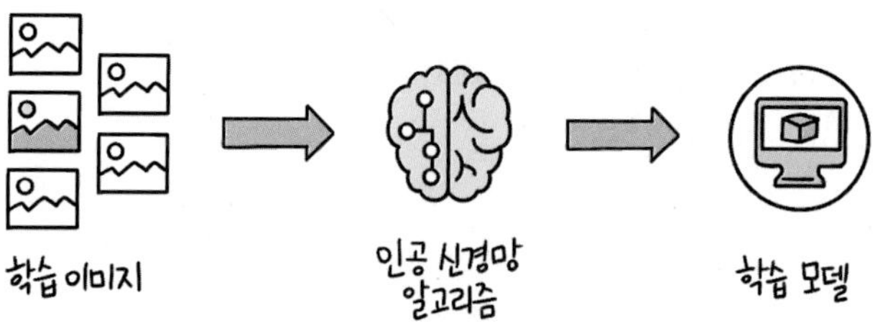

Do it! 01 티처블 머신 사이트 접속하기

티처블 머신 사이트 teachablemachine.withgoogle.com에 접속합니다. 메인 화면에서 소개하는 오른쪽 이미지를 보면, 티처블 머신으로 어떤 일을 할 수 있는지 예상할 수 있습니다. 이미지와, 영상, 소리 등의 입력된 데이터가 어떤 상태인지 구분하는 인공지능을 만들 수 있죠. 메인 화면에서 [시작하기]를 선택하세요.

티처블 머신 사이트의 메인 화면

Do it! 02

새 프로젝트 만들기

다음과 같이 [새 프로젝트] 화면이 나타납니다. 이미지, 오디오, 포즈의 3가지 프로젝트 중 하나를 선택하여 해당 대상을 기준으로 하는 인공지능을 만들 수 있습니다. 앞으로 실습할 과일 도감은 이미지를 기준으로 과일의 이름을 구분하는 인공지능이므로 [이미지 프로젝트]를 선택하겠습니다. 그리고 새 창에서 [표준 이미지 모델]을 선택합니다.

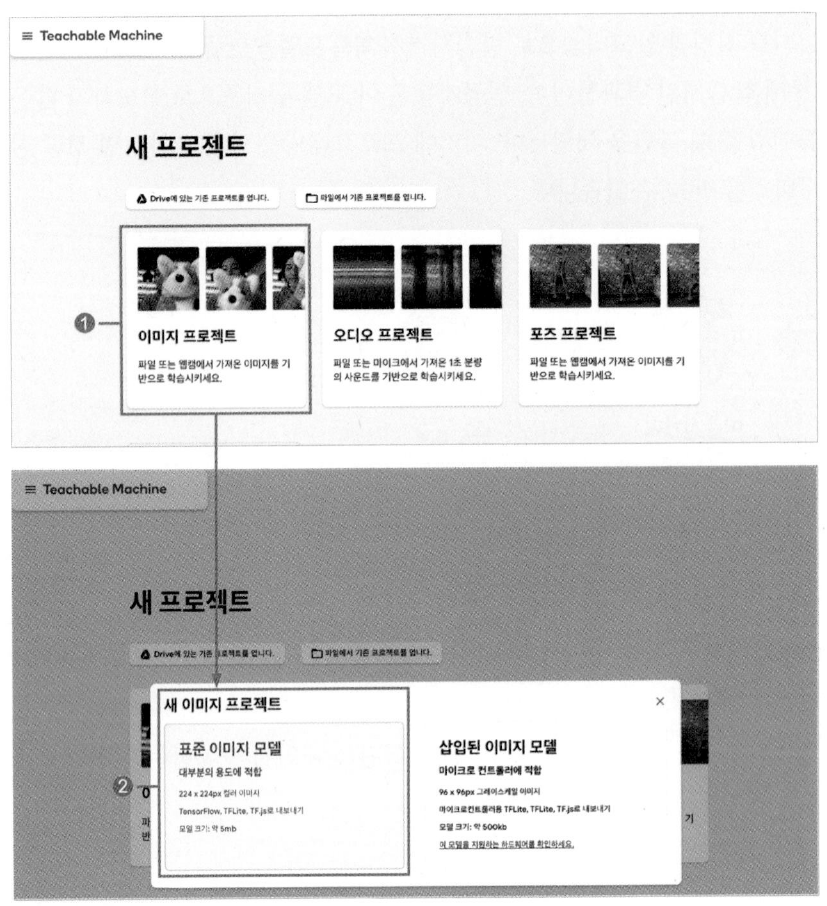

티처블 머신에서 이미지 프로젝트 생성하기

Do it! 03

이미지 모델 생성 화면 살펴보기

다음과 같이 이미지 모델 생성 화면이 나타납니다. 이미지 모델 생성 화면은 크게 3가지로 이루어집니다.

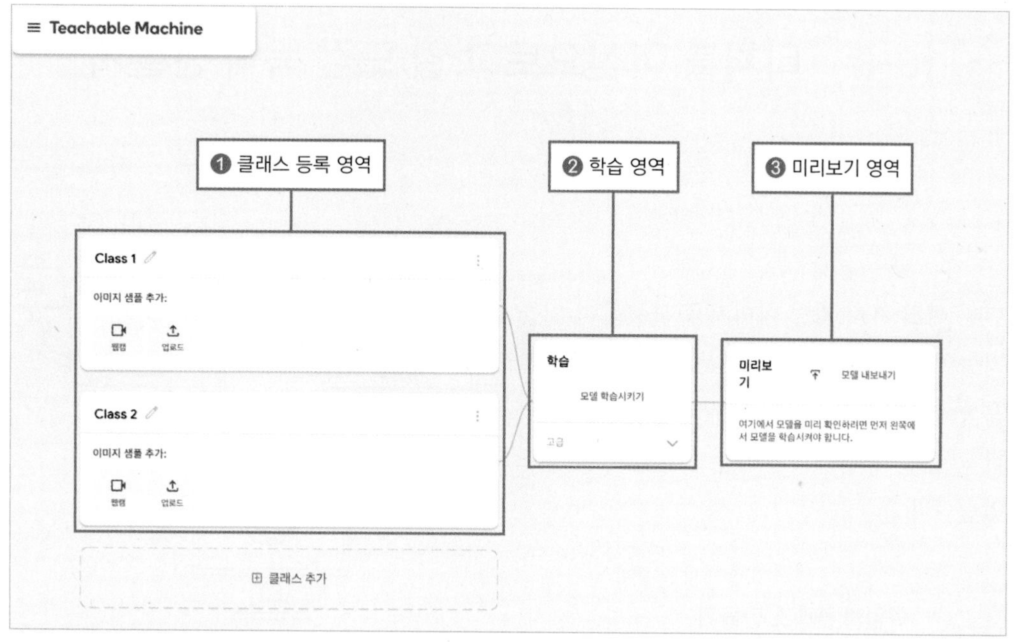

티처블 머신의 이미지 모델 생성 화면

첫 번째 영역은 클래스 등록 영역입니다. 여기에서는 이미지 판단 결과가 될 클래스class를 등록합니다. 예를 들어 과일 도감을 만들려면 사과, 배, 귤 등을 하나씩 클래스로 만들고, 각 클래스에는 판단 기준이 될 이미지를 여러 장 등록하면 됩니다.

두 번째는 학습 영역입니다. [모델 학습 시키기]를 클릭하면 클래스 영역에서 입력한 클래스와 이미지 데이터를 티처블 머신이 인공지능을 자동으로 학습시켜 모델을 생성합니다.

마지막은 미리보기 영역입니다. 여기에서는 학습 영역에서 만든 인공지능 모델을 내려받을 수 있고, 모델을 사용할 수 있는 예시 코드를 함께 제공합니다. 이 예시 코드를 조금만 수정하면 인공지능 서비스를 쉽게 만들 수 있습니다.

어떤가요? 화면 구성이 정말 간단하죠? 아직은 티처블 머신을 어떻게 다뤄야 할지 감이 잘 잡히지 않을 수도 있습니다. 하지만 걱정은 잠시 접어 두고 저와 함께 한 단계씩 실습해 보면 어느덧 인공지능 과일 도감이 완성되어 있을 것입니다.

10-3 티처블 머신으로 과일 도감 뚝딱 만들기

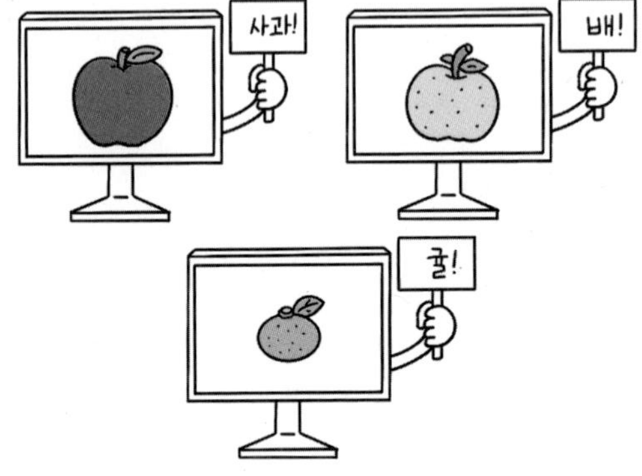

먼저 여러 가지 과일 이미지를 사용하여 인공지능이 사과와 배, 귤을 구분할 수 있는 모델을 만들겠습니다. 물론 다른 과일을 사용하거나 더 많은 과일을 구분하는 모델을 만들 수도 있습니다.

Do it! 01 과일별 클래스 만들기

10-2절 마지막 단계에서 살펴본 이미지 모델 생성 화면으로 돌아가 볼까요? 다음과 같이 클래스 등록 영역에서 클래스 이름 오른쪽에 있는 ✎ 아이콘을 클릭하여 인식하려는 과일 이름으로 수정하겠습니다. Class 1을 '사과', Class 2를 '배'로 변경하세요. 영역 아래쪽에 [클래스 추가]를 클릭하면 새로운 클래스를 추가할 수 있습니다. 새 클래스를 추가하고 이름을 '귤'로 설정하면 다음과 같은 화면이 나타날 것입니다.

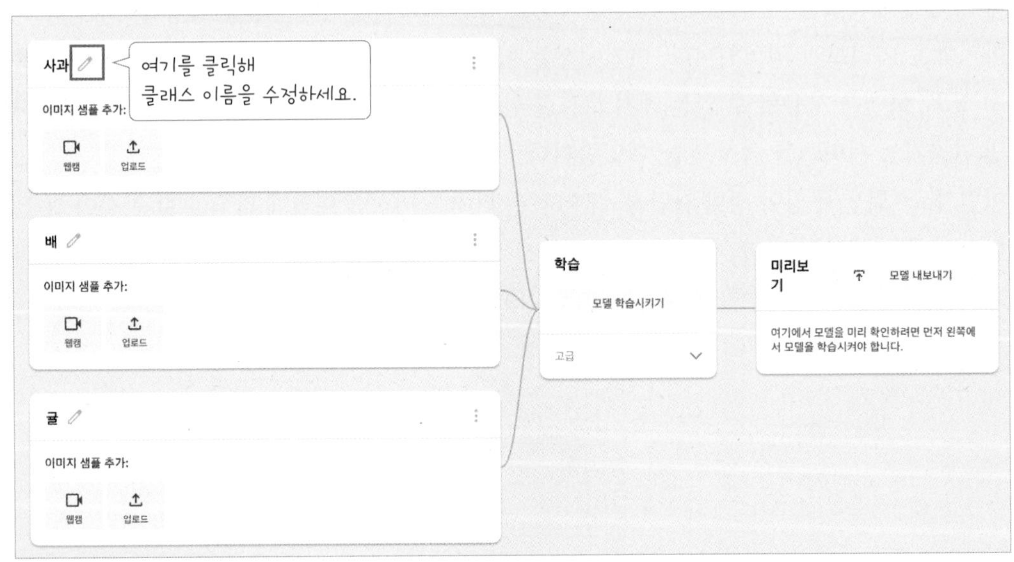

클래스 이름 변경하고 추가하기

Do it! 02 클래스 학습 데이터 등록하기

이번에는 각 과일의 데이터인 이미지 샘플을 입력하겠습니다. 티처블 머신에는 이미지 파일을 직접 올리거나, 웹캠으로 사물을 촬영해서 올리는 2가지 업로드 방법이 있습니다. 이때 많은 이미지 파일을 올려놓아야 학습이 잘 이루어지므로, 여기에서는 웹캠을 사용하여 이미지를 입력해 보겠습니다. 웹캠에 과일을 비춘 후 이동하거나 회전시키면 다양한 이미지가 자동으로 생성되어 샘플 이미지를 편하게 입력할 수 있습니다.

[사과] 클래스 아래에 있는 웹캠을 클릭해 봅시다. 이 버튼을 처음 클릭하면 웹캠을 사용할 수 있는 권한을 웹 브라우저에서 요청합니다.

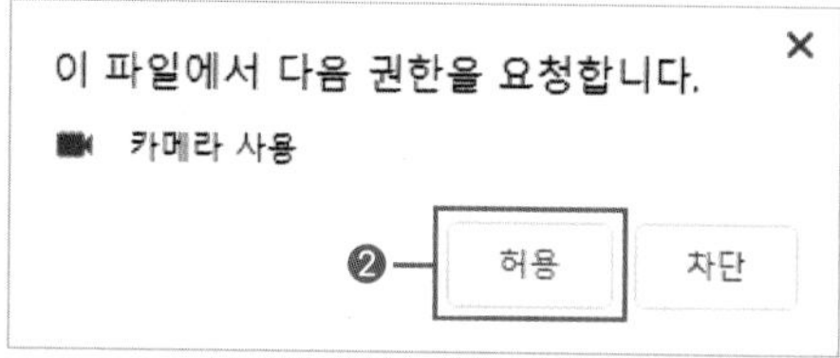

웹 브라우저의 카메라 사용 권한 요청

[허용]을 선택하면 다음과 같이 웹캠 화면이 나타납니다.

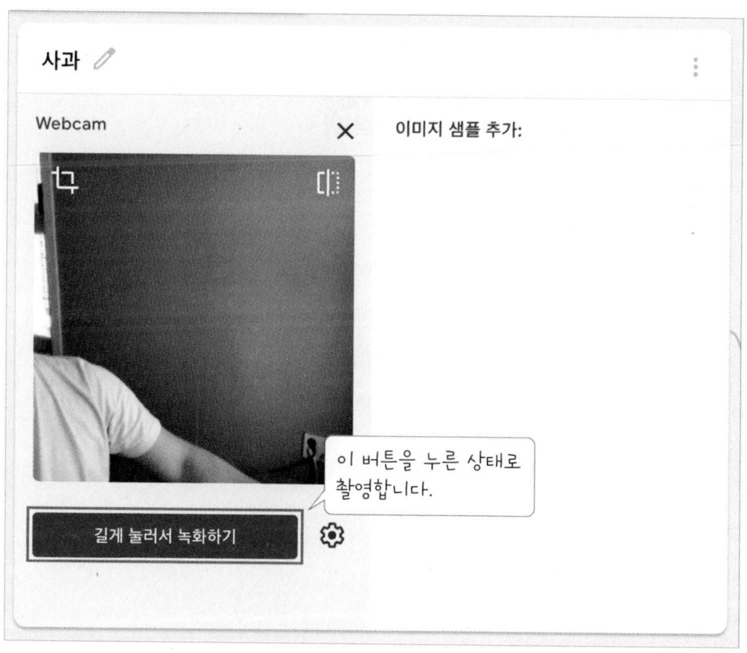

웹캠으로 이미지 샘플을 입력하는 화면

[길게 눌러 녹화하기]를 누르고 있으면(버튼을 누른 상태 유지), 사진이 1초에 10장 정도 자동으로 촬영되어 오른쪽 이미지 샘플 추가 영역에 추가됩니다. 똑같은 상태의 사진만 촬영하

면 모델 학습이 잘 되지 않습니다. 과일을 웹캠에 잘 보이게 한 후 상하좌우로 조금씩 이동·회전시켜서 다양한 각도로 촬영하여 이미지를 만들면 모델 인식률이 높아집니다. 다음과 같이 사과, 배, 귤을 각각 200장 이상 샘플 이미지를 찍어 보세요.

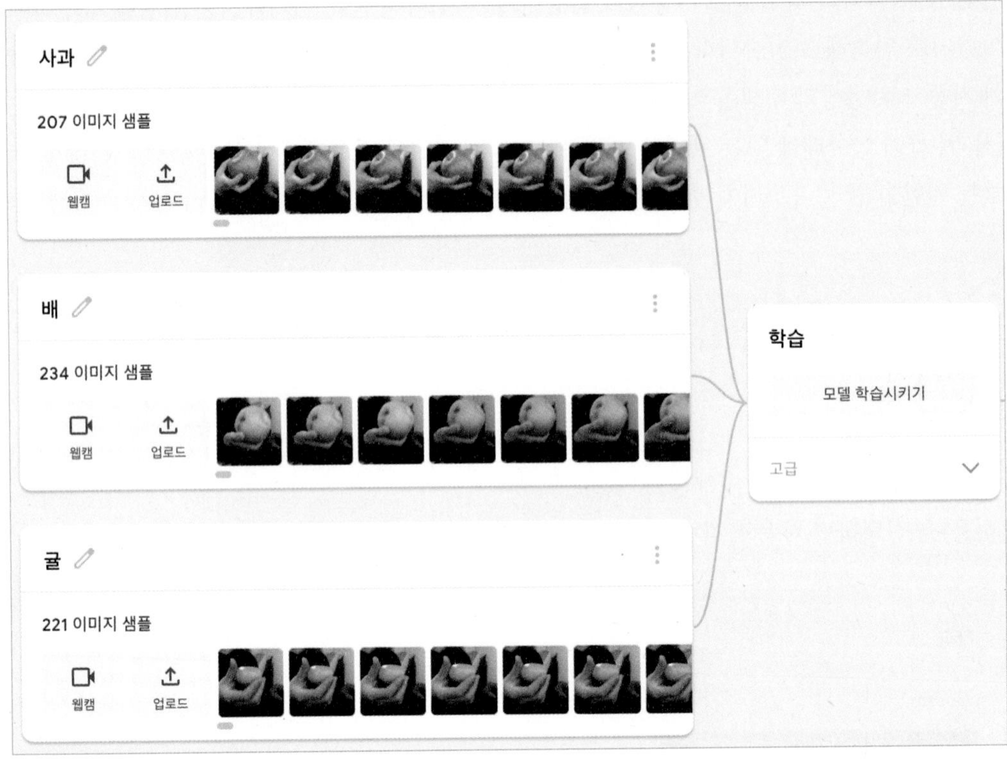

3가지 과일 샘플 이미지를 입력하기

Do it! 03 모델 학습시키기

이제 입력한 과일별 데이터를 사용하여 모델을 학습시킬 차례입니다. 학습 영역에서 [모델 학습시키기]를 클릭하면 다음과 같이 변하면서 자동으로 모델을 학습시킵니다.

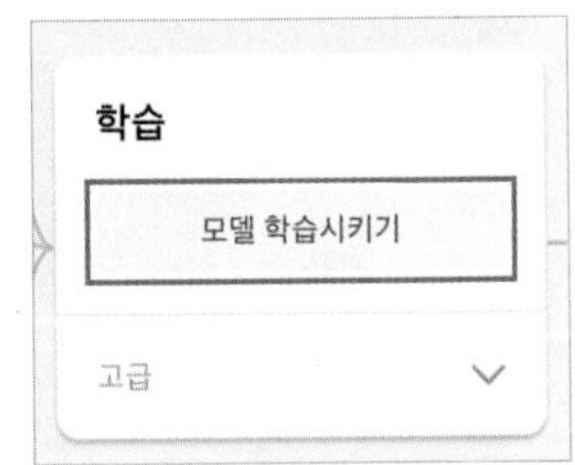

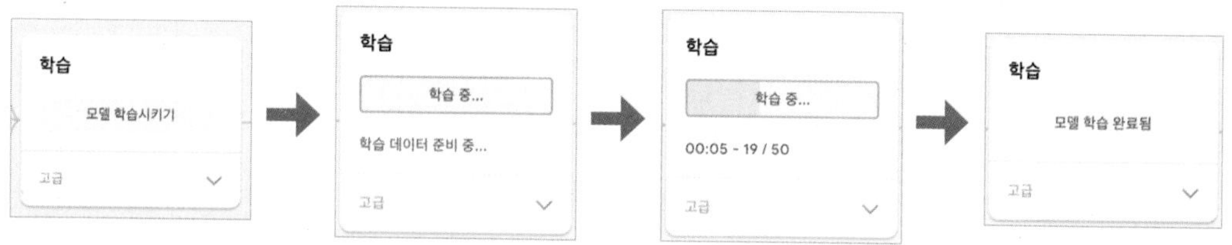

모델 학습이 이루어지는 과정

이때 다음 메시지 창처럼 학습이 진행하는 동안 웹 브라우저 탭을 전환하면 안 됩니다. 학습이 진행될 때는 다른 작업을 하지 않고 끝날 때까지 기다리는 것을 권장합니다.

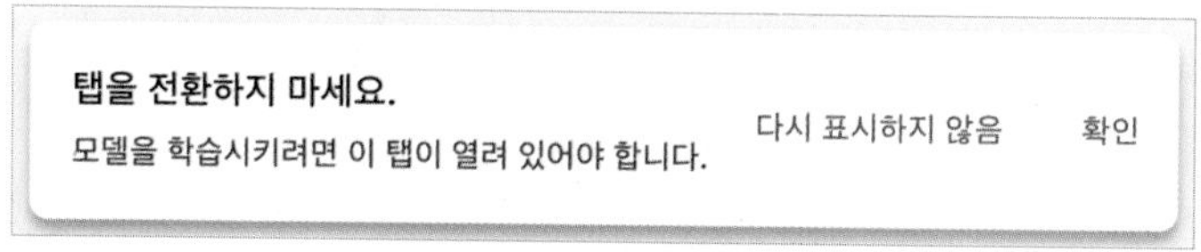

모델 학습에서 주의 사항 메시지 확인하기

Do it! 04 학습된 모델 테스트하기

모델 학습을 완료했으니, 이제 남은 일은 모델을 사용해 보는 것입니다. 그 전에 미리보기 영역에서 모델 학습이 잘되었는지 테스트할 수 있습니다. 다음과 같이 미리보기 영역에서 [입력]을 [사용]으로 변경한 후, [Webcam]을 선택하여 웹캠에 과일을 비추어 보세요. 웹캠에 나타난 과일의 이름을 티처블 머신이 정확하게 인식하는 것을 확인할 수 있습니다. 여기에서는 배를 웹캠에 비추어 보았더니, 티처블 머신이 배라고 100% 인식했네요. 모델 학습이 잘된 것 같죠?

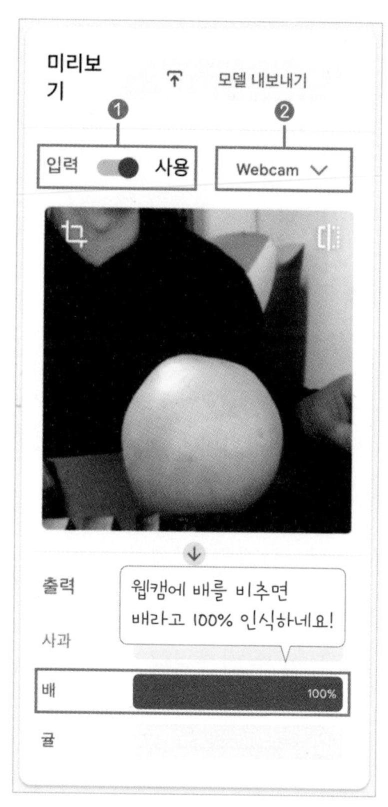

미리보기 영역에서 [Webcam]을 선택해 모델 테스트하기

이번에는 과일 이미지 파일을 등록하여 테스트해 보겠습니다. 미리보기 영역에서 [Webcam]을 [파일]로 변경하고, [파일에서 이미지를 선택하거나 여기로 드래그 앤 드롭하세요]를 클릭하세요.

인터넷에서 귤을 찾아 이미지 파일을 내려받은 후 테스트해 볼까요? 우리가 학습시킨 샘플 이미지는 200장 정도로, 높은 정확도의 학습을 하기에는 다소 부족한 양이기 때문에, 가능한 과일이 깔끔하게 나온 이미지를 사용하는 것이 좋습니다. 구글에서 귤 이미지를 내려받아서 테스트해 보았더니 다음과 같은 결과가 나왔습니다.

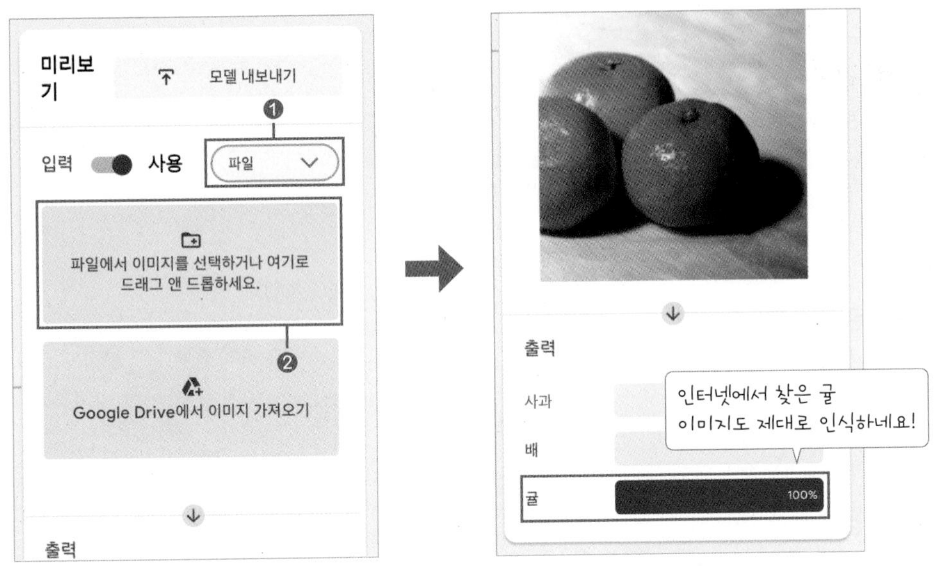

미리보기 영역에서 [파일]을 선택해 모델 테스트하기

티처블 머신 다루기 정말 쉽죠? 클릭만 몇 번 했는데 과일을 구별하는 인공지능을 만들어 냈습니다! 다음 과정은 앞에서 만든 모델을 티처블 머신에 업로드할 차례입니다. 티처블 머신에 모델을 업로드하면 Tensorflow.js 코드가 생성되는데, 이 코드를 복사해 내가 만들려는 서비스에 붙여 넣기만 하면 인공지능 서비스를 편리하게 완성할 수 있습니다.

Do it! 05 모델 업로드하기

다음과 같이 미리보기 영역 상단에 있는 [모델 내보내기]를 선택하면 학습된 모델을 업로드할 수 있습니다. 이 버튼을 클릭해 보세요.

미리보기 영역에서 [모델 내보내기] 선택하기

다음과 같이 학습된 모델을 Tensorflow.js, Tensorflow, Tensorflow Lite라는 세 종류의 라이브러리로 활용할 수 있는 예시 코드 화면이 나타납니다. Tensorflow.js는 자바스크립트로 웹에서 직접 모델을 활용하거나 Node.js를 통해 서버에서 활용할 수 있는 라이브러리입니다. Tensorflow는 주로 파이썬에서, Tensorflow Lite는 안드로이드와 같은 모바일 기기에서 모델을 활용할 수 있습니다.

여기에서는 웹 서비스를 기반으로 한 인공지능을 만들 것이므로 [Tensorflow.js]를 선택합니다. 그다음 [모델 내보내기]에서 [업로드(공유 가능한 링크)] 옵션을 선택하고, [모델 업로드]를 클릭합니다.

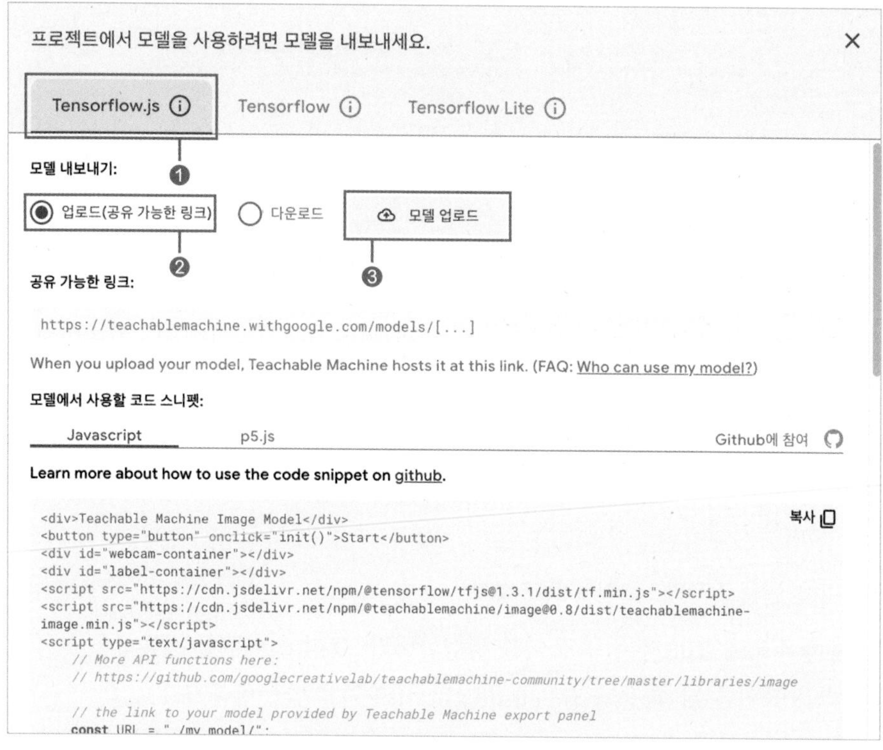

모델 업로드하기

잠시 후 업로드 완료된 모델 링크가 나타나고 '클라우드 모델이 최신 상태입니다.'라는 초록색 메시지가 보입니다. 여기서 우리가 주목할 것은 [JavaScript] 탭에 나타난 예시 코드입니다. 다음 단계에서 HTML 파일을 만들고 이 자바스크립트 예시 코드를 활용해 보겠습니다.

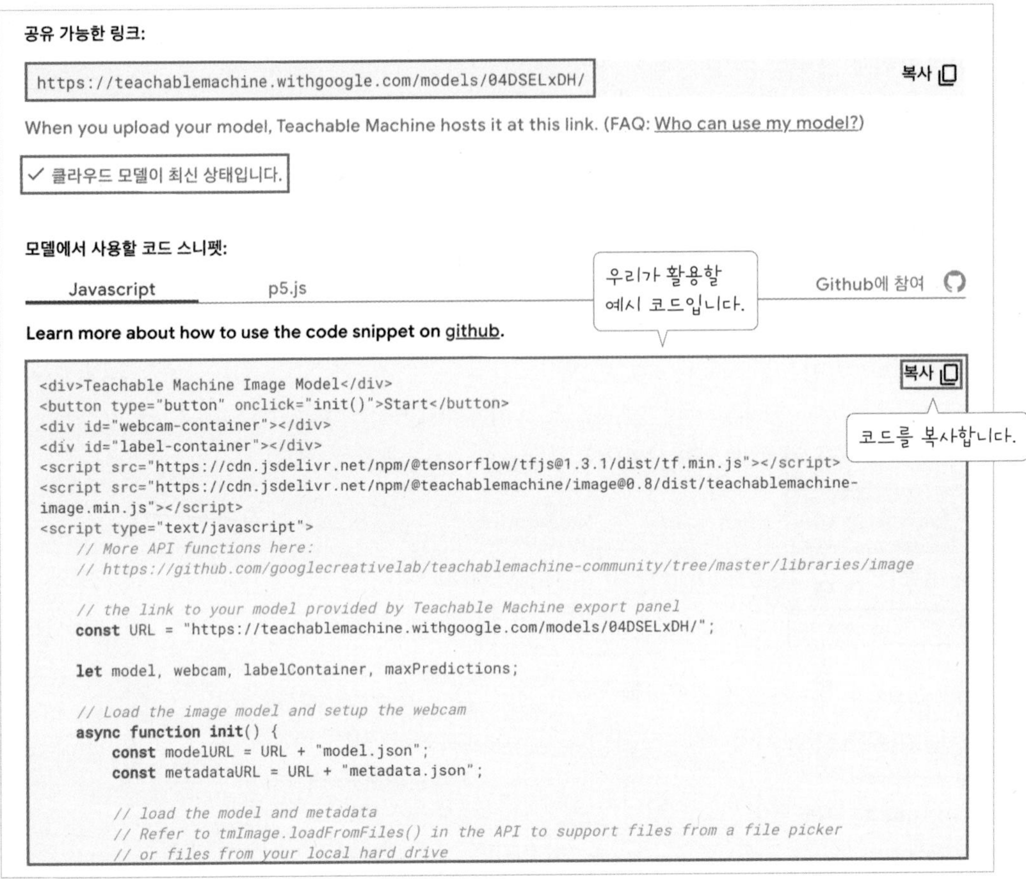

자바스크립트 예시 코드 확인하기

Do it! 06 HTML 파일 만들고 자바스크립트 코드 넣기

먼저 내 컴퓨터에 fruit라는 새 폴더를 생성합니다. 그리고 비주얼 스튜디오 코드를 실행해 fruit 폴더를 불러온 뒤, 다음과 같은 index.html 파일을 만듭니다. HTML의 기본 양식은 비주얼 스튜디오 코드에서 `!`를 쓰고 Enter 를 입력하면 자동으로 완성됩니다. `lang` 속성과 `<title>` 태그도 다음과 같이 수정하세요.

..\fruit\index.html

```
<!DOCTYPE html>
<html lang="ko">
<head>
  <meta charset="UTF-8">
  <meta http-equiv="X-UA-Compatible" content="IE=edge">
```

```
  <meta name="viewport" content="width=device-width, initial-scale=1.0">
  <title>인공지능 과일 도감</title>
</head>
<body>

</body>
</html>
```

앞의 화면에서 확인한 자바스크립트 예시 코드 상단 오른쪽의 [복사]를 클릭해 코드를 복사하고, 다음과 같이 index.html 파일의 <body>와 </body> 사이에 붙여 넣습니다. 파일을 저장한 뒤 웹 브라우저에서 어떤 결과가 나타나는지 확인해 보겠습니다.

..\fruit\index.html

```
<!DOCTYPE html>
<html lang="ko">
<head>
  <meta charset="UTF-8">
  <meta http-equiv="X-UA-Compatible" content="IE=edge">
  <meta name="viewport" content="width=device-width, initial-scale=1.0">
  <title>인공지능 과일 도감</title>
</head>
<body>
  <div>Teachable Machine Image Model</div>
  <button type="button" onclick="init()">Start</button>
  <div id="webcam-container"></div>
  <div id="label-container"></div>
  <script src="https://cdn.jsdelivr.net/npm/@tensorflow/tfjs@1.3.1/dist/tf.min.
js"></script>
  <script src="https://cdn.jsdelivr.net/npm/@teachablemachine/image@0.8/dist/
teachablemachine-image.min.js"></script>
  <script type="text/javascript">
    // More API functions here:
    // https://github.com/googlecreativelab/teachablemachine-community/tree/
master/libraries/image

    // the link to your model provided by Teachable Machine export panel
    const URL = "https://teachablemachine.withgoogle.com/models/U1N321vlN/";

    let model, webcam, labelContainer, maxPredictions;
```

```
    // Load the image model and setup the webcam
    async function init() {
      const modelURL = URL + "model.json";
      const metadataURL = URL + "metadata.json";

      // load the model and metadata
      // Refer to tmImage.loadFromFiles() in the API to support files from a file
picker
      // or files from your local hard drive
      // Note: the pose library adds "tmImage" object to your window (window.
tmImage)
      model = await tmImage.load(modelURL, metadataURL);
      maxPredictions = model.getTotalClasses();

      // Convenience function to setup a webcam
      const flip = true; // whether to flip the webcam
      webcam = new tmImage.Webcam(200, 200, flip); // width, height, flip
      await webcam.setup(); // request access to the webcam
      await webcam.play();
      window.requestAnimationFrame(loop);

      // append elements to the DOM
      document.getElementById("webcam-container").appendChild(webcam.canvas);
      labelContainer = document.getElementById("label-container");
      for (let i = 0; i < maxPredictions; i++) { // and class labels
        labelContainer.appendChild(document.createElement("div"));
      }
    }

    async function loop() {
      webcam.update(); // update the webcam frame
      await predict();
      window.requestAnimationFrame(loop);
    }

    // run the webcam image through the image model
    async function predict() {
      // predict can take in an image, video or canvas html element
      const prediction = await model.predict(webcam.canvas);
      for (let i = 0; i < maxPredictions; i++) {
        const classPrediction =
```

```
            prediction[i].className + ": " + prediction[i].probability.toFixed(2);
          labelContainer.childNodes[i].innerHTML = classPrediction;
        }
      }
    </script>
  </body>
</html>
```

Do it! 07 **웹 브라우저에서 결과 확인하기**

웹 브라우저에서 index.html 파일을 실행하면 다음 화면과 같이 보일 것입니다. 그리고 [Start]를 클릭해 보세요.

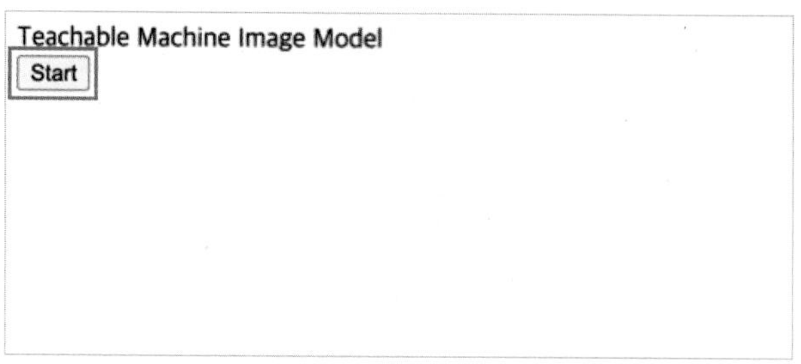

index.html 파일 실행하고 [Start] 클릭하기

조금 기다리면 티처블 머신 사이트에서 보았던 것처럼 카메라 사용 권한 요청 창이 나타납니다. [허용]을 선택하면 웹 브라우저에 웹캠 화면이 나타나고, 화면 아래에는 티처블 머신에서 클래스로 등록한 사과, 배, 귤의 이름과 숫자가 표시됩니다.

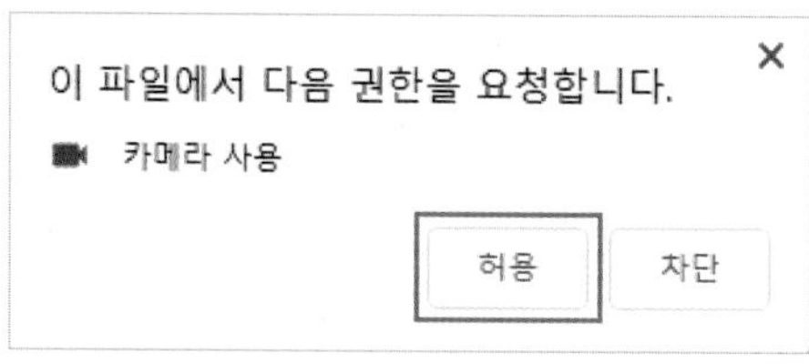

웹 브라우저의 카메라 사용 권한 요청 허용하기

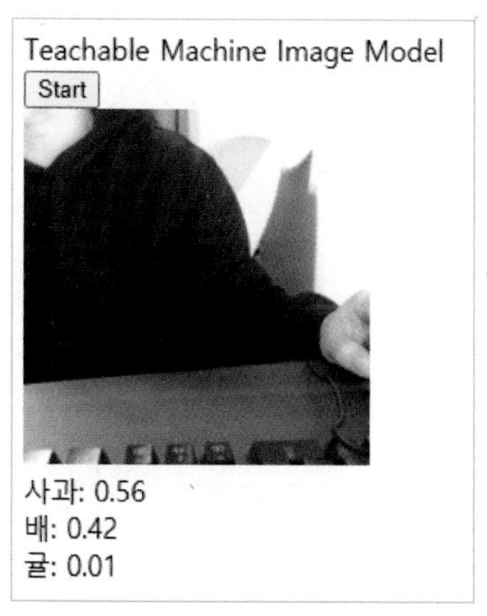

웹 브라우저에 나타난 웹캠 화면과 과일 이름

여기에서 숫자 1.00은 100%를 의미하는데요. 0.56은 56%이고, 0.42는 42%라는 뜻이죠. 이 수치는 티처블 머신에서 학습시킨 모델을 기준으로 웹캠에 비춘 과일이 무엇인지 판단한 결과입니다.

그렇다면 웹캠에 과일을 비춰서 티처블 머신이 잘 인식하는지 확인해 볼까요? 사과, 배, 귤에 따라서 각각 1.00 혹은 그에 가까운 수치로 값이 변하면서 인식 결과가 웹 브라우저에 잘 나타나는 것을 확인할 수 있습니다.

3가지 과일을 테스트한 결과

이렇게 티처블 머신을 활용하여 과일을 구분하는 인공지능 서비스를 쉽게 완성했습니다. 마지막 단계에서는 index.html 파일을 수정하여 서비스의 완성도를 좀 더 높여 보겠습니다. 웹캠에 비춘 과일의 인식 결과를 단순한 퍼센트가 아니라, 이름을 텍스트로 보여 주고 설명도 나타나도록 수정해 보겠습니다.

Do it! 08 전체 코드 살펴보기

자바스크립트 코드를 수정하기 전에 전체 코드가 어떤 흐름으로 구성되었는지 살펴보겠습니다. 웹 브라우저에서 index.html 파일을 실행하면 가장 먼저 [Start]를 눌렀죠? [Start]를 클릭하면 다음과 같은 init 함수가 실행됩니다.

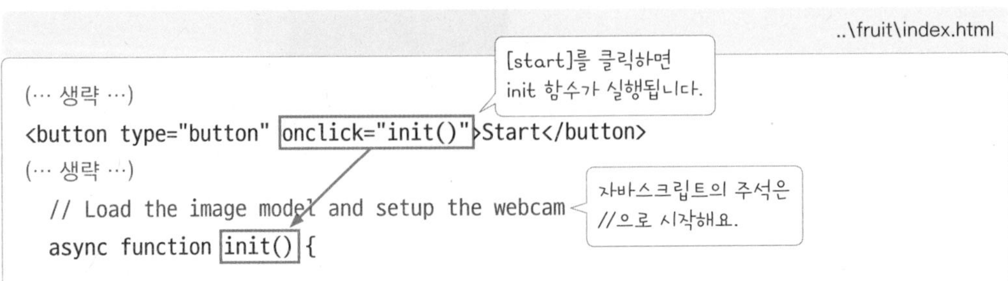


```
(… 생략 …)
<button type="button" onclick="init()">Start</button>
(… 생략 …)
  // Load the image model and setup the webcam
  async function init() {
```

```
    const modelURL = URL + "model.json";
    const metadataURL = URL + "metadata.json";

    // load the model and metadata
    // Refer to tmImage.loadFromFiles() in the API to support files from a file
picker
    // or files from your local hard drive
    // Note: the pose library adds "tmImage" object to your window (window.
tmImage)
    model = await tmImage.load(modelURL, metadataURL);
    maxPredictions = model.getTotalClasses();

    // Convenience function to setup a webcam
    const flip = true; // whether to flip the webcam
    webcam = new tmImage.Webcam(200, 200, flip); // width, height, flip
    await webcam.setup(); // request access to the webcam
    await webcam.play();
    window.requestAnimationFrame(loop);  < loop 함수를 반복합니다.

    // append elements to the DOM
    document.getElementById("webcam-container").appendChild(webcam.canvas);
    labelContainer = document.getElementById("label-container");
    for (let i = 0; i < maxPredictions; i++) { // and class labels
        labelContainer.appendChild(document.createElement("div"));
    }
  }
(… 생략 …)
```

//Load the image model and setup the webcam이라는 주석처럼 init 함수는 학습된 모델을 불러와 웹캠을 사용할 수 있도록 처리합니다. 웹캠을 인식한 후 window.requestAnimationFrame(loop);에 있는 loop 함수를 반복하는 구조입니다. 이때 loop 함수의 반복 횟수는 화면의 프레임이 변할 때, 즉 화면이 변할 때마다 loop 함수를 수행합니다. 컴퓨터 환경에 따라서 다를 수 있지만, 보통 초당 수십 번 반복하여 loop 함수를 수행합니다. loop 함수를 자세히 살펴보면 다음과 같이 작성되어 있습니다.

..\fruit\index.html

```
(… 생략 …)
async function loop() {
  webcam.update(); // update the webcam frame
  await predict();
  window.requestAnimationFrame(loop);
}
(… 생략 …)
```

loop 함수는 웹캠을 계속 업데이트하면서 predict 함수를 반복 수행합니다. 다음은 predict 함수를 나타내는 코드입니다.

..\fruit\index.html

```
(… 생략 …)
async function predict() {
  // predict can take in an image, video or canvas html element
  const prediction = await model.predict(webcam.canvas);
  for (let i = 0; i < maxPredictions; i++) {
    const classPrediction =
prediction[i].className + ": " + prediction[i].probability.toFixed(2);
    labelContainer.childNodes[i].innerHTML = classPrediction;
  }
}
(… 생략 …)
```

'과일명: 확률 수치'로 결과를 표시합니다.

predict 함수는 웹캠에 보이는 이미지가 학습 모델을 기준으로 어떠한 과일인지 예측하는 역할을 합니다. 사과, 배, 귤을 예측한 결과를 변수 classPrediction에 **과일명: 확률 수치** 형태로 저장한 후 화면에 표시하는 것을 반복합니다. 그 결과 웹 브라우저에서 웹캠 화면 아래에 **과일명: 확률 수치** 텍스트가 계속 갱신하면서 나타나는 것입니다.

이 확률 수치를 해당 과일 이름과 설명이 나타나도록 변경하려면 어떤 코드를 수정해야 할까요? 바로 predict 함수를 수정해야 합니다. predict 함수가 예측을 수행한 후 그 결과를 화면에 표시하는 역할을 하기 때문입니다.

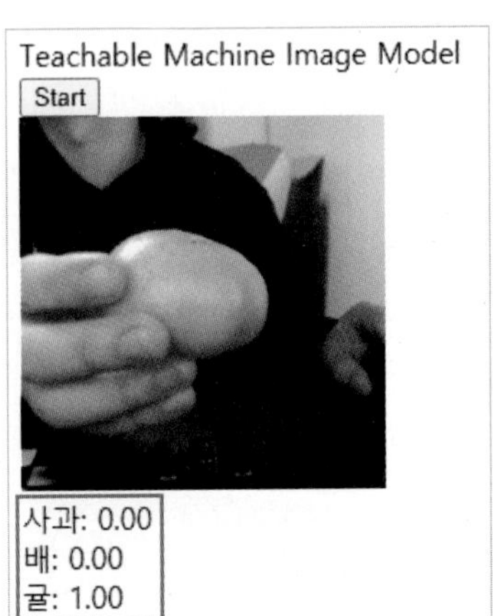

과일 이름과 확률 수치가 나타난 결과 화면

predict 함수의 for 문을 제거한 다음, className이 사과이고 probability값이 1.00이면 사과를, className이 배이고 probability값이 1.00이면 배를, 마지막으로 className이 귤이고 probability값이 1.00이면 귤이 나타나도록 수정하겠습니다.

❶ for 문은 특정 조건에 따라서 코드를 반복 실행할 때 사용합니다. 여기에서는 사과, 배, 귤 각각의 예측 결과(총 3개)에 대해서 특정한 코드를 반복하기 위해 사용합니다.

predict 함수의 for 문에서 prediction[i].probability의 i값은 각 class의 순서를 나타냅니다. 다시 말해 i가 0일 때는 사과를, 1은 배, 2는 귤에 해당합니다. 그러므로 prediction[0].probability는 읽어 들인 이미지가 사과일 확률을 나타내고, prediction[1].probability는 배일 확률, prediction[2].probability는 귤일 확률을 나타냅니다. 확률 수치가 1.00인 과일이 있다면 결과에 해당 과일의 설명을 표시하고, 해당하는 과일이 없으면 **알 수 없음**이라고 표시하겠습니다. 다음과 같이 predict 함수 안의 코드를 수정합니다.

..\fruit\index.html

```
(… 생략 …)
// run the webcam image through the image model
async function predict() {
  // predict can take in an image, video or canvas html element
  const prediction = await model.predict(webcam.canvas);
  for (let i = 0; i < maxPredictions; i++) {
    const classPrediction =
      prediction[i].className + ": " + prediction[i].probability.toFixed(2);
    labelContainer.childNodes[i].innerHTML = classPrediction;
  }
  console.log(prediction);
  if (prediction[0].probability.toFixed(2) == 1.00) {
    labelContainer.childNodes[0].innerHTML = "사과 설명";
  } else if (prediction[1].probability.toFixed(2) == 1.00) {
    labelContainer.childNodes[0].innerHTML = "배 설명";
  } else if (prediction[2].probability.toFixed(2) == 1.00) {
    labelContainer.childNodes[0].innerHTML = "귤 설명";
  } else {
    labelContainer.childNodes[0].innerHTML = "알 수 없음";
  }
}
  </script>
</body>
</html>
```

이렇게 수정해 보세요.

ⓘ 만약 앞의 코드로 수정한 후 결과가 제대로 나타나지 않는다면, prediction[0].probability.toFixed(2) == 1.00에서 == 1.00을 === "1.00"으로 바꿔 보세요. ==은 상대적으로 느슨하게 값을 비교하지만, ===은 좀 더 엄격하게 검사하는데 값의 타입까지도 같은지를 비교하기 때문입니다.

이제 결과를 확인해 보겠습니다. 다음과 같이 웹캠에 과일을 비추지 않을 때는 **알 수 없음**이 나타나고, 웹캠에 과일을 비추면 과일 이름과 설명이 화면에 표시되는 것을 확인할 수 있습니다.

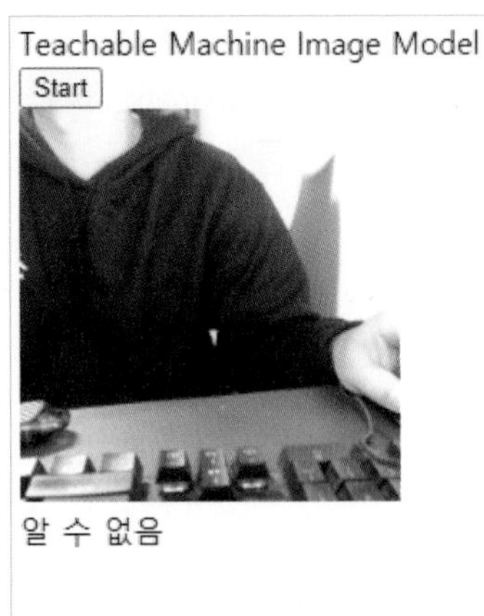

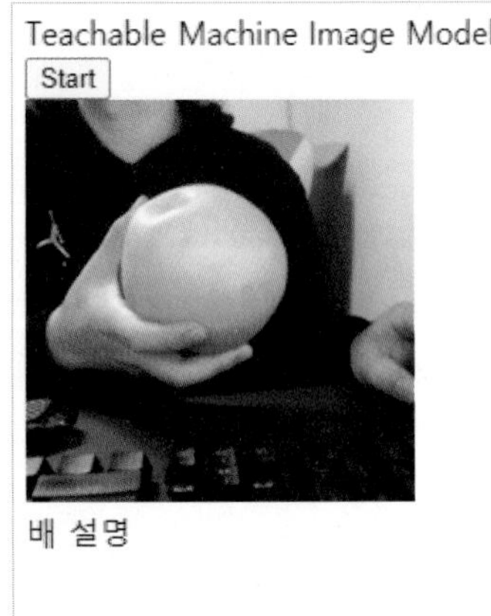

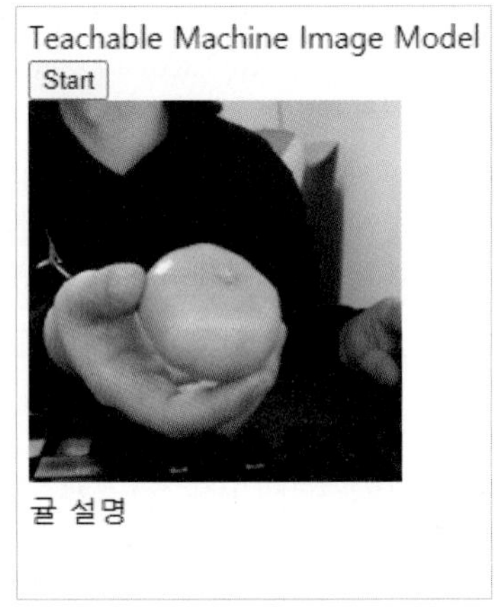

웹캠에 과일을 비추었을 때의 결과 화면

인공지능 과일 도감을 완성했습니다. 지금은 화면 구성이 간단하고 디자인이 부족해 보여서 아쉬운 점도 있습니다. 하지만 웹 브라우저 화면 디자인은 앞에서 소개한 HTML과 CSS를 사용하여 보기 좋게 수정할 수 있습니다. HTML과 CSS를 추가하여 인공지능 과일 도감의 완성도를 더 높여 보길 바랍니다.

ⓘ 완성한 웹 서비스를 온라인에 배포하는 방법은 04장에서 다룬 적이 있죠? 이 내용을 참고하여 인공지능 과일 도감 사이트도 다른 사람들이 접속해서 볼 수 있도록 배포해 보세요.

11

실전 편

얼굴로 보는 인공지능 동물상 테스트 만들기

드디어 인공지능 동물상 웹 서비스를 만들 시간입니다.
다른 장에 비해 분량은 길지만, 차분히 하나씩 실습하다 보면
어느새 상용 가능한 인공지능 서비스가 완성되어 있을 거예요.

11-1 웹 서비스를 위한 파이썬 기본 코드 작성

인공지능 동물상 테스트 웹 서비스가 어떻게 동작하는지 간단히 살펴보고, 웹 서비스를 만드는 데 필요한 준비물을 알아보겠습니다. 동물상 테스트 웹 서비스는 인공지능을 통해 내 얼굴이 어떤 동물과 비슷한지를 판단하여 알려 줍니다. 이 서비스의 기본 구현 과정은 10장의 과일 도감 만들기와 비슷합니다. 하지만 이번 장에서는 실제 상용 가능한 서비스의 수준으로 디자인이나 여러 부가 기능을 추가하여 완성도를 높이겠습니다.

❶ 참고로 앱 서비스는 웹 서비스를 바탕으로 쉽게 만들 수 있답니다. 우선 웹 서비스에 집중하여 기본 기능을 구현하고, 앱 서비스는 12장에서 다루겠습니다.

그리고 새롭게 배울 프로그래밍 언어와 기술은 **파이썬**과 이미지 **크롤링**입니다.
우선 웹 서비스에서 이미지 크롤링이 왜 필요한지 간단히 설명하겠습니다. 내 얼굴이 어떤 동물과 가까운지 판단하려면 동물 사진이 대량으로 필요합니다. 특히 여러 동물의 이미지를 직접 하나하나 검색하여 내려받아서 모으려면 단순 반복 작업을 해야 하므로 시간이 많이 걸리죠. 이때 이미지 크롤링 기술을 사용하면 구글 등의 사이트에서 동물 이미지를 자동으로 내려받을 수 있습니다. 크롤링 기초만 할 줄 알아도 실용적이고 재미있는 프로그램을 얼마든지 만들 수 있으니 이번에 잘 알아 두길 바랍니다. 다음으로 파이썬이 무엇인지 살펴보고 설치해 보겠습니다.

❶ 크롤링이란 인터넷에서 자신이 원하는 정보만 골라 자동으로 수집해 주는 기술을 말합니다. 크롤링과 비슷한 개념으로 파싱, 스크래핑, 스파이더링이 있는데 세밀한 개념 차이는 있습니다. 이미지 크롤링 실습은 다음 절에서 진행합니다.

파이썬 살펴보기

파이썬은 귀도 반 로섬Guido van Rossum이 1991년에 개발한 프로그래밍 언어입니다. 2008년 발표한 파이썬3 버전이 가장 널리 쓰이며 인공지능 프로그래밍, 데이터 분석, 스크래핑, 크롤링 등에서 활용되고 있습니다. 또한 서버와 응용 프로그램 개발에도 사용할 수 있으니 범용 프로그래밍 언어라고 할 수 있습니다. 무엇보다 파이썬은 다른 언어에 비해 진입 장벽이 낮아

대학이나 기초 프로그래밍 교육에서도 많이 다루며, 코딩 입문자도 쉽게 접할 수 있습니다. 구글에서 제작한 소프트웨어는 절반도 넘게 파이썬으로 만들어졌다고 하는데요. 우리가 잘 아는 인스타그램Instagram, 드롭박스Dropbox에서도 파이썬을 사용하는 만큼 알아 두면 여러 곳에서 활용할 수 있습니다.

Do it! 01 파이썬 설치하기

파이썬 설치 파일을 내려받을 수 있는 python.org/downloads에 접속합니다. 화면 왼쪽 상단에 있는 [Download Python]을 클릭하여 설치 파일을 내려받아서 실행합니다.

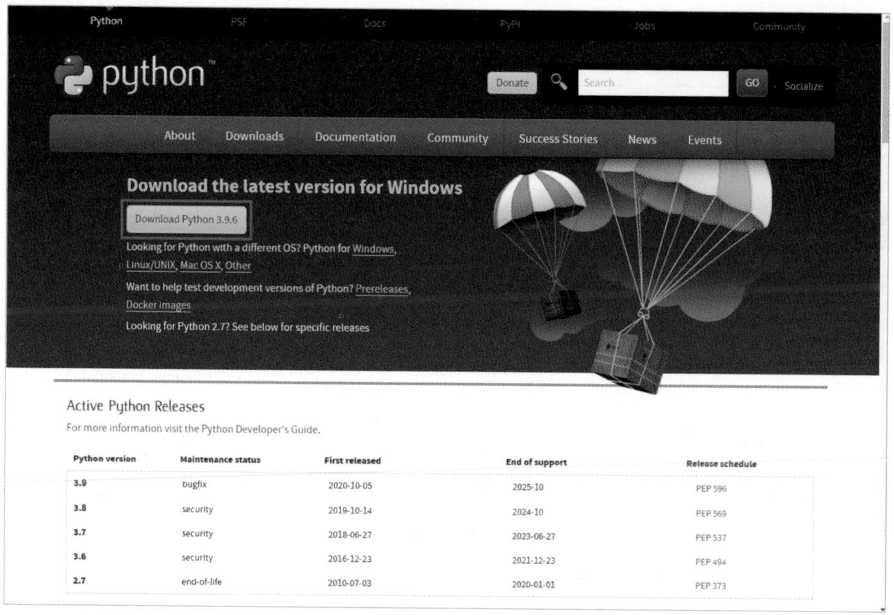

파이썬 설치 파일 내려받기

설치 프로그램을 실행한 후 어느 경로에서나 파이썬을 실행할 수 있도록 [Add Python 3.x to PATH] 옵션을 선택해 체크하고 [Install Now]를 클릭합니다.

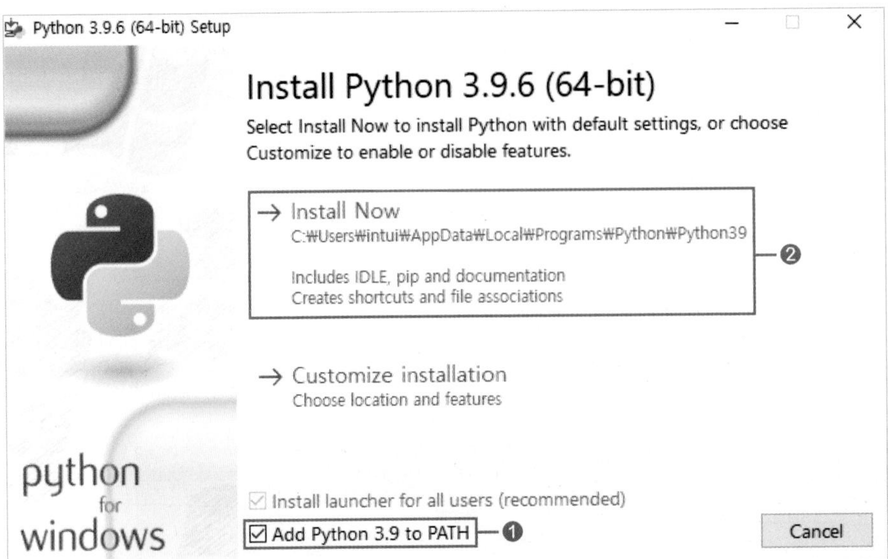

파이썬 설치 프로그램 실행하기

설치를 완료하면 다음과 같은 화면이 나타납니다. [Close]를 클릭해 설치 창을 닫습니다.

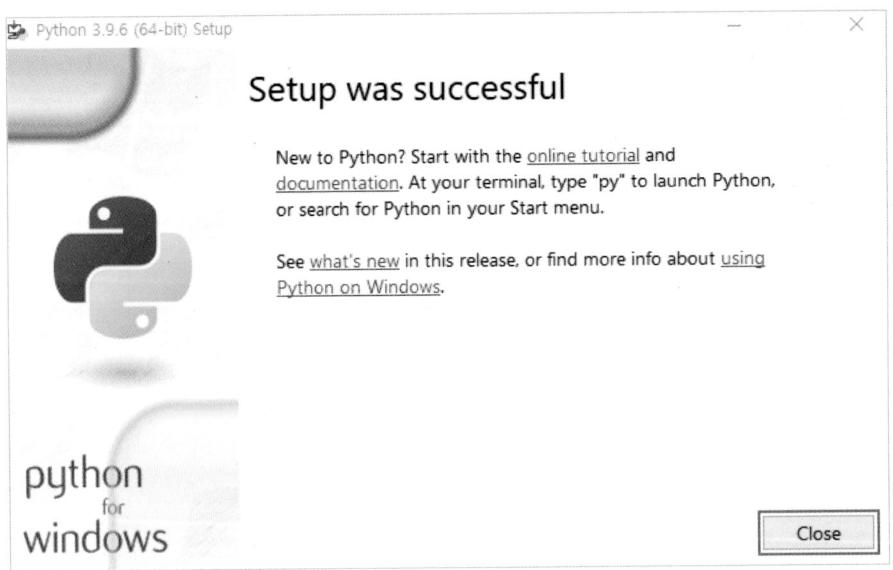

파이썬 설치 완료 화면

Do it! 02 내 컴퓨터에 설치한 파이썬 확인하기

파이썬이 내 컴퓨터에 제대로 설치됐는지 확인해 보겠습니다. 윈도우 왼쪽 하단의 검색 창에서 cmd를 입력하고 명령 프롬프트 창을 실행하세요.

다음 화면처럼 `python --version`과 `pip --version`을 입력해 오류 없이 출력된다면 파이썬을 제대로 설치한 것입니다.

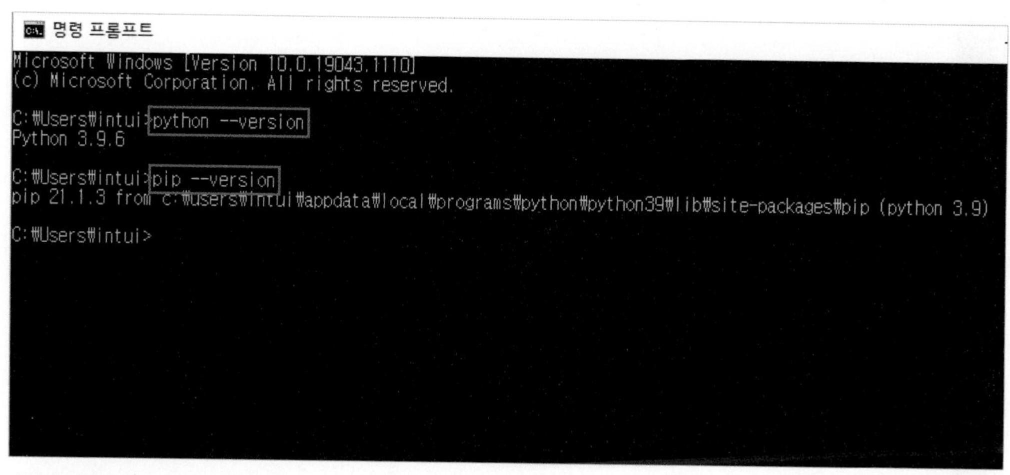

명령 프롬프트
Microsoft Windows [Version 10.0.19043.1110]
(c) Microsoft Corporation. All rights reserved.
C:\Users\intui>python --version
Python 3.9.6
C:\Users\intui>pip --version
pip 21.1.3 from c:\users\intui\appdata\local\programs\python\python39\lib\site-packages\pip (python 3.9)
C:\Users\intui>

파이썬 버전 확인하기

Do it! 03 파이썬 코드 작성하고 실행하기

파이썬 설치를 마쳤으니 가장 기본적인 파이썬 코드를 작성해 보겠습니다. 비주얼 스튜디오 코드를 실행하여 새로운 폴더와 파일을 만드세요. 파일 안에 `print('Hello World!')`를 입력하고, 파일명은 app.py으로 저장합니다. 여기에서 `print` 함수는 괄호 안에 있는 문자열을 그대로 출력해 줍니다. 실행 결과를 확인하기 위해 비주얼 스튜디오 코드 상단 메뉴에서 [Terminal → New Terminal]을 선택하여 터미널 창을 엽니다. 이곳에 `python app.py`를 입력하면 app.py 파일을 실행할 수 있습니다. 다음과 같이 터미널 창에 `Hello World!`가 나타납니다.

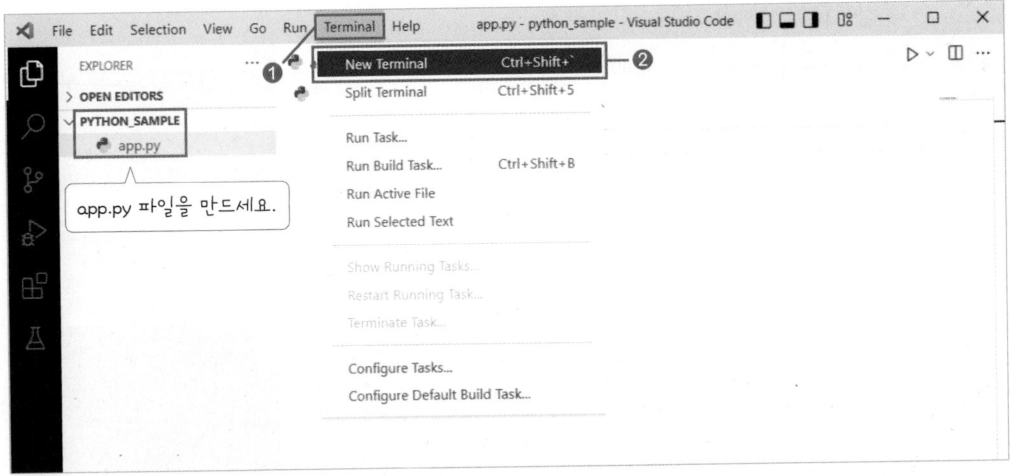

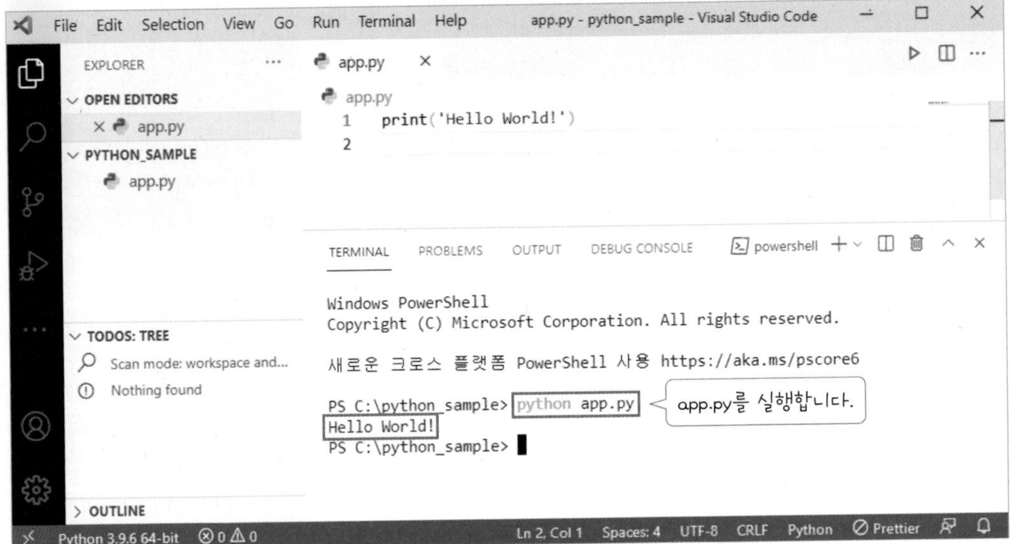

파이썬 코드 입력하고 결과 확인하기

11-2 웹에서 동물 이미지를 크롤링하기

이번에는 인공지능 동물상 테스트 서비스에 필요한 동물 사진을 내려받을 때 사용하는 이미지 크롤링을 배워 보겠습니다. 우선 파이썬 라이브러리인 셀레늄selenium을 설치하고 구글에서 이미지를 자동으로 내려받수 있도록 코드를 작성해 보겠습니다.

Do it! 01 구글에서 이미지 검색하기

웹 브라우저를 열어 구글에 접속한 뒤 '고양이'를 검색하고 [이미지] 탭으로 이동합니다. 다음과 같이 귀여운 고양이 이미지가 다양하게 나타나죠? 여기에서 검색 버튼 아래에 있는 [도구]를 클릭하고 [사용권 → 상업 및 기타 라이선스]를 선택합니다.

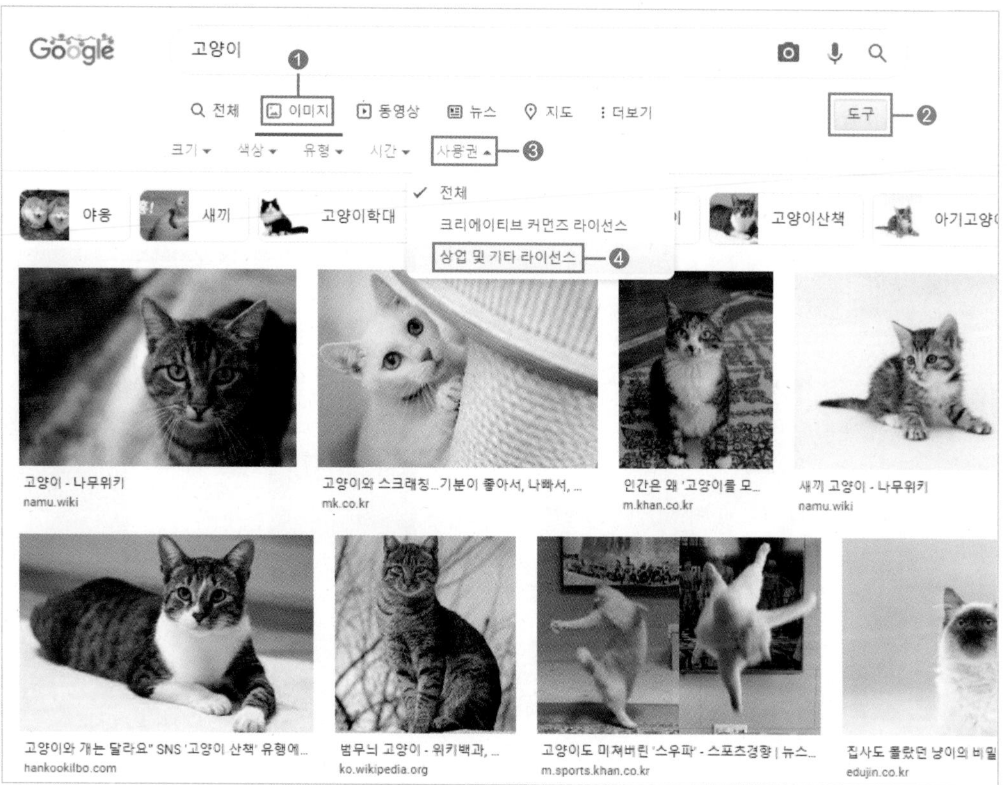

구글 이미지 검색에서 [상업 및 기타 라이선스] 선택하기

현재 열려 있는 구글 사이트의 URL을 확인해 볼까요? 크롤링할 때는 웹 주소를 관찰하는 것이 매우 중요합니다. 필자의 주소 창에는 다음과 같이 URL이 표시되는데요. 사용자 환경에 따라 다르게 보일 수도 있습니다.

```
https://www.google.com/search?q=고양이&tbm=isch&hl=ko&tbs=il:ol&sa=X&ved=-
0CAAQ1vwEahcKEwigpLGVq_7xAhUAAAAAHQAAAAAQAg&biw=1126&bih=682
```

주소가 암호처럼 복잡해 보이는데, 잘 살펴보면 다 의미가 있습니다. 먼저 `q=고양이`는 검색어 문자라는 것을 알 수 있죠. 이 중에서 특별히 살펴볼 부분은 `tbs=il:ol`입니다. 앞에서 옵션으로 선택한 [상업 및 기타 라이선스]에 해당하는 조건입니다.

그럼 검색한 고양이 이미지를 내 컴퓨터에 모두 저장하려면 어떻게 해야 할까요? 우선 검색 결과 화면의 첫 번째 이미지를 클릭해야 합니다. 다음과 같이 첫 번째 이미지를 클릭하면 화면 오른쪽에 선택한 이미지가 크게 나타납니다. 이 이미지 위에서 마우스 오른쪽 버튼을 클릭하고 [이미지를 다른 이름으로 저장]을 선택해 저장합니다. 첫 번째 이미지 저장을 마친 후 오른쪽 상단의 › 을 눌러 그다음 이미지로 이동하고, 두 번째 이미지를 같은 방법으로 저장합니다.

이런 방식으로 이미지를 하나씩 선택하면서 내 컴퓨터에 저장하는 과정을 반복합니다. 이 반복 과정을 자동화하려면 크롤링 기술이 필요한데요. 03 단계에서 검색 이미지를 크롤링하는 방법을 살펴보겠습니다. 구글 사이트는 잠시 그대로 두고 다음 단계를 진행하세요.

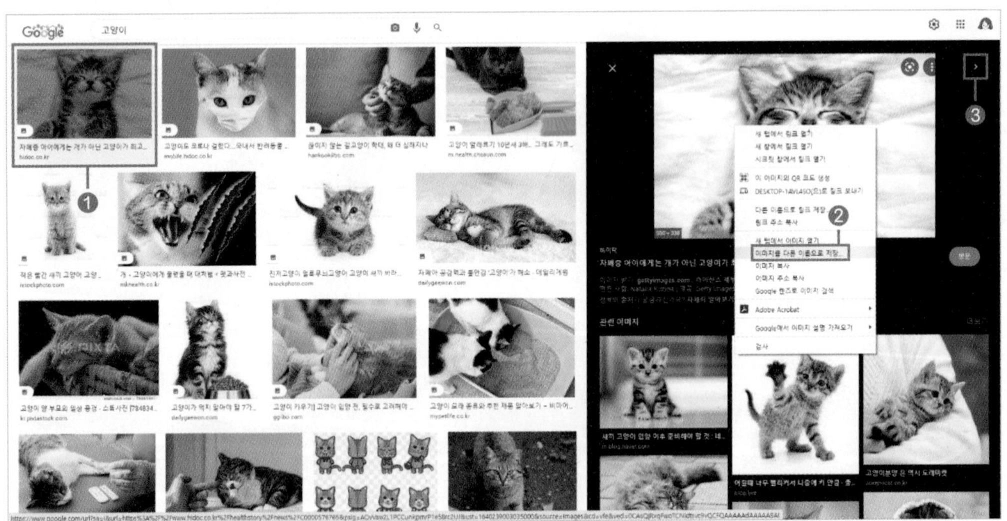

구글에서 검색한 이미지를 저장하는 방법

Do it! 02 셀레늄과 크롬 웹 드라이버 설치하기

이번에는 크롤링 작업을 위한 파이썬 셀레늄 라이브러리를 설치하겠습니다. 셀레늄은 비주얼 스튜디오 코드에서 명령어 한 줄을 입력해 설치할 수 있습니다.

내 컴퓨터에 google_image라는 새 폴더를 만들고 비주얼 스튜디오 코드에서 이 폴더를 엽니다. 다음과 같이 비주얼 스튜디오 코드의 상단 메뉴에서 [Terminal → New Terminal]을 선택합니다. 화면 아래에 터미널 창이 나타나면 `pip install selenium`을 입력하고 Enter 를 누르면 셀레늄 설치가 완료됩니다.

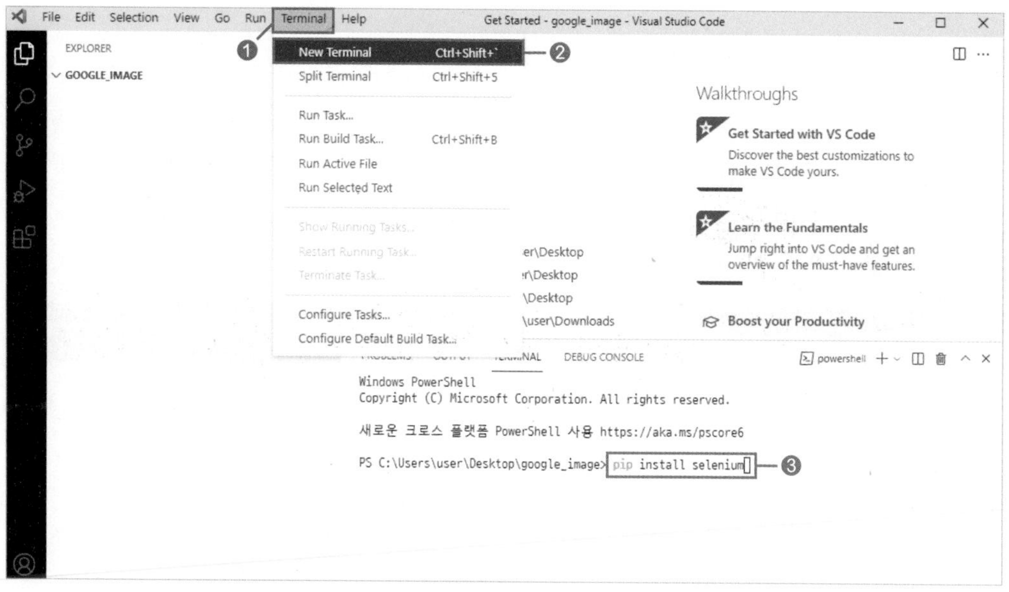

비주얼 스튜디오 코드에서 셀레늄 설치하기

❗ 터미널 창에 입력하는 것처럼 pip install 명령어를 사용하면 필요한 파이썬 라이브러리를 간편하게 설치할 수 있습니다.

그다음에 할 일은 크롬 브라우저의 웹 드라이버를 내려받아야 합니다. 크롬 웹 드라이버를 설치하면 파이썬 셀레늄을 통해서 크롬 브라우저를 실행할 수 있습니다. 먼저 내 컴퓨터에 설치된 크롬 버전을 확인해야 합니다. 크롬 주소 창에 chrome://version을 입력해 접속하면 다음 화면이 나타납니다. 첫 번째 줄 [Chrome:] 오른쪽에 있는 숫자 92.0.4515.107이 바로 크롬 버전입니다. 이렇게 표시되는 자신의 크롬 버전을 기억하세요.

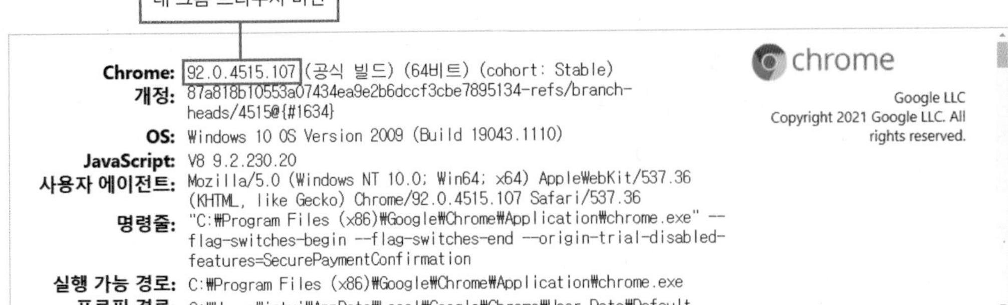

크롬 버전 확인하기

크롬 웹 드라이버를 내려받을 수 있는 chromedriver.chromium.org/downloads에 접속합니다. 버전별로 내려받을 수 있는 링크가 보이는데, 앞에서 확인한 크롬 버전과 같은 웹 드라이버를 찾아서 선택합니다.

❗ 똑같은 버전의 드라이버가 없을 경우, 최대한 비슷한 버전의 드라이버를 선택해도 됩니다.

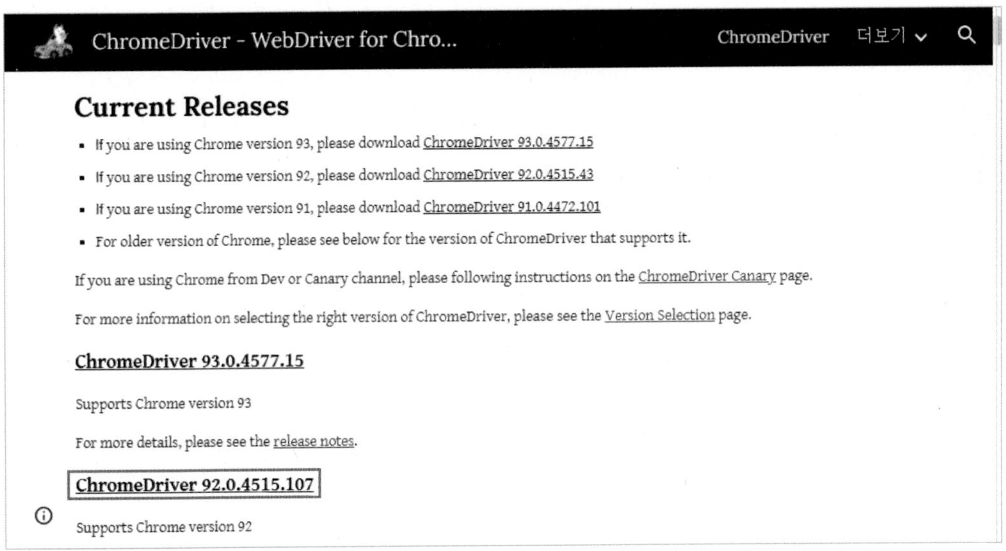

크롬 웹 드라이버 선택하기

웹 드라이버를 선택하면 다음과 같이 운영체제별로 내려받을 수 있는 설치 파일의 링크가 나타납니다. 내 컴퓨터 운영체제에 맞는 파일을 내려받으세요.

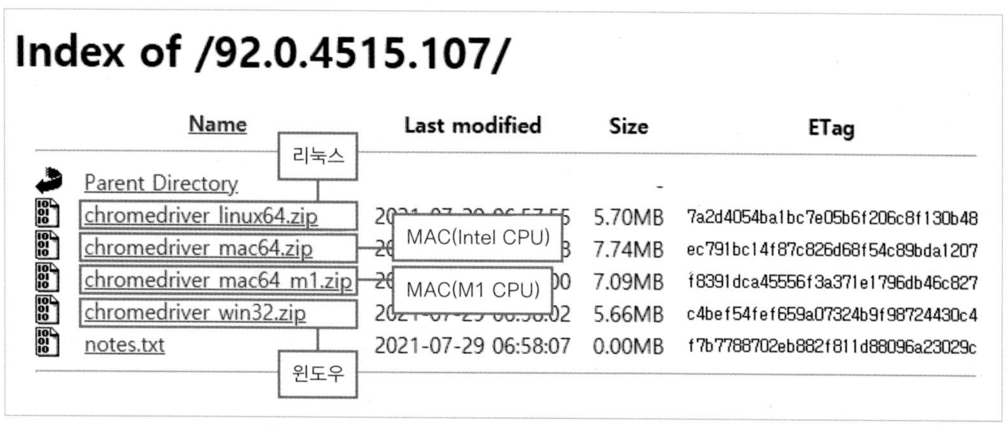

운영체제에 맞는 설치 파일 내려받기

내려받은 ZIP 파일의 압축을 해제하면 chromedriver.exe 파일이 들어 있습니다. 이 파일을 앞에서 만든 google_image 폴더로 옮깁니다. 이제 셀레늄을 사용할 준비가 끝났습니다.

Do it! 03 이미지 크롤링을 위한 app.py 파일 만들기

구글에서 검색한 이미지를 자동으로 내려받는 파이썬 코드를 작성해 보겠습니다. 처음 보는 코드라 생소하겠지만 어렵지 않으니 천천히 따라 해보세요. google_image 폴더 안에 app.py 파일을 새로 만들고 다음과 같이 작성합니다.

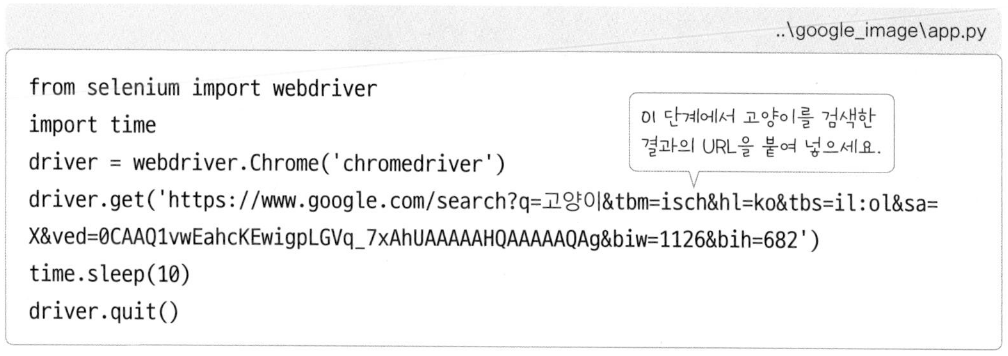

..\google_image\app.py

```
from selenium import webdriver
import time
driver = webdriver.Chrome('chromedriver')
driver.get('https://www.google.com/search?q=고양이&tbm=isch&hl=ko&tbs=il:ol&sa=
X&ved=0CAAQ1vwEahcKEwigpLGVq_7xAhUAAAAAHQAAAAAQAg&biw=1126&bih=682')
time.sleep(10)
driver.quit()
```

이 단계에서 고양이를 검색한 결과의 URL을 붙여 넣으세요.

비주얼 스튜디오 코드의 터미널 창에서 python app.py를 입력하고 실행 결과를 확인해 봅시다. 다음과 같이 새 웹 브라우저가 열리면서 구글에서 고양이 이미지를 검색한 결과 페이지가 나타나죠? 그리고 10초 뒤에 웹 브라우저가 자동으로 종료됩니다.

❗ 파이썬 파일(app.py)을 실행하는 방법은 11-1절의 03 단계를 참고하세요.

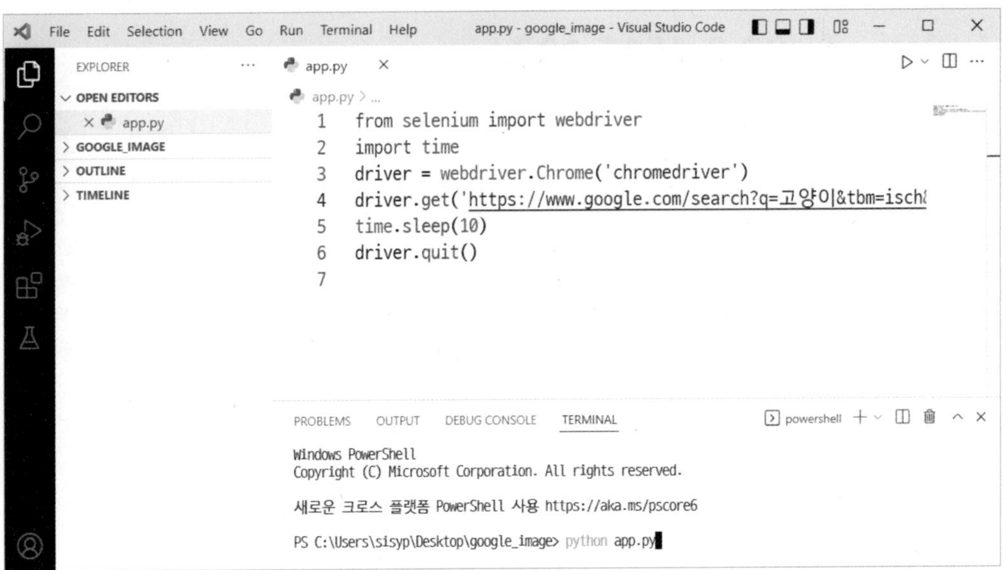

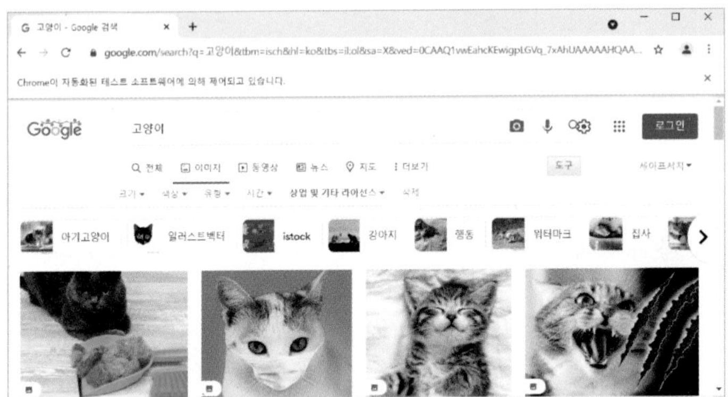

app.py 파일의 실행 결과

입력한 코드를 한 줄씩 살펴보겠습니다. 첫 번째 줄에 있는 `from selenium import webdriver`는 셀레늄 라이브러리에서 제공하는 웹 드라이버 모듈을 가져와서 사용하겠다는 뜻입니다. 그 다음 `import time`은 파이썬에서 기본으로 제공하는 `time` 모듈을 사용하기 위해 씁니다. `time` 모듈은 시간과 관련된 기능을 하며 크롤링에서 웹 페이지 로딩하는 데 필요한 대기 시간을 처리할 때 주로 씁니다.

❗ 이 import 앞에 from과 라이브러리명을 쓰지 않으면 파이썬에서 기본으로 제공하는 모듈을 사용합니다.

`driver = webdriver.Chrome('chromedriver')`는 크롬 웹 드라이버를 불러오는 코드입니다. `chromedriver`는 02 단계에서 내려받은 파일의 이름인데, 이 코드를 실행하면 크롬 웹 브라우저가 자동으로 실행됩니다. `driver` 변수를 사용해 실행된 브라우저를 제어하여 크롤링 기능을 구현합니다.

driver.get('https://www.google.com/search?q=고양이&tbm=isch&hl=ko&tbs=il:ol&sa=X&ved=0CAAQ1vwEahcKEwigpLGVq_7xAhUAAAAAHQAAAAAQAg&biw=1126&bih=682')는 실행한 웹 브라우저를 driver.get() 안에 넣어 준 주소로 접속하라는 코드입니다. 여기에 들어 있는 주소는 01 단계에서 구글 이미지를 검색할 때 찾은 URL과 같습니다. time.sleep(10)은 해당 코드를 실행한 시점에서 10초 동안 대기한 뒤 다음 코드를 실행합니다.
마지막 줄의 driver.quit()는 실행한 웹 브라우저를 종료하는 코드입니다. driver.quit()를 작성하지 않으면 웹 브라우저가 백그라운드에서 계속 실행되어 메모리 누수, CPU 사용량 증가 등의 오류가 발생할 수 있으니 이렇게 종료 코드를 써야 합니다.

잠시 01 단계로 돌아가 검색한 고양이 이미지를 내 컴퓨터에 모두 저장하는 방법을 다시 떠올려 봅시다. ① 이미지 검색 결과 화면에서 첫 번째 이미지를 클릭합니다. ② 마우스 오른쪽 버튼을 클릭해 [이미지를 다른 이름으로 저장]을 선택해 저장합니다. ③ 다음 이미지로 이동합니다. 이 세 과정을 반복하면서 고양이 이미지를 모두 저장할 수 있습니다. 04~06 단계에서 이 과정을 코드로 입력해 보겠습니다.

Do it! 04 이미지 검색 결과에서 첫 번째 이미지를 클릭하는 코드 작성하기

코드를 작성하기 전에 크롬 개발자 도구를 사용해 이미지 검색 결과의 웹 페이지 구조를 살펴봐야 합니다. 다음과 같이 크롬에서 F12 를 누르고 개발자 도구를 실행합니다. [Elements] 탭에서 왼쪽 상단의 을 누른 후 검색된 첫 번째 이미지를 클릭합니다. 그러면 오른쪽 코드 창에 클릭한 이미지 코드가 나타납니다.

이미지 검색 결과 화면을 개발자 도구에서 확인하기

선택된 <img> 태그 위에서 마우스 오른쪽 버튼을 눌러 [Copy → Copy selector]를 선택하면 CSS 선택자selector 코드가 자동으로 복사됩니다.

❗ 07-1절에서 다루었던 선택자는 특정한 요소를 선택하여 CSS를 적용합니다. HTML의 특정 요소를 지정하는 코드라고 생각하면 됩니다.

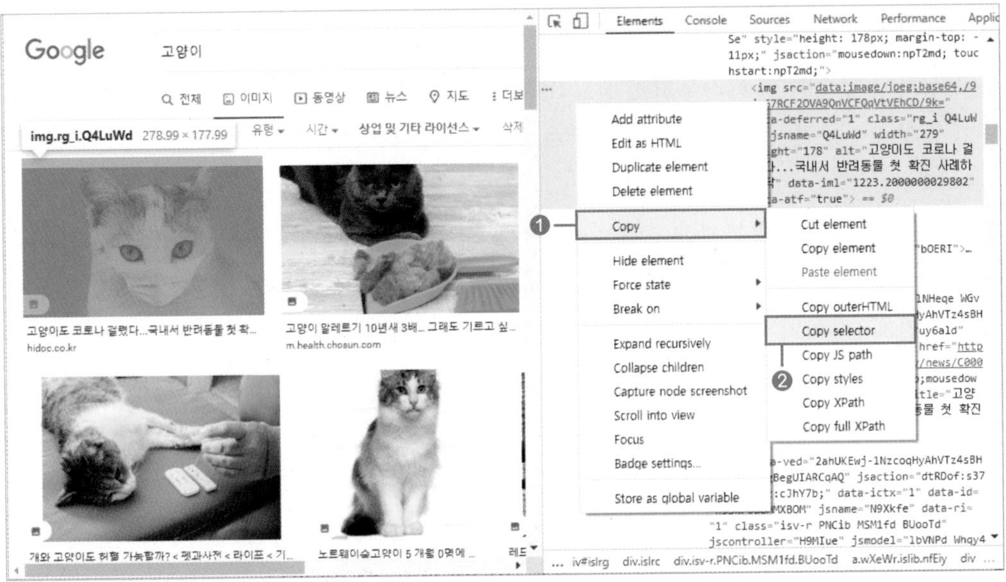

첫 번째 이미지의 CSS 선택자 코드 복사하기

복사한 첫 번째 이미지의 CSS 선택자 코드는 `#islrg > div.islrc > div:nth-child(1) > a.wXeWr .islib.nfEiy > div.bRMDJf.islir > img`입니다.

❗ 위 CSS 선택자 코드는 구글의 업데이트로 실습 시기에 따라 다르게 나타날 수 있습니다. 따라서 이 책에 있는 코드를 그대로 쓰지 말고, 자신이 직접 복사한 CSS 선택자 코드를 사용하길 바랍니다.

app.py 파일로 돌아가 복사한 CSS 선택자 코드를 사용하여 첫 번째 이미지에 해당하는 HTML 태그를 특정한 변수에 부여하고, 이를 클릭하는 코드를 추가하겠습니다.

..\google_image\app.py

```
from selenium import webdriver
import time

driver = webdriver.Chrome('chromedriver')
driver.get('https://www.google.com/search?q=고양이&tbm=isch&hl=ko&tbs=il:ol&sa=
X&ved=0CAAQ1vwEahcKEwigpLGVq_7xAhUAAAAAHQAAAAAQAg&biw=1126&bih=682')
```

```
firstImage = driver.find_element_by_css_selector('#islrg > div.islrc > div:
nth-child(1) > a.wXeWr.islib.nfEiy > div.bRMDJf.islir > img')
firstImage.click()

time.sleep(10)
driver.quit()
```

연두색 음영에는 자신이 복사한 CSS 선택자 코드를 붙여 넣으세요.

`driver.find_element_by_css_selector(CSS 선택자 코드)`는 셀레늄에서 CSS 선택자 코드를 기준으로 웹 페이지의 특정 요소를 찾을 때 사용합니다. 그리고 () 안에는 앞에서 복사한 CSS 선택자 코드를 붙여 넣고 `firstImage` 변수에 저장합니다. 이 변수에 `.click()`을 붙이면 첫 번째 이미지를 클릭하는 함수를 만들 수 있습니다.

ⓘ CSS 선택자 코드는 문자열이므로 ( ) 안에 ' '(작은따옴표) 또는 " "(큰따옴표)를 붙여서 입력해야 합니다.

이 코드를 저장해서 테스트해 보면, 검색 결과 페이지에서 첫 번째 이미지가 클릭되었고 10초 뒤에 크롬이 종료됩니다.

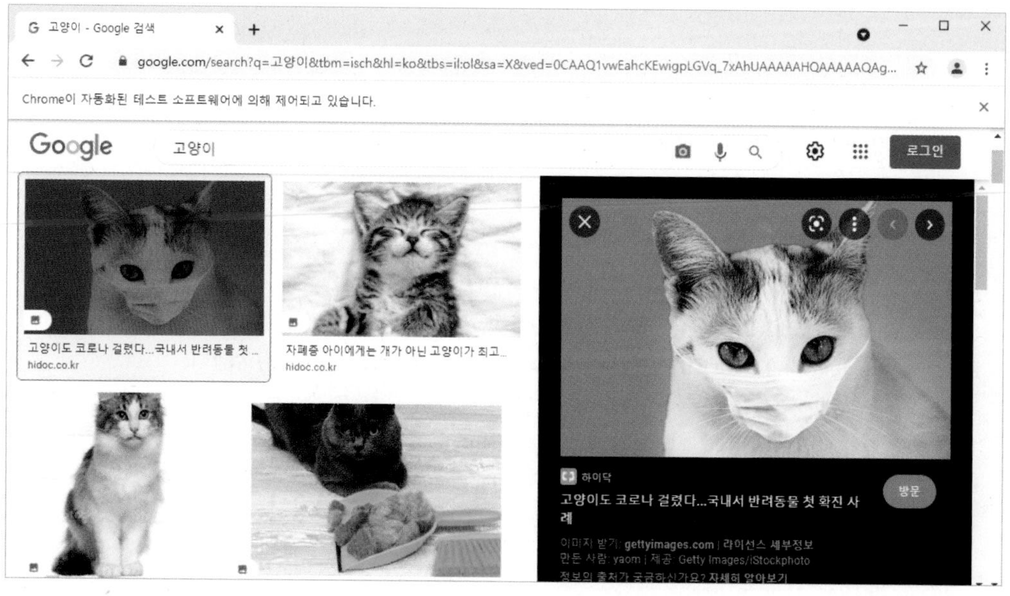

첫 번째 이미지를 클릭한 결과 화면

Do it! 05 **선택한 이미지를 저장하는 코드 작성하기**

이번에는 클릭한 이미지 위에서 마우스 오른쪽 버튼을 누른 후 [이미지를 다른 이름으로 저장]을 선택해 이미지를 저장하는 코드를 작성하겠습니다.

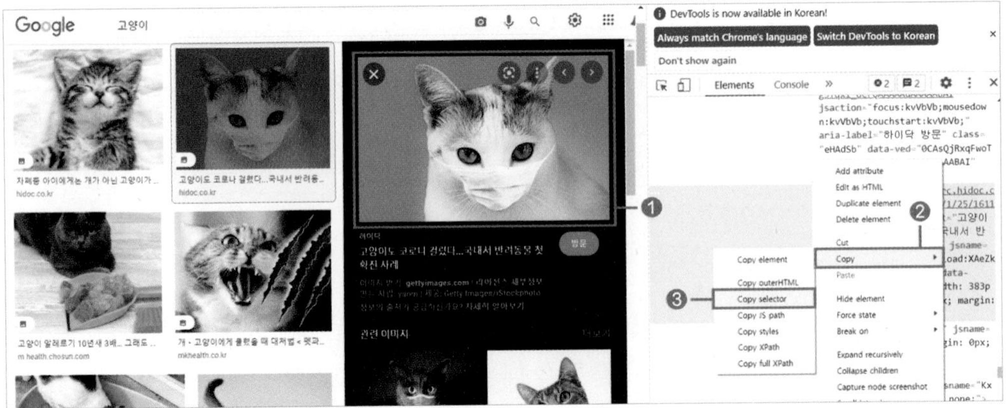

선택한 이미지의 CSS 선택자 코드 복사하기

앞의 코드와 마찬가지로 클릭된 이미지의 CSS 선택자 코드를 복사해야 합니다. 개발자 도구에서 해당 <img> 태그의 CSS 선택자 코드를 복사하면, `#Sva75c > div > div > div.pxAole > div.tvh9oe.BIB1wf > c-wiz > div > div.OUZ5W > div.zjoqD > div.qdnLaf.isv-id > div.v4dQwb > a > img`가 나타납니다. 이것을 `driver.find_element_by_css_selector` 함수에 넣고 `image` 변수에 저장합니다. 아래와 같이 코드를 입력해 봅시다.

..\google_image\app.py

```
from selenium import webdriver
import time
import urllib.request

driver = webdriver.Chrome('chromedriver')
driver.get('https://www.google.com/search?q=고양이&tbm=isch&hl=ko&tbs=il:ol&sa=
X&ved=0CAAQ1vwEahcKEwigpLGVq_7xAhUAAAAAHQAAAAAQAg&biw=1126&bih=682')

firstImage = driver.find_element_by_css_selector('#islrg > div.islrc > div:
nth-child(1) > a.wXeWr.islib.nfEiy > div.bRMDJf.islir > img')
firstImage.click()

image = driver.find_element_by_css_selector('#Sva75c > div > div > div.pxAole
> div.tvh9oe.BIB1wf > c-wiz > div > div.OUZ5W > div.zjoqD > div.qdnLaf.isv-id >
div.v4dQwb > a > img')
imageSrc = image.get_attribute('src')
urllib.request.urlretrieve(imageSrc, 'cat_image.jpg')

time.sleep(10)
driver.quit()
```

이미지 다운로드를 위한 코드

이미지를 내려받으려면 해당 이미지가 있는 실제 웹 주소가 필요합니다. 이 주소는 <img> 태그의 src 속성을 사용해 확인할 수 있습니다. image.get_attribute('src')를 작성하여 이미지가 있는 웹 주소를 imageSrc 변수에 저장합니다.

상단에는 import urllib.request를 입력해 해당 파일을 내려받을 수 있는 모듈을 추가합니다. 그리고 이미지를 저장하는 함수로 urllib.request.urlretrieve(**이미지 주소, 이미지를 저장할 경로 및 파일명**)을 작성합니다. 이미지 주소에는 변수 imageSrc를 사용해 입력하고, app.py 파일이 있는 폴더 안에 cat_image.jpg라는 이름의 파일이 저장됩니다. app.py 파일을 실행하면 cat_image.jpg 파일이 다음과 같이 저장됩니다.

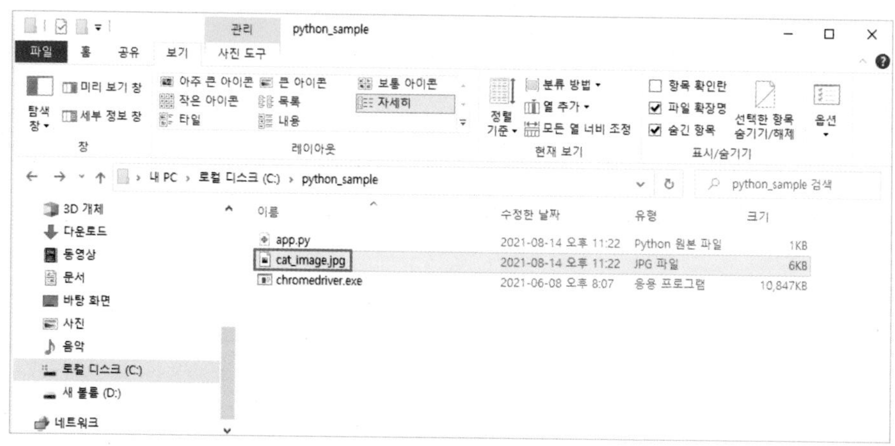

첫 번째 이미지가 저장된 결과 화면

그런데 저장된 파일을 열면 원본이 아닌 섬네일 크기의 작은 이미지로 저장된 것을 확인할 수 있습니다.

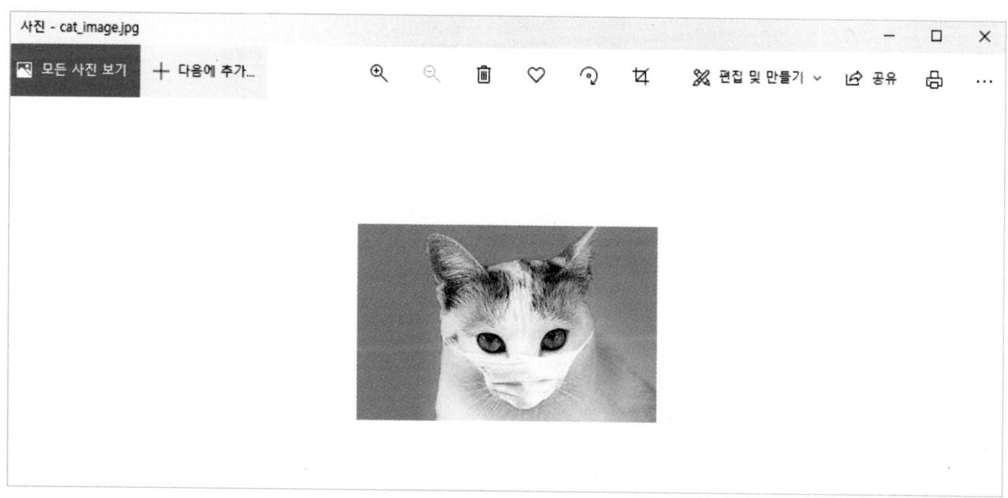

처음 저장된 작은(저화질) 이미지

이처럼 저화질 이미지로 저장된 이유는, 구글에서는 인터넷 속도가 느린 사용자 환경을 고려하여 이미지를 처음 로딩할 때 저용량 이미지를 먼저 표시하기 때문입니다. 그리고 이미지 로딩이 끝나면 원본을 표시하도록 설정되어 있습니다. 따라서 고화질 이미지를 로딩할 수 있는 대기 시간이 필요합니다. 다음과 같이 오른쪽에 크게 표시된 이미지 주소를 확인하는 코드 앞에 **`time.sleep(0.2)`**을 추가합니다.

❗ 여기서는 time.sleep(0.2)을 입력했지만 컴퓨터와 인터넷 환경에 따라서 시간을 조금 더 늘리거나 줄여야 할 수도 있습니다.

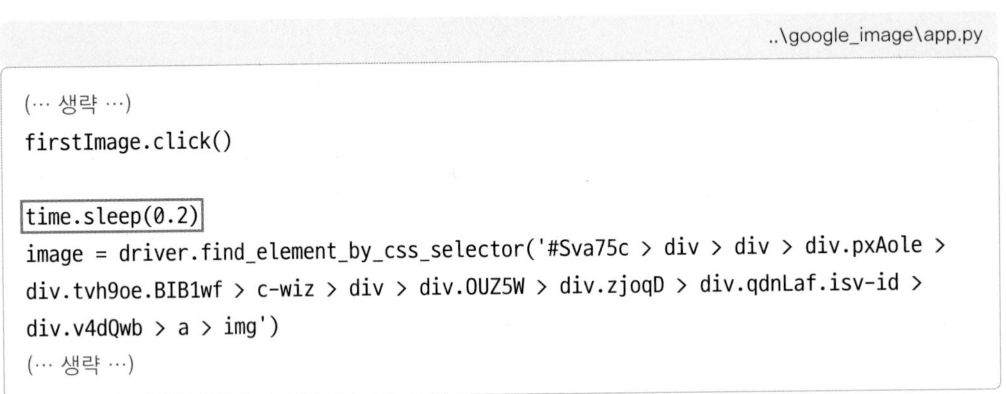

..\google_image\app.py

```
(… 생략 …)
firstImage.click()

time.sleep(0.2)
image = driver.find_element_by_css_selector('#Sva75c > div > div > div.pxAole > div.tvh9oe.BIB1wf > c-wiz > div > div.OUZ5W > div.zjoqD > div.qdnLaf.isv-id > div.v4dQwb > a > img')
(… 생략 …)
```

❗ 앞으로 위와 같이 중복되는 코드는 생략하겠습니다. 새로 작성하는 코드의 위치가 어딘지 잘 살피면서 작성하세요.

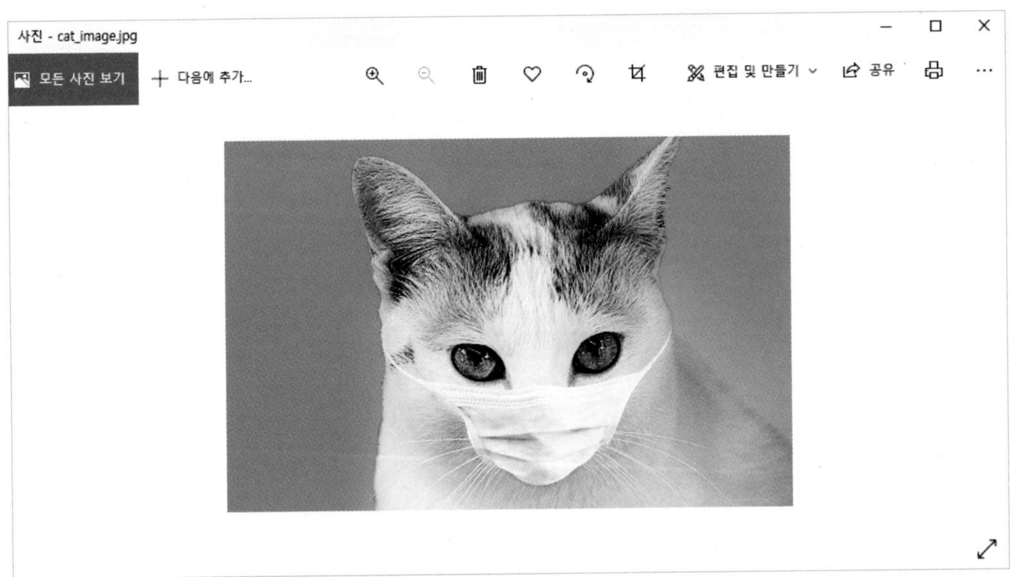

다시 저장한 큰(고화질) 이미지

❗ 검색하는 시점에 따라서 위의 이미지 결과가 다르게 나타날 수 있는데, 이때 이미지를 내려받으면서 오류가 발생할 수 있습니다. 이미지는 검색되지만 다운로드를 시도하는 시점에 유효하지 않은 사진이거나, 이미지가 있는 서버에서 다운로드를 차단한 경우입니다. 08 단계에서 오류가 발생할 때를 대비하는 예외 처리 코드를 추가했으니, 지금 단계에서 이미지를 내려받지 못할 경우, 검색어를 변경해 시도하거나 우선 다음 단계로 실습을 진행하면 됩니다.

Do it! 06 다음 이미지로 이동하는 코드 작성하기

이번에는 다음 이미지로 이동하는 버튼을 선택하는 코드를 작성하겠습니다. 이미지 검색 결과에서 첫 번째 사진을 선택한 후, 개발자 도구를 사용하여 다음으로 이동하는 버튼의 CSS 선택자 코드를 복사해 보세요. 이때 주의할 점은, 클릭 기능을 하는 <a> 태그의 CSS 선택자 코드를 복사해야 한다는 것입니다.

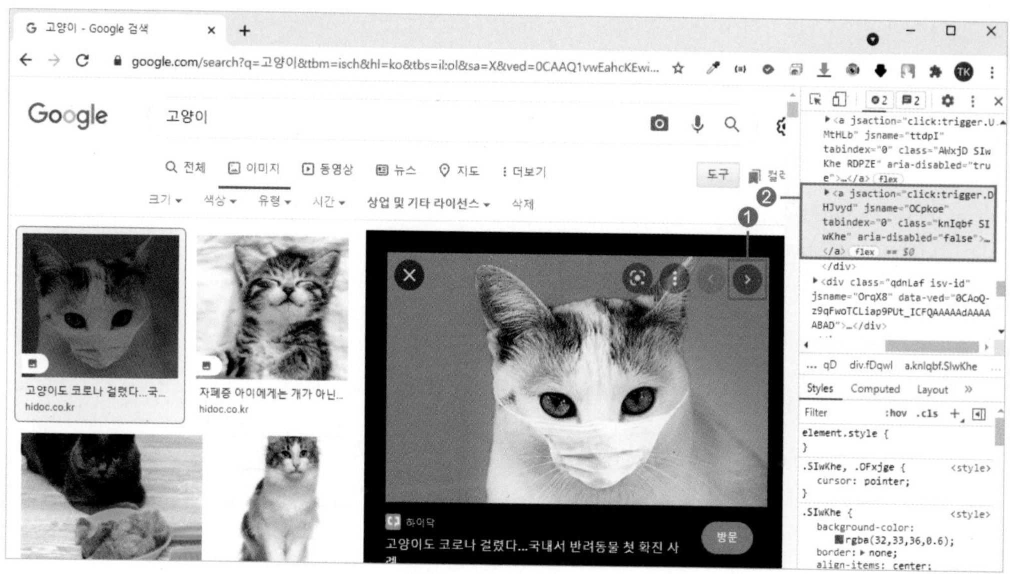

다음 이미지로 이동하는 버튼의 CSS 선택자 코드 복사하기

`#Sva75c > div > div > div.pxAole > div.tvh9oe.BIB1wf > c-wiz > div > div.OUZ5W > div.zjoqD > div.fDqwl > a.knIqbf.SIwKhe`라는 CSS 선택자 코드를 복사했습니다. 이 CSS 선택자 코드를 `driver.find_element_by_css_selector` 함수에 전달하고, 다음 이미지로 이동하는 버튼을 `nextButton` 변수에 저장해 보겠습니다.

..\google_image\app.py

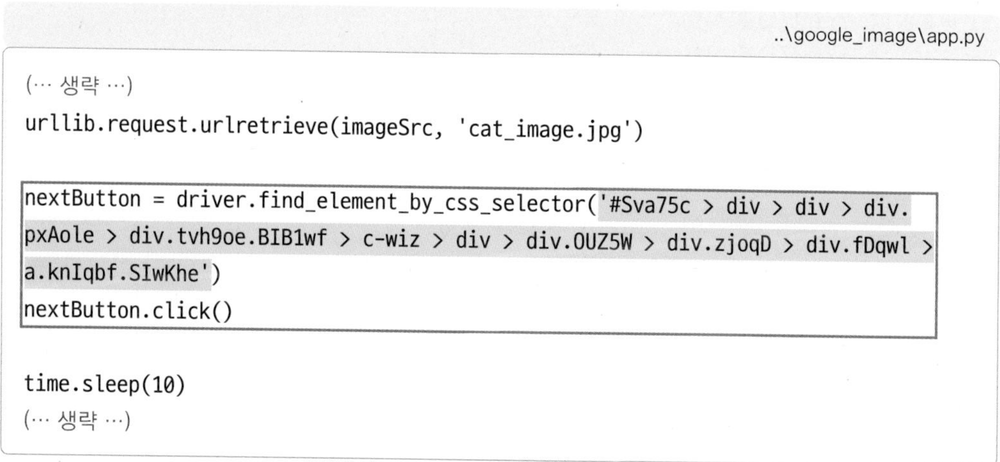

```
(… 생략 …)
urllib.request.urlretrieve(imageSrc, 'cat_image.jpg')

nextButton = driver.find_element_by_css_selector('#Sva75c > div > div > div.
pxAole > div.tvh9oe.BIB1wf > c-wiz > div > div.OUZ5W > div.zjoqD > div.fDqwl >
a.knIqbf.SIwKhe')
nextButton.click()

time.sleep(10)
(… 생략 …)
```

이 코드를 실행하면 첫 번째 고양이 이미지를 내려받고 다음 이미지로 이동하는 것을 확인할 수 있습니다.

Do it! 07 검색한 고양이 이미지 30개 내려받기

이제 검색한 고양이 이미지 30개를 내려받겠습니다. 선택한 이미지를 저장하고, 다음 이미지로 이동하는 과정을 반복문으로 작성하면 됩니다. 프로그래밍 언어에서는 대부분 for 문을 사용해 반복문을 구현합니다. 마찬가지로 파이썬에서 for 문을 작성하는 기본 문법은 다음과 같습니다. for 문에서 반복하여 실행할 코드는 꼭 들여쓰기를 해야 합니다.

```
for i in range(숫자):
    반복하여 실행할 코드
```

꼭 들여쓰기 하세요.

변수 i에는 0부터 시작해 1씩 증가시키면서 지정한 숫자가 될 때까지 코드를 반복하여 실행합니다. 최종적으로 i는 range에 전달한 숫자보다 -1만큼 증가합니다. 예를 들어 range에 전달한 숫자가 4라면 i는 처음에 0으로 시작해서 0~3까지 코드를 총 4번 반복 실행합니다. 이 과정을 파이썬 코드로 작성해 보겠습니다.

```
for i in range(4):
    print(i)
```

그리고 이 for 문을 실행하면 다음과 같은 결과를 출력합니다.

```
i = 0일 때, print(i)를 실행. → 0 출력
i = 1일 때, print(i)를 실행. → 1 출력
i = 2일 때, print(i)를 실행. → 2 출력
i = 3일 때, print(i)를 실행. → 3 출력
```

for 문의 작동 원리를 알았으니 app.py 파일을 수정하여 for 문을 30번 반복하는 코드를 작성해서 이미지를 총 30장 내려받겠습니다. 들여쓰기에 유의하면서 다음과 같이 코드를 수정해 보세요.

..\google_image\app.py

```
(… 생략 …)
firstImage.click()
                                                  검색한 고양이 이미지의 CSS 선택자
for i in range(30):
    time.sleep(0.2)
    image = driver.find_element_by_css_selector('#Sva75c > div > div > div.pxAole
    > div.tvh9oe.BIB1wf > c-wiz > div > div.OUZ5W > div.zjoqD > div.qdnLaf.isv-id
    > div.v4dQwb > a > img')
    imageSrc = image.get_attribute('src')
    urllib.request.urlretrieve(imageSrc, 'cat_image.jpg')

    nextButton = driver.find_element_by_css_selector('#Sva75c > div > div > div.
    pxAole > div.tvh9oe.BIB1wf > c-wiz > div > div.OUZ5W > div.zjoqD > div.fDqwl
    > a.knIqbf.SIwKhe')
    nextButton.click()

time.sleep(10)  이 코드는 삭제합니다.          다음 이미지로 넘어가는 기능의 CSS 선택자
driver.quit()
```

그런데 이 코드를 실행해 보면 뭔가 좀 이상하다는 것을 바로 알 수 있습니다. 웹 브라우저에서 저장할 이미지가 계속 변경되는데, 최종 저장된 이미지는 30개가 아니라 1개입니다. 바로 `urllib.request.urlretrieve(imageSrc, 'cat_image.jpg')` 코드 때문인데요. 30개의 이미지 파일 이름이 모두 `cat_image.jpg`라서 똑같은 파일명으로 30번 중복 저장된 것입니다. 반복할 때마다 파일 이름을 다르게 저장하면 간단히 해결할 수 있습니다. 파일명 뒤에 번호를 붙이는 방식으로 수정해 보겠습니다.

파이썬의 문자열 내부에서 변수를 사용하려면 작은따옴표로 둘러싼 문자열 앞에 `f`를 붙이고, 작은따옴표 안에 `{변수}`처럼 삽입할 변수를 작성해 주면 됩니다. 예를 들어 다음과 같이 작성합니다.

```
name = '조코딩'
print(f'제 이름은 {name}입니다.')
introduce = f'안녕하세요? {name}입니다!'
print(introduce)
```

위 코드에서 문자열 앞에 `f`를 붙이고 `name` 변수를 사용하여 문자열 내부에 `{name}`으로 작성

합니다. 그러면 name 변수 안에 있는 문자열값으로 바뀌어 나타납니다. 실행 결과는 다음과 같습니다.

```
제 이름은 조코딩입니다.
안녕하세요? 조코딩입니다!
```

이 내용을 바탕으로 저장할 이미지 30개의 파일 이름을 지정하겠습니다. for 문에서 i값은 0~29까지 바뀐다고 했죠? 그러므로 파일명에 i를 붙이면 각기 다른 숫자가 붙은 이미지 파일명으로 저장할 수 있습니다. 이때 i는 시작값이 0이므로 i+1을 쓰면 첫 번째 이미지 파일명은 1로 저장됩니다.

..\google_image\app.py

```
(… 생략 …)
for i in range(30):
    (… 생략 …)
    urllib.request.urlretrieve(imageSrc, f'cat_image_{i+1}.jpg')
(… 생략 …)
```

결과를 확인해 보면 파일명이 cat_image_1.jpg~cat_image_30.jpg인 고양이 이미지들이 잘 저장되었습니다.

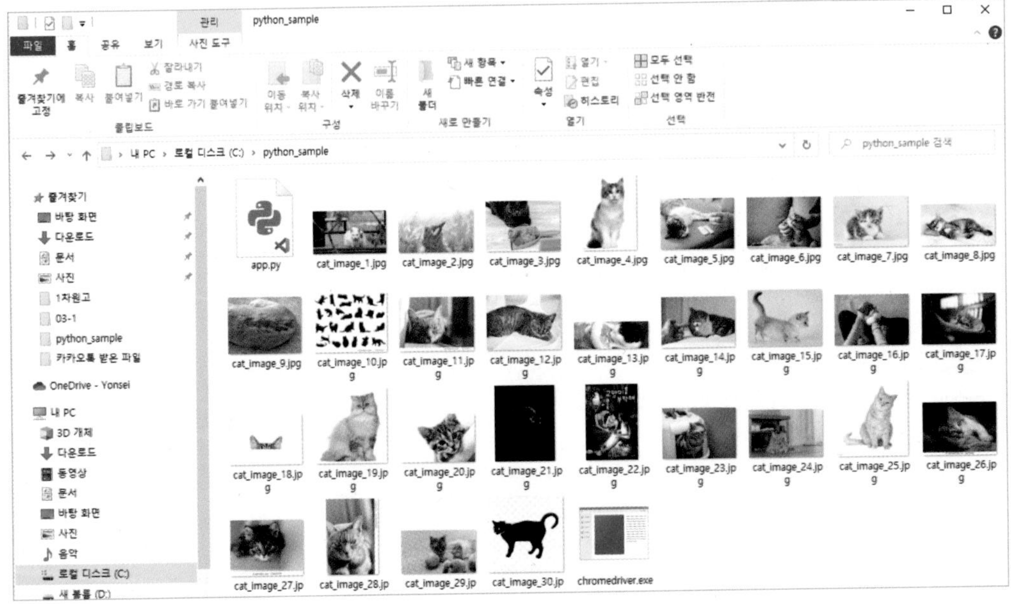

저장된 고양이 이미지 30개

Do it! 08 예외 처리 코드 작성하기

이미지를 자동으로 저장하는 기본 코드를 작성했습니다. 이 단계에서는 코드를 다듬고 예외 처리 코드를 작성하여 이미지 크롤링을 마무리하겠습니다.

..\google_image\app.py

```
from selenium import webdriver
import time
import urllib.request

search = '고양이'
fileName = 'cat_image'
number = 30
interval = 0.2

driver = webdriver.Chrome('chromedriver')
driver.get(f'https://www.google.com/search?q={search}&tbm=isch&hl=ko&tbs=il:ol&sa=
X&ved=0CAAQ1vwEahcKEwigpLGVq_7xAhUAAAAAHQAAAAAQAg&biw=1126&bih=682')

firstImage = driver.find_element_by_css_selector('#islrg > div.islrc > div:
nth-child(1) > a.wXeWr.islib.nfEiy > div.bRMDJf.islir > img')
firstImage.click()

for i in range(number):
    time.sleep(interval)
    image = driver.find_element_by_css_selector('#Sva75c > div > div > div.pxAole
> div.tvh9oe.BIB1wf > c-wiz > div > div.OUZ5W > div.zjoqD > div.qdnLaf.isv-id >
div.v4dQwb > a > img')
    imageSrc = image.get_attribute('src')
    urllib.request.urlretrieve(imageSrc, f'{fileName}_{i+1}.jpg')
(… 생략 …)
```

변수 선언

변수 사용하기

실제 인공지능 학습에 사용할 이미지를 수집하려면 검색어, 저장할 이미지 수량, 저장할 파일명을 계속 변경해야 합니다. 그런데 매번 코드를 찾아서 변경하려면 번거로울 뿐 아니라 수정하다 실수할 수도 있습니다. 따라서 값을 유동적으로 변경할 수 있도록 코드 상단에 변수를 지정하여 코드에서 사용하는 것이 좋습니다. 그럼 검색어나 저장 이미지 수량 등을 변경할 때 해당 변숫값만 바꾸면 됩니다.

그다음은 예외 사항을 처리하는 코드입니다. 다양한 검색어와 이미지를 대량으로 저장하는 코드는 종종 오류가 발생하여 코드가 중단될 수 있습니다.

터미널 창에서 이러한 오류를 이미 확인한 독자도 있겠지만, 대부분의 오류는 검색된 이미지의 확장자가 GIF일 때 발생합니다. 여기에서는 인공지능 학습에 사용할 이미지를 수집하는 것이므로 GIF 이미지는 내려받을 필요가 없습니다. 따라서 오류가 발생하더라도 코드 실행을 멈추지 않고 다음 반복문을 수행하도록 코드를 수정해야 합니다. 이 코드는 try 문으로 처리할 수 있는데, 파이썬에서 try 문은 다음과 같은 문법으로 사용합니다.

```
try:
    오류가 발생할 수 있는 코드
except:
    오류가 발생할 때 실행할 코드
else:
    오류가 발생하지 않았을 때 실행할 코드
finally:
    오류 발생 여부와 관계없이 실행할 코드
```

오류가 발생하면 try → except → finally순으로, 오류가 발생하지 않으면 try → else → finally순으로 코드를 실행합니다. 그렇다면 이 try 문을 사용하여 이미지를 반복 저장하는 for 문 안의 코드를 개선해 보겠습니다.

..\google_image\app.py

```
(… 생략 …)
for i in range(number):
    try:
        time.sleep(interval)
        image = driver.find_element_by_css_selector('#Sva75c > div > div > div.pxAole > div.tvh9oe.BIB1wf > c-wiz > div > div.OUZ5W > div.zjoqD > div.qdnLaf.isv-id > div.v4dQwb > a > img')
        imageSrc = image.get_attribute('src')
        urllib.request.urlretrieve(imageSrc, f'{fileName}_{i+1}.jpg')
    except:
        print(f'{i+1}번째 이미지 저장 오류 발생')
    else:
        print(f'{i+1}번째 이미지 저장 성공')
    finally:
```

```
        nextButton = driver.find_element_by_css_selector('#Sva75c > div > div > div.pxAole > div.tvh9oe.BIB1wf > c-wiz > div > div.OUZ5W > div.zjoqD > div.fDqwl > a.knIqbf.SIwKhe')
        nextButton.click()

driver.quit()
```

for 문 안의 이미지를 저장하는 코드에 try 문을 적용하고, 오류 발생 여부에 따라서 except, else 문 안에 print 함수로 메시지를 나타냅니다. 그리고 이미지 저장 성공 여부와 관계없이 다음 이미지로 넘어갈 수 있도록 finally 문을 작성합니다. 이렇게 작성한 코드를 실행하면 터미널 창에서 순서대로 이미지를 저장하는지 쉽게 확인할 수 있으며, 오류가 발생하더라도 코드가 멈추지 않고 끝까지 실행됩니다.
그렇다면 지금까지 작성한 최종 코드는 다음과 같습니다.

..\google_image\app.py

```
from selenium import webdriver
import time
import urllib.request

search = '고양이'
fileName = 'cat_image'
number = 30
interval = 0.2

driver = webdriver.Chrome('chromedriver')
driver.get(f'https://www.google.com/search?q={search}&tbm=isch&hl=ko&tbs=il:ol&sa=X&ved=0CAAQ1vwEahcKEwigpLGVq_7xAhUAAAAAHQAAAAAQAg&biw=1126&bih=682')

firstImage = driver.find_element_by_css_selector('#islrg > div.islrc > div:nthchild(1) > a.wXeWr.islib.nfEiy > div.bRMDJf.islir > img')
firstImage.click()

for i in range(number):
    try:
        time.sleep(interval)
```

```
        image = driver.find_element_by_css_selector('#Sva75c > div > div > div.
pxAole > div.tvh9oe.BIB1wf > c-wiz > div > div.OUZ5W > div.zjoqD > div.qdnLaf.
isv-id > div.v4dQwb > a > img')
        imageSrc = image.get_attribute('src')
        urllib.request.urlretrieve(imageSrc, f'{fileName}_{i+1}.jpg')
    except:
        print(f'{i+1}번째 사진 저장 오류 발생')
    else:
        print(f'{i+1}번째 사진 저장 성공')
    finally:
        nextButton = driver.find_element_by_css_selector('#Sva75c > div > div >
div.pxAole > div.tvh9oe.BIB1wf > c-wiz > div > div.OUZ5W > div.zjoqD > div.fDqwl
> a.knIqbf.SIwKhe')
        nextButton.click()

driver.quit()
```

이제 이 코드를 바탕으로 고양이, 강아지, 돼지, 말, 쥐 이미지를 차례대로 100장씩 크롤링해서 직접 내려받으세요. 변수 search를 '강아지', '돼지', '말', '쥐'로 바꾸고 변수 fileName을 'dog_image', 'pig_image', 'horse_image', 'mouse_image'로 바꾸면서 각 동물의 이미지를 크롤링하면 됩니다. 그리고 모든 이미지를 내려받은 후에는 제대로 저장되었는지, 중복된 이미지가 없는지 직접 검수해야 합니다. 예를 들어 돼지 이미지를 내려받았는데 삼겹살 사진이 들어 있다면 인공지능 모델 학습을 하기가 어렵겠죠? 그래서 전체 이미지 저장 개수인 number값을 100이 아닌 110이나 120 정도로 조금 넉넉하게 입력하여 이미지 파일을 내려받도록 합니다. 다섯 종류의 동물 이미지를 100장씩 준비했다면 다음 단계인 11-3절로 넘어가도 좋습니다.

❗ 사람 얼굴을 기준으로 어떤 동물과 유사한지를 판단해야 하므로 될 수 있는 한 정면 얼굴의 동물 사진이 적합합니다. 또한 사진 한 장에는 동물 이미지 하나만 있어야 합니다. 적당한 이미지가 없다면 검색어를 '고양이 얼굴' 또는 'real cat face'로 입력해 보세요.

이미지 크롤링할 때 구글 창이 자동으로 뜨지 않게 설정할 수 있나요?

코드를 개발할 때는 크롬 창에서 어떤 식으로 크롤링되고 있는지 실시간으로 확인하는 것이 좋지만, 완성된 코드를 실행할 때는 크롬 창이 항상 나타난다면 불편할 수 있죠. 이럴 땐 `headless` 옵션을 사용하여 크롬 창을 나타나지 않도록 설정할 수 있습니다. 다음 코드를 참고하여 수정하고, 이미지 크롤링을 진행해 보세요.

..\google_image\app.py

```
(… 생략 …)
import urllib.request
from selenium.webdriver.chrome.options import Options

(… 생략 …)
search = '고양이'
fileName = 'cat_image'
number = 30
interval = 0.2

options = webdriver.ChromeOptions()
options.add_argument('headless')

driver = webdriver.Chrome('chromedriver', options=options)
(… 생략 …)
```

11-3 인공지능에게 학습시키는 기본 기능 만들기

이제 티처블 머신을 활용하여 인공지능을 구현해 볼 차례입니다. 10장의 과일 도감 만들기와 다른 점이 있다면, 입력 이미지를 웹캠이 아니라 기존 이미지로 업로드하거나 스마트폰 카메라에서 바로 사진을 찍어서 결과를 보여 주는 방식으로 진행한다는 것입니다. 따라서 웹캠이 없는 사용자도 서비스를 이용할 수 있죠. 티처블 머신 사용법은 앞에서도 많이 다루었으니, 여기서는 될 수 있는 한 화면 캡처는 생략하고 간단히 설명하겠습니다. 두 눈을 크게 뜨고 잘 따라오세요!

Do it! 티처블 머신에서 클래스 생성하고 모델 학습시키기

01 티처블머신사이트 teachablemachine.withgoogle.com에 접속한 뒤 [시작하기]를 클릭하여 [새 프로젝트] 화면으로 이동합니다. 여기서 [이미지 프로젝트]를 선택하고 [표준 이미지 모델]을 클릭합니다. 강아지, 고양이, 돼지, 말, 쥐의 5가지 동물 이미지를 인식하는 모델을 학습시켜야 하므로 다음과 같이 클래스를 5개 생성하고, 각 클래스명은 동물 이름으로 수정합니다.

강아지
이미지 샘플 추가:
웹캠 업로드

고양이
이미지 샘플 추가:
웹캠 업로드

돼지
이미지 샘플 추가:
웹캠 업로드

말
이미지 샘플 추가:
웹캠 업로드

쥐
이미지 샘플 추가:
웹캠 업로드

티처블 머신에서 클래스 생성하고 이름 수정하기

11-2절에서 크롤링해 내려받은 동물 이미지들을 클래스별로 업로드합니다. 클래스명 아래에 있는 [업로드]를 클릭해 선택한 이미지를 영역 안으로 끌어서 놓거나, 이미지가 들어 있는 폴더 자체를 업로드할 수 있습니다.

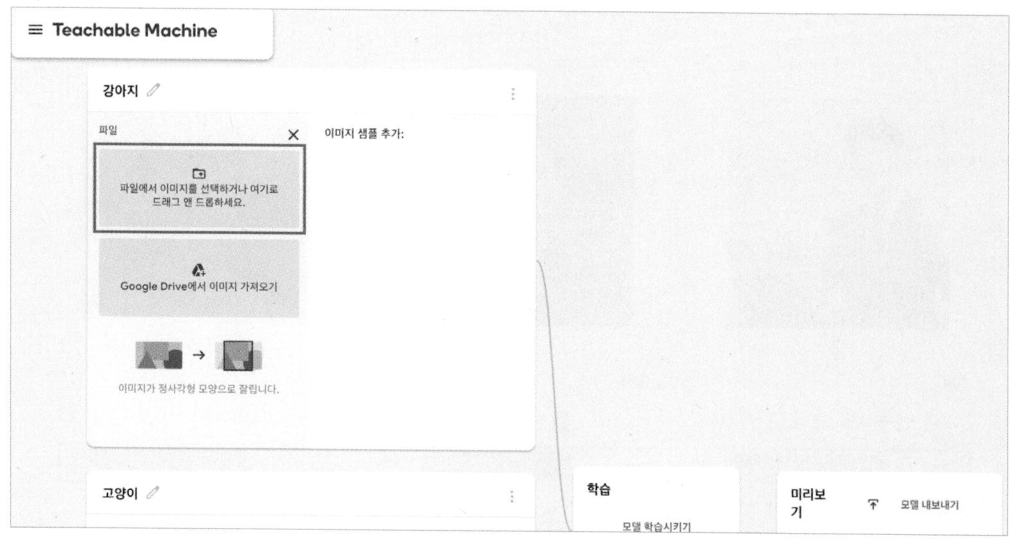

클래스별 이미지 업로드하기

동물 이미지를 업로드한 뒤에는 오른쪽에 나타난 이미지 미리 보기 창에서 모델 학습에 적합하지 않은 이미지를 다시 한번 제외해야 합니다. 앞에서도 언급했지만 동물 이미지는 사진 한 장에 동물 하나만 나온 사진이거나 정면 얼굴 사진만 쓰는 것이 좋습니다.

클래스별로 모든 이미지를 업로드했다면 [모델 학습하기]를 클릭하여 모델 학습을 시작합니다. 학습을 마치면 화면 오른쪽에 보이는 미리보기 영역에서 결과를 테스트할 수 있습니다. 다음과 같이 [입력]을 [사용]으로 설정하고 [파일]로 변경합니다.

모델 학습 완료 후 미리보기 영역에서 [파일] 선택하기

이제 미리보기 영역에서 [파일에서 이미지를 선택하거나 여기로 드래그 앤 드롭하세요]를 클릭하여 테스트해 볼 이미지 파일을 선택해서 올리거나 마우스로 끌어서 놓습니다. 그러면 출력 영역에서 업로드한 이미지가 어떤 동물과 유사한지 나타납니다. 테스트해 보니 다음과 같이 잘 인식합니다.

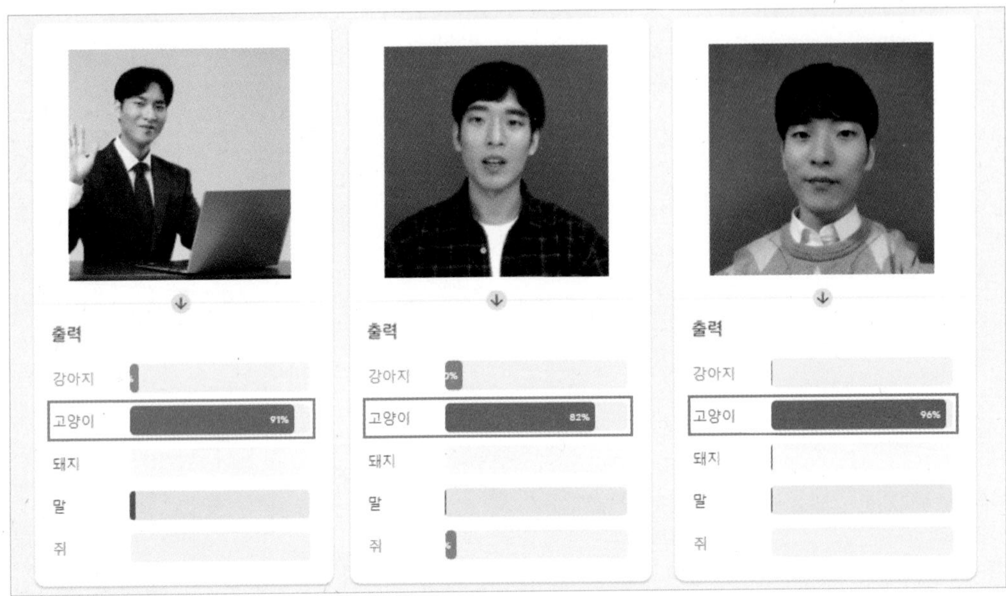

티처블 머신에서 테스트한 결과(조코딩)

예상하지 못한 동물상 결과가 나온 이유는 뭘까요?

위 테스트 결과처럼 3장의 이미지는 같은 사람이지만 모두 같은 동물상이 아닐 수도 있습니다. 또, 나는 고양이상이라고 생각했는데, 테스트 결과로 말상만 나올 수도 있죠. 지금부터 그 이유와 해결 방법을 알아보겠습니다.

첫 번째, 학습시킨 이미지의 개수가 적거나 동물 얼굴만 나온 이미지로 선별하지 않았을 때 발생하는 문제입니다. 인공지능 서비스를 만들 때 학습 모델에 사용할 이미지는 대량으로 적합한 것을 선택하는 것이 매우 중요합니다.

두 번째, 이미지 주변에 보이는 사물, 배경, 색상의 영향으로 문제가 생길 수 있습니다. 이럴 때에는 모델 학습을 시킬 이미지와 입력할 얼굴 사진을 흑백으로 처리하여 테스트해 보면 좀 더 정확한 결과를 얻을 수 있습니다.

세 번째로, 동물 사진으로 모델 학습을 시켰으므로 근본적으로 동물과 생김새가 다른 사람의 얼굴과 유사성을 비교하는 것은 무리라는 것입니다. 일반적으로 사람이 보는 관점과 인공지능이 판단한 특징이 서로 다를 수도 있기 때문이죠.

하지만 앞의 테스트에서도 보았듯이 지금 여기서 학습시킨 모델은 일정한 결과를 보여 주므로 수정할 필요는 없습니다. 그럼 다음 단계로 계속 진행해 볼까요?

이제 미리보기 영역에서 [모델 내보내기]를 클릭해 보세요. 첫 번째 [Tensorflow.js] 탭의 [모델 내보내기]에서 학습 모델을 내 클라우드에 업로드하거나 다운로드해서 사용해야 합니다. 여기에서는 업로드 방법으로 하겠습니다.

[업로드(공유 가능한 링크)] 옵션을 선택하고 [모델 업로드]를 클릭하여 내 클라우드에 모델이 업로드될 때까지 기다립니다. 다음과 같이 '클라우드 모델이 최신 상태입니다.'라는 초록색 메시지가 나타나면 공유 링크와 예시 코드를 확인할 수 있습니다.

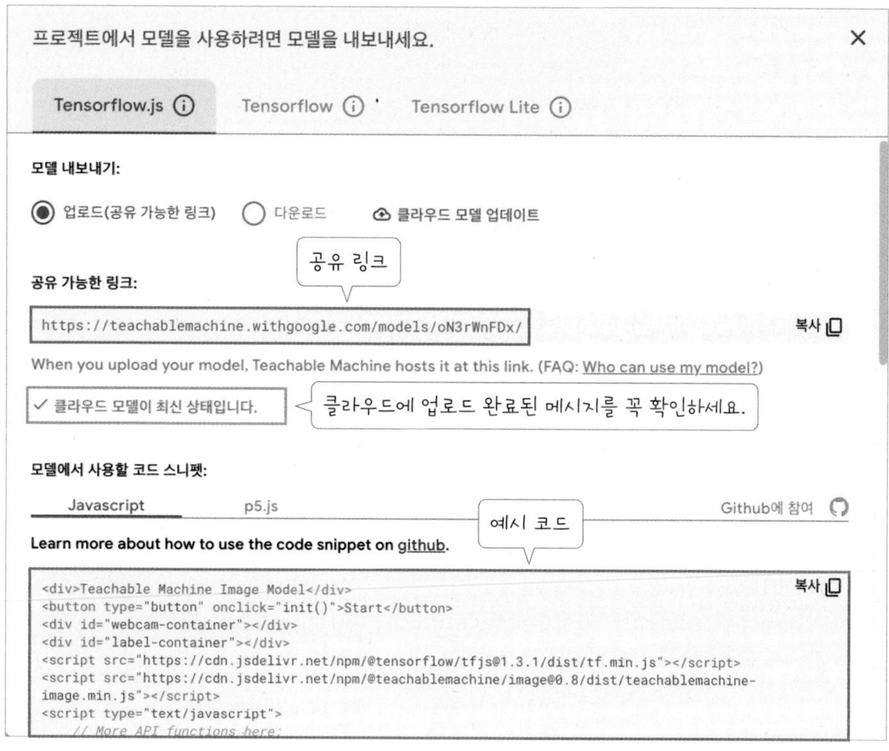

티처블 머신 모델 내보내기 화면

Do it! 02 자바스크립트 기본 코드 작성하기

모델을 사용하여 실제 이미지를 업로드하면 어떤 동물상에 해당하는지 표시해 주는 코드를 작성해 보겠습니다. 10장 과일 도감 만들기와 같은 방식으로 진행합니다.

우선 animal_test라는 새로운 폴더를 만들고, 비주얼 스튜디오 코드에서 이 폴더를 불러옵니다. 그리고 폴더 안에 index.html 파일을 생성합니다. index.html 파일이 열린 편집 창에서 !를 입력하면 기본적인 HTML 양식을 만들 수 있죠? 그다음에 `html lang` 속성과 문서 제목을 수정하세요.

..\animal_test\index.html

```
<!DOCTYPE html>
<html lang="ko">
<head>
    <meta charset="UTF-8">
    <meta name="viewport" content="width=device-width, initial-scale=1.0">
    <meta http-equiv="X-UA-Compatible" content="IE=edge">
    <title>인공지능 동물상 테스트</title>
</head>
<body>

</body>
</html>
```

티처블 머신으로 돌아가서 자바스크립트 예시 코드를 복사하고, index.html 파일의 <body>와 </body> 사이에 붙여 넣은 후 저장합니다. 다음과 같은 코드가 보이겠죠?

..\animal_test\index.html

```
<!DOCTYPE html>
<html lang="ko">
<head>
  <meta charset="UTF-8">
  <meta name="viewport" content="width=device-width, initial-scale=1.0">
  <title>인공지능 동물상 테스트</title>
</head>
<body>
  <div>Teachable Machine Image Model</div>
  <button type="button" onclick="init()">Start</button>
  <div id="webcam-container"></div>
  <div id="label-container"></div>
  <script src="https://cdn.jsdelivr.net/npm/@tensorflow/tfjs@1.3.1/dist/tf.min.
js"></script>
  <script src="https://cdn.jsdelivr.net/npm/@teachablemachine/image@0.8/dist/
teachablemachine-image.min.js"></script>
  <script type="text/javascript">
```

```
    // More API functions here:
    // https://github.com/googlecreativelab/teachablemachine-community/tree/
master/libraries/image

    // the link to your model provided by Teachable Machine export panel
    const URL = "https://teachablemachine.withgoogle.com/models/dET0Q3COK/";

    let model, webcam, labelContainer, maxPredictions;

    // Load the image model and setup the webcam
    async function init() {
      const modelURL = URL + "model.json";
      const metadataURL = URL + "metadata.json";

      // load the model and metadata
      // Refer to tmImage.loadFromFiles() in the API to support files from a file
picker
      // or files from your local hard drive
      // Note: the pose library adds "tmImage" object to your window (window.
tmImage)
      model = await tmImage.load(modelURL, metadataURL);
      maxPredictions = model.getTotalClasses();

      // Convenience function to setup a webcam
      const flip = true; // whether to flip the webcam
      webcam = new tmImage.Webcam(200, 200, flip); // width, height, flip
      await webcam.setup(); // request access to the webcam
      await webcam.play();
      window.requestAnimationFrame(loop);

      // append elements to the DOM
      document.getElementById("webcam-container").appendChild(webcam.canvas);
      labelContainer = document.getElementById("label-container");
      for (let i = 0; i < maxPredictions; i++) { // and class labels
        labelContainer.appendChild(document.createElement("div"));
      }
    }

    async function loop() {
      webcam.update(); // update the webcam frame
```

```
      await predict();
      window.requestAnimationFrame(loop);
    }

    // run the webcam image through the image model
    async function predict() {
      // predict can take in an image, video or canvas html element
      const prediction = await model.predict(webcam.canvas);
      for (let i = 0; i < maxPredictions; i++) {
        const classPrediction =
          prediction[i].className + ": " + prediction[i].probability.toFixed(2);
        labelContainer.childNodes[i].innerHTML = classPrediction;
      }
    }
  </script>
</body>
</html>
```

이제 index.html 파일을 웹 브라우저에서 열어 봅시다. 웹 브라우저가 자동으로 실행되고 다음과 같은 결과 화면이 나타납니다. 10장에서 살펴본 것과 같이 [Start]를 클릭하면 웹캠에 보이는 영상을 기준으로 인공지능이 클래스의 유사도를 표시해 줍니다.

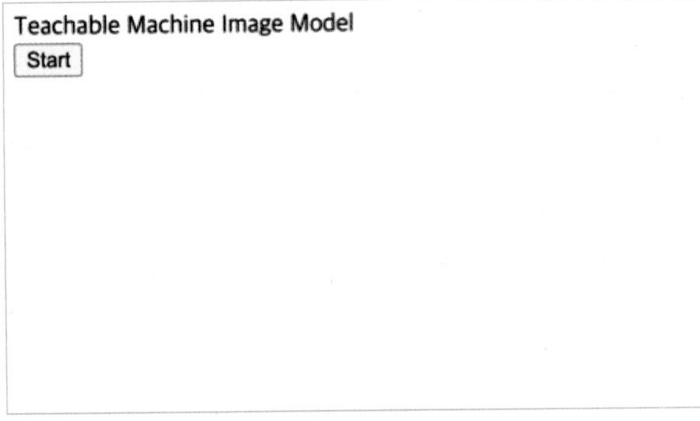

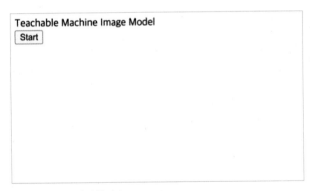

index.html 파일의 실행 결과

Do it! 03 **자바스크립트 코드 정리하기**

다음과 같이 코드의 주석을 삭제하여 읽기 쉽도록 정리합니다. 또한 `<div>Teachable Machine Image Model</div>`를 `<div>인공지능 동물상 테스트</div>`로 변경합니다.

..\animal_test\index.html

```
(… 생략 …)
<body>
  <div>인공지능 동물상 테스트</div>
  <button type="button" onclick="init()">Start</button>
  <div id="webcam-container"></div>
  <div id="label-container"></div>
  <script src="https://cdn.jsdelivr.net/npm/@tensorflow/tfjs@1.3.1/dist/tf.min.
js"></script>
  <script src="https://cdn.jsdelivr.net/npm/@teachablemachine/image@0.8/dist/
teachablemachine-image.min.js"></script>
  <script type="text/javascript">
    // More API functions here:   주석을 모두 삭제하세요.
    // https://github.com/googlecreativelab/teachablemachine-community/tree/mas-
ter/libraries/image

    // the link to your model provided by Teachable Machine export panel
    const URL = "https://teachablemachine.withgoogle.com/models/dET0Q3COK/";

    let model, webcam, labelContainer, maxPredictions;

    // Load the image model and setup the webcam
    async function init() {
      const modelURL = URL + "model.json";
      const metadataURL = URL + "metadata.json";

      // load the model and metadata
      // Refer to tmImage.loadFromFiles() in the API to support files from a file
picker
      // or files from your local hard drive
      // Note: the pose library adds "tmImage" object to your window (window.
tmImage)
      model = await tmImage.load(modelURL, metadataURL);
      maxPredictions = model.getTotalClasses();

      // Convenience function to setup a webcam
      const flip = true; // whether to flip the webcam
      webcam = new tmImage.Webcam(200, 200, flip); // width, height, flip
      await webcam.setup(); // request access to the webcam
      await webcam.play();
      window.requestAnimationFrame(loop);
```

```
    // append elements to the DOM
    document.getElementById("webcam-container").appendChild(webcam.canvas);
    labelContainer = document.getElementById("label-container");
    for (let i = 0; i < maxPredictions; i++) { // and class labels
      labelContainer.appendChild(document.createElement("div"));
    }
  }

  async function loop() {
    webcam.update(); // update the webcam frame
    await predict();
    window.requestAnimationFrame(loop);
  }

  // run the webcam image through the image model
  async function predict() {
    // predict can take in an image, video or canvas html element
    const prediction = await model.predict(webcam.canvas);
    for (let i = 0; i < maxPredictions; i++) {
      const classPrediction =
        prediction[i].className + ": " + prediction[i].probability.toFixed(2);
      labelContainer.childNodes[i].innerHTML = classPrediction;
    }
  }
 </script>
</body>
</html>
```

위 코드는 10장에서 살펴본 작동 방식과 똑같으므로 여기에서는 간단하게 설명하고 넘어가겠습니다.

index.html을 실행하고 시작을 의미하는 [Start]를 클릭하면 가장 먼저 `init` 함수가 실행됩니다. `init` 함수는 앞에서 만든 학습 모델을 불러오고 웹캠을 사용할 수 있도록 처리합니다. 웹캠을 인식한 다음에 `loop` 함수를 반복하는 구조입니다. 그리고 `loop` 함수는 웹캠을 계속 업데이트하면서 `predict` 함수로 반복해서 예측합니다. 마지막으로 `predict`는 웹캠 이미지를 모델과 비교하여 어떠한 동물인지 예측하고 이를 화면에 수치로 표시해 줍니다.

그런데 지금까지 작성한 기본 코드는 웹캠에서 입력받은 영상을 인식하고 처리하므로 처음에 의도한 인공지능 동물상 테스트와 다소 차이가 있습니다. 따라서 웹캠 화면이 아니라 선택한 이미지로 동물상 테스트 결과가 나타나도록 수정해야 합니다. 그렇다면 코드를 어떻게 수정해야 이미지 파일을 입력할 수 있을까요? 먼저 스스로 고민해 보고 다음 설명을 읽는다면 좀 더 쉽게 이해할 수 있습니다.

자, 그러면 설명을 시작해 보겠습니다. 기존에는 [Start] 버튼을 클릭하는 시점에서 `init` 함수를 실행하고 모델을 불러오면서 웹캠을 작동했죠. 따라서 [Start] 버튼을 이미지 선택 요소로 변경하고 해당 이미지 요소를 선택한 다음에 `init` 함수를 실행해야 합니다. 그리고 모델을 불러온 뒤 선택한 이미지를 읽어서 `predict` 내부에 있는 `model.predict` 함수로 동물상을 인식하도록 처리합니다. 마지막으로 선택한 이미지와 함께 인식 결과를 화면에 표시하면 됩니다. 또한 기존 `init` 함수에 있는 웹캠을 실행하고 `loop` 함수로 웹캠 화면을 반복해서 갱신하는 기능은 필요 없으므로 모두 제거합니다. 이렇게 수정할 코드를 다음 04~06 단계에서 자세히 다루겠습니다.

Do it! 04 [Start] 버튼을 이미지 선택 요소로 변경하기

[Start] 버튼을 이미지 선택 요소로 변경하려면 `<button>` 태그를 삭제하고 `type` 속성이 `file`인 `<input>` 태그를 쓰면 됩니다. 나중에 화면을 꾸밀 때 편리하도록 `<input>` 태그를 `<div>` 태그로 감싸 줍니다.

..\animal_test\index.html

```
(… 생략 …)
<body>
  <div>인공지능 동물상 테스트</div>
  <button type="button" onclick="init()">Start</button>
  <div id="upload-area">
    <input type="file" accept="image/*" />
  </div>
  <div id="webcam-container"></div>
  <div id="label-container"></div>
  <script src="https://cdn.jsdelivr.net/npm/@tensorflow/tfjs@1.3.1/dist/tf.min.
js"></script>
(… 생략 …)
```

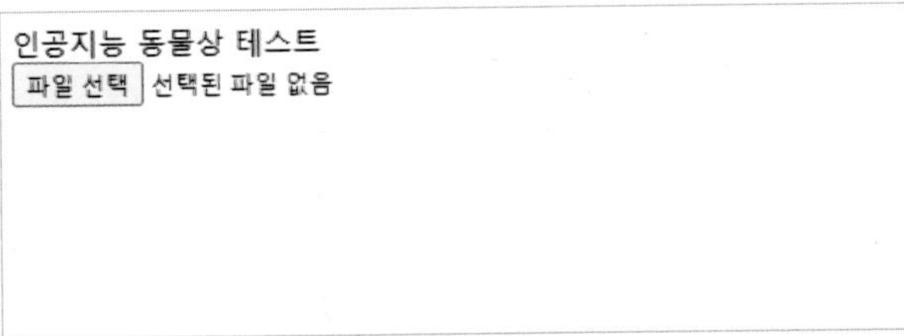

[파일 선택] 버튼으로 변경한 화면

위 결과 화면처럼 <input> 태그에 type="file" 속성을 지정하면 파일을 선택할 수 있는 버튼으로 나타납니다. 또한 accept="image/*" 속성을 입력해 모든 종류의 이미지 파일에 한정해 선택할 수 있게 지정합니다. 이제 결과 화면에서 [파일 선택] 버튼을 클릭하면 이미지 파일을 선택할 수 있습니다.

Do it! 05 init, predict 함수와 관련된 코드 수정하기

다음은 [파일 선택] 버튼을 눌러서 파일을 선택했을 때 init 함수를 실행해 선택한 이미지를 읽어서 화면에 표시하고 predict 함수를 실행하는 코드입니다.

..\animal_test\index.html

```
(… 생략 …)
<body>
  <div>인공지능 동물상 테스트</div>
  <div id="upload-area">
    <input type="file" accept="image/*" onchange="readFile(this.files[0]);" />   ❶
  </div>
  <div id="result-area" style="display: none;">   ❷
    <img id="upload-image" src="#" alt="your image" />   ❸
    <div id='label-container'></div>
  </div>   ❹
  <div id="webcam-container"></div>
  <div id='label-container'></div>
(… 생략 …)
  <script type="text/javascript">
    const URL = "https://teachablemachine.withgoogle.com/models/dET0Q3COK/";

    let model, webcam, labelContainer, maxPredictions;
    let image = document.getElementById("upload-image");
    let resultArea = document.getElementById("result-area");   ❺
    const reader = new FileReader();
```

```
async function readFile(file) {
  await init();
  reader.readAsDataURL(file);
}

reader.onload = async function(event) {
  await image.setAttribute('src', event.target.result);
  await predict();
  resultArea.style.display = "block";
};

async function init() {
(… 생략 …)
```

위쪽에 추가한 HTML 태그부터 하나씩 살펴보겠습니다. ❶ <input> 태그에 추가한 onchange 속성은 <input> 태그의 값이 변할 때 실행할 코드를 지정합니다. <input> 태그의 type="file"인 경우 파일을 선택하거나 선택한 파일이 바뀔 때 readFile 함수를 실행합니다. 이 함수에는 this.files[0]을 전달하도록 작성되어 있는데, this는 <input> 태그 자신이며 this.files[0]은 선택한 파일을 의미합니다.

❷ <div id="result-area"> 태그는 이미지를 인식해 동물상 테스트 결과를 표시해 줄 영역입니다. <div> 태그 안에 작성한 style은 해당 태그에 적용할 CSS를 HTML 코드에서 바로 지정할 때 쓰는 속성입니다. 이처럼 style="display: none;" 속성을 지정하면 태그가 화면에 나타나지 않습니다. 웹 페이지에 처음 접속할 때는 인공지능 인식을 수행하지 않은 상태이니 결과 영역이 화면에 표시되지 않는 것이 당연하겠죠?

❗ 보통 CSS를 작성할 때는 CSS 파일을 따로 만들어서 작성하는데, 이처럼 간단한 속성이나 명시적으로 CSS를 지정해야 할 때에는 태그 안에 style 속성을 쓰기도 합니다. 참고로 자바스크립트 코드로 태그에 CSS를 적용할 때에도 태그의 style 속성을 직접 수정할 수 있습니다.

그리고 <div id="result-area"> 태그 안에 선택할 이미지를 보여 주기 위해 ❸ <img> 태그를 추가합니다. 우선 <img> 태그를 선택해서 사용하기 쉽도록 id="upload-image" 속성을 지정합니다. 그리고 초기에는 이미지를 선택하지 않으므로 값이 비어 있다는 의미로 src="#"를 입력합니다. 마지막 alt 속성을 사용해 이미지 정보를 입력합니다. alt는 웹 접근성 측면에서 권장하는 속성입니다. 그다음 ❹ <div id='label-container'> </div>는 기존에 있던 태그인데, 새로 추가한 <div id="result-area"> 태그 안으로 옮깁니다. 인공지능이 인식한 후 모든 결과는 <div id="result-area"> 태그 영역 안에서 표시하기 위해 이동한 것입니다.

이번엔 ❺ <script type="text/javascript"> 안에 작성한 자바스크립트 코드를 하나씩 살펴보겠습니다.

```
let image = document.getElementById("upload-image");
let resultArea = document.getElementById("result-area");
```

document.getElementById 함수를 사용하여 id가 "upload-image"인 태그, 즉 <img>를 찾아서 image 변수에 지정하고, id가 result-area인 태그를 resultArea 변수에 저장합니다. 이미지 파일 선택에 따라서 <img>와 <div> 태그의 속성을 쉽게 변경하려고 변수에 미리 지정한 것입니다.

```
const reader = new FileReader();
```

그리고 위 코드는 <input>에서 선택한 이미지 파일을 읽어 와서 데이터로 변환하는 FileReader를 생성하여 reader에 저장합니다. 이미지를 데이터로 변환해서 웹캠의 영상 데이터 대신 동물상 테스트에 인식할 수 있도록 나중에 model.predict 함수에 전달할 예정입니다. 그럼 <input> 태그에 새로운 이미지를 선택하거나 변경된 경우 실행할 readFile 함수를 작성해야겠죠? 다음 코드에서 readFile 함수 정의가 이어집니다.

```
async function readFile(file) {
  await init();
  reader.readAsDataURL(file);
}
```

이 함수를 호출하면 앞에서 전달했던 this를 input으로 받아서 사용하게 됩니다. 우선 기존 예시 코드에 작성된 init 함수를 실행하여 인공지능 모델을 불러옵니다. 현재 init 함수에서는 웹캠 초기화 작업이 함께 이루어지는데, 다음 단계에서 웹캠과 관련된 코드를 제거하겠습니다. 여기에서 await라는 키워드가 init() 앞에 사용되었는데, 이는 init 함수의 실행이 모두 끝난 후에 다음 코드를 실행하겠다는 의미입니다. init 함수 내에서 모델을 불러오는데 시간이 소요되므로 await 키워드를 작성하지 않을 경우 모델을 완전히 불러오기 전에 다음 코드에서 모델을 사용하게 되어 오류가 발생할 수 있습니다.

❗ await 키워드를 사용하려면 함수를 정의할 때 async function으로 작성해야 하므로 readFile 함수 정의는 async 키워드를 사용합니다.

init 함수를 실행하고 인공지능 모델의 로딩이 끝나면 reader.readAsDataURL(file); 코드가 실행됩니다. reader.readAsDataURL에 선택한 이미지 파일인 file을 전달하며, 이때 reader는 이미지를 읽어 와서 URL 형식으로 사용할 수 있는 데이터로 변환하여 reader.result 속성에 저장합니다.

```
reader.onload = async function(event) {
  await image.setAttribute('src', event.target.result);
  await predict();
  resultArea.style.display = "block";
};
```

마지막으로 살펴볼 reader.onload는 reader 변수에 저장된 FileReader가 reader.readAsDataURL 함수로 데이터를 불러왔을 때(onload 상태) 실행할 함수입니다. 이 함수를 실행하면 event 객체가 자동으로 전달됩니다. event.target은 onload 이벤트가 일어난 대상, 즉 reader를 의미하며, event.target.result는 reader가 읽어 온 파일의 데이터를 의미합니다. 앞에서 URL 형식으로 사용할 수 있는 데이터로 이미지를 읽는다고 했죠? 따라서 image.setAttribute('src', event.target.result); 코드를 사용해 <img> 태그의 src 속성을 지정할 수 있습니다. 그러면 <img> 태그는 src 속성의 URL에 해당하는 이미지를 표시합니다. 이후 predict 함수를 실행해 해당 <img> 태그의 이미지를 사용하여 인공지능 예측을 진행해야 합니다. predict 함수를 사용해서 예측하면 ❹ <div id='label-container'></div> 내부에 결과가 표시되도록 말이죠. 하지만 <div>, <img> 태그가 포함된 ❷ <div id="result-area">는 style= "display: none" 속성 때문에 화면에 표시되지 않은 상태입니다. 이를 화면에 표시하도록 resultArea.style.display 속성을 "block"으로 변경합니다. 그러면 기존의 display: none이었던 속성이 block으로 변경되면서 이미지가 화면에 표시됩니다.
코드의 작동 원리를 알았으니 이제 index.html 파일을 실행해 보겠습니다. 다음과 같이 처음 화면에는 이미지 파일을 선택할 수 있는 요소가 나타납니다.

인공지능 동물상 테스트
파일 선택 선택된 파일 없음

이미지 파일을 불러오기 전의 결과 화면

여기에서 [파일 선택]을 클릭하면 인공지능 모델을 불러와 우리가 선택한 이미지가 표시되며 웹캠의 영상과 인식 결과가 화면에 표시됩니다. 인식 결과는 웹캠의 영상을 기준으로 나타나는데, 영상이 실시간으로 변하면서 결과가 표시됩니다.

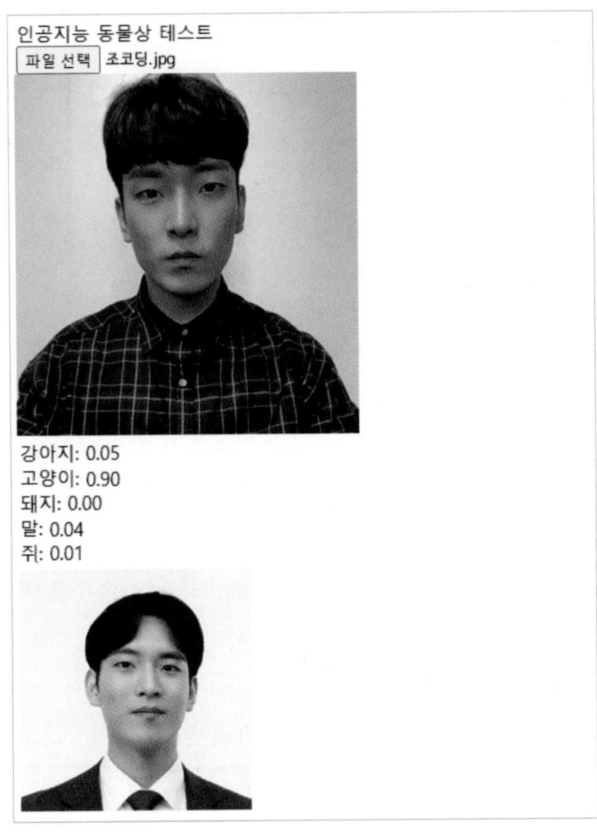

이미지 파일을 불러온 뒤의 결과 화면

Do it! 06 **웹캠 관련 코드 제거하기**

앞에서 본 결과 화면은 아직 웹캠을 사용하는 코드가 남아 있어서 웹캠 영상이 나타난 것이므로, 이 영상을 기준으로 예측 결과가 표시된 것입니다. 그러면 웹캠과 관련된 코드를 제거하고, 웹캠 영상 대신 선택한 이미지 파일을 불러온 데이터를 기준으로 예측할 수 있도록 수정해 보겠습니다.

```
(… 생략 …)
  <div>인공지능 동물상 테스트</div>
  <div id="upload-area">
    <input type="file" accept="image/*" onchange="readFile(this.files[0]);" />
  </div>
  <div id="result-area" style="display: none;">
    <img id="upload-image" src="#" alt="your image" />
    <div id='label-container'></div>
  </div>
  <div id="webcam-container"></div>

  <script src="https://cdn.jsdelivr.net/npm/@tensorflow/tfjs@1.3.1/dist/tf.min.
js"></script>
  <script src="https://cdn.jsdelivr.net/npm/@teachablemachine/image@0.8/dist/
teachablemachine-image.min.js"></script>
  <script type="text/javascript">
    const URL = "https://teachablemachine.withgoogle.com/models/dET0Q3COK/";

    let model, webcam, labelContainer, maxPredictions;
    let image = document.getElementById("upload-image");
    let resultArea = document.getElementById("result-area");
    const reader = new FileReader();

  (… 생략 …)

    async function init() {
      const modelURL = URL + "model.json";
      const metadataURL = URL + "metadata.json";

      model = await tmImage.load(modelURL, metadataURL);
      maxPredictions = model.getTotalClasses();

      const flip = true;
      webcam = new tmImage.Webcam(200, 200, flip);
      await webcam.setup();
      await webcam.play();
      window.requestAnimationFrame(loop);

      document.getElementById("webcam-container").appendChild(webcam.canvas);
```

```
      labelContainer = document.getElementById("label-container");
      for (let i = 0; i < maxPredictions; i++) {
        labelContainer.appendChild(document.createElement("div"));
      }
    }

    async function loop() {
      webcam.update();
      await predict();
      window.requestAnimationFrame(loop);
    }

    async function predict() {
      const prediction = await model.predict(webcam.canvas);
      const prediction = await model.predict(image);
      for (let i = 0; i < maxPredictions; i++) {
        const classPrediction =
          prediction[i].className + ": " + prediction[i].probability.toFixed(2);
        labelContainer.childNodes[i].innerHTML = classPrediction;
      }
    }
  </script>
</body>
</html>
```

webcam과 관련한 코드를 모두 삭제하고, loop 함수도 필요하지 않으므로 제거합니다. loop 함수는 웹캠의 영상을 실시간으로 갱신하여 나타난 화면을 기준으로 예측해 주는 역할을 하였습니다. 마지막으로 predict 함수의 model.predict에서 webcam.canvas 대신 image 변수, 즉 <img> 태그를 기준으로 예측하도록 변경합니다.

model.predict 함수에 <img> 태그를 직접 전달해야 한다는 것은 https://github.com/googlecreativelab/teachablemachine-community/tree/master/libraries/image 문서를 보면 알 수 있었습니다. 코딩을 잘하려면 이러한 양식의 문서를 보는 것에도 익숙해져야 합니다.

04~06 단계에서 수정한 전체 코드는 다음과 같이 정리할 수 있습니다. 중간 점검이라 생각하고 자신이 작성한 코드와 비교해서 살펴보고 결과 화면도 직접 확인해 보세요.

..\animal_test\index.html

```
<!DOCTYPE html>
<html lang="ko">
<head>
  <meta charset="UTF-8">
  <meta name="viewport" content="width=device-width, initial-scale=1.0">
  <title>인공지능 동물상 테스트</title>
</head>
<body>
  <div>인공지능 동물상 테스트</div>
  <div id="upload-area">
    <input type="file" accept="image/*" onchange="readFile(this.files[0]);" />
  </div>
  <div id="result-area" style="display: none;">
    <img id="upload-image" src="#" alt="your image" />
    <div id='label-container'></div>
  </div>

  <script src="https://cdn.jsdelivr.net/npm/@tensorflow/tfjs@1.3.1/dist/tf.min.
js"></script>
  <script src="https://cdn.jsdelivr.net/npm/@teachablemachine/image@0.8/dist/
teachablemachine-image.min.js"></script>
  <script type="text/javascript">
    const URL = "https://teachablemachine.withgoogle.com/models/dET0Q3COK/";

    let model, labelContainer, maxPredictions;
    let image = document.getElementById("upload-image");
    let resultArea = document.getElementById("result-area");
    const reader = new FileReader();

    async function readFile(file) {
      await init();
      reader.readAsDataURL(file);
    }

    reader.onload = async function(event) {
      await image.setAttribute('src', event.target.result);
      await predict();
      resultArea.style.display = "block";
    };
```

```
    async function init() {
      const modelURL = URL + "model.json";
      const metadataURL = URL + "metadata.json";

      model = await tmImage.load(modelURL, metadataURL);
      maxPredictions = model.getTotalClasses();

      labelContainer = document.getElementById("label-container");
      for (let i = 0; i < maxPredictions; i++) {
        labelContainer.appendChild(document.createElement("div"));
      }
    }

    async function predict() {
      const prediction = await model.predict(image);
      for (let i = 0; i < maxPredictions; i++) {
        const classPrediction =
          prediction[i].className + ": " + prediction[i].probability.toFixed(2);
        labelContainer.childNodes[i].innerHTML = classPrediction;
      }
    }
  </script>
</body>
</html>
```

Do it! 07 모델을 불러오는 중이라는 안내문 추가하기

지금까지 구현한 동물상 테스트는 2가지 아쉬운 점이 있습니다. 우선 모델을 불러올 때 시간이 많이 걸리는데 안내문이 없어서 사용자가 혼란스러워 할 수 있습니다. 모델을 불러오는 중이라는 안내를 추가하면 좋겠죠? 또한 이미지가 변경될 때마다 모델을 새로 불러오는 것도 불편하므로 수정해야 합니다. 따라서 처음 한 번만 모델을 불러오도록 코드를 수정해 보겠습니다. 우선 지금 단계에서는 **인공지능 모델을 불러오는 중입니다...**라는 안내문을 추가하겠습니다.

..\animal_test\index.html

```
(… 생략 …)
<body>
  <div>인공지능 동물상 테스트</div>
  <div id="upload-area">
    <input type="file" accept="image/*" onchange="readFile(this.files[0]);" />
  </div>
  <div id="loading-area" style="display: none;">
    <span>🏃~~</span>
    <br />
    <span>인공지능 모델을 불러오는 중입니다...</span>
  </div>                                                              ―❶
  <div id="result-area" style="display: none;">
    <img id="upload-image" src="#" alt="your image" />
    <div id='label-container'></div>
  </div>
  (… 생략 …)
  <script type="text/javascript">
    const URL = "https://teachablemachine.withgoogle.com/models/dET0Q3COK/";

    let model, labelContainer, maxPredictions;
    let image = document.getElementById("upload-image");
    let loadingArea = document.getElementById("loading-area");    ―❷
    let resultArea = document.getElementById("result-area");
    const reader = new FileReader();

    async function readFile(file) {
      loadingArea.style.display = "block";    ―❸
      await init();
      reader.readAsDataURL(file);
    }

    reader.onload = async function(event) {
      await image.setAttribute('src', event.target.result);
      await predict();
      loadingArea.style.display = "none";    ―❹
      resultArea.style.display = "block";
    };
  (… 생략 …)
  </script>
(… 생략 …)
```

먼저 ❶ <div id="loading-area"> 태그를 추가했습니다. 내부에는 인공지능 모델을 불러오는 중이라는 안내문을 작성하고 귀여운 그림 문자도 넣었습니다. 초기에는 이 안내문이 화면에 보이지 않도록 style=display: none; 속성을 부여합니다.

❗ 여기에서 입력한 그림 문자는 '이모지 문자'라고 하는데, 윈도우 키와 + . 를 동시에 누르면 입력 창을 띄울 수 있습니다. 혹은 emojipedia.org 같은 이모지 검색 사이트에서 'person running', 'wavy dash'를 검색해 복사하면 됩니다.

그다음 ❷ 자바스크립트 코드에서는 id가 "loading-area"인 <div> 태그를 loadingArea 변수로 지정합니다. 그리고 이미지 파일을 선택하거나 변경할 때 실행되는 readFile 함수 안에 ❸ loadingArea.style.display = "block";을 추가하여 모델을 불러오는 시점에서 <div id="upload-area"> 태그를 화면에 표시해 줍니다. 그러면 이미지 파일을 입력받아 인공지능 모델을 불러오는 중이라는 것을 알 수 있습니다.
그리고 reader.onload 함수에서 resultArea.style.display = "block"; 코드를 통해 인식 결과를 화면에 표시하기 전에, ❹ loadingArea.style.display = "none";을 추가하여 인공지능 모델을 불러오는 중이라는 안내문이 화면에 보이지 않도록 처리합니다.

Do it! 08 모델을 초기에 한 번만 불러오도록 수정하기

이번에는 인공지능 모델을 처음 한 번만 불러올 수 있도록 자바스크립트 코드를 수정해 보겠습니다. 이미지를 새로 선택할 때마다 인공지능 모델을 불러오면 매번 로딩 시간이 소요되겠죠? 한 번 불러온 모델을 계속 사용하도록 처리하는 것이 좋습니다.

..\animal_test\index.html

```
(… 생략 …)
  <script type="text/javascript">
    const URL = "https://teachablemachine.withgoogle.com/models/dET0Q3COK/";

    let model, labelContainer, maxPredictions;
    let isModelReady = false; ❶
    let image = document.getElementById("upload-image");
    let loadingArea= document.getElementById("loading-image");
    let resultArea = document.getElementById("result-area");
    const reader = new FileReader();

    async function readFile(file) {
      if (isModelReady === false) { ❷
        loadingArea.style.display = "block";
        await init();
```

```
    }
    reader.readAsDataURL(file);
  }
  (… 생략 …)
  async function predict() {
    const prediction = await model.predict(image);
    for (let i = 0; i < maxPredictions; i++) {
      const classPrediction =
        prediction[i].className + ": " + prediction[i].probability.toFixed(2);
      labelContainer.childNodes[i].innerHTML = classPrediction;
    }
      isModelReady = true; ── ❸
  }
</script>
```

수정한 코드를 위에서부터 하나씩 확인해 보겠습니다. 먼저 ❶ isModelReady 변수를 정의하여, 이 값을 기준으로 인공지능 모델을 가져왔는지 판단합니다. 초깃값은 모델을 가져오지 않은 상태를 의미하는 false로 지정합니다.

그리고 ❷ readFile 함수를 실행할 때 조건문을 추가하여 isModelReady 변숫값이 false일 때, 즉 모델을 불러오지 않은 상태에서 모델을 불러오는 중이라는 안내문과 함께 init 함수를 실행합니다. isModelReady 값이 true일 때에는 init 함수를 실행하지 않습니다.

그렇다면 predict 함수를 실행해 인공지능 예측을 하려면 인공지능 모델을 불러와야겠죠? ❸ predict 함수 마지막에 isModelReady값을 true로 변경합니다.

지금까지 수정한 07~08 단계의 최종 코드는 다음과 같이 정리할 수 있습니다.

..\animal_test\index.html

```
<!DOCTYPE html>
<html lang="ko">
<head>
  <meta charset="UTF-8">
  <meta name="viewport" content="width=device-width, initial-scale=1.0">
  <title>인공지능 동물상 테스트</title>
</head>
<body>
  <div>인공지능 동물상 테스트</div>
  <div id="upload-area">
```

```
        <input type="file" accept="image/*" onchange="readFile(this.files[0]);" />
    </div>
    <div id="loading-area" style="display: none;">
      <span>🏃~~</span>
      <br />
        <span>인공지능 모델을 불러오는 중입니다...</span>
    </div>
    <div id="result-area" style="display: none;">
      <img id="upload-image" src="#" alt="your image" />
      <div id='label-container'></div>
    </div>

    <script src="https://cdn.jsdelivr.net/npm/@tensorflow/tfjs@1.3.1/dist/tf.min.
js"></script>
    <script src="https://cdn.jsdelivr.net/npm/@teachablemachine/image@0.8/dist/
teachablemachine-image.min.js"></script>
    <script type="text/javascript">
      const URL = "https://teachablemachine.withgoogle.com/models/dET0Q3COK/";

      let model, labelContainer, maxPredictions;
      let isModelReady = false;
      let image = document.getElementById("upload-image");
      let loadingArea = document.getElementById("loading-area");
      let resultArea = document.getElementById("result-area");
      const reader = new FileReader();

      async function readFile(file) {
        if (isModelReady === false) {
          loadingArea.style.display = "block";
          await init();
        }
        reader.readAsDataURL(file);
      }

      reader.onload = async function(event) {
          await image.setAttribute('src', event.target.result);
          await predict();
          loadingArea.style.display = "none";
          resultArea.style.display = "block";
```

```
    };

    async function init() {
      const modelURL = URL + "model.json";
      const metadataURL = URL + "metadata.json";

      model = await tmImage.load(modelURL, metadataURL);
      maxPredictions = model.getTotalClasses();

      labelContainer = document.getElementById("label-container");
      for (let i = 0; i < maxPredictions; i++) {
        labelContainer.appendChild(document.createElement("div"));
      }
    }

    async function predict() {
      const prediction = await model.predict(image);
      for (let i = 0; i < maxPredictions; i++) {
        const classPrediction =
          prediction[i].className + ": " + prediction[i].probability.toFixed(2);
        labelContainer.childNodes[i].innerHTML = classPrediction;
      }
      isModelReady = true;
    }
  </script>
</body>
</html>
```

결과를 실행하면 앞의 단계와 마찬가지로 [파일 선택] 화면이 나타납니다. 그리고 이미지 파일을 선택하면 인공지능 모델을 불러오는 중이라는 안내문이 보입니다. 대기 시간이 조금 지나면 안내문은 사라지고 하단에 선택한 사진과 동물상 인식 결과가 나타납니다. 이 상태에서 다시 사진을 선택하면, 모델을 불러온다는 안내문이 보이지 않고, 대기 시간도 없이 변경된 이미지의 인식 결과를 바로 확인할 수 있습니다.

인공지능 동물상 테스트
파일 선택 선택된 파일 없음

인공지능 동물상 테스트
파일 선택 조코딩.jpg
인공지능 모델을 불러오는 중입니다...

인공지능 동물상 테스트
파일 선택 조코딩.jpg
강아지: 0.05
고양이: 0.90
돼지: 0.00
말: 0.04
쥐: 0.01

동물상 테스트의 기본 기능이 완성된 결과 화면

지금까지 인공지능 동물상 테스트 웹 서비스의 기본 기능을 만들어 보았습니다. 지금 상태로도 동물상 테스트 기능은 완벽하게 작동합니다. 하지만 실제 서비스로 제공하기에는 조금 부족한 느낌이 들죠? 그래서 완성도를 높이기 위해 디자인을 수정하고 사용자 편의를 위한 기능을 추가해 보겠습니다.

우선 11-4절에서는 동물상 테스트 결과를 사용자가 좀 더 이해하기 쉽게 개선하고, 이미지 파일을 마우스로 끌어서 놓거나 클릭해서 사진을 업로드할 수 있는 기능을 추가합니다. 그리고 11-5절에선 CSS 스타일을 적용하여 웹 페이지의 디자인을 보기 좋게 수정합니다. 그다음 11-6절에서는 웹 서비스를 이용하는 사람들이 댓글을 달고 소통할 수 있는 기능을 넣겠습니다. 마지막으로 11-7절에서는 SNS를 공유하고 파비콘을 등록하는 방법을 다루고 인공지능 동물상 웹 서비스 만들기를 마치겠습니다.

❶ 코딩을 처음 접하거나 초급자라면 어렵게 느낄 수도 있지만, 이 책에서 설명하는 대로 차근차근 따라오면 누구나 웹 서비스의 기본 기능을 만들 수 있는 수준으로 구성했습니다. 무엇보다 전체 코드 길이가 매우 짧습니다! 만약 이해하기 어려운 코드나 잘 모르는 문법이 있다면 인터넷에서 찾아서 충분히 공부하고 나서 다시 돌아와 이 책을 읽는 것을 추천합니다. 자신이 입력한 코드가 어떻게 동작하고, 수정한 부분이 어떻게 달라졌는지 이해한다면 코딩 공부가 한층 쉬워질 것입니다!

11-4 결과 화면을 사용하기 편하게 개선하기

앞에서 설명한 것처럼 동물상 테스트 웹 서비스의 개선 작업을 시작하겠습니다. 먼저 테스트 결과를 표시해 주는 결과 영역을 사용자가 좀 더 알아보기 쉽게 수정해 보겠습니다.

Do it! 01 **제목을 나누는 <div> 태그 추가하기**

결과 영역과는 무관하지만, 기존에 작성한 `<div>인공지능 동물상 테스트</div>` 태그를 다음과 같이 수정합니다.

..\animal_test\index.html

```
<body>
  <div>
    <h1>동물상 테스트</h1>
    <h3>얼굴로 보는 인공지능 동물상 테스트</h3>
  </div>
  <div>인공지능 동물상 테스트</div>
  (… 생략 …)
```

이렇게 수정한 이유는 11-5절의 CSS 스타일을 적용할 때 편리하도록 주 제목과 부 제목으로 나눈 것입니다.

Do it! 02 **init 함수 수정하기**

테스트 결과를 보여 줄 때 유사도가 높은 동물부터 위에 나타나도록 정렬하고, 결과를 강조하기 위해 '당신은 강아지상!'과 같은 텍스트를 첫 번째 줄에 표시하도록 만들어야 합니다. init 함수를 다음과 같이 수정합니다.

..\animal_test\index.html

```
(… 생략 …)
  <script type="text/javascript">
    const URL = "https://teachablemachine.withgoogle.com/models/dET0Q3COK/";
    (… 생략 …)
    async function init() {
      (… 생략 …)
      labelContainer = document.getElementById("label-container");
      for (let i = 0; i < maxPredictions + 1; i++) {
        labelContainer.appendChild(document.createElement("div"));
      }
    }
(… 생략 …)
```

for 문에서 변수 maxPredictions를 maxPredictions + 1로 수정했습니다. 그리고 for 문 안에 있는 labelContainer.appendChild(document.createElement("div"))는 labelContainer = document.getElementById("label-container")를 통해서 labelContainer 변수에 지정한 결과 영역인 <div id='label-container'> </div> 태그 내부에 빈 <div> 태그를 추가해 줍니다. 이후 predict 함수를 사용하여 빈 <div> 태그 내부에 결과 수치를 텍스트로 추가하여 화면에 보여 줍니다. 기존의 maxPredictions값은 티처블 머신에서 정의한 클래스 개수와 같은 값입니다. 티처블 머신에서 강아지, 쥐, 고양이, 말, 돼지라는 클래스 5개를 정의했으니 이 값은 당연히 5입니다.

그리고 유사도가 가장 높은 동물을 기준으로 강조하여 첫 번째 줄에 '당신은 강아지상!'과 같은 텍스트를 표시하기 위해 텍스트를 넣을 빈 <div> 태그가 하나 더 필요합니다. 따라서 빈 <div> 태그 하나를 추가하기 위하여 for 문 반복을 한 번 더 실행할 수 있도록 for 문을 정의할 때 maxPredictions를 maxPredictions + 1로 변경한 것입니다.

Do it! 03 predict 함수 수정하기

다음으로 predict 함수에서 수정할 코드는 다음과 같습니다.

..\animal_test\index.html

```
(… 생략 …)
    async function predict() {
      const prediction = await model.predict(image);
```

```
    prediction.sort((x, y) => y.probability - x.probability);

    switch (prediction[0].className) {
      case "강아지":
        labelContainer.childNodes[0].innerHTML = "<h3>당신은 강아지상!</h3>";
        break;
      case "쥐":
        labelContainer.childNodes[0].innerHTML = "<h3>당신은 쥐상!</h3>";
        break;
      case "고양이":
        labelContainer.childNodes[0].innerHTML = "<h3>당신은 고양이상!</h3>";
        break;
      case "말":
        labelContainer.childNodes[0].innerHTML = "<h3>당신은 말상!</h3>";
        break;
      case "돼지":
        labelContainer.childNodes[0].innerHTML = "<h3>당신은 돼지상!</h3>";
        break;
      default:
        labelContainer.childNodes[0].innerHTML = "<h3>오류 발생</h3>";
        break;
    }

    for (let i = 0; i < maxPredictions; i++) {
      const classPrediction =
        prediction[i].className + ": " + Math.round(prediction[i].probability *
        100) + "%";
      labelContainer.childNodes[i+1].innerHTML = classPrediction;
    }
    isModelReady = true;
  }
</script>
(… 생략 …)
```

`prediction.sort((x, y) => y.probability - x.probability)` 코드를 이해하려면 이전 줄에 있는 `const prediction = await model.predict(image)` 코드의 결과가 다음과 같이 예측 결과 객체를 가진 배열을 반환하여 `prediction` 변수에 저장된다는 것을 알아야 합니다.

ⓘ const prediction = await model.predict(image); 코드 다음 줄에 임시로 console.log(prediction);을 추가하여 저장한 후, index.html 파일을 실행하고 사진을 선택해 보세요. 그리고 개발자 도구의 [Console] 탭을 열면 다음 화면과 같이 prediction 변수의 데이터값을 확인할 수 있습니다.

```
                                                         VM21 index.html:68
▼(5) [{…}, {…}, {…}, {…}, {…}] ℹ
  ▶0: {className: '말', probability: 0.8998206257820129}
  ▶1: {className: '강아지', probability: 0.052476055920124054}
  ▶2: {className: '고양이', probability: 0.03996451944112778}
  ▶3: {className: '쥐', probability: 0.005513569340109825}
  ▶4: {className: '돼지', probability: 0.0022250921465456486}
   length: 5
  ▶[[Prototype]]: Array(0)
```

prediction 변수를 [Console]에서 확인한 결과

prediction은 앞에서 설명한 것과 같이 인식 결과가 5개인 배열이라는 것을 확인할 수 있습니다. 여기서는 테스트 결과로 유사도가 높은 동물부터 나오도록 정렬해야 합니다. 그러면 배열을 어떻게 정렬할 수 있을까요? 구글에서 'javascript sort array by object value' 또는 '객체로 구성된 자바스크립트 배열 정렬'을 검색해 보면 사용 방법을 쉽게 찾을 수 있습니다. 검색해 보니 자바스크립트에서는 배열을 정렬할 수 있도록 sort 함수를 제공하고 있습니다. sort 함수를 사용하는 방법을 다음과 같이 정리해 보았습니다. 여기에서 x, y는 배열 원소를 의미합니다.

x, y 타입	정렬 방식	기본형
x, y가 숫자일 때	오름차순	배열.sort((x, y) => x - y);
	내림차순	배열.sort((x, y) => y - x);
x, y가 문자열일 때	오름차순	배열.sort();
	내림차순	배열.reverse();
x, y가 객체일 때	오름차순	배열.sort((x, y) => x.속성 - y.속성);
	내림차순	배열.sort((x, y) => y.속성 - x.속성);

❗ x, y가 객체일 때에는 객체의 속성 가운데 정렬 기준으로 사용할 숫자인 속성을 선택하여 정렬합니다.

정렬할 prediction 배열은 객체를 원소로 하며, 이 객체는 className과 probability를 속성으로 가지고 있습니다. 이 중에서 유사도를 나타내는 probability를 기준으로 높은 것부터 나타나도록 배열을 내림차순으로 정렬해야 합니다. 위 표의 기본형을 참고하여 prediction.sort((x, y) => y.probability - x.probability) 코드를 작성하면 배열을 내림차순으로 정렬할 수 있습니다.

이렇게 정렬하면 prediction 배열에서 첫 번째 원소의 유사도가 가장 높겠죠? 따라서 prediction 배열의 첫 번째 원소인 0번을 기준으로 switch 문을 사용하여 조건문을 처리합

니다. switch 문은 지정한 변숫값에 해당하는 코드를 실행해 주는 조건문입니다.

..\animal_test\index.html

```
(··· 생략 ···)
switch (prediction[0].className) {
  case "강아지":
    labelContainer.childNodes[0].innerHTML = "<h3>당신은 강아지상!</h3>";
    break;
  case "쥐":
    labelContainer.childNodes[0].innerHTML = "<h3>당신은 쥐상!</h3>";
    break;
  case "고양이":
    labelContainer.childNodes[0].innerHTML = "<h3>당신은 고양이상!</h3>";
    break;
  case "말":
    labelContainer.childNodes[0].innerHTML = "<h3>당신은 말상!</h3>";
    break;
  case "돼지":
    labelContainer.childNodes[0].innerHTML = "<h3>당신은 돼지상!</h3>";
    break;
  default:
    labelContainer.childNodes[0].innerHTML = "<h3>오류 발생</h3>";
    break;
}
(··· 생략 ···)
```

switch 문을 사용하는 방법은 코드를 보면 어느 정도 이해할 수 있습니다. 구글에서 'JavaScript Switch' 또는 '자바스크립트 스위치 문'을 검색해서 관련 문서를 더 자세히 읽어 보길 추천합니다.

labelContainer 하위의 빈 <div> 태그 중 첫 번째 <div> 태그인 labelContainer.childNodes[0]에 해당 객체의 className값에 따라 적절한 HTML 코드를 나타내고, 강조를 위해 <h3> 태그로 지정합니다.

예를 들어 labelContainer.childNodes[0].innerHTML = "<h3>당신은 돼지상!</h3>";과 같이 작성하면 labelContainer 하위의 빈 <div> 중에서 첫 번째 <div> 태그 안에 <div><h3>당신은 돼지상!</h3></div>으로 나타납니다.

조건문을 switch 문 대신 if 문으로 작성해 볼까요?

switch 문은 다음과 같이 if 문으로도 작성할 수 있습니다. switch 문이 아직 익숙하지 않다면 if 문을 사용해 코드를 작성하는 것을 추천합니다. 코드 작성 결과는 switch 문을 사용한 결과와 똑같습니다.

```
if (prediction[0].className === "강아지") {
  labelContainer.childNodes[0].innerHTML = "<h3>당신은 강아지
상!</h3>";
} else if (prediction[0].className === "쥐") {
  labelContainer.childNodes[0].innerHTML = "<h3>당신은 쥐
상!</h3>";
} else if (prediction[0].className === "고양이") {
  labelContainer.childNodes[0].innerHTML = "<h3>당신은 고양이
상!</h3>";
} else if (prediction[0].className === "말") {
  labelContainer.childNodes[0].innerHTML = "<h3>당신은 말
상!</h3>";
} else if (prediction[0].className === "돼지") {
  labelContainer.childNodes[0].innerHTML = "<h3>당신은 돼지
상!</h3>";
} else {
  labelContainer.childNodes[0].innerHTML = "<h3>오류 발생</
h3>";
}
```

마지막으로 predict 함수 안에 작성한 for 문을 자세히 한번 살펴보겠습니다.

```
for (let i = 0; i < maxPredictions; i++) {
  const classPrediction =
    prediction[i].className + ": " + Math.round(prediction[i].probability * 100)
    + "%";
  labelContainer.childNodes[i+1].innerHTML = classPrediction;
}
```

여기에서 수정한 코드는 원래 prediction[i].probability.toFixed(2)로 작성했습니다. 그렇다면 이 둘의 차이는 무엇일까요? 수정 전 코드에서는 예측 결과인 probability값이

0.8998206257820129와 같이 복잡한 소숫값으로 이루어졌습니다. 이 값을 화면에 그대로 보여 주지 않고 `.toFixed(2)`를 입력하여 소수 2자릿수까지 반올림하여 표시합니다. 즉, 0.8998206257820129이 **0.90**으로 표시한 것이죠. 하지만 사용자가 이 값을 더 쉽게 읽을 수 있게 퍼센트 단위를 사용하면 좋을 듯합니다. 그래서 `prediction[i].probability * 100`을 입력해 소숫값을 퍼센트 단위로 변경하고, `Math.round()` 함수를 사용하여 이를 정숫값으로 반올림해 줍니다. 그 결과 0.8998206257820129이 **90**으로 표시됩니다. 그리고 `+ "%"`을 추가하면 화면에는 **90%**가 나타납니다.

`for` 문 마지막에는 기존의 `labelContainer.childNodes[i].innerHTML = classPrediction`으로 작성했던 코드를 `labelContainer.childNodes[i+1].innerHTML = classPrediction`으로 변경했습니다. 첫 번째 빈 `<div>` 태그에는 가장 유사한 동물상 결과를 표시해 줄 것이므로, 두 번째 빈 `<div>` 태그부터 `%`가 붙은 인식 결과를 표시해 주기 위해서 `i` 대신 `i+1`로 변경했습니다.

이렇게 수정, 저장한 index.html 파일을 실행하면 다음과 같은 결과 화면을 확인할 수 있습니다.

인공지능 동물상의 결과 영역 개선한 화면

지금까지 01~03 단계에서 수정한 코드를 정리하면 다음과 같습니다.

```
(… 생략 …)
<body>
  <div>
    <h1>동물상 테스트</h1>
    <h3>얼굴로 보는 인공지능 동물상 테스트</h3>
  </div>
  (… 생략 …)
  <script type="text/javascript">
    const URL = "https://teachablemachine.withgoogle.com/models/dET0Q3COK/";
    (… 생략 …)
    async function init() {
      (… 생략 …)
      for (let i = 0; i < maxPredictions + 1; i++) {
        labelContainer.appendChild(document.createElement("div"));
      }
    }
(… 생략 …)
    async function predict() {
      const prediction = await model.predict(image);
      prediction.sort((x, y) => y.probability - x.probability);

      switch (prediction[0].className) {
        case "강아지":
          labelContainer.childNodes[0].innerHTML = "<h3>당신은 강아지상!</h3>";
          break;
        case "쥐":
          labelContainer.childNodes[0].innerHTML = "<h3>당신은 쥐상!</h3>";
          break;
        case "고양이":
          labelContainer.childNodes[0].innerHTML = "<h3>당신은 고양이상!</h3>";
          break;
        case "말":
          labelContainer.childNodes[0].innerHTML = "<h3>당신은 말상!</h3>";
          break;
        case "돼지":
          labelContainer.childNodes[0].innerHTML = "<h3>당신은 돼지상!</h3>";
          break;
        default:
          labelContainer.childNodes[0].innerHTML = "<h3>오류 발생</h3>";
          break;
```

```
      }

      for (let i = 0; i < maxPredictions; i++) {
        const classPrediction =
          prediction[i].className + ": " + Math.round(prediction[i].probability *
          100) + "%";
        labelContainer.childNodes[i+1].innerHTML = classPrediction;
      }
      isModelReady = true;
    }
  </script>
</body>
(… 생략 …)
```

Do it! 04 이미지 업로드 영역의 드래그 앤드 드롭 기능 살펴보기

이번에는 이미지 파일을 마우스로 끌어서 놓거나 클릭해서 인공지능 서비스에 업로드할 수 있는 기능을 추가해 보겠습니다. 여기서 잠깐, 어떤 파일을 마우스로 끌어다 놓는 동작을 드래그 앤드 드롭drag and drop이라고 하죠. 웹 사이트나 프로그램에서 파일을 넣을 때 다음과 비슷한 안내문을 본 적이 있을 겁니다. 바로 이것이 여기에서 만들 드래그 앤드 드롭 기능입니다.

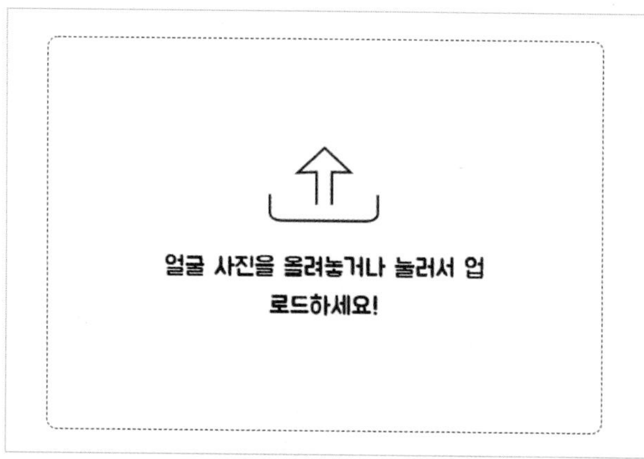

드래그 앤드 드롭을 안내하는 웹 사이트 화면

웹 브라우저에 이미지 파일을 드래그 앤드 드롭하면 기본적으로 새 탭이 열리면서 해당 이미지 파일이 브라우저에 나타납니다. 그러므로 인공지능 동물상 테스트에 특정 영역을 지정하고, 사용자가 이 영역 안에 파일을 드래그 앤드 드롭했을 때 새 탭으로 열리지 않게 막고 해당 이미지 파일로 동물상 테스트를 할 수 있게 만들어야 합니다. 또한 이 특정 영역을 클릭하면 [파일 선택] 버튼을 클릭하는 것처럼 이미지 파일을 추가할 수 있도록 만들겠습니다. 기존의 [파일 선택] 버튼인 <input> 태그는 화면에서 보이지 않도록 처리하겠습니다.

Do it! 05 이미지 업로드 영역의 <div> 태그 수정하기

먼저 업로드 영역을 나타내는 <div id="upload-area"> 태그를 다음과 같이 수정합니다.

..\animal_test\index.html

```
(… 생략 …)
<div id="upload-area">
  <span>📷</span>
  <br />
  <span>사진을 올려놓거나 눌러서 업로드해 주세요!</span>
  <input id="upload-input" style="display: none;" type="file" accept="image/*"
onchange="readFile(this.files[0]);" />
</div>
(… 생략 …)
```

<input> 태그가 화면에서 보이지 않도록 style="display: none;" 속성을 부여했고, <input> 태그를 자바스크립트로 쉽게 선택할 수 있도록 id값을 부여했습니다. <input> 태그가 화면에 보이지 않으니 사용자가 이미지 파일을 업로드할 수 있도록 안내문을 표시해야 합니다. <span> 태그를 사용해서 카메라 모양의 그림 문자와 '사진을 올려놓거나 눌러서 업로드해 주세요!'라는 문구를 추가합니다.

동물상 테스트

얼굴로 보는 인공지능 동물상 테스트

📷
사진을 올려놓거나 눌러서 업로드 해주세요!

<input> 태그를 숨김 처리하고 안내문을 표시한 화면

코드를 실행해 보면 위와 같이 나타납니다. 하지만 아직은 아무 기능을 할 수 없는 상태입니다. 다음 단계에서 자바스크립트 코드를 추가해 보겠습니다.

Do it! 06 드래그 앤드 드롭 기능을 하는 자바스크립트 코드 작성하기

이미지를 업로드 영역에 드래그 앤드 드롭하거나 클릭해서 올릴 수 있도록 다음과 같이 코드를 수정하겠습니다.

..\animal_test\index.html

```
(… 생략 …)
  <script type="text/javascript">
    const URL = "https://teachablemachine.withgoogle.com/models/dET0Q3COK/";

    let model, labelContainer, maxPredictions;
    let isModelReady = false;
    let input = document.getElementById("upload-input"); ─❶
    let image = document.getElementById("upload-image");
    let uploadArea = document.getElementById("upload-area"); ─❶
    let loadingArea = document.getElementById("loading-area");
    let resultArea = document.getElementById("result-area");
    const reader = new FileReader();
(… 생략 …)
   reader.onload = async function(event) {
     await image.setAttribute('src', event.target.result);
     await predict();
     loadingArea.style.display = "none";
    resultArea.style.display = "block";
   };

   uploadArea.onclick = function() { ─❷
     input.click();
   }

   uploadArea.ondragover = function(event) { ─❸
     event.preventDefault();
   }

   uploadArea.ondrop = function(event) {
     event.preventDefault();
     const file = event.dataTransfer.files[0]; ─❹
     readFile(file);
   }
(… 생략 …)
```

수정한 코드를 하나씩 살펴보겠습니다. ❶은 document.getElemntById를 사용하여 클릭 및 드래그 앤드 드롭 기능을 적용할 <div> 태그와 <input> 태그를 변수에 지정한 것입니다.

그다음 ❷는 id가 upload-area인 <div> 태그 영역을 클릭했을 때 파일 선택 창이 나타나는 코드를 추가한 것입니다. uploadArea.onclick에 함수를 지정하면, uploadArea 영역을 클릭했을 때 해당 함수가 실행됩니다. 함수 내용은 input 변수에 할당된 upload-input을 클릭한 것으로 처리하라는 input.click()입니다. 즉, uploadArea를 클릭하면 <input> 태그를 클릭한 것으로 처리됩니다. 여기까지 입력하고 코드를 실행하면, 업로드 영역을 클릭했을 때 사진 선택 창이 뜨는 것을 확인할 수 있습니다.

❸에는 id가 upload-area인 <div> 태그 영역에 이미지 파일을 드래그 앤드 드롭했을 때 새 탭에 이미지 파일이 열리는 것을 막고 인공지능 테스트를 하는 코드를 추가했습니다. 이를 위해서 우선 uploadArea.ondragover에 함수를 지정해야 합니다. 이때 지정해 주는 함수는 event 인자를 받아서 event.preventDeafult(); 코드를 수행합니다. 이 상태에서 마찬가지로 uploadArea.ondrop에 event 인자를 받아서 event.preventDeafult(); 코드를 수행해 주는 함수를 지정해 주면, 업로드 영역에 드래그한 이미지 파일을 놓았을 때 새 탭에 이미지 파일이 열리지 않습니다.

❗ event.preventDeafult()는 웹 브라우저에서 해당 이벤트 시점에 수행하는 기본 동작을 하지 않도록 막아 주는 코드입니다.

마지막으로 ❹는 입력받은 이미지 파일을 사용해서 인공지능 테스트를 수행하는 코드입니다. 기존에 <input> 태그에 지정한 onchange="readFile(this.files[0]) 속성과 마찬가지로 드래그 앤드 드롭한 파일을 전달하면서 readFile 함수를 직접 실행하면 됩니다. 이 경우에는 event.dataTransfer.files[0]이 드래그 앤드 드롭된 파일에 해당합니다. 이를 readFile 함수에 전달하면서 실행시킵니다. 그러면 나머지 코드에 의해서 예측될 것 같습니다. 한번 테스트해 볼까요?

동물상 테스트

얼굴로 보는 인공지능 동물상 테스트

사진을 올려놓거나 눌러서 업로드 해주세요!

동물상 테스트

얼굴로 보는 인공지능 동물상 테스트

사진을 올려놓거나 눌러서 업로드 해주세요!

인공지능 모델을 불러오는 중입니다...

동물상 테스트

얼굴로 보는 인공지능 동물상 테스트

사진을 올려놓거나 눌러서 업로드 해주세요!

당신은 고양이상!

고양이: 90%
강아지: 5%
말: 4%
쥐: 1%
돼지: 0%

동물상 테스트

얼굴로 보는 인공지능 동물상 테스트

사진을 올려놓거나 눌러서 업로드 해주세요!

당신은 고양이상!

고양이: 90%
강아지: 5%
말: 4%
쥐: 1%
돼지: 0%

드래그 앤드 드롭 기능이 추가된 화면

이미지 파일을 드래그 앤드 드롭하거나 업로드 영역을 클릭해서 올리면, "인공지능을 불러오는 중입니다..."라는 문구가 나타나고 동물상 테스트 결과도 제대로 나타납니다. 이때 상단의 파일 선택 영역은 그대로 있으며, 다시 새 이미지 파일을 업로드하면 모델을 다시 불러오지 않고 테스트 결과가 바로 나타납니다.

Do it! 07 초기 화면으로 돌아가는 재선택 영역 만들기

나중에 디자인을 쉽게 적용할 수 있도록 코드를 조금 더 개선하겠습니다. 여기에서는 드래그 앤드 드롭 또는 클릭으로 이미지를 올리면 기존의 이미지 선택 영역은 사라지고, 최종 테스트 결과 아래에 재선택 영역이 나타나도록 수정해 보겠습니다. 재선택 영역을 클릭하면 초기 화면으로 다시 돌아가는 것이죠.

우선 `<div id="retry-area">` 태그를 추가합니다.

..\animal_test\index.html

```
(… 생략 …)
<div id="result-area" style="display: none;">
  <img id="upload-image" src="#" alt="your image" />
  <div id='label-container'></div>
</div>
```

```
<div id="retry-area" style="display: none;">
  <span>다른 사진으로 테스트하려면 눌러 주세요!</span>
</div>
(… 생략 …)
```

그리고 자바스크립트에서 처리할 수 있도록 `document.getElementById`를 사용하여 `retryArea` 변수에 해당 태그를 지정합니다. 또한 이미지 파일이 전달되어 `readFile` 함수를 실행하면, `uploadArea.style.display = "none";` 코드로 파일 선택 영역이 화면에서 사라지도록 작성해 줍니다.

..\animal_test\index.html

```
(… 생략 …)
<script type="text/javascript">
  const URL = "https://teachablemachine.withgoogle.com/models/dET0Q3COK/";

  let model, labelContainer, maxPredictions;
  let isModelReady = false;
  let input = document.getElementById("upload-input");
  let image = document.getElementById("upload-image");
  let uploadArea = document.getElementById("upload-area");
  let loadingArea = document.getElementById("loading-area");
  let resultArea = document.getElementById("result-area");
  let retryArea = document.getElementById("retry-area");
  const reader = new FileReader();

  async function readFile(file) {
    uploadArea.style.display = "none";
    if (isModelReady === false) {
      loadingArea.style.display = "block";
      await init();
    }
    reader.readAsDataURL(file);
  }
(… 생략 …)
```

다음으로 predict 함수 수행을 완료합니다. 즉, 인공지능 예측이 완료된 시점에 `retryArea.style.display = "block";` 코드로 재선택 영역이 화면에 나타나게 만듭니다.

..\animal_test\index.html

```
(… 생략 …)
  reader.onload = async function(event) {
    await image.setAttribute('src', event.target.result);
    await predict();
    loadingArea.style.display = "none";
    resultArea.style.display = "block";
    retryArea.style.display = "block";
};
(… 생략 …)
```

마지막으로 하단의 재선택 영역을 클릭했을 때 실행할 동작을 정의하는 retryArea.onclick 함수를 다음과 같이 추가합니다.

..\animal_test\index.html

```
(… 생략 …)
  retryArea.onclick = function() {
    retryArea.style.display = "none";
    resultArea.style.display = "none";
    uploadArea.style.display = "block";
  }
(… 생략 …)
```

이 함수는 동물상 테스트 하단에 있는 재선택 영역을 클릭했을 때 재선택 영역과 결과 영역은 노출하지 않고, 파일 선택 영역만 재노출하여 초기 상태의 화면으로 되돌립니다. 이때 isModelReady값은 true로 유지되므로 이미지 파일을 재선택하면 모델을 새로 불러오지 않고 결과를 바로 표시합니다.

여기서 한 가지 고려할 점이 생깁니다. 자바스크립트에서 file input은 기존에 선택한 파일과 같은 파일을 다시 선택하면 파일이 변경된 것으로 인식하지 않습니다. 따라서 onchange 속성에 지정한 함수가 실행되지 않아 화면이 멈추는 결과가 발생할 수 있습니다.

그럼 어떻게 해결해야 할까요? 다음과 같이 재선택 영역을 클릭했을 때 해당 <input> 태그의 value 속성을 빈 문자열("")로 지정해 주면 됩니다. 그러면 초기화된 상태에서 같은 파일을 선택하더라도 다음 과정으로 문제없이 진행됩니다.

..\animal_test\index.html

```
(… 생략 …)
retryArea.onclick = function () {
  retryArea.style.display = "none";
  resultArea.style.display = "none";
  uploadArea.style.display = "block";
  input.value = "";
}
(… 생략 …)
```

05~07 단계에서 수정한 코드를 정리하면 다음과 같습니다.

..\animal_test\index.html

```
(… 생략 …)
<body>
  <div>
    <h1>동물상 테스트</h1>
    <h3>얼굴로 보는 인공지능 동물상 테스트</h3>
  </div>
  <div>
    <div id="upload-area">
      <span>📷</span>
      <br />
      <span>사진을 올려놓거나 눌러서 업로드해 주세요!</span>
      <input id="upload-input" style="display: none;" type="file" accept=
"image/*" onchange="readFile(this.files[0]);" />
    </div>
    <div id="loading-area" style="display: none;">
      <span>🏃~~</span>
      <br />
      <span>인공지능 모델을 불러오는 중입니다...</span>
    </div>
    <div id="result-area" style="display: none;">
      <img id="upload-image" src="#" alt="your image" />
      <div id='label-container'></div>
    </div>
    <div id="retry-area" style="display: none;">
      <span>다른 사진으로 테스트하려면 눌러 주세요!</span>
    </div>
  </div>
```

```
  <script src="https://cdn.jsdelivr.net/npm/@tensorflow/tfjs@1.3.1/dist/tf.min.
js"></script>
  <script src="https://cdn.jsdelivr.net/npm/@teachablemachine/image@0.8/dist/
teachablemachine-image.min.js"></script>
  <script type="text/javascript">
    const URL = "https://teachablemachine.withgoogle.com/models/dET0Q3COK/";

    let model, labelContainer, maxPredictions;
    let isModelReady = false;
    let input = document.getElementById("upload-input");
    let image = document.getElementById("upload-image");
    let uploadArea = document.getElementById("upload-area");
    let loadingArea = document.getElementById("loading-area");
    let resultArea = document.getElementById("result-area");
    let retryArea = document.getElementById("retry-area");
    const reader = new FileReader();

    async function readFile(file) {
      uploadArea.style.display = "none";
      if (isModelReady === false) {
        loadingArea.style.display = "block";
        await init();
      }
      reader.readAsDataURL(file);
    }

    reader.onload = async function(event) {
      await image.setAttribute('src', event.target.result);
      await predict();
      loadingArea.style.display = "none";
      resultArea.style.display = "block";
      retryArea.style.display = "block";
    };

    uploadArea.onclick = function() {
      input.click();
    }

    uploadArea.ondragover = function(event) {
      event.preventDefault();
```

```
    }

    uploadArea.ondrop = function(event) {
      event.preventDefault();
      const file = event.dataTransfer.files[0];
      readFile(file);
    }

    retryArea.onclick = function() {
      retryArea.style.display = "none";
      resultArea.style.display = "none";
      uploadArea.style.display = "block";
      input.value = "";
    }

    async function init() {
  (… 생략 …)
```

앞의 코드를 실행한 결과 화면은 다음과 같이 나타납니다.

동물상 테스트

얼굴로 보는 인공지능 동물상 테스트

사진을 올려놓거나 눌러서 업로드 해주세요!

동물상 테스트

얼굴로 보는 인공지능 동물상 테스트

인공지능 모델을 불러오는 중입니다...

동물상 테스트

얼굴로 보는 인공지능 동물상 테스트

당신은 고양이상!

고양이: 90%
강아지: 5%
말: 4%
쥐: 1%
돼지: 0%
다른 사진으로 테스트하려면 눌러주세요!

결과 영역을 개선하고 드래그 앤드 드롭 기능을 완성한 결과 화면

지금까지 인공지능 동물상 테스트의 결과 영역을 개선하고 이미지 업로드 영역의 드래그 앤드 드롭 기능을 적용해 보았습니다. 다음 11-5절에서는 CSS로 화면을 좀 더 보기 좋게 디자인하는 방법을 살펴보겠습니다.

11-5 CSS로 디자인 수정하기

여기에서는 CSS의 기본 스타일을 추가하여 웹 페이지를 좀 더 보기 좋게 바꾸고, 사용자도 편리하게 이용할 수 있도록 만들어 보겠습니다.

Do it! 01 HTML 태그에 클래스명 입력하기

CSS를 사용하려면 다음과 같이 CSS를 적용할 HTML 태그에 클래스를 입력해야 합니다.

..\animal_test\index.html

```
(… 생략 …)
<body>
  <div class="header">
    <h1>동물상 테스트</h1>
    <h3>얼굴로 보는 인공지능 동물상 테스트</h3>
  </div>
  <div class="container">
    <div id="upload-area" class="area">
      <span class="guide-image">📷</span>
      <br />
      <span>사진을 올려놓거나 눌러서 업로드해 주세요!</span>
      <input id="upload-input" style="display: none;" type="file" accept=
"image/*" onchange="readFile(this.files[0]);" />
    </div>
    <div id="loading-area" class="area" style="display: none;">
      <span class="guide-image">🏃〰️</span>
      <br />
      <span>인공지능 모델을 불러오는 중입니다...</span>
    </div>
    <div id="result-area" class="area" style="display: none;">
      <img id="upload-image" src="#" alt="your image" />
```

```
      <div id='label-container'></div>
    </div>
    <div id="retry-area" class="area" style="display: none;">
      <span>다른 사진으로 테스트하려면 눌러 주세요!</span>
    </div>
  </div>
(… 생략 …)
</body>
(… 생략 …)
```

Do it! 02 style.css 파일 작성하기

index.html 파일과 같은 경로에 새로운 style.css 파일을 만들어 다음 코드를 입력하고 저장합니다.

..\animal_test\style.css

```
/* 웹 폰트 불러오기  */
@import url('https://fonts.googleapis.com/css2?family=Do+Hyeon&display=swap');

/* 문서 전체의 기본이 되는 body 영역 스타일 적용 */
body {
  padding: 0; /* 내부 여백 제거 */
  margin: 0; /* 외부 여백 제거 */
  font-family: 'Do Hyeon', sans-serif; /* 폰트 적용 */
  color: #35465d; /* 텍스트 색상 적용 */
}

/* 헤더 영역 스타일 적용 */
.header {
  padding: 10px 0; /* 상단과 하단의 내부 여백 추가 */
  background-color: white; /* 배경 색상 추가 */
}

/* h1 태그, h3 태그 스타일 적용 */
h1, h3 {
  margin-top: 0; /* 상단 외부 여백 제거 */
  margin-bottom: 10px; /* 하단 외부 여백 추가 */
```

```
  text-align: center; /* 텍스트 가운데 정렬 적용 */
}

/* 중간 콘텐츠 영역 스타일 적용 */
.container {
  background-color: #f6f7fa; /* 배경 색상 적용 */
  display: flex; /* flex 디스플레이 적용 */
  flex-direction: column; /* flex 디스플레이 방향 적용 */
  justify-content: center; /* 영역 내부 가운데 정렬 적용(flex 디스플레이) */
  align-items: center; /* 영역 내부 가운데 정렬 적용(flex 디스플레이) */
  min-width: 350px; /* 최소 너비 지정 */
  max-width: 650px; /* 최대 너비 지정 */
  min-height: 400px; /* 최소 높이 지정 */
  padding: 20px 0; /* 상단과 하단의 내부 여백 적용 */
  margin: 0 auto; /* 중간 콘텐츠 영역의 body 태그 내 가로 가운데 정렬 적용 */
  border: 1px solid lightgrey; /* 실선 테두리 적용 */
  border-radius: 10px; /* 원형 테두리 적용 */
}

/* 내부 area 영역 공통 스타일 적용 */
.area {
  background-color: white; /* 배경 색상 적용 */
  width: 60%; /* 너비 지정 */
  min-width: 300px; /* 최소 너비 지정 */
  max-width: 600px; /* 최대 너비 지정 */
  border: 2px dashed steelblue; /* 점선 테두리 적용 */
  border-radius: 10px; /* 원형 테두리 적용 */
  margin: 0 auto; /* 내부 area 영역의 container div 태그 내 가로 가운데 정렬 적용 */
  padding: 20px; /* 내부 여백 적용 */
  text-align: center; /* 텍스트 가운데 정렬 적용 */
}

/* 파일 업로드 영역 스타일 적용 */
#upload-area {
  cursor: pointer; /* 해당 영역에 마우스를 올리면 손가락 모양으로 마우스 커서 표시 */
}

/* 재선택 영역 스타일 적용 */
#retry-area {
```

```
  cursor: pointer; /* 해당 영역에 마우스를 올리면 손가락 모양으로 마우스 커서 표시 */
  margin-top: 20px; /* 상단 외부 여백 적용 */
}

/* 파일 업로드 영역, 재선택 영역 마우스 오버 시 스타일 적용 */
#upload-area:hover,
#retry-area:hover {
  background-color: aliceblue; /* 배경 색상 적용 */
}

/* area 내부의 그림 문자(카메라) 스타일 적용 */
.guide-image {
  font-size: 120px; /* 폰트 크기 적용 */
}

/* img 태그 스타일 적용 */
#upload-image {
  width: 55%; /* 너비 지정 */
  max-width: 540px; /* 최대 너비 지정 */
}
```

Do it! 03 style.css 파일과 index.html 파일 연결하기

새로 만든 style.css 파일과 index.html 파일을 연결해야겠죠? 다음과 같이 index.html 파일의 <head> 안에 <link> 태그를 추가하고 저장합니다.

..\animal_test\index.html

```
<!DOCTYPE html>
<html lang="ko">

<head>
  <meta charset="UTF-8">
  <meta name="viewport" content="width=device-width, initial-scale=1.0">
  <title>인공지능 동물상 테스트</title>
  <link rel="stylesheet" href="style.css">
</head>
(… 생략 …)
```

Do it! 04 결과 화면 확인하기

마지막으로 index.html 파일을 실행하여 결과 화면을 확인합니다.

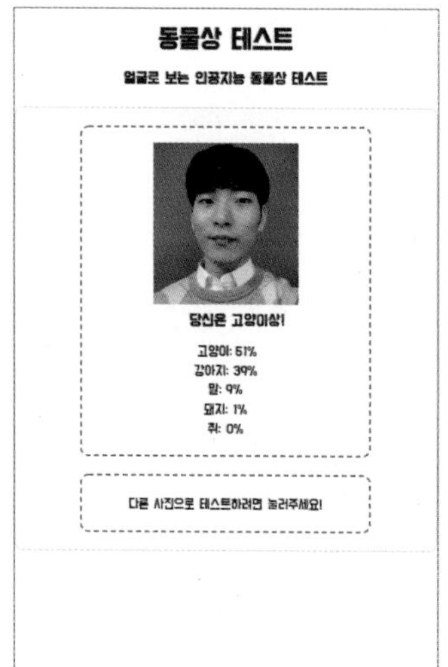

CSS 적용한 결과 화면

비교적 짧고 간단한 CSS 코드로 정돈된 디자인을 완성했습니다. 여기에 적용된 CSS를 완전하게 이해하려면 CSS를 조금 깊게 공부해야 합니다. 이 책에서는 지면의 한계로 CSS를 자세히 다루지 않지만, 좀 더 쉽게 이해할 수 있도록 CSS 코드에 주석을 간단하게 입력해 두었으니 참고하기 바랍니다. 그리고 여기서 작성한 코드는 CSS의 기초이므로 잘 모르는 CSS 속성이 있다면 인터넷에서 직접 찾아보면서 스스로 학습하길 추천합니다.

11-6 디스커스로 댓글 기능 구현하기

지금부터는 서비스 외적인 부가 기능을 좀 더 추가해 보겠습니다. 먼저 테스트를 이용한 사람들이 댓글을 남기면서 소통할 수 있도록 댓글 기능을 추가하겠습니다. 간단한 코드만으로도 쉽게 만들 수 있으니 부담 갖지 말고 따라오세요!

Do it! 01 디스커스 사이트 접속하고 회원 가입, 로그인하기

댓글 기능을 직접 구현하려면 매우 어려우므로 좀 더 쉽게 만들 수 있는 디스커스 Disqus 서비스를 사용해 보겠습니다. 디스커스 사이트 disqus.com에 접속해서 가운데 있는 [GET STARTED]를 클릭하고 회원 가입을 한 뒤 로그인하세요.

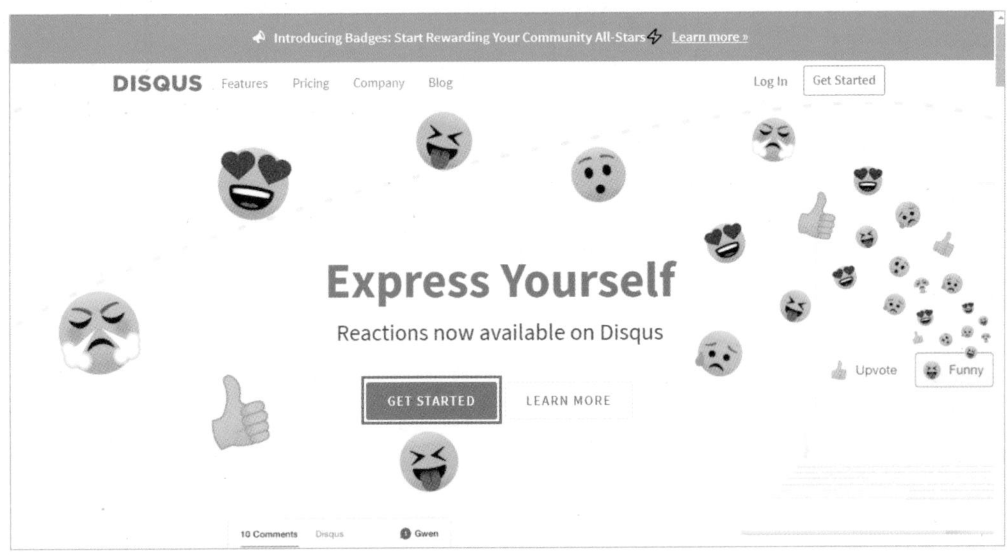

디스커스 사이트 접속 후 [GET STARTED] 선택하기

Do it! 02 **디스커스에서 기본 설정 후 코드 확인하기**

로그인하면 나타난 디스커스 페이지에서 다음과 같이 [I want to install Disqus on my site]를 클릭합니다.

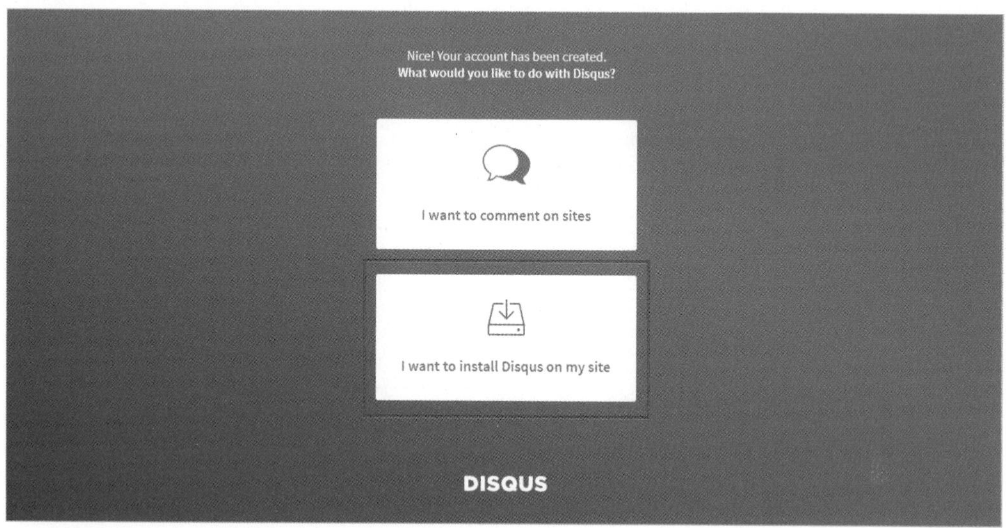

로그인 후 [I want to install Disqus on my site] 선택하기

다음과 같은 [Create a new site] 페이지가 나타나면 사이트 이름을 입력하고 카테고리와 언어를 선택합니다. 디스커스는 한국어가 지원되지 않으므로 [English]를 선택한 뒤 [Create Site]를 클릭합니다.

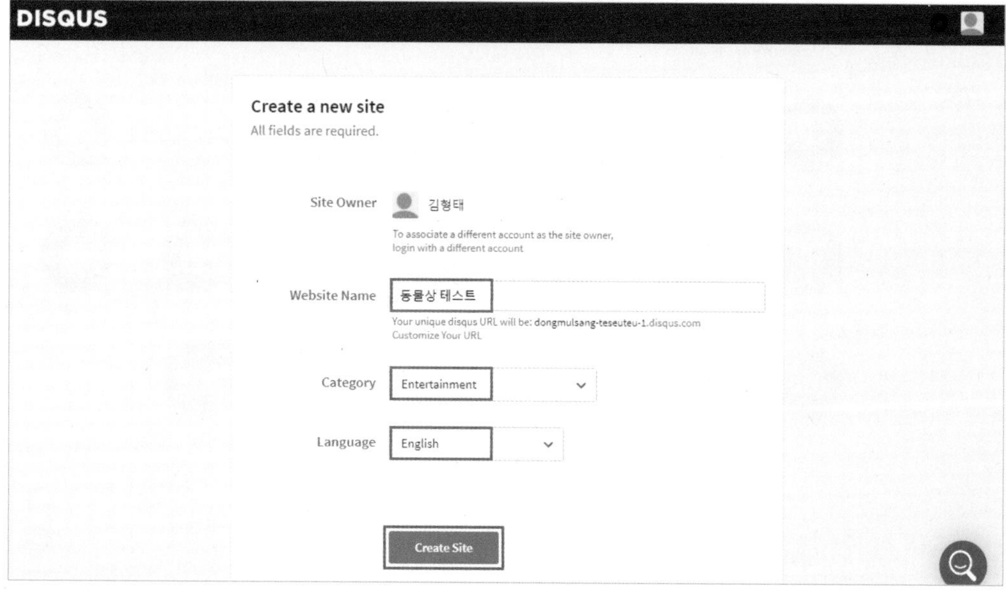

새로운 사이트 정보 입력하기

다음으로 [Select a plan] 페이지가 보이죠? 유료 플랜인 Plus, Pro, Business Plan을 소개하는데 무료 버전 기능으로도 충분하니 화면을 아래로 내려서 Basic Plan에 있는 [Subscribe Now]를 클릭합니다.

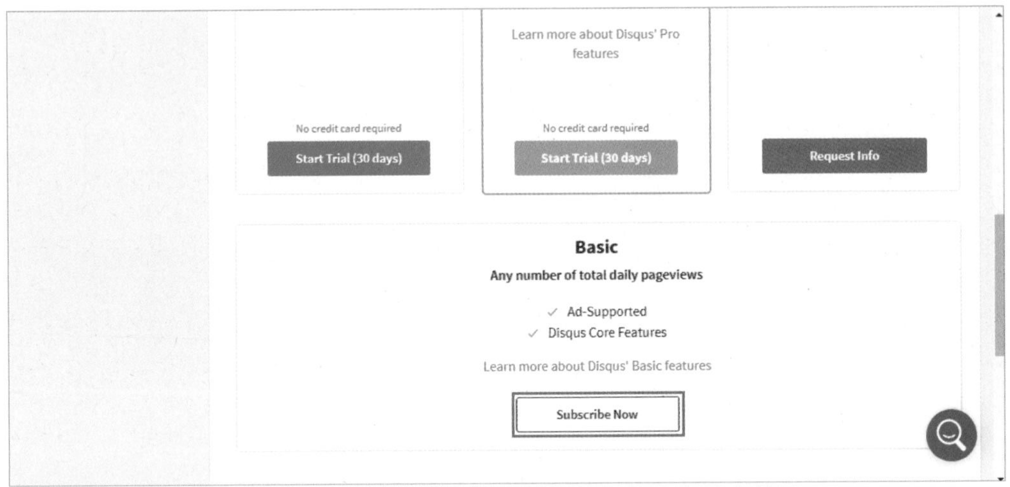

[Select a Plan] 페이지에서 [Basic] 버전 선택하기

다음으로 [What platform is your site on?] 페이지가 나타납니다. 우리는 직접 만든 사이트에 디스커스 댓글을 적용할 것이므로 화면 하단으로 이동해 [I don't see my platform listed, install manually with Universal Code]를 클릭합니다.

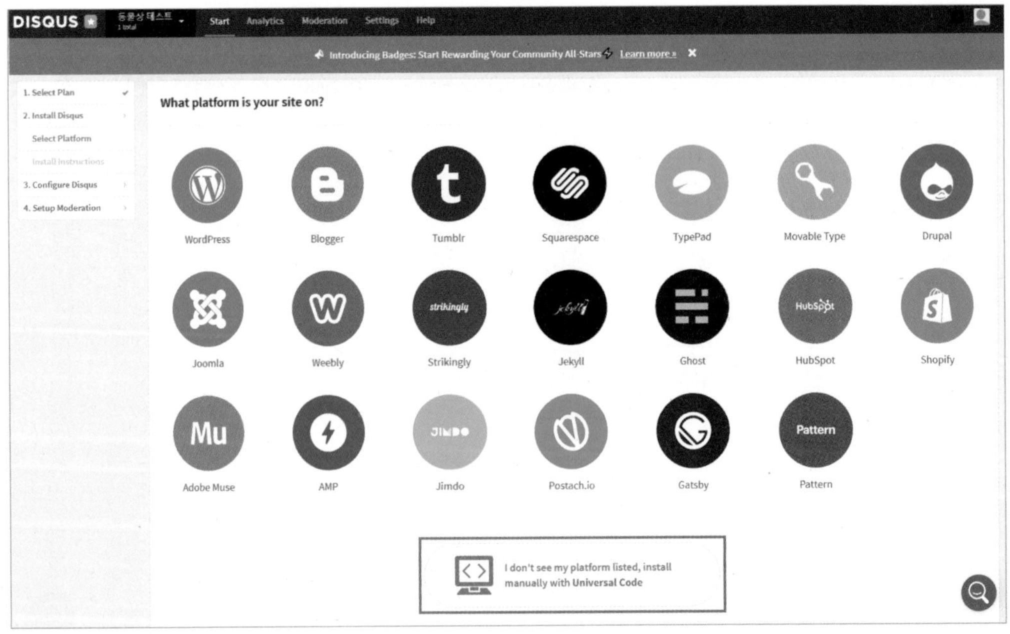

[What platform is your site on?] 페이지에서 플랫폼 선택하기

그러면 실제 코드 적용 방법을 알려 주는 [Universal Code install instructions] 페이지가 보이는데, 화면을 아래로 이동하여 다음과 같은 코드를 복사해 사용할 것입니다.

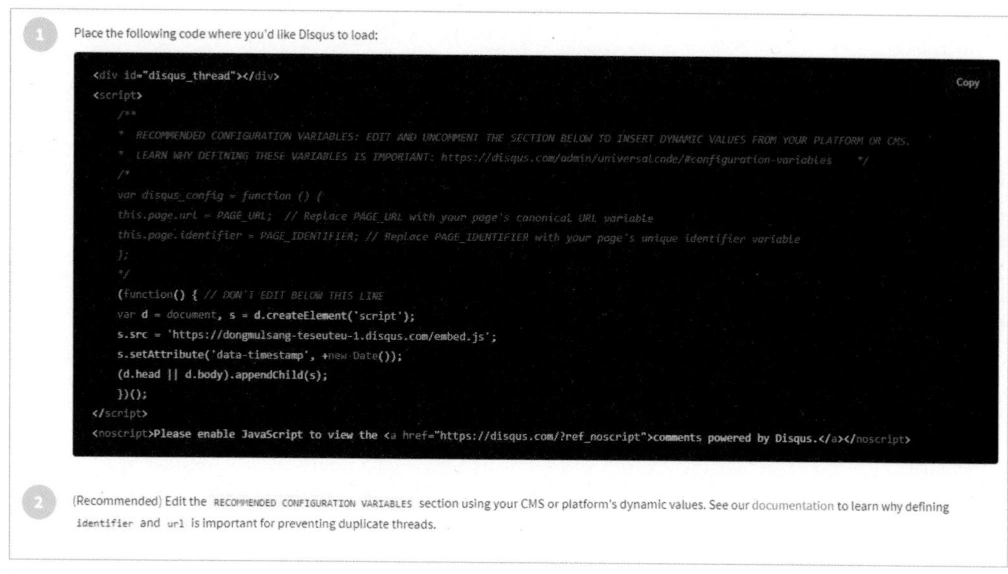

[Universal Code install instructions] 페이지에서 코드 확인하기

위 코드는 크게 두 부분으로 나누어 볼 수 있습니다.

첫 번째는 HTML에 적용할 id가 `disqus_thread`인 `<div>` 태그입니다. 이 태그는 댓글 창을 구현하는 대상 영역을 지정합니다.

```
<div id="disqus_thread"> </div>
```

두 번째는 댓글 기능을 하는 자바스크립트 코드입니다. 주석은 작성하지 않아도 무방합니다. 그리고 사이트에서 보이는 코드의 일부 값이 이 책과 다를 수 있습니다. 특히 `s.src`값은 각 사이트에 따라서 고유한 값으로 작성되어 있습니다.

```
<script>
  /**
  *  RECOMMENDED CONFIGURATION VARIABLES: EDIT AND UNCOMMENT THE SECTION BELOW TO
INSERT DYNAMIC VALUES FROM YOUR PLATFORM OR CMS.
  *  LEARN WHY DEFINING THESE VARIABLES IS IMPORTANT: https://disqus.com/admin/
universalcode/#configuration-variables    */
```

```
  /*
  var disqus_config = function () {
  this.page.url = PAGE_URL;  // Replace PAGE_URL with your page's canonical URL variable
  this.page.identifier = PAGE_IDENTIFIER; // Replace PAGE_IDENTIFIER with your page's unique identifier variable
  };
  */
  (function() { // DON'T EDIT BELOW THIS LINE
  var d = document, s = d.createElement('script');
  s.src = 'https://dongmulsang-teseuteu-1.disqus.com/embed.js';
  s.setAttribute('data-timestamp', +new Date());
  (d.head || d.body).appendChild(s);
  })();
</script>
<noscript>Please enable JavaScript to view the <a href="https://disqus.com/?ref_noscript">comments powered by Disqus.</a></noscript>
```

Do it! 03 index.html 파일에 디스커스 코드 삽입하기

위에서 살펴본 코드를 index.html 파일에 삽입해 보겠습니다. HTML 코드는 `<div class="container">` 태그가 끝난 뒤에 삽입합니다. 이 위치를 꼭 지켜서 입력하세요. 그리고 자바스크립트는 적당한 위치에 배치해도 되지만, `</body>` 태그 직전이자 마지막 `<script>` 태그 아래에 입력합니다. 다음 코드를 참고하여 작성해 보세요.

..\animal_test\index.html

```
(… 생략 …)
<body>
  <div class="header">
    <h1>동물상 테스트</h1>
    <h3>얼굴로 보는 인공지능 동물상 테스트</h3>
  </div>
  <div class="container">
    (… 생략 …)
    <div id="retry-area" class="area" style="display: none;">
      <span>다른 사진으로 테스트하려면 눌러 주세요!</span>
    </div>
```

```
  </div>
  <div id="disqus_thread"></div>

  <script src="https://cdn.jsdelivr.net/npm/@tensorflow/tfjs@1.3.1/dist/tf.min.
js"></script>
  <script src="https://cdn.jsdelivr.net/npm/@teachablemachine/image@0.8/dist/
teachablemachine-image.min.js"></script>
  <script type="text/javascript">
    (… 생략 …)
  </script>
  <script>
    /**
    *  RECOMMENDED CONFIGURATION VARIABLES: EDIT AND UNCOMMENT THE SECTION BELOW
TO INSERT DYNAMIC VALUES FROM YOUR PLATFORM OR CMS.
    *  LEARN WHY DEFINING THESE VARIABLES IS IMPORTANT: https://disqus.com/admin/
universalcode/#configuration-variables  */
    /*
    var disqus_config = function () {
    this.page.url = PAGE_URL;  // Replace PAGE_URL with your page's canonical URL
variable
    this.page.identifier = PAGE_IDENTIFIER; // Replace PAGE_IDENTIFIER with your
page's unique identifier variable
    };
    */
    (function() { // DON'T EDIT BELOW THIS LINE
    var d = document, s = d.createElement('script');
    s.src = 'https://dongmulsang-teseuteu-1.disqus.com/embed.js';
    s.setAttribute('data-timestamp', +new Date());
    (d.head || d.body).appendChild(s);
    })();
  </script>
  <noscript>Please enable JavaScript to view the <a href="https://disqus.
com/?ref_noscript">comments powered by Disqus.</a></noscript>
</body>
</html>
```

코드를 저장하고 index.html 파일을 실행하면 다음과 같이 오류 메시지가 나타납니다. 이 오류 메시지는 코드를 잘못 입력해서 나타난 것이 아닙니다.

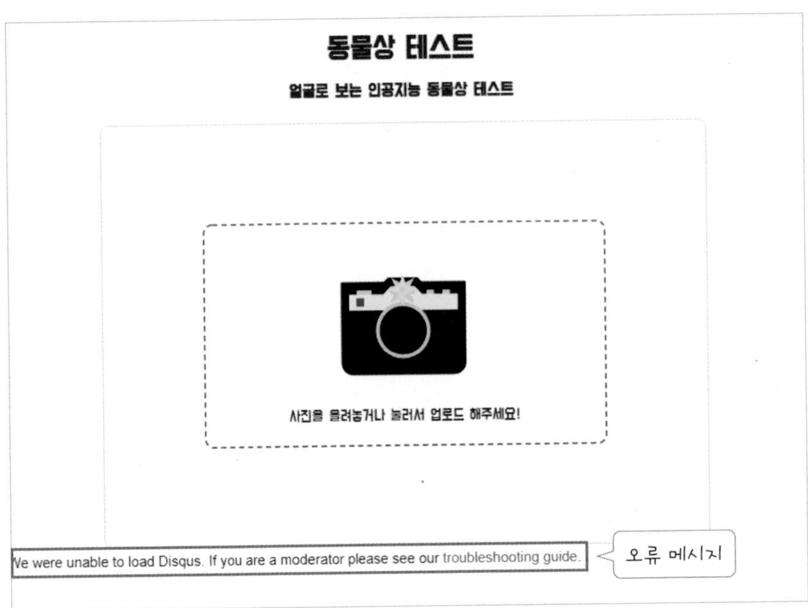
동물상 테스트
얼굴로 보는 인공지능 동물상 테스트
사진을 올려놓거나 눌러서 업로드 해주세요!
We were unable to load Disqus. If you are a moderator please see our troubleshooting guide.
오류 메시지

디스커스의 오류 메시지

이 오류가 나타난 이유를 설명하겠습니다. 지금까지 작성한 코드는 모두 컴퓨터에 저장된 코드를 바탕으로 기능이 작동했지만, 댓글 기능 구현하기부터는 외부 서비스의 기능을 불러와서 사용합니다. 따라서 앞에서 실습했던 것처럼 네트리파이에 사이트를 배포해야 서버 환경에서 댓글 기능을 확인할 수 있습니다. 그러면 앞으로 테스트할 때마다 모두 네트리파이에 올려서 테스트해야 할까요? 그렇게 할 수도 있지만 매우 불편하므로 다음 단계에서 쉬운 방법을 설명하겠습니다.

Do it! 04 **비주얼 스튜디오 코드의 라이브 서버를 설치해서 오류 해결하기**

앞의 오류를 쉽게 해결하기 위해 비주얼 스튜디오 코드의 확장 기능을 사용해 보겠습니다. 비주얼 스튜디오 코드 화면의 왼쪽 메뉴에서 ▣ 아이콘을 클릭하면 다음과 같이 확장 기능을 설치할 수 있습니다. 검색 창에 'Live Server'를 입력하고 상단에 나타난 라이브 서버를 선택한 뒤 [Install]을 클릭해 설치합니다.

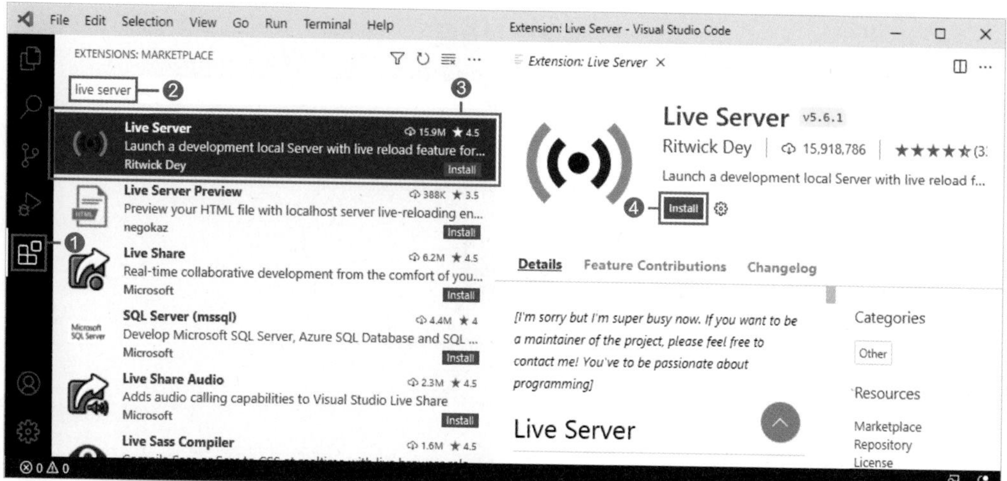

비주얼 스튜디오 코드에서 라이브 서버 설치하기

라이브 서버를 설치하고 다시 index.html 파일로 돌아온 화면에서 다음과 같이 마우스 오른쪽 버튼을 누르면 [Open with Live Server]라는 메뉴가 표시됩니다. 이 메뉴를 클릭하면 웹 브라우저가 자동으로 실행되고, 디스커스 댓글 영역에도 오류 메시지 없이 나타납니다.

❗ 이후 단계에서 결과 화면을 실행할 때는 [Open with Live Server] 메뉴를 선택해서 확인하겠습니다. 또한 라이브 서버는 코드를 수정한 후 저장하면 바로 새로 고침 처리가 되어서 웹 브라우저 화면에 반영된다는 장점이 있습니다.

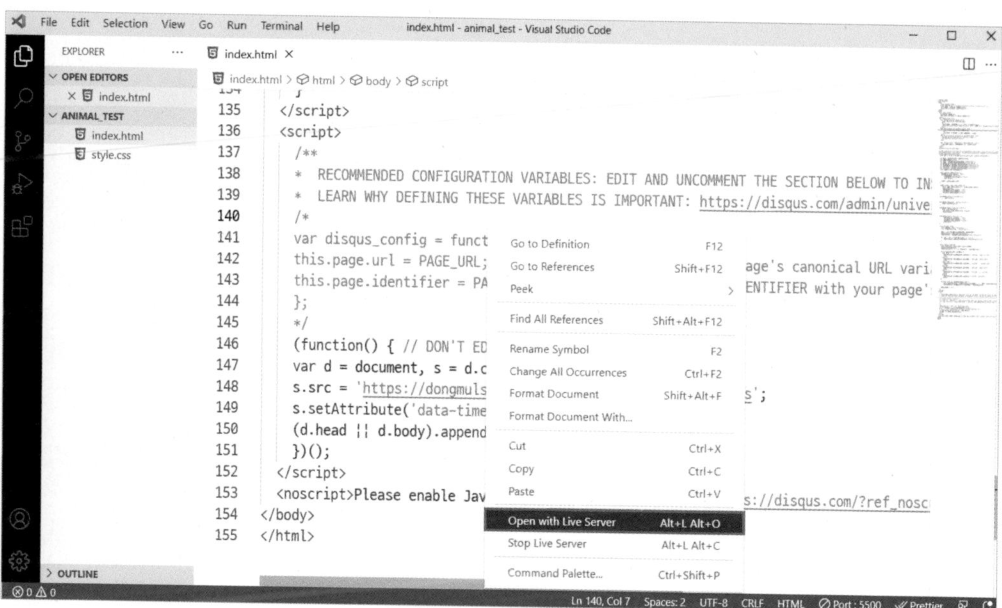

index.html 파일에서 라이브 서버 실행하기

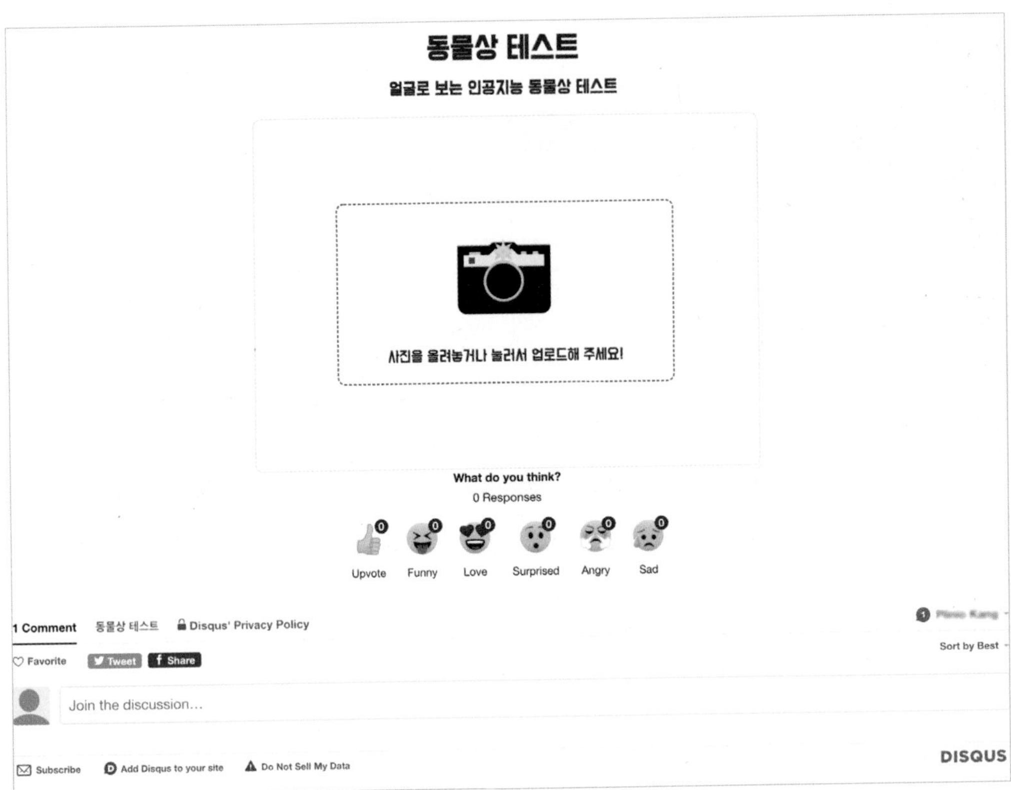

디스커스 댓글 기능을 적용한 결과 화면

Do it! 05 디스커스 댓글 영역의 CSS 추가하기

디스커스 댓글 영역에 좌우 여백이 없어서 답답해 보이고 디자인도 정돈되어 있지 않습니다. CSS 코드를 추가해서 디자인을 수정해 보겠습니다. 11-5절에서 작성했던 style.css 파일 끝부분에 다음과 같이 입력합니다.

..\animal_test\style.css

```
(… 생략 …)
/* 디스커스 댓글 영역 스타일 적용 */
#disqus_thread {
  background-color: #f6f7fa; /* 배경 색상 적용 */
  max-width: 650px; /* 최대 너비 지정 */
  box-sizing: border-box; /* 사이즈 기준 지정 */
  padding: 25px; /* 내부 여백 지정 */
  margin: 0 auto; /* disqus_thread 영역의 container div 태그 내 가로 가운데 정렬 */
  margin-top: 15px; /* 상단 외부 여백 지정 */
  border: 1px solid lightgrey; /* 실선 테두리 적용 */
  border-radius: 10px; /* 원형 테두리 적용 */
}
```

이제 수정한 결과 화면을 확인하고 댓글도 입력해 보세요.

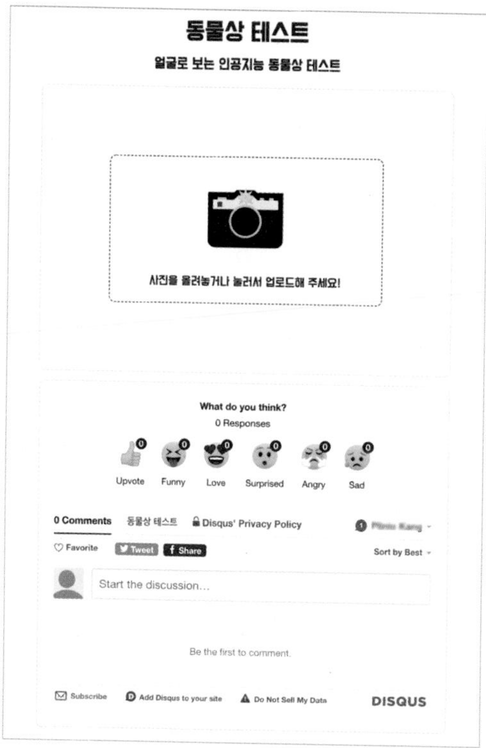

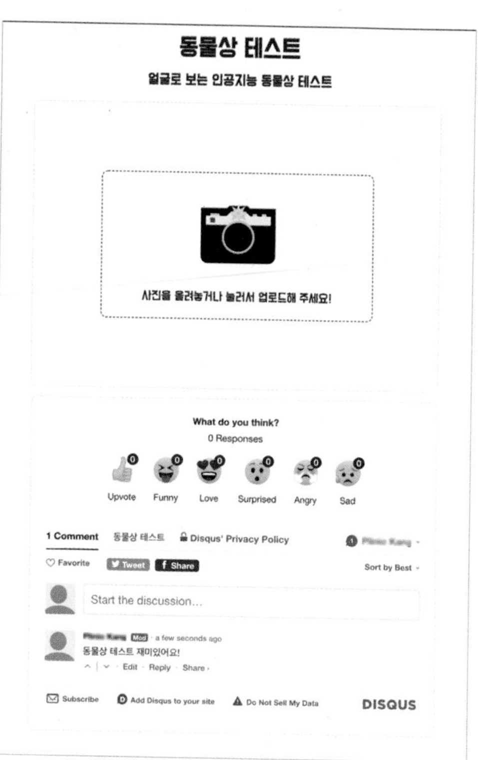

디스커스 댓글 영역에 CSS 적용하고 댓글을 입력한 화면

Do it! 06 디스커스에서 나머지 설정 완료하기

디스커스 사이트로 돌아가서 코드를 복사했던 [Universal Code install instructions] 페이지 하단을 보면 [Configure]가 있습니다.

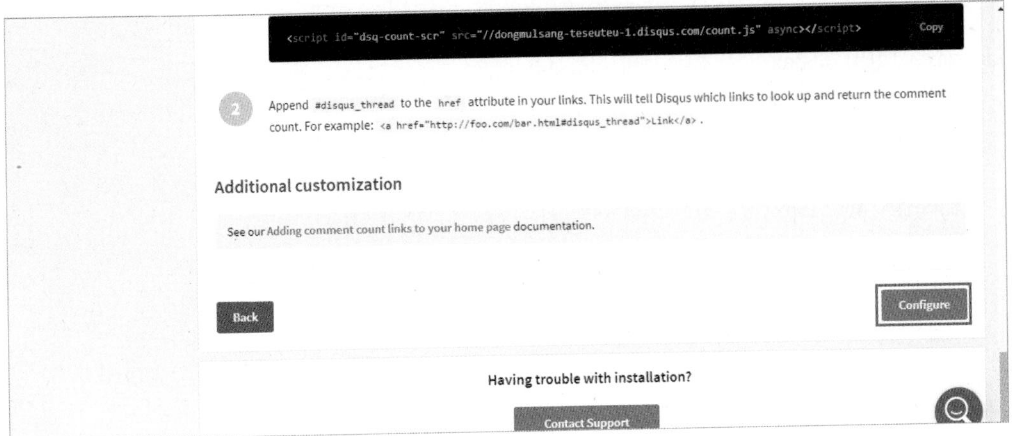

[Universal Code install instructions] 페이지 하단에서 [Configure] 선택하기

이 버튼을 선택하면 다음과 같이 [Configure Disqus] 페이지로 이동하는데, 여기에서는 일부 추가 정보를 입력하거나 [Appearance]에서 디스커스의 색상 테마, 폰트 등을 변경할 수 있습니다. 여기에서는 설정되어 있는 대로 그대로 두고 [Next]를 클릭해 다음 페이지로 이동하겠습니다.

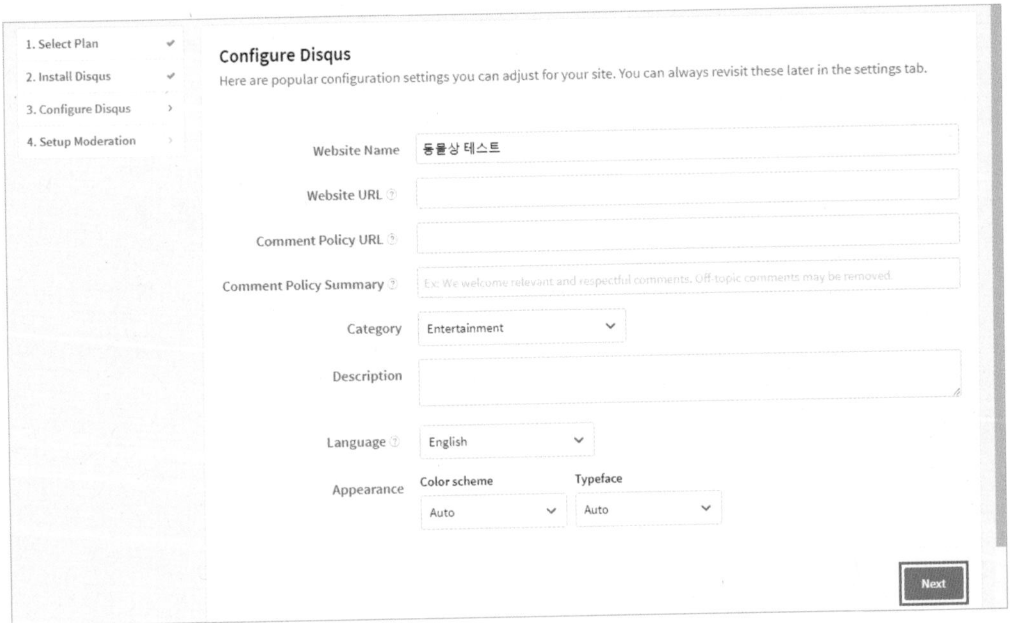

1. Select Plan
2. Install Disqus
3. Configure Disqus
4. Setup Moderation

Configure Disqus
Here are popular configuration settings you can adjust for your site. You can always revisit these later in the settings tab.

Website Name: 동물상 테스트
Website URL
Comment Policy URL
Comment Policy Summary: Ex: We welcome relevant and respectful comments. Off-topic comments may be removed.
Category: Entertainment
Description
Language: English
Appearance: Color scheme Auto / Typeface Auto
Next

[Configure Disqus] 페이지에서 [Next] 선택하기

마지막 [Comment and Moderation Settings] 페이지입니다. 방문자가 댓글을 작성할 수 있도록 [Balanced] 옵션을 선택하고 [Complete Setup]을 클릭하여 디스커스 설정을 마무리합니다.

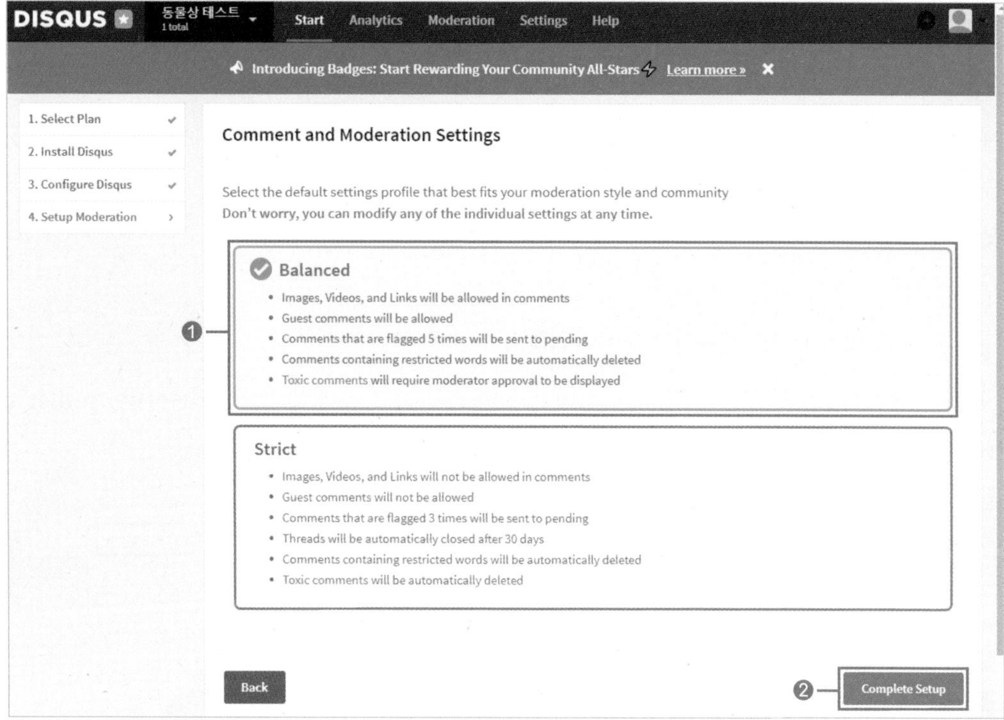

[Comment and Moderation Settings] 페이지에서 [Complete Setup] 선택하기

지금까지 동물상 테스트 웹 서비스를 방문한 사용자가 댓글을 남길 수 있도록 기능을 추가해 완성했습니다. 디스커스는 웹 사이트나 홈페이지에 댓글을 쉽게 추가할 수 있으므로 이 방법을 잘 기억해 두었다가 언제든 필요할 때 꼭 사용해 보길 추천합니다.

11-7 SNS 공유 기능 추가하고 파비콘 등록하기

이번엔 인공지능 동물상 테스트 웹 서비스를 쉽게 공유할 수 있도록 SNS 기능을 추가해 보겠습니다. 여기서는 SNS 공유 기능을 쉽게 구현할 수 있도록 애드디스AddThis 서비스를 이용할 것입니다.

Do it! 01 애드디스 사이트 접속하고 회원 가입하기

애드디스 사이트 addthis.com에 접속하고 왼쪽 가운데에 보이는 [Get started, it's free]를 클릭합니다.

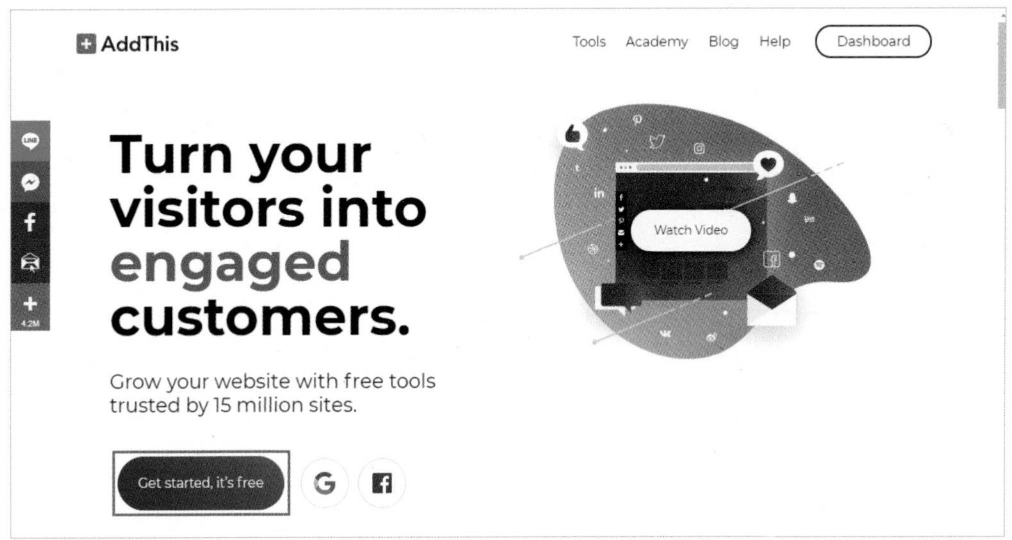

애드디스 사이트 접속 후 [Get started, it's free] 선택하기

그다음에 [Sign Up] 페이지가 나타나는데 여기에서 정보를 입력하거나 구글, 페이스북, 트위터 계정으로 회원 가입을 합니다. 회원 가입을 마치면 [Select a Tool] 페이지가 보입니다.

Do it! 02

애드디스에서 기본 설정하기

SNS 공유 기능을 사용할 것이므로 첫 번째 [Share Buttons]를 클릭합니다.

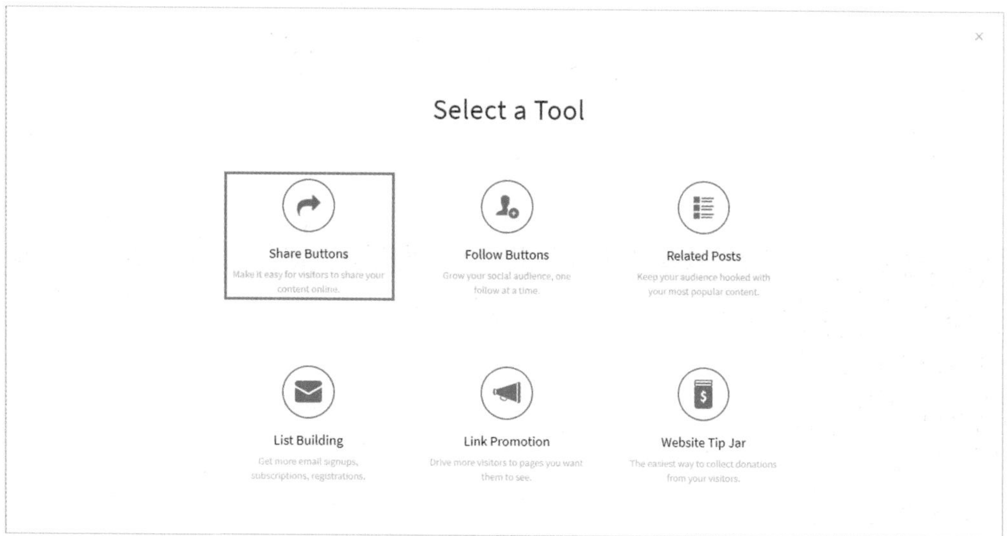

[Select a Tool] 페이지에서 [Share Buttons] 선택하기

이어서 [Select a Tool Type] 페이지가 나타나는데, 여기서는 디자인을 다양하게 선택할 수 있습니다. 두 번째 [Inline]을 선택하고 아래에서 [Continue]를 클릭해 보겠습니다.

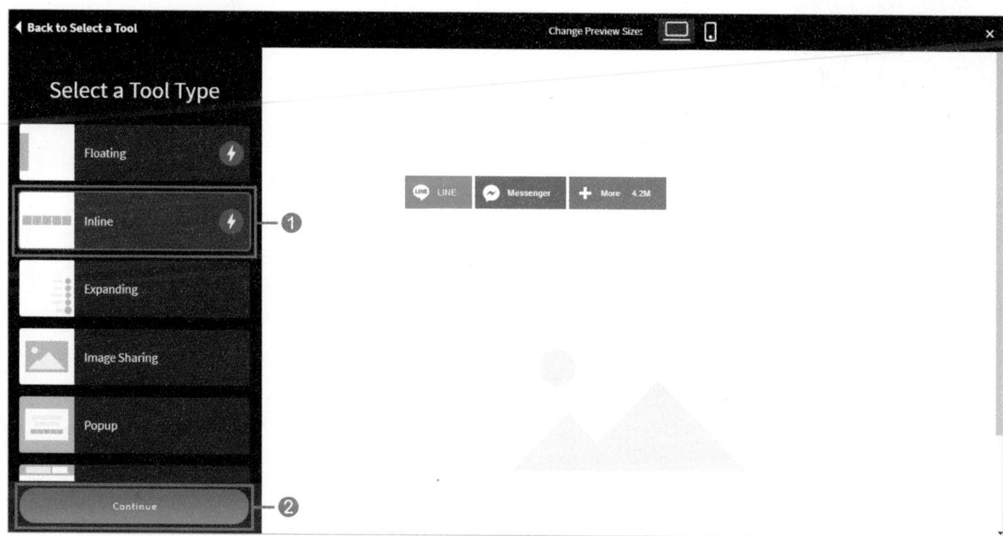

[Inline]을 선택하고 [Continue] 클릭하기

다음으로 세부 디자인을 변경할 수 있는 페이지가 나타납니다. 첫 번째 탭인 [Sharing Services]에서 화면에 표시할 SNS 서비스의 종류와 개수를 지정할 수 있습니다. [Selected by You]를 선택하고 SNS 서비스 종류를 고릅니다. [ADD MORE SERVICES]를 클릭해 새로운 항목을 검색하여 추가하고, 추가한 항목을 마우스로 드래그해서 순서를 변경할 수 있습니다. 우리나라 사람들이 많이 사용하는 카카오톡, 라인, 페이스북 메신저, 페이스북 순서로 추가하겠습니다. SNS 서비스 순서를 변경하면 오른쪽의 미리 보기 창에서 종류와 디자인을 확인할 수 있습니다.

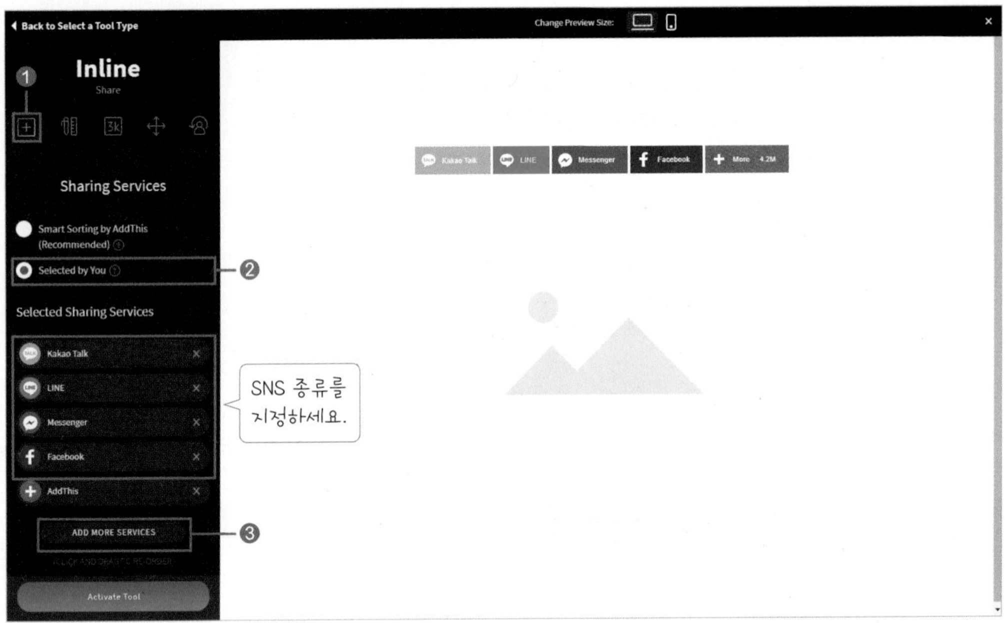

[Inline Share] 페이지에서 [Sharing Services] 탭 설정하기

두 번째 탭인 [Design]으로 이동합니다. [Rounded Corners] 항목의 슬라이더를 오른쪽으로 이동하여 최대치로 변경하면 SNS 모서리가 둥글게 변합니다. 그리고 하단에서 [Hide Network Names] 항목을 [Yes]로 체크해 버튼 안에 SNS 이름이 보이지 않게 설정합니다.

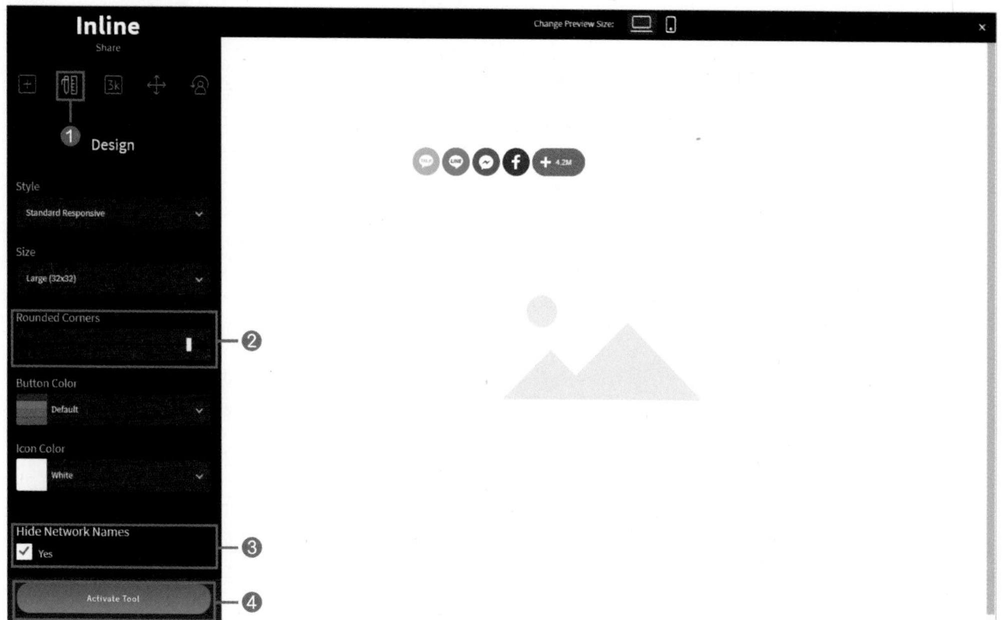

[Inline Share] 페이지에서 [Design] 탭 설정하기

여기까지 설정했다면 맨 아래에 있는 파란색 [Activate Tool]을 클릭합니다. 현재 설정 내용을 기반으로 애드디스 내에 SNS 공유 기능을 만든 것입니다. 다음으로 내 사이트에 SNS 공유 기능을 적용하는 방법이 담겨 있는 [Get The Code] 페이지가 나타납니다.

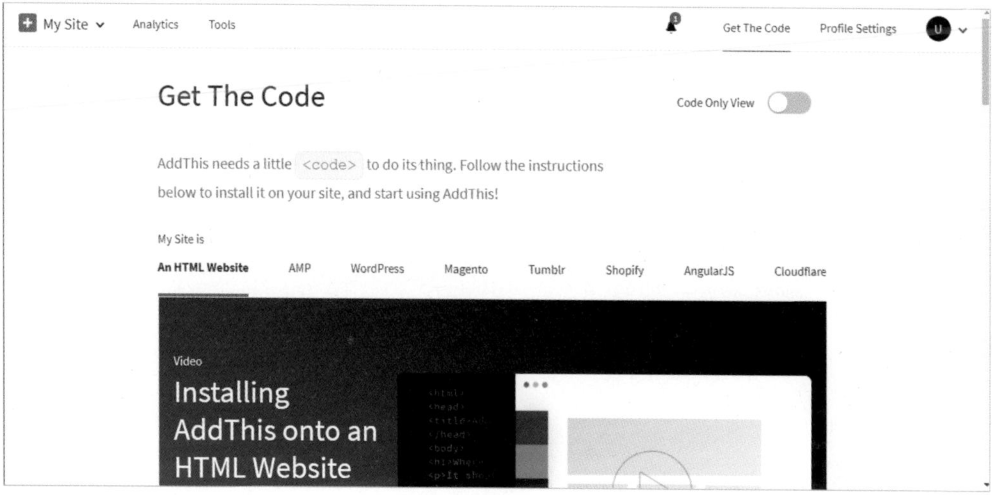

[Get The Code] 페이지

Do it! 03 **index.html 파일에 애드디스 코드 삽입하기**

[Get The Code] 페이지에서 첫 번째 탭인 [An HTML Website]를 선택한 상태로 오른쪽 상단의 [Code Only View] 모드를 활성화하면 아래에 2가지 코드가 나타납니다.

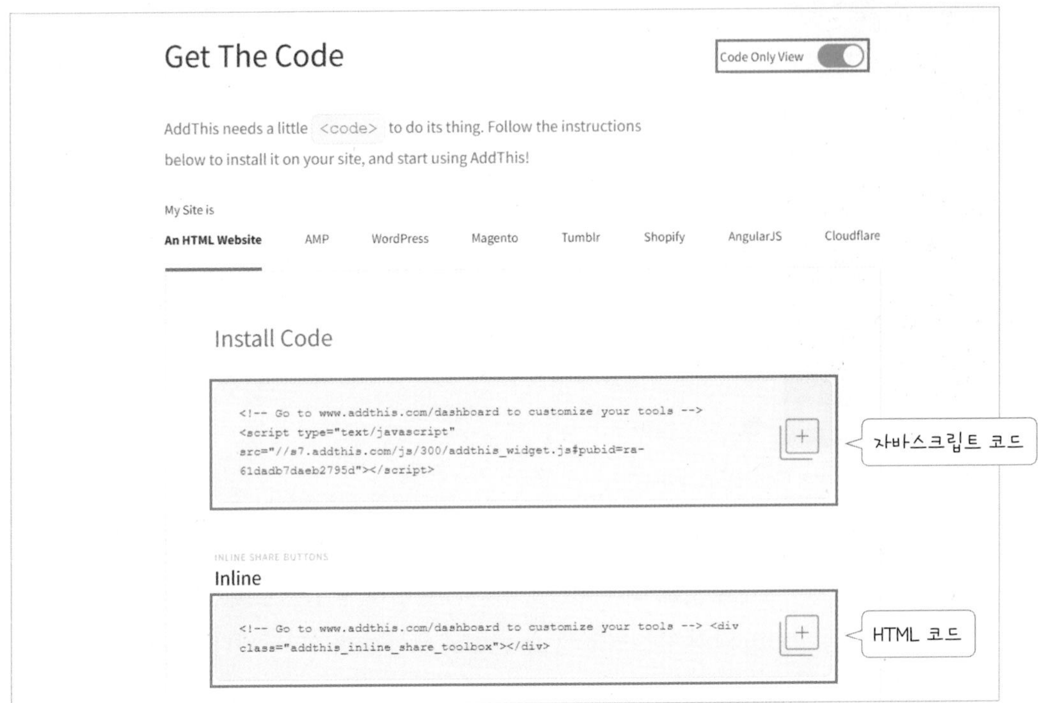

[Get The Code] 페이지에서 [Code Only View] 모드로 보기

여기에서 첫 번째 코드 [Install Code]는 index.html 파일에 넣어야 할 자바스크립트 코드입니다. 댓글 기능을 추가할 때와 마찬가지로 <body> 태그의 마지막 부분에 입력하겠습니다. 그리고 두 번째 코드 [Inline]은 HTML 태그입니다. 이 코드를 넣으려면 먼저 완성된 결과 화면을 확인해야 합니다.

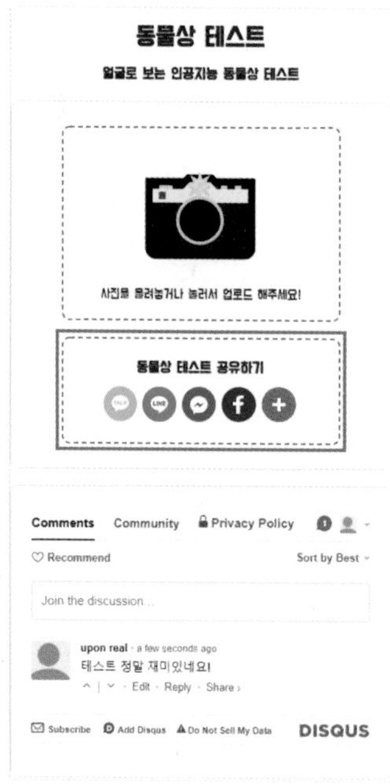

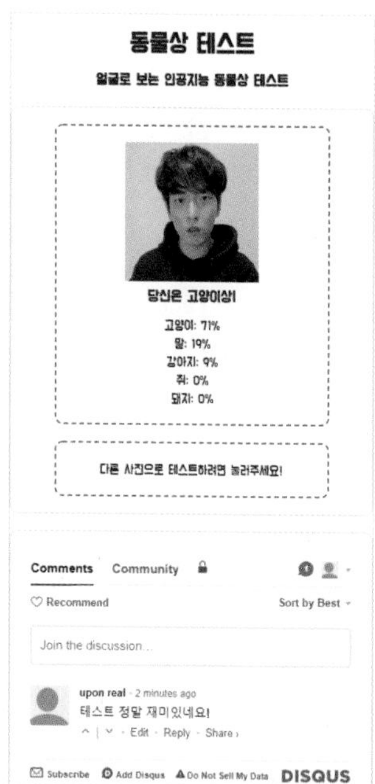

인공지능 동물상의 완성된 결과 화면 살펴보기

이와 같이 SNS 공유하기 영역은 이미지 업로드 영역 아래에 추가해야 합니다. 따라서 이미지 업로드 영역인 `<div id="upload-area">`와 로딩 영역인 `<div id="loading-area">` 사이에 새로운 `<div id="share-area">` 태그를 추가하겠습니다. 그러면 애드디스에서 제공한 코드를 복사하여 다음과 같이 추가해 봅시다.

..\animal_test\index.html

```
(… 생략 …)
<div class="container">
    <div id="upload-area" class="area">
      <span class="guide-image">📷</span>
      <br />
      <span>사진을 올려놓거나 눌러서 업로드해 주세요!</span>
      <input id="upload-input" style="display: none;" type="file" accept=
"image/*" onchange="readFile(this.files[0]);" />
    </div>
    <div id="share-area" class="area">
      <h3>동물상 테스트 공유하기</h3>
      <div class="addthis_inline_share_toolbox"></div>
    </div>
    <div id="loading-area" class="area" style="display: none;">
```

```
        <span class="guide-image">🏃〰</span>
        <br />
        <span>인공지능 모델을 불러오는 중입니다...</span>
      </div>
      (… 생략 …)
  <script type="text/javascript" src="//s7.addthis.com/js/300/addthis_widget.
js#pubid=ra-61752b274d05c305"></script>
</body>
(… 생략 …)
```

이렇게 코드를 수정하고 결과 화면을 확인해 보면 다음과 같이 나타납니다.

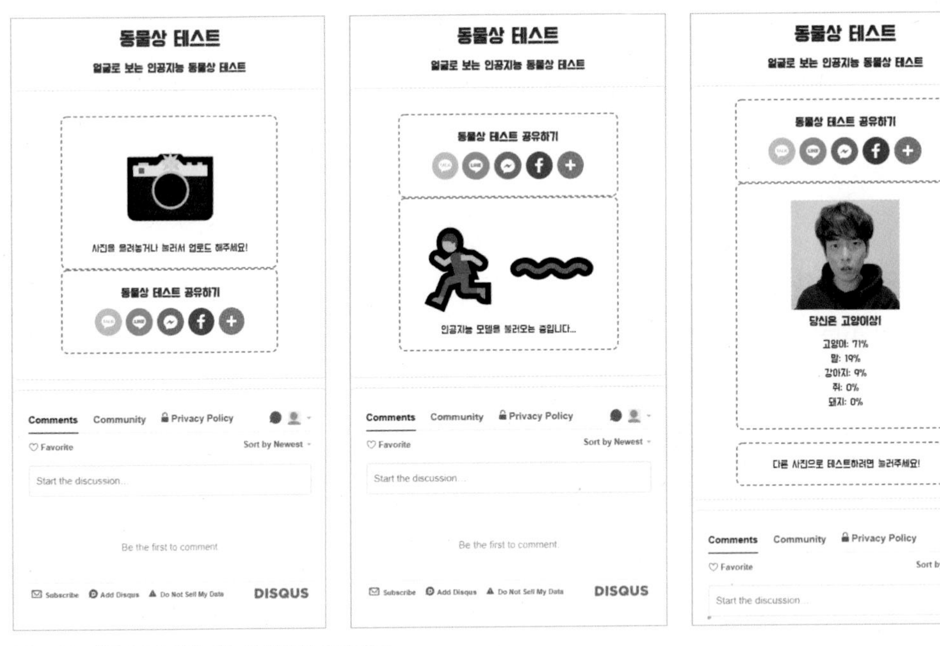

애드디스 내에 SNS 공유 기능을 적용한 결과 화면

SNS 공유 영역에 CSS를 따로 지정하지 않아도 `class="area"`를 입력했기 때문에 같은 CSS가 적용된 것을 확인할 수 있습니다. 또한 모델을 불러올 때도, 동물상 테스트 결과가 나타날 때도 SNS 공유 영역이 나타납니다. 그러므로 SNS 공유 영역은 처음에 사진 업로드 영역이 나타나는 시점에만 보이도록 자바스크립트 코드를 수정해 보겠습니다.

Do it! 04 자바스크립트 코드 수정하기

수정할 자바스크립트 코드는 딱 세 줄입니다. 다음과 같이 추가해 보세요.

..\animal_test\index.html

```
(… 생략 …)
<script type="text/javascript">
    const URL = "https://teachablemachine.withgoogle.com/models/dET0Q3COK/";

    let model, labelContainer, maxPredictions;
    let isModelReady = false;
    let input = document.getElementById("upload-input");
    let image = document.getElementById("upload-image");
    let uploadArea = document.getElementById("upload-area");
    let shareArea = document.getElementById("share-area"); ─❶
    let loadingArea = document.getElementById("loading-area");
    let resultArea = document.getElementById("result-area");
    let retryArea = document.getElementById("retry-area");
    const reader = new FileReader();

    async function readFile(file) {
      uploadArea.style.display = "none";
      shareArea.style.display = "none"; ─❷
      if (isModelReady === false) {
        loadingArea.style.display = "block";
        await init();
      }
      reader.readAsDataURL(file);
    }
(… 생략 …)
    retryArea.onclick = function() {
      retryArea.style.display = "none";
      resultArea.style.display = "none";
      uploadArea.style.display = "block";
      shareArea.style.display = "block"; ─❸
      input.value = "";
    }
(… 생략 …)
```

❶ let shareArea = document.getElementById("share-area")를 입력해 <div id="share-area"> 태그를 shareArea 변수에 지정합니다. 그리고 readFile 함수가 실행되고 업로드 영역이 화면에 보이지 않는 시점에 SNS 공유 영역도 보이지 않도록 ❷ shareArea.style.display = "none" 코드를 추가했습니다.

마지막으로 다른 사진으로 테스트하기 위해 retryArea를 클릭해 사진 선택 영역을 다시 화면에 보여 줄 때 SNS 공유 영역도 함께 나타나도록 ❸ shareArea.style.display = "block" 코드를 추가합니다. 결과 화면은 다음과 같습니다.

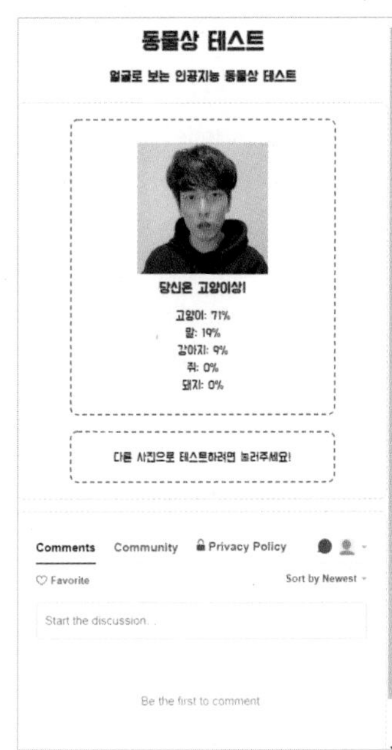

SNS 공유 영역에 자바스크립트 코드를 추가한 결과 화면

결과 화면처럼 SNS 공유 영역이 초기 화면에만 나타나고, 모델을 불러올 때나 결과 화면에서는 보이지 않습니다.

Do it! 05

SNS 공유 영역에 CSS 추가하기

마지막으로 CSS를 추가하여 이미지 파일 선택 영역과 SNS 공유 영역 사이에 여백을 주겠습니다. style.css 파일의 마지막 부분에 다음과 같이 추가하고 결과를 바로 확인해 보세요.

..\animal_test\style.css

```
(… 생략 …)
/* SNS 공유 영역 스타일 적용 */
#share-area {
  margin-top: 20px; /* 상단 외부 여백 추가 */
}
```

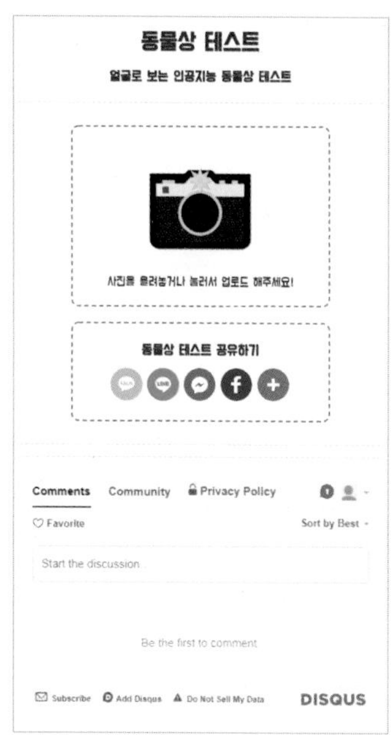

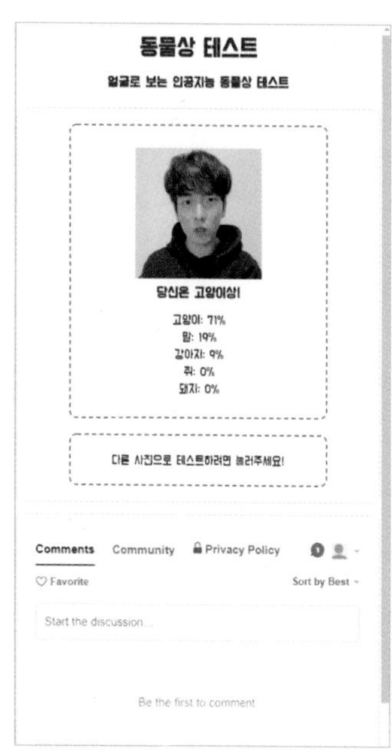

SNS 공유 영역에 CSS를 추가한 결과 화면

위의 결과 화면처럼 이미지 파일 선택 영역과 SNS 공유 영역 사이에 여백이 추가된 것을 확인할 수 있습니다.

Do it! 06 웹 브라우저 상단 탭에 파비콘 삽입하기

인공지능 동물상 웹 서비스가 이제 거의 다 완성되었습니다. 완성도를 높이기 위해 마지막으로 파비콘favicon을 등록해 보겠습니다. 파비콘은 다음과 같이 웹 브라우저의 상단 탭 제목 왼쪽에 표시되는 작은 아이콘 이미지를 말합니다.

네이버의 파비콘 이미지

파비콘 이미지는 기본적으로 크기가 16px × 16px이고 확장자가 ICO 또는 PNG인 파일을 사용해야 합니다. 파비콘으로 사용할 수 있는 적당한 이미지를 준비하고, 이 이미지 파일을 index.html, style.css 파일과 같은 경로에 있도록 이동해 줍니다. 여기에서는 favicon.ico 파일을 준비했습니다.

ⓘ 사용자가 가지고 있는 이미지 파일을 파비콘 파일로 쉽게 바꿀 수 있는 방법도 있습니다. 구글에서 'favicon generator'를 검색해서 찾아보거나, favicon-generator.org 사이트에서 이미지 파일을 올리면 파비콘 규격에 맞도록 변환해 줍니다.

index.html 파일을 열고 <head> 태그 안에 다음과 같이 한 줄만 추가하면 파비콘을 간단히 삽입할 수 있습니다.

..\animal_test\index.html

```
(… 생략 …)
<head>
  <meta charset="UTF-8">
  <meta name="viewport" content="width=device-width, initial-scale=1.0">
  <title>인공지능 동물상 테스트</title>
  <link rel="stylesheet" href="style.css">
  <link rel="shortcut icon" href="favicon.ico" type="image/x-icon">
</head>
(… 생략 …)
```

다음과 같이 결과 화면을 확인하면 사이트 제목 왼쪽에 파비콘 이미지가 삽입되어서 나타납니다.

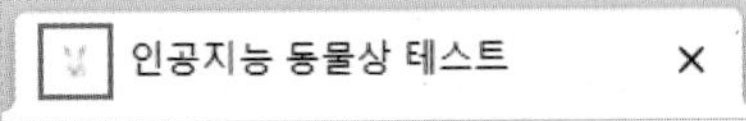

파비콘 이미지를 적용한 결과 화면

지금까지 인공지능 동물상 테스트 웹 서비스 개발을 완료했습니다. 이 서비스에 많은 사용자가 자유롭게 접근할 수 있도록 공개하면 좋겠죠? 내가 만든 사이트를 공개하는 방법은 04-3절 네트리파이로 웹 사이트 배포하기에서 다룬 적이 있습니다. 04-3절으로 돌아가서 이 웹 서비스를 배포하고, 자신이 완성한 첫 프로젝트를 주위 사람에게 알려 보세요. 그리고 지금까지 공부한 보람과 첫 프로젝트를 무사히 마친 성취감도 느껴 보길 바랍니다!

다음 12장에서는 여기서 개발한 웹 서비스를 바탕으로 앱 서비스를 만듭니다. 모바일에 최적화된 서비스를 만들 수 있도록 끝까지 진행해 보세요.

12

출시 편

동물상 테스트를 스마트폰 앱으로 출시하기

11장에서 만든 동물상 웹 서비스를

스마트폰 앱으로 쉽게 만들어 보겠습니다.

완성한 앱을 구글 플레이 스토어에 출시하면

광고 수익도 얻을 수 있어요!

12-1 앱을 만드는 방법과 설치 준비

웹 서비스는 호스팅을 통해 배포하면 되지만, 앱 서비스는 구글 플레이 스토어와 같은 앱 마켓에 등록해야 합니다. 따라서 웹 서비스와는 다른 방식으로 앱을 배포하는 과정을 진행해야 합니다. 이번 절에서는 앱 구현 방법을 간단히 알아보고, 앱을 만들 때 필요한 리액트 네이티브와 Node.js를 설치해 보겠습니다.

앱을 만드는 방법 알아보기

앱 만들기를 시작하기 전에 스마트폰용 앱을 만드는 전반적인 방법을 알아보겠습니다. 앱을 만드는 방법은 크게 4가지로 나눌 수 있습니다.

첫 번째는 네이티브 앱native app을 만드는 것입니다. 네이티브 앱이란 안드로이드 혹은 iOS 환경에 특화하여 개발한 앱을 말합니다. 안드로이드 앱은 자바Java 또는 코틀린Kotlin 언어를 사용해 안드로이드 스튜디오에서 만들 수 있고, iOS 앱은 오브젝티브 CObjective-C 또는 스위프트Swift 언어로 엑스코드XCode에서 만들 수 있습니다. 참고로 iOS 앱을 만들려면 아이맥, 맥북, 맥미니의 운영체제인 MacOS를 사용할 줄 알아야 합니다. 네이티브 앱은 각 운영체제마다 최적화된 앱이라서 성능은 뛰어나지만 앱 마켓별로 출시해야 하고 언어와 플랫폼마다 개별적으로 학습해야 하는 어려움이 있습니다.

앱 개발의 종류와 관련된 프로그래밍 언어

두 번째 방법은 하이브리드 앱hybrid app을 만드는 것입니다. 하이브리드 앱에서는 한 가지 언어로 여러 플랫폼(운영체제)에 맞는 앱을 동시에 개발할 수 있습니다. 대표적으로 리액트 네이티브React-Native와 플러터Flutter 프레임워크가 있습니다. 리액트 네이티브는 자바스크립트로 안드로이드와 iOS 앱을 동시에 개발할 수 있으며, 플러터는 다트Dart라는 언어로 안드로이드와 iOS 앱을 동시에 만들 수 있습니다.

세 번째 방법은 **웹뷰**WebView를 사용하여 앱을 만드는 것입니다. 웹뷰란 앱 화면에 지정한 URL 주소의 웹 페이지를 그대로 띄우는 것을 의미합니다. 따라서 앱은 그냥 껍데기이거나 부가 기능을 제공할 뿐이고 실제로는 그 내부에 웹 사이트가 들어 있는 형식입니다. 웹을 어느 정도 이해한다면 웹뷰는 가장 쉽게 앱을 만들 수 있는 방법입니다. 하지만 웹뷰로 만든다고 해도 간단한 앱 형식은 필요하므로 네이티브 앱이나 하이브리드 앱을 함께 사용해서 만들어야 합니다.

마지막으로 간단하게 앱을 만드는 방법을 소개하게습니다. **앱 인벤터**MIT App Inventor와 같이 교육용 안드로이드 앱 제작 도구를 활용하거나 스윙투앱Swing2app, 스마트메이커SmartMaker와 같은 서비스에서 UI를 조작하는 것만으로도 앱을 만들 수 있습니다. 이 도구들을 사용하면 코드를 작성하지 않고 앱을 쉽게 제작할 수 있다는 장점이 있습니다. 또한 게임 앱을 만들고 싶다면 유니티Unity와 함께 C# 또는 자바스크립트를 사용하면 됩니다.

이 책에서는 주로 웹을 공부했고, 앞에서 만든 인공지능 동물상 테스트도 웹을 기반으로 하므로 앱 서비스도 웹뷰를 사용하여 실습해 보겠습니다. 또한 앱 프레임워크를 위해 자바스크립트에 기반한 리액트 네이티브를 사용합니다. 결과적으로는 인공지능 동물상 테스트 앱 서비스를 모바일 기기에서 설치하고 실행할 수 있게 만들고, 구글 플레이 스토어에 출시하는 과정도 다루어 보겠습니다.

리액트 네이티브와 Expo 소개

리액트 네이티브는 리액트React라는 프런트엔드 웹을 기반으로 해서 만든 하이브리드 앱 개발용 라이브러리입니다. 페이스북에서 만들었으며 많은 개발자들이 사용하는 리액트 네이티브의 가장 큰 특징은 자바스크립트 언어만으로 안드로이드와 iOS 앱을 한 번에 만들 수 있고, 이를 바탕으로 웹 페이지와 데스크톱에서 작동하는 응용 프로그램까지 구현할 수 있다는 점입니다. 즉, 각 플랫폼에 맞는 앱을 따로따로 개발하는 것보다 매우 효율적일 수 있습니다.

그리고 리액트 네이티브 개발을 훨씬 더 쉽게 도와주는 Expo라는 도구가 있습니다. 리액트 네이티브만으로도 앱을 개발할 수 있지만 Expo를 사용하면 좀 더 편리합니다. 즉, 개발할 때 테스트하기 간편하고 완성한 앱을 쉽게 배포할 수 있습니다.

Node.js와 Expo Cli 설치하기

Do it! 01 Node.js 설치하기

리액트 네이티브는 자바스크립트 언어를 웹 브라우저가 아닌 환경에서 실행할 수 있도록 해주는 Node.js를 기반으로 작동합니다. 쉽게 말하면 우리가 앞에서 이미지 수집 자동화를 위해 파이썬을 사용했던 것처럼, 명령 프롬프트 창을 통해서 자바스크립트 코드를 실행할 수 있도록 해줍니다. 또한 Node.js와 함께 설치되는 NPM^node package manager^을 사용하면 전 세계 프로그래머들이 작성한 코드를 내려받아 쉽게 쓸 수 있습니다. 다음과 같이 nodejs.org에 접속해서 Node.js를 설치합니다.

Node.js 사이트(nodejs.org)에서 LTS 버전 설치 파일 내려받기

Node.js 사이트에서 왼쪽 초록색 버튼을 클릭해 [LTS 버전]의 설치 파일을 내려받은 후 실행해 보세요.

❗ 여기에서 LTS란 long term support의 줄임말로 기능이 안정화된 버전을 의미합니다.

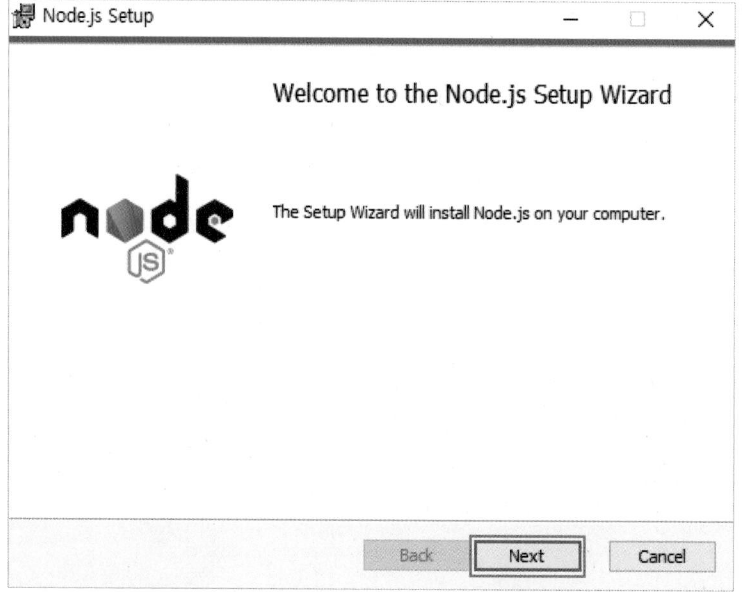

Node.js 설치 시작 화면

[Next]를 눌러서 설치를 진행하며, 중간에 사용자 계정 컨트롤 창이 나타나면 [예(Y)]를 클릭합니다. 다음과 같은 설치 완료 화면이 나타나면 [Finish]를 선택하고 창을 닫습니다.

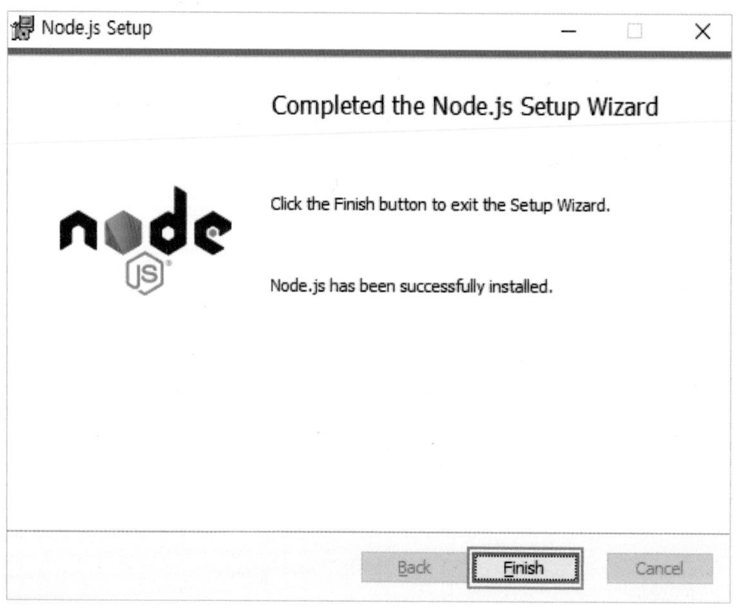

Node.js 설치 완료 화면

Do it! 02 Expo Cli 설치하기

이제 리액트 네이티브 Expo를 설치할 차례입니다. 명령 프롬프트 창에서 명령어를 입력해 파이썬 셀레늄 패키지를 설치했던 기억나죠? 같은 방법으로 `npm install [설치할 패키지명]` 명령어를 입력해서 Expo 패키지를 설치할 수 있습니다.

명령 프롬프트를 실행한 뒤 `npm install -g expo-cli`라고 입력합니다. 시간이 조금 지나면 다음과 같이 Expo 패키지가 설치 완료되었다는 것을 확인할 수 있습니다.

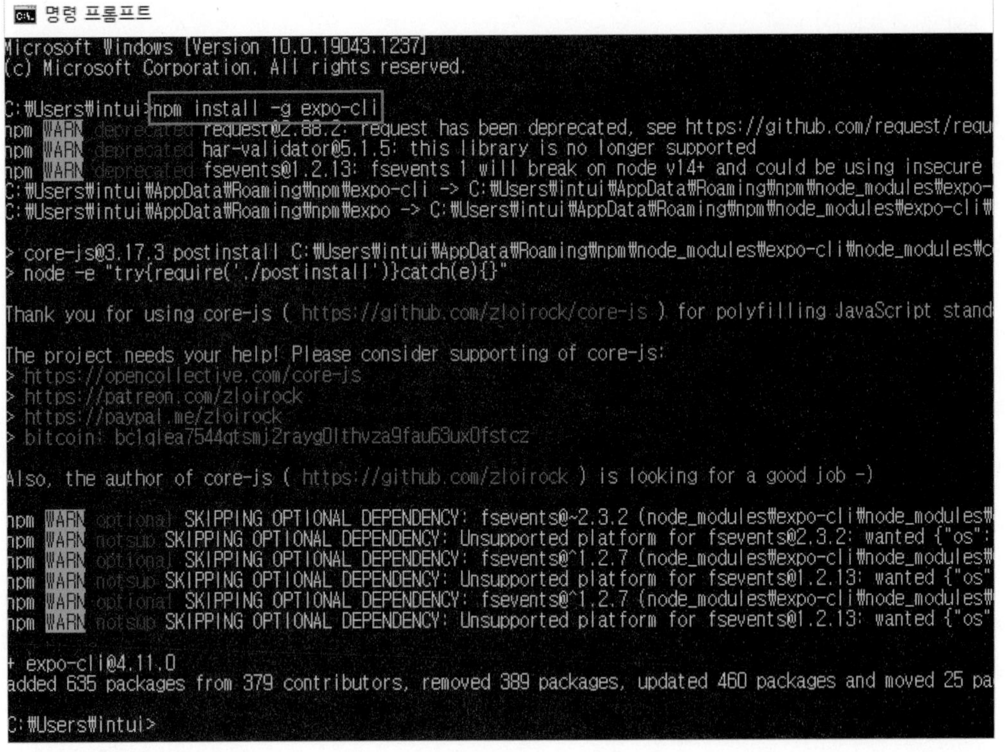

Expo-cli 설치 완료 화면

이렇게 리액트 네이티브 Expo를 사용할 준비를 완료했습니다. 그렇다면 12-2절부터는 Expo를 사용해 동물상 테스트 앱 서비스를 본격적으로 만들어 보겠습니다.

12-2 인공지능 동물상 테스트, 스마트폰 앱으로 변신!

앞에서 인공지능 동물상 테스트 앱 서비스를 만드는 방법 4가지를 설명할 때 리액트 네이티브 웹뷰를 사용한다고 했죠? 웹뷰를 기반하는 앱 서비스를 만드는 것은 정말 간단합니다. 우선 Expo로 새 프로젝트를 생성해 보겠습니다.

Do it! 01 Expo로 새 프로젝트 생성하고 웹뷰 패키지 설치하기

명령 프롬프트 창에서 프로젝트를 만들 경로로 이동한 후 `expo init animal-test`라고 입력하면 animal-test라는 새 프로젝트를 생성할 수 있습니다. 그리고 animal-test 폴더가 만들어지고, 다음과 같이 리액트 네이티브(Expo)의 기본 프로젝트 파일을 생성하기 위한 `Choose a template`이라는 질문이 나타납니다. 첫 번째 항목인 `blank`를 선택하고 Enter를 누릅니다.

ⓘ 위아래 화살표 방향키를 누르면 다른 항목으로 이동하여 선택할 수도 있습니다.

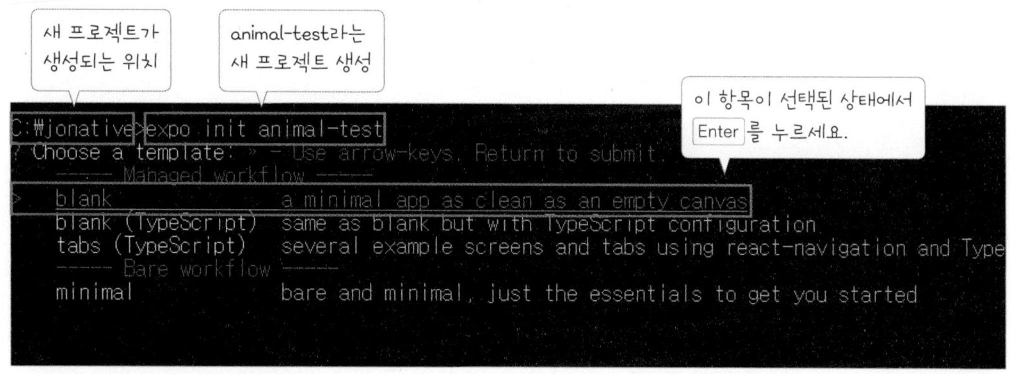

프로젝트 생성하고 blank 항목 선택하기

조금 기다리면 다음과 같이 프로젝트 생성이 완료되었다는 메시지를 확인할 수 있습니다.

ⓘ 명령 프롬프트 창에서 현재 경로를 확인하는 방법은 >를 기준으로 앞에 있는 폴더 위치를 확인하면 됩니다. 위 화면에서 C:₩jonative는 C 드라이브 내부의 jonative 폴더를 의미합니다. 폴더를 이동하는 자세한 방법은 구글에서 '명령 프롬프트 폴더 이동'을 검색해서 알아보기 바랍니다.

```
C:₩jonative>expo init animal-test
√ Choose a template: » blank               a minimal app as clean as an empty canvas
 Downloading and extracting project files.
 Using npm to install packages.
 Installing JavaScript dependencies.

√ Your project is ready!

To run your project, navigate to the directory and run one of the following npm commands.

- cd animal-test
- npm start # you can open iOS, Android, or web from here, or run them directly with the commands be
- npm run android
- npm run ios # requires an iOS device or macOS for access to an iOS simulator
- npm run web

C:₩jonative>
```

리액트 네이티브(expo) 기본 프로젝트를 생성한 결과 메시지 화면

이어서 명령 프롬프트 창에 다음과 같이 `cd animal-test`를 입력하여 animal-test 폴더 안으로 이동한 다음, `expo install react-native-webview`를 입력하여 웹뷰와 관련한 패키지를 설치합니다.

```
C:₩jonative>cd animal-test

C:₩jonative₩animal-test>expo install react-native-webview
Installing 1 SDK 44.0.0 compatible native module using npm.
> npm install
```


animal-test 폴더에서 웹뷰 패키지 설치하기

Do it! 02 App.js 파일 수정하기

이제 Expo를 사용해 웹뷰로 앱을 만들 수 있는 방법을 확인하기 위해서 Expo 공식 문서에 접속해 보겠습니다. 여기에는 웹뷰와 관련된 설명이 들어 있으므로 안내하는 설명과 코드를 그대로 복사하여 쉽게 사용할 수 있습니다. 다음과 같이 docs.expo.dev/versions/latest/sdk/webview에 접속합니다.

구글에서 'react native expo webview'를 검색하면 첫 번째 결과로 나오는 사이트입니다.

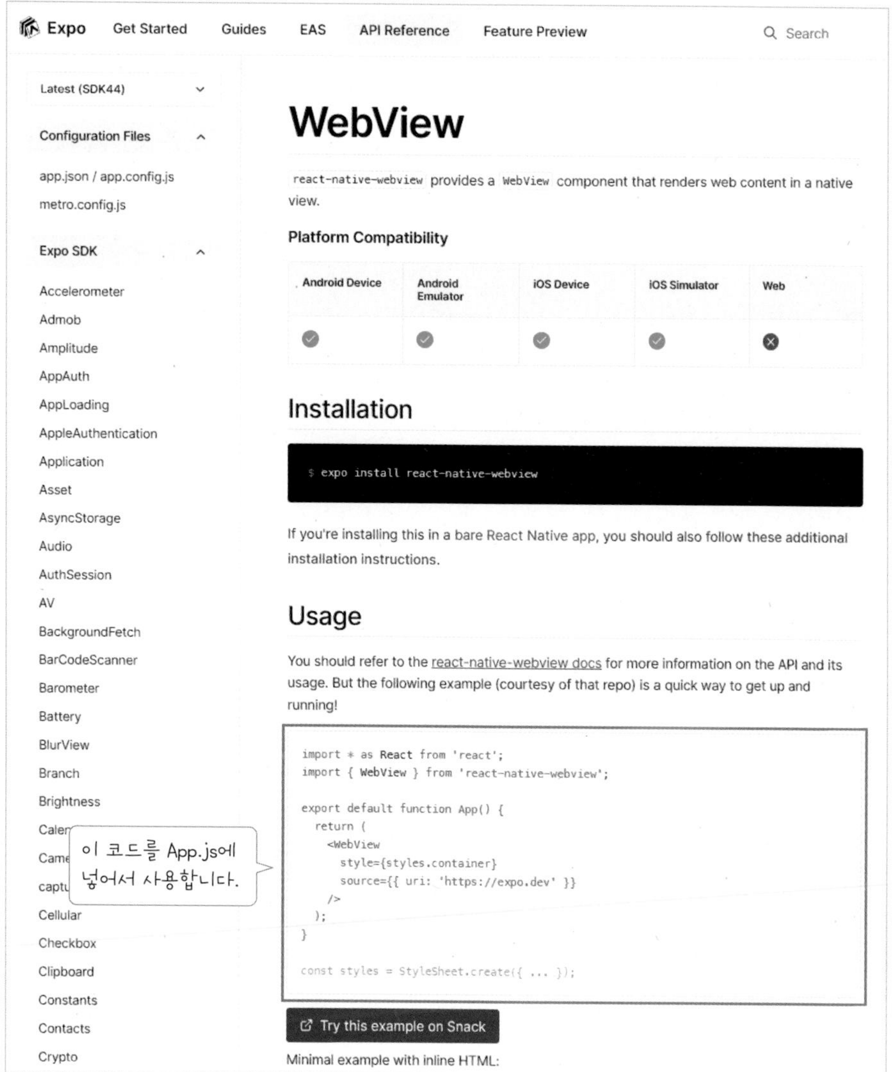

Expo 웹뷰 공식 문서

[Usage]에 있는 코드를 복사하여 animal-test 폴더 안에 있는 App.js 파일에 붙여 넣겠습니다. 다음과 같이 비주얼 스튜디오 코드에서 App.js를 열고 기존 내용을 모두 삭제한 뒤, 복사한 코드를 붙여 넣고 일부 내용을 수정합니다. 복사한 코드에서 `source={{ uri: ' ' }}`값은 자신이 네트리파이에 배포한 인공지능 동물상 테스트 웹 서비스 주소로 변경해 줍니다. 다음과 같이 입력한 후 App.js 파일을 저장합니다.

..\jonative\animal-test\App.js

```
import * as React from 'react';
import { WebView } from 'react-native-webview';
import { StyleSheet } from 'react-native';

export default function App() {
  return (
    <WebView
      style={styles.container}
      source={{ uri: 'https://animalai.netlify.app' }}
    />
  );
}

const styles = StyleSheet.create({
  container: {
    marginTop: 20
  }
});
```

네트리파이에 배포한 내 사이트 주소를 작성합니다.

이 코드에는 HTML 태그와 비슷해 보이는 `<WebView />`가 있습니다. 리액트 네이티브에서는 이것을 컴포넌트라고 합니다. `WebView` 컴포넌트를 통해서 `source`의 `uri` 부분에 전달한 주소 페이지를 앱에서 띄울 것이라는 것을 예상할 수 있습니다. 그리고 코드 하단 `styles`에 작성한 코드는 CSS와 비슷하게 생겼는데, 스타일을 정의한다는 것을 예상할 수 있습니다. `container: { marginTop: 20 }`을 입력하여 모바일 상단의 상태 바 부분이 페이지를 가리지 않도록 위쪽에 여백을 주었습니다.

Do it! 03 Expo Development Tool 페이지 실행하기

이제 결과를 확인해 보는 방법을 알아보겠습니다. 명령 프롬프트 창에 `expo start --tunnel`을 입력하면 웹 브라우저에 Expo Development Tool 페이지가 자동으로 나타납니다.

! 상황에 따라 이 명령어를 맨 처음 입력할 때 "The package @expo/ngrok@^4.1.0 is required to use tunnels, would you like to install it globally?"라는 메시지가 뜰 수 있는데, Y 또는 y를 입력해야 합니다.

Expo Development Tool이 자동으로 나타나지 않는다면?

웹 브라우저에서 Expo Development Tool 페이지가 자동으로 나오지 않을 때는 다음과 같이 `toggle auto opening developer tools on startup`의 상태가 `disabled`인지 확인해 보세요.

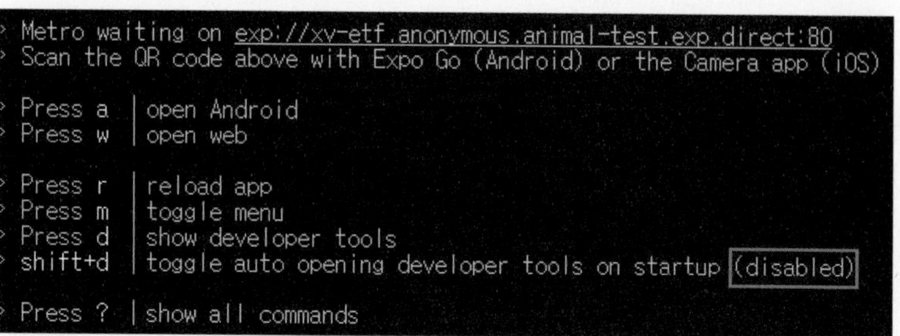

› Metro waiting on exp://xv-etf.anonymous.animal-test.exp.direct:80
› Scan the QR code above with Expo Go (Android) or the Camera app (iOS)
› Press a │ open Android
› Press w │ open web
› Press r │ reload app
› Press m │ toggle menu
› Press d │ show developer tools
› shift+d │ toggle auto opening developer tools on startup (disabled)
› Press ? │ show all commands

여기서 Shift + d 를 누르면 `enabled`로 변경할 수 있는데, 이 옵션은 Expo를 실행할 때 Expo Development Tool 페이지가 자동으로 열리거나 열리지 않도록 설정합니다.

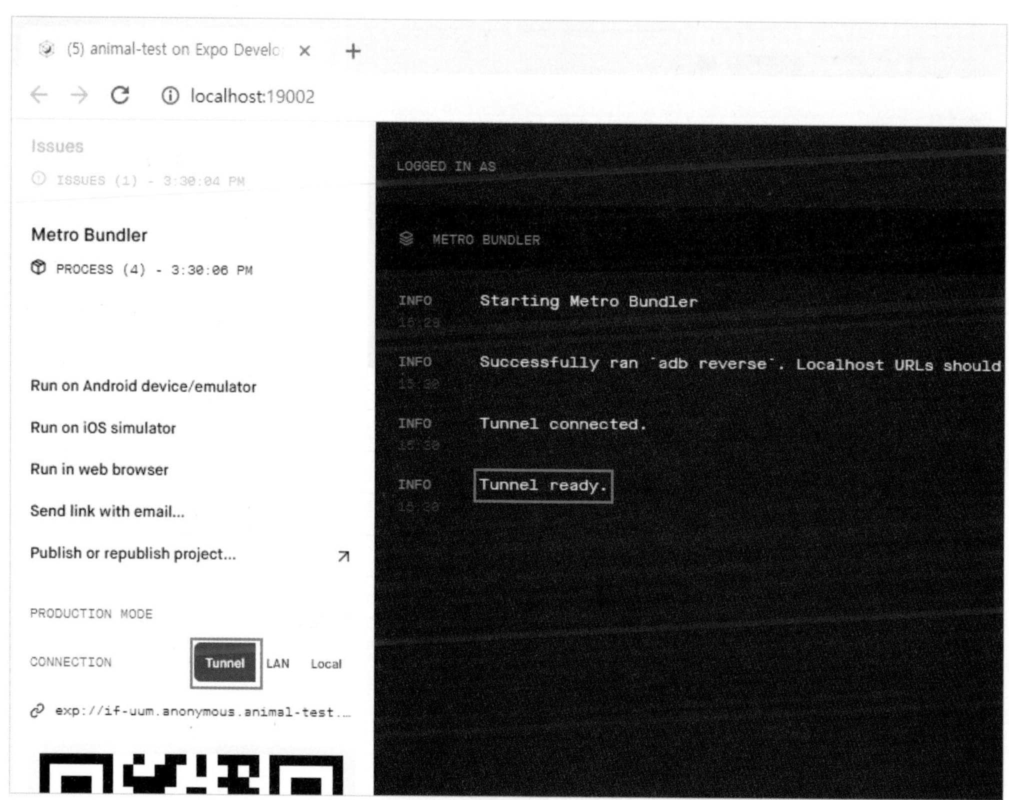

Expo Development Tool 화면

Expo Development Tool 페이지는 코드 실행 상태를 표시해 주며 테스트를 설정할 수 있습니다. 위 화면처럼 페이지 오른쪽에 보이는 메시지에 `Tunnel ready.`가 최종 표시되어야 스마트폰으로 테스트할 수 있습니다. 왼쪽 아래 CONNECTION에서는 [Tunnel], [Lan], [Local] 가운데 하나를 선택할 수 있는데 [Tunnel]을 권장합니다.

❗ [Tunnel]을 선택하면 일반적인 인터넷 환경에서도 테스트할 수 있게 해줍니다.

Do it! 04 스마트폰에서 Expo 앱 설치하고 QR코드 찍기

Expo를 테스트하려면 먼저 스마트폰에서 Expo 앱을 설치해야 합니다. 안드로이드, 아이폰 모두 같은 방법으로 Expo 앱을 검색한 뒤 다음과 같이 스마트폰에 Expo 앱을 설치하고 실행합니다.

❗ 아이폰에서 앱 이름은 Expo go입니다.

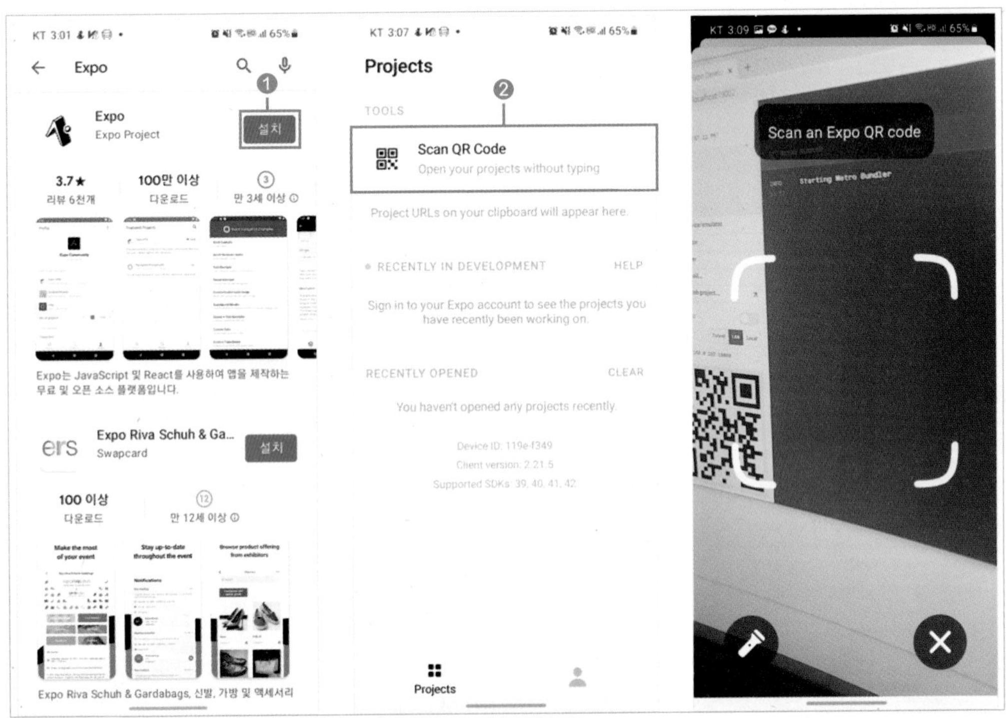

Expo 테스트 앱 실행 화면(안드로이드)

Expo 앱을 실행해 [Scan QR Code]를 선택하고 Expo Development Tool 페이지의 왼쪽 하단에 있는 QR코드를 스캔합니다. 조금 기다리면 테스트 앱을 자동으로 내려받고 다음과 같이 [동물상 테스트] 앱 화면이 나타납니다.

❶ 아이폰에서 Expo 앱을 실행할 때 [Scan QR Code] 메뉴가 보이지 않는다면, 기본 카메라 앱을 열어서 QR코드를 스캔하면 됩니다.

Expo에서 실행한 인공지능 동물상 테스트 앱의 서비스 화면

이처럼 동물상 테스트가 앱으로 잘 실행되는 것을 확인할 수 있습니다. 사진을 선택하고 테스트해 보면 결과 화면과 공유, 댓글 기능까지 모두 정상으로 작동합니다.

Do it! 05 앱 이름 변경하고 필요한 이미지 준비하기

스마트폰에서 동물상 테스트 앱이 제대로 동작하는 것을 확인했으니, 이제 앱 마켓에 출시하는 데 필요한 파일을 수정해 보겠습니다. 비주얼 스튜디오 코드를 실행해 animal_test 폴더 안에 있는 app.json 파일을 열어 봅니다. 다음과 같이 앱을 출시할 때 필요한 여러 정보가 들어 있습니다.

..\jonative\animal-test\App.json

```
{
  "expo": {
    "name": "동물상 테스트", ─❶
    "slug": "animal-test",
    "version": "1.0.0",
    "orientation": "portrait",
    "icon": "./assets/icon.png", ─❷
    "splash": {
      "image": "./assets/splash.png", ─❸
      "resizeMode": "contain",
      "backgroundColor": "#ffffff"
    },
    "updates": {
      "fallbackToCacheTimeout": 0
    },
    "assetBundlePatterns": [
      "**/*"
    ],
    "ios": {
      "supportsTablet": true
    },
    "android": {
      "adaptiveIcon": {
        "foregroundImage": "./assets/icon.png", ─❹
        "backgroundColor": "#FFFFFF"
      }
    },
    "web": {
      "favicon": "./assets/favicon.png"
    }
  }
}
```

여기에서 ❶ name의 문자열은 스마트폰에 설치한 앱 아이콘 하단에 보이는 문구입니다. 이 부분을 "animal_test"에서 "동물상 테스트"로 변경합니다. 그리고 ❷ icon은 앱이 스마트폰에 설치되었을 때 표시될 앱 아이콘이며, ❸ splash의 image 항목은 앱이 실행될 때 잠시 나타나는 스플래시 페이지로 표시할 전체 화면 이미지입니다.

마지막으로 ❹ `android` 안에 있는 `adaptiveIcon`의 `foregroundImage`값도 아이콘 파일과 같은 경로로 변경해야 합니다. 지금은 animal_test 폴더 안의 assets 폴더에 이미지 파일이 들어 있습니다. 우선 이 파일을 원하는 아이콘으로 바꾸려면 이미지를 준비해야 합니다. docs.expo.dev/guides/app-icons에 접속하여 Expo에서 제공하는 앱 아이콘의 공식 문서를 확인해 보겠습니다.

❶ 앱 아이콘의 공식 문서는 구글에서 'expo app icon'을 검색하면 가장 먼저 보이는 검색 결과를 선택해 접속할 수도 있습니다.

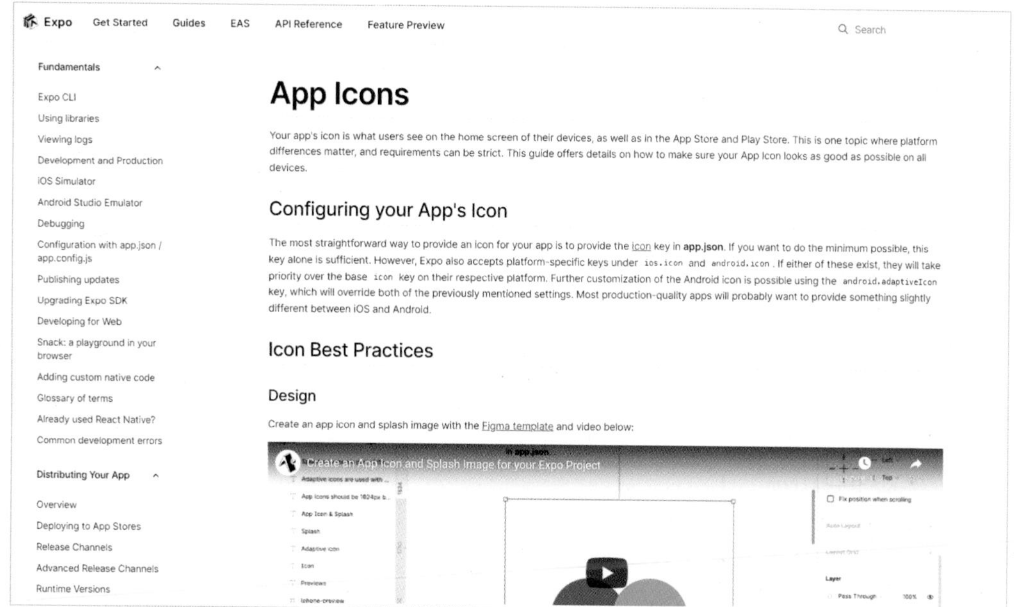

Expo에서 제공하는 앱 아이콘 공식 문서

이 공식 문서를 살펴보면 앱 아이콘의 이미지는 1024px × 1024px 크기를 사용하는 게 좋으며, 다른 크기는 빌드 시점에 Expo에서 자동으로 생성해 준다고 합니다. 원래 앱 아이콘은 배포하려면 크기가 다양해야 합니다. 또, 같은 방법으로 docs.expo.dev/guides/splash-screens 페이지를 확인하면 스플래시 이미지는 1242px × 2436px 크기가 적절하다고 안내되어 있습니다. 이 문서를 참고하여 이미지를 새로 만들고, assests 폴더 안에 있는 icon.png, splash.png 파일을 새로 만든 파일로 교체합니다.

❶ 이미지 파일을 새로 만들려면 포토샵과 같은 그래픽 편집 프로그램을 사용해야 합니다. 따라서 실습을 원활하게 할 수 있도록 새 이미지는 이지스퍼블리싱 홈페이지(www.easyspub.co.kr)에서 제공합니다. 이지스퍼블리싱 [자료실]에서 이 책 이름으로 검색한 뒤 실습 파일을 내려받아 교체하세요.

Do it! 06 **카메라, 앨범에 접근할 수 있도록 수정하기**

인공지능 동물상 테스트 앱은 스마트폰 카메라로 사진을 찍거나 앨범 사진을 가져와서 작동하므로 카메라와 앨범에 접근할 수 있도록 지정해야 합니다. 구글에서 'expo permissions'를 검색해 보거나 docs.expo.dev/guides/permissions에 접속하면 권한에 관한 Expo 공식 문서를 확인할 수 있습니다. 이 문서를 바탕으로 App.json 파일을 수정해 보겠습니다.

..\jonative\animal-test\App.json

```
{
  "expo": {
    (… 생략 …)
    "ios": {
      "supportsTablet": true,
      "infoPlist": {
      "NSCameraUsageDescription": "This app uses the camera to take a picture.",
      "NSPhotoLibraryUsageDescription": "This app uses the photo for recognizing."
      }
    },
    "android": {
      "adaptiveIcon": {
        "foregroundImage": "./assets/icon.png",
        "backgroundColor": "#FFFFFF"
      },
      "permissions": [
        "CAMERA", "READ_EXTERNAL_STORAGE"
      ]
    },
    "web": {
      "favicon": "./assets/favicon.png"
    }
  }
}
```

Do it! 07 **앱 빌드를 위한 ios와 android 항목 수정하기**

이제 출시하는 데 필요한 기본 설정을 마쳤으니, 앱을 배포할 수 있는 형태로 빌드하는 것만 남았습니다. 구글에서 'expo build app'을 검색하거나 docs.expo.dev/classic/building-standalone-apps에 접속하여 빌드하는 내용을 확인합니다.

이 문서에서 [1. Install Expo CLI] 과정은 12-1절에서 Expo를 설치하면서 완료했으니, 다음 과정인 [2. Configure app.json] 코드를 살펴보겠습니다.

1. Install Expo CLI

Expo CLI is the tool for developing and building Expo apps. Run `npm install -g expo-cli` (or `yarn global add exp`

If you haven't created an Expo account before, you'll be asked to create one when running the build command.

Windows users must have WSL enabled. You can follow the installation guide here. We recommend picking Ubunt sure to launch Ubuntu at least once. After that, use an Admin powershell to run: `Enable-WindowsOptionalFeature -O Windows-Subsystem-Linux`

2. Configure app.json

```
{
  "expo": {
   "name": "Your App Name",
   "icon": "./path/to/your/app-icon.png",
   "version": "1.0.0",
   "slug": "your-app-slug",
   "ios": {
     "bundleIdentifier": "com.yourcompany.yourappname",
     "buildNumber": "1.0.0"
   },
   "android": {
     "package": "com.yourcompany.yourappname",
     "versionCode": 1
   }
  }
}
```

Expo의 Building Standalone Apps 공식 문서

이 문서의 코드를 우리가 수정한 App.json 파일과 비교해 보니 `ios`와 `android` 항목에 추가해야 할 값이 있습니다. 이 코드를 복사해서 다음과 같이 수정해 보겠습니다.

..\jonative\animal-test\App.json

```
{
  "expo": {
    (… 생략 …)
    "ios": {
      "bundleIdentifier": "com.jocoding.animalTest",
      "buildNumber": "1.0.0",
      "supportsTablet": true,
      "infoPlist": {
```

jocoding과 animalTest는 자신이 지정한 값으로 입력하세요.

```
        "NSCameraUsageDescription": "This app uses the camera to take a picture.",
        "NSPhotoLibraryUsageDescription": "This app uses the photo for recognizing."
},

    },
    "android": {
      "package": "com.jocoding.animalTest",
      "versionCode": 1,
      "adaptiveIcon": {
        "foregroundImage": "./assets/icon.png",
        "backgroundColor": "#FFFFFF"
      },
      permissions: [
        "CAMERA", "READ_EXTERNAL_STORAGE"
      ]
    },
    "web": {
      "favicon": "./assets/favicon.png"
    }
  }
}
```

수정한 항목에는 "com.yourcompany.yourappname"값이 공통으로 있습니다. 이 형식에 맞춰서 회사 이름과 앱 이름으로 수정하면 됩니다. 이 2가지 값은 모두 앱을 구분하는 고유 아이디이므로 기존에 등록된 앱과 중복되지 않아야 합니다. 이 책에서는 com.jocoding.animalTest로 입력했으니 이 값과 중복되지 않게 자신만의 값으로 변경해야 합니다. 그리고 ios의 buildNumber와 android의 versionCode는 나중에 앱을 업데이트할 때마다 구분할 수 있도록 앱 버전을 입력하는 부분입니다. 지금은 이 값으로 입력하고, 앞으로 앱을 업데이트할 때 수정해 주면 됩니다.

Do it! 08 앱 번들 파일 만들기

이제 앱을 구글 플레이 스토어에 출시하기 위해 앱 번들 파일 형태로 빌드해 보겠습니다. 명령 프롬프트 창에 expo build:android를 입력하면 빌드가 시작됩니다. 빌드 작업은 내 컴퓨터가 아니라 Expo 자체 서버에서 진행됩니다.
이 과정을 처음 진행한다면 Expo 계정이 필요합니다. Expo 계정이 필요하다는 안내문이 나타나면 Make a new Expo account를 선택하여 계정을 생성해야 합니다. Expo 웹 페이지가 자동으로 나타나면 여기에서 회원 가입을 진행합니다.

❗ 만약 회원 가입 페이지가 자동으로 나타나지 않는다면 expo.dev/signup에 접속해서 가입하세요.

```
C:₩jonative₩animal-test>expo build:android

expo build:android has been superseded by eas build. Learn more: https://blog.expo.dev/tu
db2a6b60

Run the following:

› npm install -g eas-cli
› eas build -p android https://docs.expo.dev/build/setup/

expo build:android will be discontinued on January 4, 2023 (357 days left).

An Expo user account is required to proceed.
? How would you like to authenticate? » - Use arrow-keys. Return to submit.
>   Make a new Expo account
    Log in with an existing Expo account
    Cancel
```

Expo 계정 안내문에서 Make a new Expo account 선택하기

회원 가입을 완료했다면 명령 프롬프트 창에 expo build:android를 입력하고, 이번엔 Log in with an existing Expo account를 선택합니다. 회원 가입한 계정 정보를 입력하여 로그인합니다.

로그인하면 어떠한 타입으로 안드로이드 빌드를 진행할 것인지 질문이 나타납니다. apk와 app-bundle 파일 가운데 하나를 선택할 수 있는데, 여기에서는 app-bundle을 클릭합니다.

```
Success. You are now logged in as eskimeskim.
? Choose the build type you would like: » - Use arrow-keys. Return to submit.
    apk
>   app-bundle - Build an optimized bundle for the store
```

안드로이드 빌드 타입으로 app-bundle 선택하기

마지막으로 키스토어 파일을 새로 생성할 것인지, 기존 파일을 업로드할 것인지를 물어봅니다. 첫 번째 항목인 Generate new keystore를 선택합니다.

```
Accessing credentials for eskimeskim in project animal-test
? Would you like to upload a Keystore or have us generate one for you?
If you don't know what this means, let us generate it! :) » - Use arrow-keys. Return
>   Generate new keystore
    I want to upload my own file
```

키스토어 파일 생성을 위한 Generate new keystore 선택하기

이제 몇 분 기다리면 빌드를 완료하고, 다음과 같이 진행 상황을 확인할 수 있는 Expo의 웹 주소가 표시됩니다.

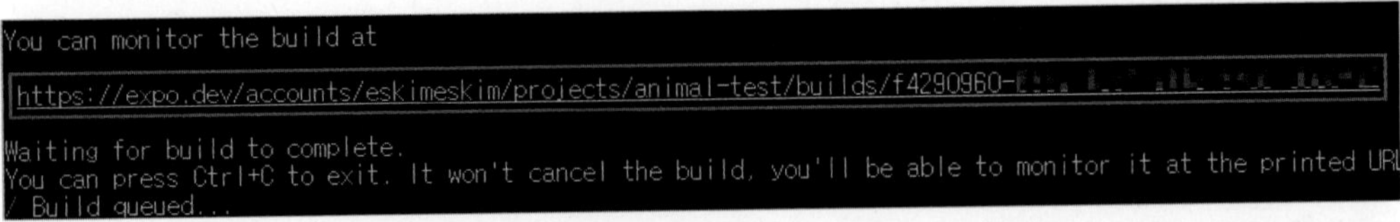

위와 같은 주소가 나타나면 명령 프롬프트 창을 종료해도 괜찮습니다. 빌드 작업을 진행할 수 있도록 모든 정보가 Expo 서버로 넘어간 상태이기 때문입니다.

이 주소를 웹 브라우저에 넣어 접속하면 다음과 같이 빌드 진행 상태를 확인할 수 있습니다.

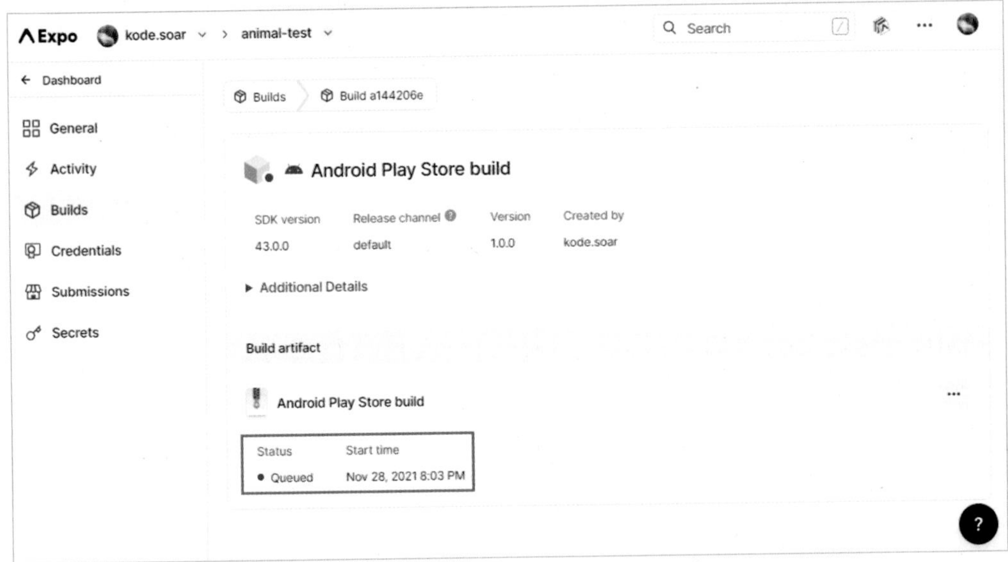

Expo의 빌드 진행 상태 화면(Queued)

처음에는 [Queued] 상태로 나오는데, 빌드하느라 대기하고 있다는 의미입니다. 서버 상황에 따라 빌드하는 시간이 다를 수 있으므로 여유를 가지고 이 웹 페이지를 확인하면서 기다립니다. 빌드를 완료하면 다음과 같이 [Finished] 상태로 변경됩니다.

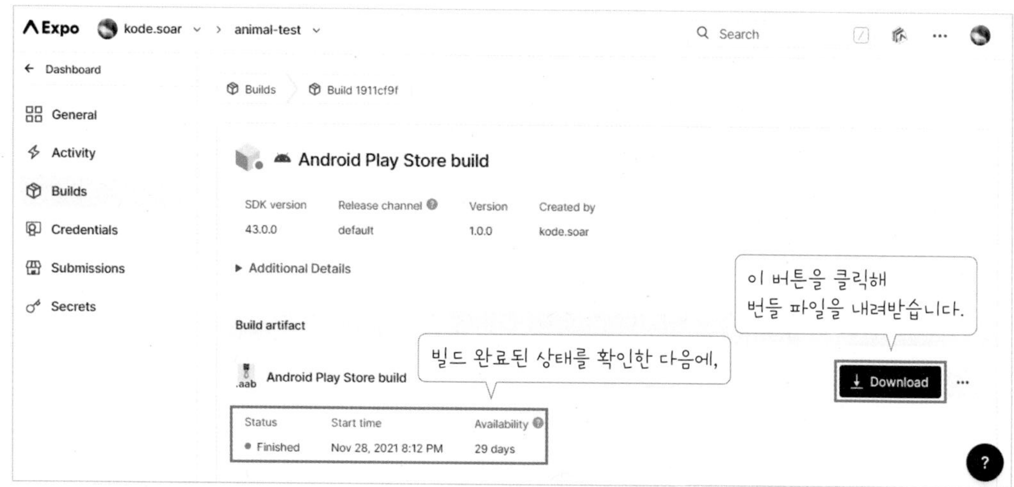

Expo의 빌드 상태 화면(Finished)

오른쪽에 있는 [Download]를 클릭해 앱 번들 파일을 내려받습니다. 구글 플레이 스토어에 출시하려면 이 파일이 필요하니, 내려받은 번들 파일을 잘 보관해야 합니다. 구글 플레이 스토어에서 앱을 출시하는 방법은 12-3절에서 알아보겠습니다.

앱 출시 전에 내 스마트폰에서 테스트할 수 있나요?

앱을 출시하기 전에 설치 파일을 생성하여 스마트폰에서 테스트해 보거나 공유하려면 APK 파일 형식으로 빌드하는 것이 좋습니다. 이때 명령 프롬프트 창에 `expo build:android` 명령어를 입력한 뒤 안드로이드 빌드 타입을 `apk`로 선택합니다.

안드로이드 빌드 타입으로 apk 선택하기

08 단계(앱 번들 파일 만들기)를 참고하여 빌드 상황을 모니터링할 수 있는 Expo 사이트에 접속해 빌드가 완료될 때까지 기다린 뒤, [Download]를 클릭하면 APK 파일을 내려받을 수 있습니다. 이 APK 파일을 스마트폰에 복사해서 넣거나, 스마트폰에서 Expo 사이트에 바로 접속하여 내려받으면 됩니다. APK 파일을 실행하면 안드로이드 스마트폰에 앱을 설치할 수 있습니다. 아직 공식 구글 플레이 스토어에 앱을 등록하지 않았으므로 차단 경고가 나타날 수 있는데, 무시하고 설치해도 됩니다. 앱을 설치 완료하면 다음과 같이 앱 아이콘이 표시되고 스플래시 화면도 잘 나타나는 것을 확인할 수 있습니다.

APK 파일을 사용하여 스마트폰에 임시 설치한 결과(아이콘과 스플래시 화면)

APK 파일을 사용해 스마트폰에 앱을 설치하면 앱을 출시하기 전에 사진 업로드와 카메라를 통한 이미지 인식, 부가 기능이 잘 동작하는지 미리 테스트할 수 있습니다.

12-3 구글 플레이 스토어에 앱 출시하기

안드로이드 앱을 배포하는 데 필요한 빌드 과정을 마쳤다면, 이제 실제 구글 플레이 스토어와 같은 앱 마켓에서 앱을 출시해 볼 차례입니다. 그 전에 앱 마켓이 무엇인지 살펴보겠습니다.

주요 앱 마켓의 특징

앱 마켓이란 개발자가 만든 앱을 등록하여 많은 사람들이 내려받을 수 있도록 연결해 주는 서비스입니다. 대표적으로 안드로이드의 구글 플레이 스토어, iOS의 앱 스토어가 있습니다.
구글 플레이 스토어에서 앱을 출시하려면 개발자 계정이 따로 필요합니다. 구글의 개발자 계정은 가입할 때 25달러를 결제해야 하며, 한 번 결제한 계정으로 앱을 계속 출시할 수 있습니다.
그리고 iOS의 앱 스토어는 아이폰에서 사용하는 앱 마켓입니다. 마찬가지로 이곳에 앱을 출시하려면 애플에서 개발자 계정을 가입하고 1년에 99달러를 지불해야 합니다. 해마다 연장 결제하지 않으면 앱 스토어에 등록한 기존 앱이 검색되지 않습니다. iOS의 앱 스토어는 구글 플레이 스토어에 비해 상대적으로 비싸지만, 아이폰 앱을 출시하려면 애플에 개발자 계정을 꼭 등록해야 합니다.
또한 iOS 앱을 만들려면 반드시 맥북, 아이맥, 맥미니 등의 MacOS를 사용할 수 있는 컴퓨터가 필요합니다. iOS 앱은 안드로이드 앱에 비해 개발하기 어렵고 승인 절차도 까다롭습니다. 따라서 이 책은 구글 플레이 스토어에서 앱을 출시하는 과정만 다루겠습니다.

Do it! 01 구글 플레이 콘솔에서 개발자 계정 만들고 로그인하기

먼저 구글 플레이 개발자 콘솔 사이트에 가입하고 개발자 계정 등록 비용을 결제해야 합니다. 다음과 같이 play.google.com/console 사이트에 접속합니다.

구글 플레이 콘솔의 메인 화면

오른쪽 위에 보이는 [Play Console로 이동]을 클릭합니다.

> ❗ 현재 구글에 로그인하지 않았다면 로그인 창이 나타납니다. 로그인 화면에서 개발자 계정으로 사용할 구글 계정을 입력하거나, 계정이 없다면 [개발자 계정 만들기]에서 새 계정을 생성하여 사용할 수도 있습니다.

개발자 계정을 생성하려면 2단계 인증을 사용하도록 설정해야 합니다. 기존 구글 계정의 2단계 인증을 사용하지 않았다면 2단계 인증을 사용하는 설정 화면이 나타납니다. 안내 절차에 따라 2단계 인증을 설정하고 새로 고침을 하면 다음과 같은 창이 나타납니다.

구글 플레이 콘솔의 개발자 계정 만들기 화면

[개발자 계정 만들기] 창에서 새로 생성할 계정의 종류를 선택해야 하는데, 여기에서는 [개인] 아래에 있는 [시작하기]를 클릭합니다. 그러면 다음과 같은 정보 제공 화면이 보이고, 정보를 입력하고 약관에 모두 체크한 뒤 [계정 생성 및 결제]를 선택합니다.

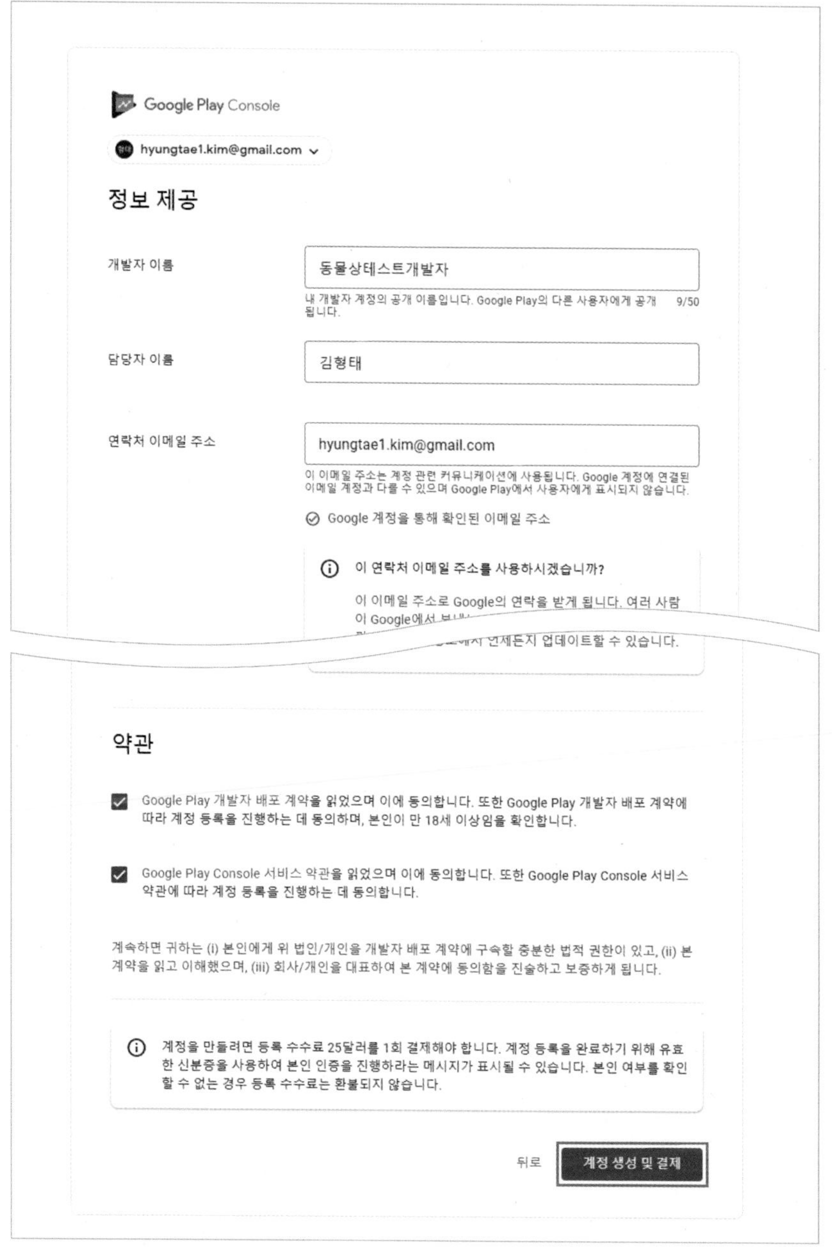

개발자 계정에 정보 제공 입력하기

정보를 모두 입력했다면 결제할 신용카드 또는 체크카드를 입력하는 새로운 창이 나타납니다. 카드 정보를 입력한 뒤 [구매]를 클릭하고 구글 플레이 콘솔 개발자 계정 등록을 마칩니다. 개발자 계정을 등록하고 구글 플레이 콘솔에 접속하면 다음과 같은 화면이 나타납니다. 등록한 개발자 계정을 선택하여 로그인합니다.

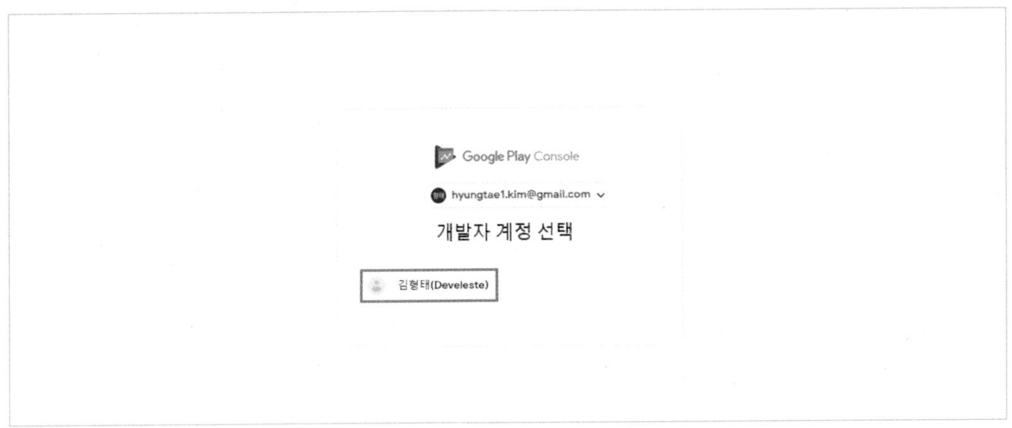

개발자 계정 선택해 로그인하기

Do it! 02 **첫 번째 앱 만들고 대시보드 확인하기**

구글 플레이 콘솔에 접속해 왼쪽 상단의 [모든 앱]을 클릭하면 [첫 번째 앱 만들기]가 나타납니다. 하단의 [앱 만들기]를 클릭합니다.

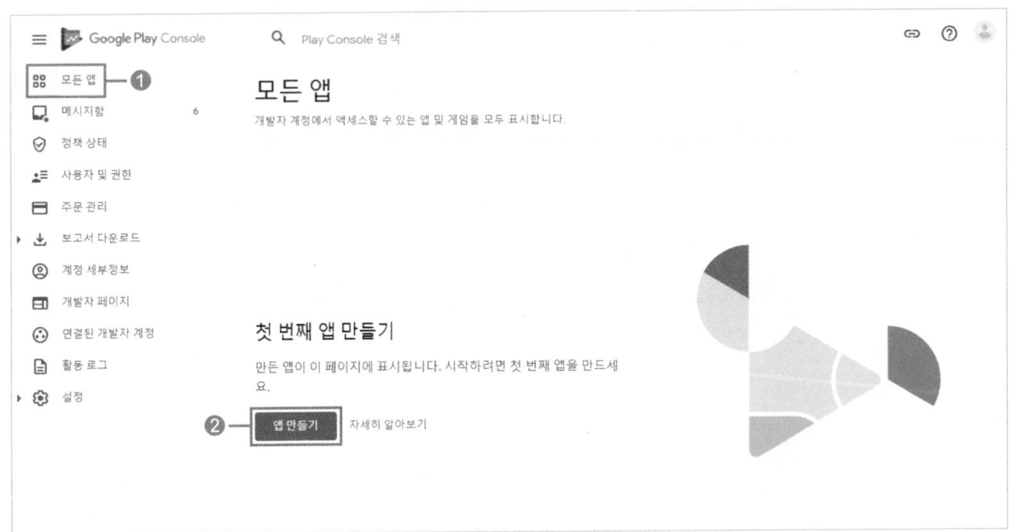

[첫 번째 앱 만들기]에서 [앱 만들기] 선택하기

다음 화면에서 앱 세부 정보를 입력한 뒤 선언 부분의 체크 박스를 모두 선택하고 [앱 만들기]를 클릭합니다.

[앱 만들기]에서 앱 세부 정보 입력하기

세부 정보에 입력한 내용을 바탕으로 구글 플레이 콘솔에 앱 기본 정보가 등록되며, 다음과 같은 대시보드가 나타납니다.

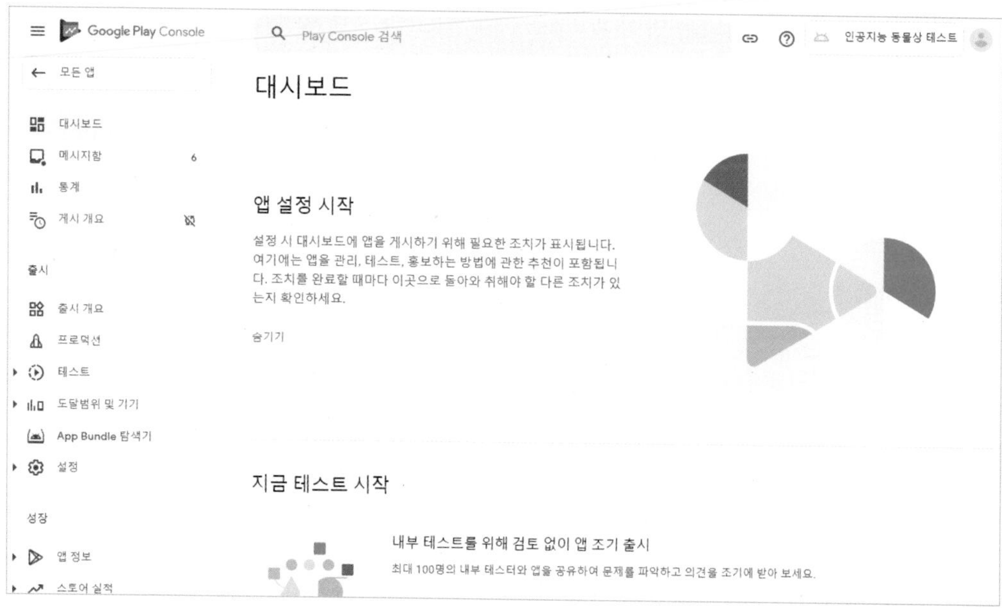

구글 플레이 콘솔 대시보드 확인하기

이제 앱 출시를 위한 세부 정보를 입력해야 합니다. 대시보드에서 스크롤을 아래로 내려 [앱 설정]에서 [할 일 보기]를 클릭합니다. 여기에 보이는 과정을 순서대로 모두 진행하면 됩니다.

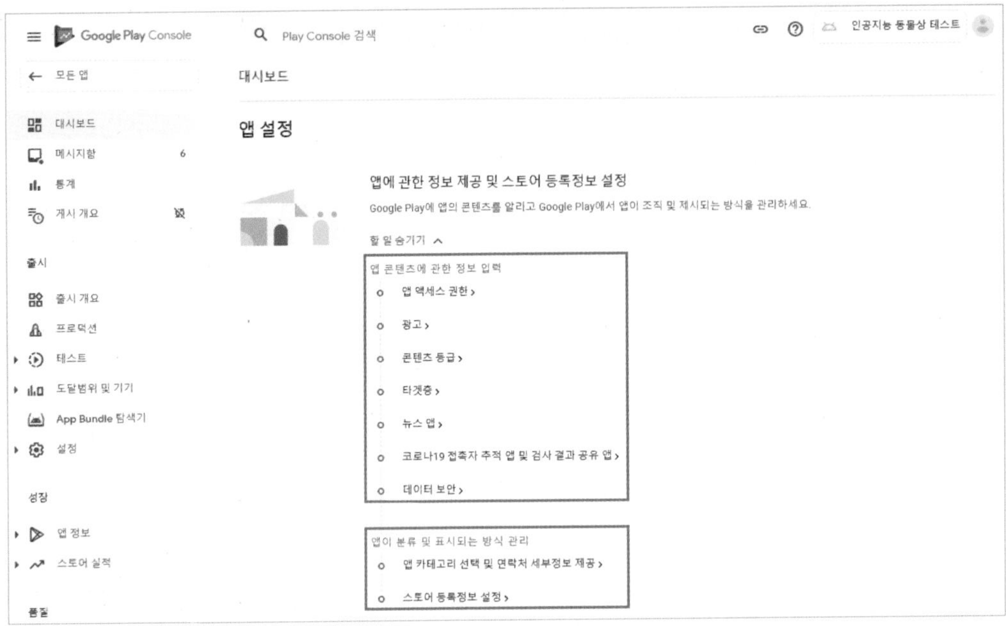

구글 플레이 콘솔 [앱 설정]에서 [할 일 보기] 선택하기

앱을 설정하려면 위 화면과 같이 [앱 콘텐츠에 관한 정보 입력]으로 [앱 액세스 권한, 광고, 콘텐츠 등급, 타겟층, 뉴스 앱, 코로나19 접촉자 추적 앱 및 검사 경과 공유 앱, 데이터 보안]이, 그리고 [앱이 분류 및 표시되는 방식 관리]로 [앱 카테고리 선택 및 연락처 세부 정보 제공, 스토어 등록 정보 설정]이 필요합니다. 그렇다면 가장 위에 있는 [앱 액세스 권한]의 > 을 클릭해 살펴보겠습니다.

Do it! 03 **대시보드에서 앱의 정보 제공과 스토어 등록 정보 설정하기**

앱 액세스 권한을 설정하는 페이지를 살펴보면 다음과 같습니다.

구글 플레이 콘솔 앱 액세스 권한 설정하기

동물상 테스트 앱은 로그인하지 않아도 핵심 기능을 사용할 수 있지만, 디스커스에서 댓글을 작성하려면 로그인해야 합니다. 앱에 로그인이 필요하다면 [전체 또는 일부 기능이 제한됨]을 선택하고 [새 안내 추가]를 클릭하여 구글에서 앱을 검수할 때 사용할 계정의 정보를 입력해야 합니다. 이 계정 정보를 입력하려면 동물상 테스트 페이지에 접속해서 디스커스에 댓글이 잘 달리는지 테스트해야 합니다. 그리고 이 계정 정보를 [새 안내 추가]에 입력한 뒤 [저장]을 클릭합니다.

> ! 디스커스 상황에 따라 로그인하지 않고도 댓글을 작성할 수 있습니다. 만약 로그인하지 않고 댓글을 작성할 수 있다면 [특수한 액세스 권한 없이 모든 기능 이용 가능]을 선택하고 [저장]을 클릭합니다.

다시 대시보드의 [앱 설정] 화면으로 돌아와서 나머지 항목을 하나씩 클릭해 살펴보세요. 안내 내용을 자세히 읽으면서 진행하면 큰 어려움 없이 완료할 수 있습니다.
여기서 몇 가지 주의할 점은 [대상 연령대] 항목에서 13세 미만이 포함될 경우 구글에서 심사를 더 엄격하게 진행할 수 있다는 것입니다. 동물상 테스트 앱은 누구나 이용할 수 있으니 [13~15세], [16~17세], [만 18세 이상]을 체크해 줍니다. 또한 [데이터 보안] 항목을 입력할 때 개인정보 처리방침을 넣어야 한다는 안내문을 받을 수 있습니다. 이럴 때는 개인정보보호 포털의 [개인정보 처리방침 만들기]인 privacy.go.kr/a3sc/per/inf/perInfStep01.do에서 개인정보 처리방침을 쉽게 만들 수 있으며, HTML 파일로도 내려받을 수 있습니다. 이 HTML 파일을 웹 사이트에 배포하고, 배포한 URL 주소를 입력하면 됩니다.

마지막으로 좀 더 신경 써야 할 부분은 [스토어 등록 정보 설정]입니다. 다음 [기본 스토어 등록 정보] 화면이 나타나면 확인해 봅시다.

구글 플레이 콘솔의 [기본 스토어 등록 정보] 확인하기

[앱 이름], [간단한 설명], [자세한 설명] 등에서는 사용자에게 보여 줄 내용을 입력합니다. 여기에서 추가로 해야 하는 작업이 있습니다. 동물상 테스트 앱은 기존에 개발한 홈페이지를 웹뷰 형식으로 만든 것이므로 이 홈페이지가 자신의 소유인지 확인해야 합니다. 앱 세부 정보의 상단에 '앱 검토팀에 사전 알림을 보낼 자격이 있다면 스토어 등록 정보를 게시하기 전에 연락해 주세요.'라는 안내문이 있는데, 여기에서 [사전 알림]을 클릭합니다. 다음과 같이 [Google Play 앱 검토팀에 사전 고지 제공하기] 창이 나오면 [문서 제출하기]를 클릭합니다.

❗ 사전 알림 문서를 제출하지 않으면 앱이 승인되지 않고 등록을 거절당할 수 있습니다.

Google Play 앱 검토팀에 사전 고지 제공하기

Google Play 앱 검토팀에서는 출시 예정인 앱 또는 스토어 등록정보 게시 이벤트와 관련된 사전 고지를 허용합니다.

아래 시나리오에 해당하는 경우에만 사전 고지를 허용합니다.

- 앱 또는 스토어 등록정보에 제3자의 지적 재산권(예: 브랜드 이름 및 로고, 그래픽 저작물, 오디오 등)을 사용할 권리를 증명하는 서류가 있는 경우
- 정부 또는 정부 기관을 대신하여 투표 또는 본인 확인과 같은 정부의 업무 절차를 지원하는 앱을 만들도록 허가받았음을 증명하는 서류가 있는 경우 자세히 알아보기
- 공인 의료 기관에서 공인 앱을 개발하고 제휴를 통해 배포할 권한을 부여받았음을 증명하는 서류가 있는 경우. 자세히 알아보기
- 도박 또는 카지노 스타일의 요소가 있는 게임을 대한민국에 배포하기 위해 게임물관리위원회(GRAC)의 등급 인증을 제공해야 하는 경우. 자세히 알아보기

> ⚠ **참고**: 제출하신 요청이 위의 시나리오에 해당하지 않는 경우 답장을 받지 못할 수도 있습니다. 궁금하신 점이 더 있으면 Google 지원팀에 문의하시기 바랍니다.

문서 제출하기

이 도움말에 대한 의견을 보내 주세요.

도움이 되었나요? 예 아니요

Google Play 앱 검토팀에 사전 고지를 제공해야 한다는 안내문

몇 가지 정보와 홈페이지 소유를 증빙할 수 있는 스크린 샷과 관련한 내용을 입력한 뒤 [제출]을 클릭합니다.

Google Play 앱 검토팀에 사전 알림 제공하기

Google Play 앱 검토팀에서는 출시 예정인 앱 또는 스토어 등록정보 게시 이벤트와 관련된 사전 고지를 허용합니다.

아래 시나리오에 해당하는 경우에만 사전 고지를 허용합니다.

- 앱 또는 스토어 등록정보에 제3자의 지적 재산권(예: 브랜드 이름 및 로고, 그래픽 저작물, 오디오 등)을 사용할 권리를 증명하는 서류가 있는 경우
- 정부 또는 정부 기관을 대신하여 투표 또는 신원 확인과 같은 정부의 업무 절차를 지원하는 앱을 만들도록 허가받았음을 증명하는 서류가 있는 경우. 이 문서는 관련 정부 또는 정부 기관에서 제출해야 합니다. 자세히 알아보기
- 공인 의료 기관에서 공인 앱을 개발하고 제휴를 통해 배포할 권한을 부여받았음을 증명하는 서류가 있는 경우. 자세히 알아보기
- 도박 또는 카지노 스타일의 요소가 있는 게임을 대한민국에 배포하기 위해 게임물관리위원회(GRAC)의 등급 인증을 제공해야 하는 경우. 자세히 알아보기
- 앱에서 접근성 서비스를 사용하며 앱이 서비스가 요청하는 시스템 기능을 어떻게 사용하는지 설명해야 하는 경우
- 확인된 비영리 자선기관(예: 확인된 501(c)(3) 자선기관 또는 지역 자선기관)의 경우. 조직의 IRS 결정 서한 또는 기타 인정되는 증빙 자료를 첨부하여 이 이메일에 답장해야 합니다. 반드시 제출 자료를 통해 귀하의 조직이 자선기관 지위를 보유하고 있음을 알 수 있어야 합니다.

Android Exposure Notifications API를 사용하려는 공공 보건 당국에서 개발자 계정의 소유권을 증명하는 서류를 제공하거나 앱 개발을 의뢰한 개발자에 대한 승인 자료를 제출하는 경우 여기에서 신청(새 페이지로 이동)하세요.

> ⚠ **참고**: 제출한 요청이 위의 시나리오에 해당하지 않으면 답장을 받지 못하실 수도 있습니다. 더 궁금한 점은 Google 지원팀에 문의하시기 바랍니다.

* 필수 입력란

이름

upon

Google Play 앱 검토팀에 사전 고지할 문서 작성하기

ⓘ 앞의 문서에서 애플리케이션 패키지 이름은 App.json 파일에 작성한 패키지명을 입력하면 됩니다. 앞에서 실습한 예제에서는 com.jocoding.animalTest가 패키지명입니다. 자신이 수정, 작성한 패키지명을 확인하여 입력하세요. '적절한 사전 고지 시나리오 선택'의 경우 [지적 재산권 사용권 증빙 서류]를 선택합니다.

홈페이지 소유를 증빙할 수 있는 방법은 여러 가지 있습니다. 도메인을 등록했다면 도메인 등록 확인증을 제출하고, 사업자 등록증에 나타난 정보를 기준으로 증빙할 수도 있습니다. 이 2가지 모두 해당하지 않는다면 구글 서치 콘솔인 search.google.com/search-console에서 홈페이지 정보를 등록하고, 이 화면을 스크린 샷으로 찍어서 제출하는 방법도 있습니다. 06장의 네이버 웹 마스터 도구와 유사한 방법으로 구글 서치 콘솔에 홈페이지를 등록하는 과정에서 소유 확인을 진행하기 때문입니다.

그리고 남은 스토어 등록 정보 설정은 이미지 파일을 올리는 것입니다. 설정 안내를 참고하여 적절한 크기의 앱 아이콘, 그래픽 이미지, 휴대전화 스크린 샷, 7인치 또는 10인치 태블릿 PC 스크린 샷을 올려야 합니다. 이미지를 모두 등록하면 앱 출시 시, 다음과 같이 구글 플레이 스토어에 노출될 것입니다.

ⓘ 이미지 파일은 studio.app-mockup.com 또는 previewed.app와 같은 무료 서비스를 사용하면 좀 더 쉽게 편집할 수 있습니다. 구글에서 안내하는 내용이 잘 이해되지 않는다면 인터넷에서 관련된 내용을 검색하여 조건에 맞는 이미지 파일을 등록하길 바랍니다.

구글 플레이 스토어에 등록된 앱 스크린 샷 참고 화면

Do it! 04 대시보드에서 구글 플레이 앱 게시 설정하기

앱 설정을 모두 마쳤다면 드디어 구글에 앱 검토를 요청할 수 있습니다. 대시보드에서 [Google Play에 앱 게시] 아래에서 [할 일 보기]를 클릭하여 다음 과정을 진행합니다.

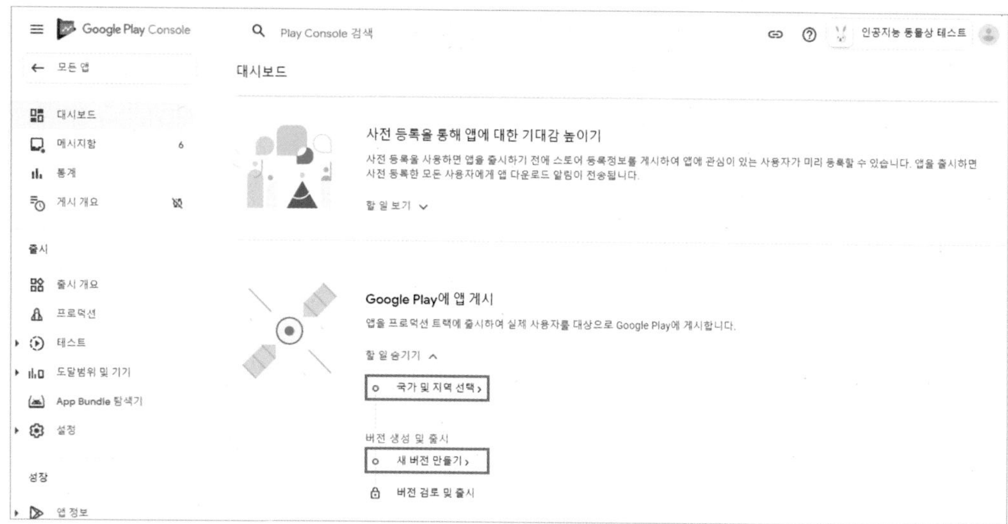

구글 플레이 콘솔의 [Google Play에 앱 게시] 화면

먼저 [국가 및 지역 선택]에서 앱을 출시할 국가와 지역을 입력한 뒤 저장합니다. 그리고 [새 버전 만들기]를 클릭하고 [프로덕션]의 [출시] 탭으로 이동해 다음 화면과 [새 버전 만들기]를 선택합니다.

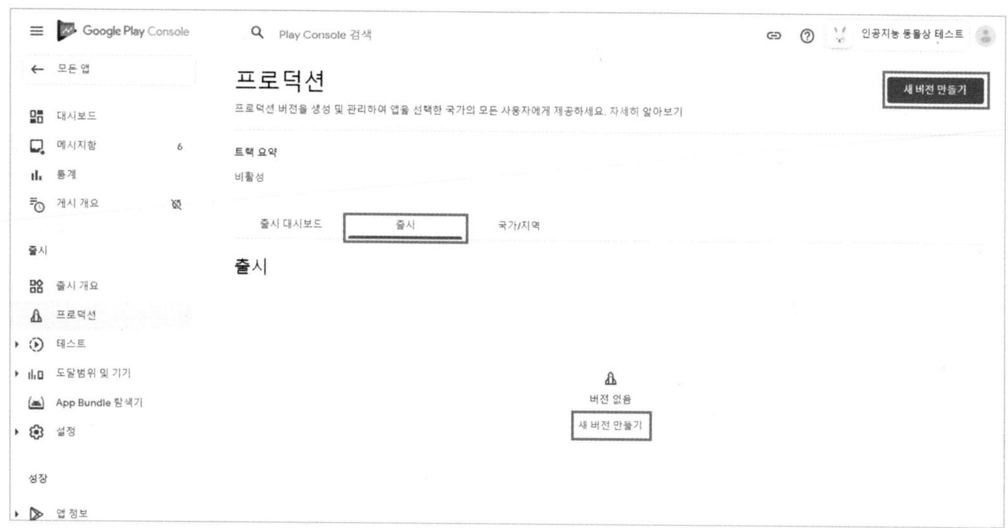

구글 플레이 콘솔의 [프로덕션]에서 [출시] 탭 선택하고 새 버전 만들기

이제 12-2절에서 생성한 앱 번들 파일을 올릴 차례입니다. 업로드가 완료될 때까지 대기 시간이 필요할 수 있습니다. 버전 세부 정보에서 출시명과 출시 노트를 입력하고 저장한 뒤, [버전 검토]를 클릭하면 앱 서비스를 출시하기 위한 모든 준비를 마친 상태가 됩니다.

❗ 출시 노트 내용은 언어별로 입력할 수 있습니다. 한국어는 <ko-KR>와 </ko-KR> 사이에 입력해야 합니다.

[버전 검토]를 클릭하면 다음과 같은 [프로덕션 버전 만들기]로 이동하는데, 여기에서 [프로덕션 트랙으로 출시 시작]을 클릭하면 구글 플레이 스토어 출시를 위한 검토를 요청합니다. 구글에서 검토가 끝나 승인을 완료하면 구글 플레이 스토어에 앱이 최종 등록됩니다.

❗ [프로덕션 버전 만들기] 상단에 경고 메시지가 1개 표시되는데, 동물상 테스트 앱은 특별히 디버그 기호가 업로드되지 않아도 무방한 간단한 앱이므로 무시해도 괜찮습니다. 참고로 디버그 기호는 앱이 비정상으로 종료되었을 때 어느 코드에서 문제가 발생했는지 알 수 있도록 도와주는 정보입니다.

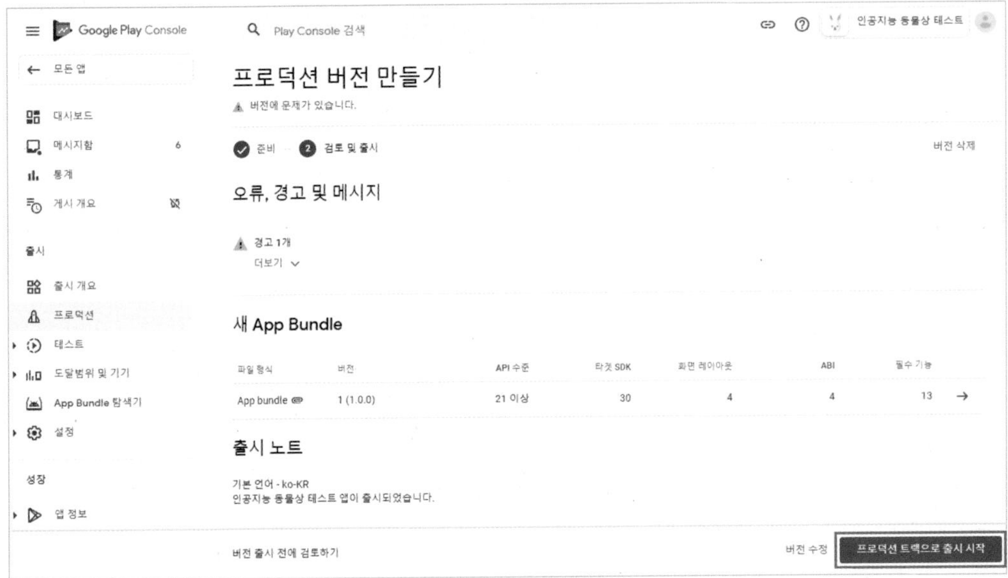

구글 플레이 콘솔의 [프로덕션 버전 만들기] 화면

구글에서 최종 승인하기까지는 2~7일 걸릴 수 있으며, 승인이 거절된다면 그 이유를 전달해 줍니다. 즉, 부족한 점을 수정하거나 거절 사유를 소명하여 승인받을 수 있도록 추가 작업을 해야 합니다. 최종 승인을 받았다면 다음과 같이 구글 플레이 스토어에서 앱을 검색하고 내려받을 수 있습니다.

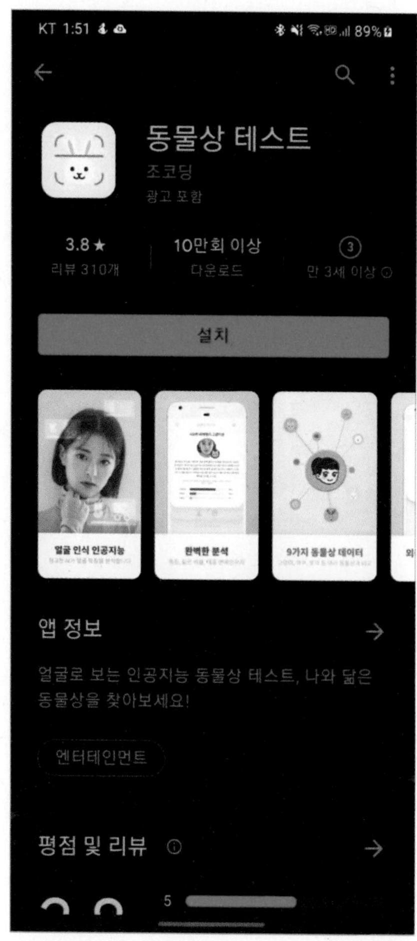

구글 플레이 스토어에 등록된 인공지능 동물상 테스트 앱

이렇게 웹 서비스에 이어서 인공지능 동물상 테스트 앱 서비스까지 완성해 보았습니다. 작업 과정이 길어서 입문자에게는 어려웠을 수도 있지만, 차근차근 따라 하면 누구나 다 만들 수 있는 수준입니다. 이 과정과 경험을 바탕으로 부족한 점은 더 공부하고 인터넷에서 찾아보면서 나만의 새로운 서비스를 다시 한번 만들어 보길 바랍니다. 모든 예제를 끝까지 따라 한 독자 여러분에게 응원과 격려를 보내며 마치겠습니다. 모두 수고했습니다!

찾아보기

한글

영문

Web Programming Course

웹 프로그래밍 코스

웹 기술의 기본은 HTML, CSS, 자바스크립트!
기초 단계를 독파한 후 응용 단계로 넘어가세요!

A 웹 퍼블리셔가 되고 싶은 사람

- Do it! HTML+CSS+자바스크립트 웹 표준의 정석
- Do it! 인터랙티브 웹 만들기
- Do it! 자바스크립트+제이쿼리 입문
- Do it! 반응형 웹 페이지 만들기
- Do it! 웹 사이트 기획 입문

B 웹 개발자가 되고 싶은 사람

- Do it! HTML+CSS+자바스크립트 웹 표준의 정석
- Do it! 자바스크립트 입문
- Do it! 클론 코딩 영화 평점 웹서비스 만들기
- Do it! 클론 코딩 트위터
- Do it! 리액트 프로그래밍 정석